分卷主编　李廷江　陈开科

中华民国时期外交文献汇编

1911—1949

第一卷

下

中华书局

中日"二十一条"交涉第五次会议问答

1915 年 2 月 28 日

日置云:今于会议以前,先将报纸之事向贵总长说明。近日来会议之内容,多已漏泄报纸,甚至会议当日即行漏泄,外国访员全知其详,汉文报纸亦相继登载,均系事实,并非揣测之词。此节屡向贵总长提及,而仍不免漏泄于外,不能不请贵总长以自己之责任,格外注意。

总长云:报纸之事,早已竭力注意,果系如何漏泄,不得而知,殊堪诧异。

日置云:本使馆亦屡有外国访员来访,然均秘不以告,故可揣度系贵国方面所漏泄。此等重大事件,若不严重取缔,恐将有碍交涉之进行,且或别生枝节。

总长云:贵公使即不提及,亦经十分注意,此次谈判之会议录等事,均系在本总长处办理,并不携至外交部中,故绝无漏泄之事。

日置云:今日亚细亚报登载,谓前次之会议颇有圆满进行之概,并谓会议时及休息时,彼此谈话,均甚和睦,且述及本公使临行之语。

总长云:均系揣测之词,所载并非确实。

日置云:虽有揣测之词,亦多实在之语,今日特先声明今日之会议情形,如再登之报纸,则定系在座中人所漏泄。

总长云:本总长及曹次长施秘书,均不接见访员,亚细亚报所载不实。

日置云:在座诸君虽不直接接见访员,未尝无间接漏泄之时,仍请贵总长注意。

总长云:当再注意。

日置云:前次会议所云第三款之铁路事,改为借款主义,曾与贵总长约定由本公使请示政府,兹已奉本国政府训令,谓第三款允照借款造路主义商议。第四款以前拟之草案写入条约之中,其地点及章程,以文书或节略互换者,其文字应再斟酌。今改如下:所有应开地点及章程,中国政府与日本公使预先妥商决定。又前云东三省会议录所载章程事与日本接洽云云，今已查明系妥商字样，并非接洽字样。

总长云：自定字样删去乎？

日置云：删去。

总长云：东三省会议录系云由中国自定，与日本政府妥商，并无决定字样。

日置云：由论理上解之，既经自定，则不能再行更改。虽云预先接洽或妥商，亦属无谓之文字，故应由贵国政府拟具草案，与日本妥商，然后决定。

总长云：虽云自定，亦系拟定草案之意，前东三省会议录中既有自定之先例，可仿照办理。

日置云：本国政府训令，以前次所拟互换文件之草稿，不成文理，故拟修改字句，请贵国政府同意后，第三款始可按借款主义相商。

总长云：前次所议，宗旨相同，写法不同。虽云由中国自定，亦与日本公使接洽，今如欲改接洽字为妥商字，则应仍留自定字样，因前次之草稿已由本总长报告政府也。

日置云：自定字与原来之意思不合，仍请删去，照今日修改之案同意。

总长云：自中国观之，既系自开商埠，即应自定章程，至妥当与否仍与贵公使磋商，亦系拟定之意，并非一定而不可易者。

日置云：如此，则不妨加入拟定草案字样。

次长拟一草案云：所有应开地点及章程，由中国政府自行拟定，预先与日本公使妥商。

日置云：加入决定字样如何？

次长云：此项章程非商定不能实行，加入决定字样与否，其结果一也。且前次所拟草案，业经报告政府，不便多改。又接洽与妥商之意，自行拟定与自定之意同也。

日置云：接洽字样，日本人不解其意义。

次长云：前次草案原系贵公使所提出。

日置云：虽系本公使提出，然并非确定，仍须报告政府。

总长云：仍照前次所拟草案，将接洽字改为妥商字如何？

日置云：前次拟定之草案，经报告本国政府后，本国政府来电欲如此修改，故贵国政府如不同意，尚须再电政府详为解说，又必耽误时日。贵国政府如能照本国政府修改之案予以同意，则可按借款主义商议第三款，否则第三款之办法又应电向本国政府请示。

总长云：第三款之借款修造主义，是否按照本国政府之修正案写法？

日置云：第三款之写法，另行商议，必第四款之写法先行议定；则第三款可由合办主义改为借款主义。况第四款之地点及章程事，并不以明文订之约中，系以互换文件之法行之者，于贵国政府似无不便之处。

总长云：必知第三款之写法，始可参酌。

日置云：本国政府训令所欲修改之处，贵国政府可同意乎？

总长云：碍难同意。前次会议时所议定之草案，彼此已甚费讨论矣。

日置云：前次所议之草案，并非确定，且因贵国政府之不同意，而再电本国政府，于本公使之地位亦有不便。但请贵国政府决定承认修改之主义，商议即可进行。

总长云：贵国政府对于第三款既允照借款办法商议，何妨写一草案？

日置云：本国政府虽允照借款之小法商议，然系有条件之应允，必第四款之文字先定，始能商第三款。

总长云：第三款之写法如能见告，亦可两面参酌，但第三款可使满意，第四款亦可通融商议。

日置云：第三款之宗旨可允照借款主义商议，但详细情形仍须另行磋商。

总长云：前次会议时所拟草案，尚有一二处字样，贵公使曾云照草案写法，删去一二处字样，第三款可使中国政府满意。今贵国政府于第三款之宗旨既定,似可照修正案之写法同意。

日置云:第三款之写法随后商议,第四款修改之写法仍请先行同意。

总长云:第三款如可照修正案写法,第四款可以磋商。

日置云:碍难先定第三款,且第三款不能同意贵国政府之修正案。

总长云:先定第四款,颇觉为难。总之,第三款如能使中国政府满足,第四款亦可使日本政府满足。

日置云:如此,则先议第三款,第三款应改为:中国政府允准与日本国政府商议,修造由烟台或龙口接连胶济路线之铁路,借用日本国之资本。贵国政府之修正案,有德国如愿抛弃其烟潍铁路借款权之时一语,据本国政府之见,中德租借条约第三段德国之优先权既已让与日本,则德国之借款权当然取消。如贵国政府仍以为可虑,可设法应贵总长之希望。

总长云:请先写一草案。

日置提出草案如下:中国政府允准与日本国政府商议借用日本国资本,建造由烟台或龙口接连胶济路线之铁路。

总长云:前次会议时所云自行建造字样,请贵公使注意。又德国如愿抛弃其借款权字样,应用何法加入?

日置云:贵国政府如愿加入此节,请写草案。

次长云:贵公使适云可以应总长之希望,则如何加入德国借款权字样,贵公使应有草案。

日置云:本国政府认为不必要,故不必有草案。贵国政府如认为必要,请写草案。

次长写草案如下:中国政府为允准自行建造由烟台或龙口接连胶济路线之铁路,如德国愿抛弃其烟潍铁路借款权之时,可向日本资本家商议借款。

日置云:请照本公使提出之草案同意,因本国政府对于第三款之铁路,原拟要求敷设权,旋让步而为合办,又让步而为借款,是已两次让步矣。至贵国与德国之关系,贵总长必欲明定,可以别法言明之。又本公使所提草案,中国本有自造之资格,加入自行建造字样,亦无不可。

总长云:本国政府当研究考量第三款之时,以烟潍铁路之借款权早经允许德国,此次又以同一之借款权允许日本,是以一事而允许两国,殊觉不便,故加入如德国愿抛弃其借款权时字样。又此款与第一款、第二款均有德国之关系,第一、二两款既经缓议,此款亦暂从缓议如何?

日置云:决定固可从缓,但大纲之意思须先定之。

总长云:适拟草案,已将如须借用外款字样删去。又贵公使之草案为日本政府,今改为日本资本家,所差仅此一点。

日置云:将来建造铁路之时,系自烟台起或龙口起,彼此应行商议。又中国与德国所定烟潍铁路借款权之时,系用何法商定?

总长云:当时系互换文书,言中国建造烟潍铁路之时,如向外国借款,先向德国商议。此次所拟草案,系定向日本借款,已较与德国协定之时自己加以限制,不得再向他国借款矣。又查本总长之草案,与贵公使之草案并无大差。

日置云:文句中似无加入德国借款权之必要。

次长云:在日本政府观之,加入与否固不必要,然自中国政府言之,既与德国有约在先,今又与日本约定,殊觉不合。

日置云:德国之优先权均让与日本,即不加入此节,亦无妨碍。

次长云:此时如不加入此语,将来德国可以质问中国云,既以借款权许我国,而又许日本,果何以故?中国将无词以答,故在日本固无妨碍,而在中国实在为难。

日置云:条约中不便订明,至用何种方法言明之,容再商议。

总长云:适拟草案与贵公使之草案所差无几,仅加入德国借款权一语。又本国系向日本资本家借款,不向日本政府借款,日本政府允中国自行建造,仅向日本资本家商议借款而已。

日置云:将来由烟台起造或龙口起造,尚不得知,其起点终点及接连之地点,均须与日本商议。

　　总长云：自烟台或龙口业经指明，自不得自第三处起造，且自何处起造，须调查该地方之商务，其地点必能与日本之意思相合。

　　日置云：将来修造之路线总须与日本商议。

　　小幡云：仅由龙口起造亦未可知，总须彼此商议。

　　总长云：借款向日本商议，至路线不向日本商议，因自己之铁路与他国商议，有碍主权也。

　　日置云：建造之事系允准中国自行建造，仅路线之事与日本商议。似亦无妨。

　　总长云：既云自行建造，则无与日本商议之必要，总之不外烟台或龙口二者。

　　日置云：铁路本系中国之路，不得因商议路线事即谓非中国之路也。

　　总长云：允行自造铁路，犹于屋中开窗。开窗之事业已应允，至于高处或低处开之，房主本有自由。今中国政府允自行建造铁路，是已尊重贵国政府之意思，若再要求以路线商议，则于中国之主权有碍矣。且修造铁路必为商务发达之地方，将来何处商务发达，自可斟酌办理。

　　日置云：本国政府要求贵国政府之建造此路，颇有希望。如要求开窗亦然，或高或低，必须商议。倘由房主随意开之，则与宗旨不符，必非住者所愿。

　　总长云：开窗之目的系取其光线，建造铁路之目的系取其地方之商务发达，如该地方之进口货不多，则商务不能发达，自无建造之必要。犹如开窗，如光线不足，则目的不能达。今但求光线足用可矣，或高或低不必计也。又造路系借日本之资本，日本之资本家以此路不能发达商务，自亦不允借款。

　　日置云：本国政府对于此款，由敷设权而改为合办，又改为借款，是已十分让步，应请贵国政府再加考量，允与商议路线。至德国之借款权一节，可另以方法定之。

　　总长云：系用何种方法？

日置云：互换文件，或订密约。

总长云：欧战未了，中国与交战国之关系尚未断绝，今先与日本约定，难保德国不起而质问，故加入德国借款权一语，亦系预约之意。将来日德不能协定，仍应作为无效。此纯系为中国之地位着想，于日本并无妨碍。

日置云：贵总长之言十分理会，订入约中，或互换文件，容再考量，但总须另订。

总长云：贵公使适言请中国政府再加考量，本国政府对于此事盖已深费考量，因交通部之定章，系如向外国借款，方可向外国资本家商议，今定向日本借款，已与交通部定章不合，若再商议路线，交通部必将大起反对。

日置云：请再考量，仍盼望照本公使之草案同意。

总长云：必加考量，但本国政府为难情形务请谅察。

日置云：本国政府已两次让步，应请注意。

总长云：所云日本国资本，系日本政府之资本，抑日本商人之资本？

日置云：系日本资本家之资本。

总长云：本总长与贵公使讨论之后，尚须与交通部讨论，殊属为难。

日置云：请先议第二号。前由本公使提出第二号总纲之修正案，贵国政府研究之结果如何？

总长云：本国政府对于贵公使提出之草案，业经详细考量，优越地位实与机会均等之主义冲突，轶出寻常条约范围以外。且优越即有最高之意，与主权亦有妨碍，碍难同意。至于东部内蒙古字样，于第二次会议发表意见时，曾云南满洲与东部内蒙古不能同时讨论。南满洲因日俄战争之结果，尚有条约可以根据，东部内蒙古则无可根据之条约。此次南满条件如此之多，本国政府尊重贵国政府之意思，允与商议，仅请除去东部内蒙古字样，是已格外让步。贵国政府提出南满问题，而又欲牵及东部内蒙古，万一他国亦以同一之论据，来相要求，则使中国政府为难，与贵国政府所云亲善之意不符。至优越地位，他国仿而效之，更属危险。

日置云：第二号之谈判，谓系根据日俄条约而提出，是贵国政府之意见，非本国政府之看法也。第二次会议时，关于东部内蒙古之事，曾云另议，并非不议。本国政府视第二号之南满洲及东部内蒙古以及优越地位，均极重要。今有欲问者二事：一关于东部内蒙古，曾云另议而又不议者何故？二优越地位与机会均等之主义冲突者何在？

总长云：本国政府亦甚重视第二号，故对于第二号已提出修正案。关于东部内蒙古之事，本总长曾云另议，固然；但另议能否议成，不得而知，或恐意见不合，不能成议，故不如不议之为愈。至优越地位，自他人视之，似在条约以上另有一特别之地位。观贵国与他国之协约均云维持机会均等，而此次忽要求优越地位，是高出于领土主权之上，碍难允认。

日置云：优越文字之解释，彼此见解不同。日本有旅大租借地及南满铁路，是即优越之一部分，皆条约上所有之事。至东部内蒙古，本国亦视之最重，贵国政府如不同意，恐此次交涉不能圆满进行。

总长云：实有为难情形，应请为中国政府一想。贵国政府此次提出条件，原系亲善之旨，且中日有善邻之谊。贵公使适言旅大租借地为优越之证，查他国在中国亦有租借地，如亦仿照日本要求优越地位，中国将何以应付？至东部内蒙古之事，本国政府亦实觉为难。总之，所重者在条文中之权利，不必在总纲一段，请将本国政府为难情形，电达贵国政府。

日置云：贵总长或恐有优越字样，再为他之要求。其实不然，因事实上已有优越地位，特明认之而已。若云他国亦要求优越地位，他国现无此优越之事实，可不必虑。又东部内蒙古事，贵国政府所云为难者，究有何种理由，殊不可解。且贵国政府有以蒙古事与他国订约之先例，何独不允日本？

总长云：贵公使之言，谓向有优越地位，特请承认而已。既向有优越地位，则无承认之必要。又东部内蒙古，贵国政府提出之理由，本国政府亦不了解。至以蒙古事与他国订约一节,系革命时倡言独立,与外国订约,经本国政府取消之,甚费周折,是为特别情形,未可概论。且东部内蒙古,现并无此事实。

日置云:南满洲与东部内蒙古系同一之地位,且为外国所公认者。又优越地位,事实上虽已享有,而贵国政府及地方官不明认之,因生出许多缪辕,故此次愿于条约中明定之。总之,此自本国视之,为最重要之点,无论如何,应请贵国政府再行考量,本公使特以诚实之言明告之。

总长云:此次本国政府之考量,甚费苦心,容再加考量,但本政府之为难情形,应请注意。

日使辞去。

《中日关系史料——二十一条交涉》(上),第92—100页

中日"二十一条"交涉第六次会议问答

1915 年 3 月 3 日

总长云:前次所议之第一号第四款互换文件之部分,经与本国政府详细研究,修改如下:所有应开地点及章程,由中国政府自拟,与日本公使预先妥商决定。此系照贵公使提出草案之意。

日置云:大致无异议,可以同意,但须与各款同时确定。

总长云:第三款盼望照本总长之修正案同意。

日置云:第三款拟从缓议,故未研究,总期以与日本政府协商之意订入约中。至德国借款权一节,可另以方法定之。

总长云:路线事因实在为难,拟不与日本政府相商。又德国借款权一节,盼望订入约中。第四款已允照贵公使之意思,第三款请照本总长之意思同意。

日置云:本国政府系欲以协商之意思加入约中。

总长云:既由中国政府自行建造,自无与日本政府商议之必要,将来由龙口或烟台起造,必择商务发达之地方。

日置云:今日拟商议第二号,故于此款未加研究,容研究后再行

奉商。

总长云：商议字样，总期贵国政府能允删去方好。

日置云：容再斟酌。

又云：第二号之总纲，前次会议时，曾经提及外蒙古事曾与他国订约，而独以东部内蒙古事拒绝日本。贵总长曾云，外蒙古系于革命时倡言独立，旋因取消，甚费周折，是为特别情形。东部内蒙古无此事实云云。本公使细加研究，当革命之时，贵国各地方纷纷独立，国内大乱，惟东三省及东部内蒙古安靖如常，并无宣布独立之事，皆赖本国维持该地方之秩序，是即有优越地位之证。外蒙古不服从中央政府之命令，竟与外人订约，东三省及东部内蒙古则无此风潮，盖非无故。今不得不向贵总长言明之。总之，以东部内蒙古加入此次条件，及承认本国之优越地位，系本国政府之所注重，始终主张，不能让步。如贵国政府此时不能决定同意，可先商议条文。

总长云：贵公使言革命之时南满洲及东部内蒙古未经独立，系贵国政府维持秩序之所致，亦已了解。但俄国对于外蒙有所要求，而贵国对于南满有所要求，是已相等，乃贵国于南满之外复欲牵及东部内蒙古，则为有二处之要求矣。

日置云：贵国政府以日本在南满之地位与俄国在外蒙之地位相等乎？

总长云：并非谓地位相等，就现在之情形观之，俄国欲商议外蒙之事，日本欲商议南满之事，其事实同耳。而日本则更欲要求东部内蒙古之事，又优越地位贵国尚思要求。查两国政府亲善之旨，已于第一号之首段述明，将来实行之时，自在条文，而不在总纲。

日置云：屡次会议，几经讨论，尚不能得贵国政府之同意。此节本国政府极力主张，不能让步，可暂行搁置，请同意先议条文。

总长云：先议条文，甚表同意。

日置云：第一款之修正案，将安奉铁路删去，又书明退还期限，系何用意？

总长云:书明退还期限,系无条件退还之意。

日置云:收买期限亦包括在内乎?

总长云:不包括收买期限在内。

日置云:本国政府提出原案系包括两种期限,一为收买期限,一为全路退还期限。

总长云:修正案系专指全路退还之期限。

日置云:收买期限如何办理?

总长云:收买期限照旧。

日置云:如系收买期限照旧之意,则应于修正案中再加三十六年。

总长云:三十六年系专言收买之期限,不能笼统加入,且收买之事,事实上亦办不到,今观贵国政府要求之原案,系指全路之退还期限而言,故照原案之意展至九十九年。

日置云:修正案中谓期满仍照各该原约办理,系何用意? 又收买期限亦应为九十九年。

总长云:贵国政府之原案,不包括收买期限在内。

日置云:南满、安奉两期限,均包括在内。

总长云:修正案谓照各该原约办理云云,系言条约中之期限虽经改变,其他均不改变之意。

日置云:修正案之第七款,谓关于东三省之中日善后条约,除本条约另有规定外,一概仍旧实行,似已包括东清铁路条约在内。

总长云:第七款系专指中日善后条约而言。第一款之末段,则包括东清铁路等各条约在内。

日置云:贵国政府于修正案中加入收买期限,似无异议。

总长云:本国政府对于原案第一次考量之时,仅允将旅大租借地之期限二十五年,再加一倍至五十年,嗣因贵公使请求再行考量,遂又尊重贵国政府之意思,连同南满铁路全路之退还期限,均照原案展至九十九年。至收买期限,将来收买与否,临时商议。

日置云:既云将来商议,则于此时议此问题之时,彼此商议将收买期限订明,实于两国有利。否则,留此问题,我国舆论大起反对,将来再行讨论,反为不利。

总长云:将来收买之时,一切款项等事均不能无所商议,故舆论虽或反对,而政府与政府之间,仍可相商。

日置云:将来欲行收回,自非出代价不可。总之,本国政府此次提议展期,系包括退还期限与收买期限在内,并非退还展期收买不展也,请再考量。

总长云:原约之退还期限为八十年,今欲将收买期限再加三十六年,是已至七十二年,所余仅八年,于中国有何利益?

日置云:贵国政府以旅大租借地之二十五年展至九十九年,以南满铁路之退还期限八十年亦展至九十九年,而收买期限之三十六年独不允展,与原案不符。

总长云:初次考量之时,仅允以租借地展至五十年,南满铁路期限并未允展。且收买期限虽原约定为三十六年,事实上能否办到,尚属疑问。

日置云:本国政府系于原约各有期限之外,再行展期之意。

总长云:系从原有之期限展期,非期满后而再展期也。

日置云:本国政府系于期满后再展至九十九年之意。

总长云:若如此说,则应于期满后再行商议,今于此时提议,是原有期限当然在内。

日置云:本国政府之原意,系于原有之各期限外再每加九十九年,如旅大租借地为二十五年,再加九十九年为一百二十四年,南满铁路退还期限为八十年,再加九十九年为一百七十九年,收买期限为三十六年,再加九十九年为一百三十五年。

总长云:何能如此之长?租借期限及南满铁路退还期限,既允展至九十九年,收买期限可以照旧,仍请同意,因收买之事,事实上不易办到也。

日置云:本国政府之训令如此,事实上既不能办到,则展期与不展期同,仍请一律展期。

总长云:本国政府实在为难,将来第一款宣布之后,国民必起反对,因租借地期限及南满铁路退还期限等,条约上本有一定之范围,如租借地原约为二十五年,仅能再展二十五年,今不顾条约上之期限,擅自让步至九十九年,一般国民及外国人均将猜疑,谓何以展条约以外之期限。故将收买期限照旧,亦可以对付国民。

小幡向次长云:贵国政府之修正案,不将收买期限加入,为巧妙之写法,似非诚意相商之道。

次长云:贵参赞之言,直如新闻记者及辩护士之口吻。此次不将收买期限加入,实有为难情形,并非巧妙之写法也。

日置斟酌提出修改草案云:全路退还及收归中国期限,均展至九十九年。

总长云:如此则是较贵公使之言加一倍,至七十二年更多,仍请贵国政府让步,照原约三十六年同意。在本国政府系为对付国民起见,并无他意。

日置云:原案系于原有期限之外再展九十九年,今照修正案均展至九十九年,实已表示让步,当可以对付国民。

总长云:贵公使对于安奉铁路可同意修正案乎?

日置云:仍照原案与南满铁路一律展期,否则将安奉铁路搁置,将来又生何等辗辖,亦未可知。

总长云:安奉铁路原约本无展期之文,故云届时再商办法。

日置云:因原约无明文,故于此时要求订约展限。

总长云:贵公使如能同意第二款之修正案,本总长对于收买期限事,可再考量。

日置云:安奉铁路绝对不能同意修正案,请照原案。

总长云:原约系于十五年之后,即可请公证人估价收回,故应留安奉铁路之原期限,而可以南满铁路之收回期限相商。

日置云:本国政府对于安奉铁路事认为必要,因安奉与南满系同一之经营,若不同一经营,则有种种不便,故原案欲定同一之期限,即是此意。

总长云:期限与经营并无关系,本国政府亦非绝对不允展限,不过俟到期后再行商议。凡商议事件,须分轻重,此特手续之先后问题而已,尚请原谅。

日置云:贵国政府何以将安奉铁路另提一款。

总长云:一因条约无展期之语,一系根据条约。安奉铁路原系贵国当日用兵之轻便铁路,与南满铁路性质不同,故拟将来再议展期。

日置云:此为铁路历史上之语,至事实上则与南满铁路、朝鲜铁路均系同一之经营,将来既允展期,此时商议,亦无不可。

总长云:本国政府对于此次要求,凡能同意者无不同意,如旅大租借地及南满铁路均允展限是已。至安奉铁路虽与南满铁路同一之经营,而情形不同,约中并无展期之语,盼望留一机会,以备异日商议,贵国提出要求,本系亲善之旨,何必将亲善二字一时作尽?

日置云:南满铁路原约亦无展限之语,仅旅大租借地有此一语而已。

总长云:自本国政府观之,南满铁路与旅大租借地系根据日俄之条约,安奉铁路则系善后条约所规定,性质不同。

日置云:因其性质不同期限不同,故欲与南满铁路为一致之展限,何以不能同意?

总长云:本国政府自己为难情形,有不便全与贵公使言明者,今为调和两方之利益起见,故有先商者,有后商者,须彼此互相让步,始克收圆满之结果,不得全行要求同意。现南满铁路及租借地既允展期,仅留安奉铁路为中日间留一余地,正所以保中国之体面,八年以后,即可再行相商。

日置云:贵总长之意见均已了解,留此安奉问题,吾国国民起而反对,反于两国不利,自本国政府观之,南满铁路、安奉铁路、朝鲜铁路均有密切之关系,数年以后,中国虽欲收回安奉铁路,而日本同一经营之事业,难以剖分,势不能以中间之一段归中国。彼时再行商议,恐反惹起两国国民之风潮,故于此时一律展限,是本国政府之所极力盼望者也。

总长云:此事考量而又考量,实有为难情形,因本国政府对于铁路问题本拟设法收回,今不能收回,而又展限,是以为难。

日置云:本国政府视之最要,贵国政府虽有为难情形,仍请同意本国政府之所主张,请再斟酌。

总长云:本国政府提出修正案,原盼望彼此让步,今第一款已照原案展期,第二款俟到期再商,似与贵国经营上并无不便之处。

日置云:本国政府并非不愿让步,原案系于原有期限外,再行展限,今则一并展至九十九年,对于第一款之修正案已大致同意,以是表示让步,凡可让者无不让之,并非强夺权利也。

总长云:再三考量,实在为难,因性质不同,约中又无明文。且到期后复允商议,是已格外看重贵国政府之意思。原来之修正案,仅允商租借地及南满铁路之展限。对于安奉铁路事,并无修正案,系后添入者。

次长云:原来之修正案,确无第二款安奉铁路事。

小幡云:修正案虽无此款,果无原案乎?

日置云:安奉展期似亦不妨。

次长云:须斟酌当日之情形,原约限于二年内开工,如于二年内不能开工,亦不得延长十五年之期限。

小幡云:当日情形与今日情形不同。

次长云:虽情形不同,而当日不能逾十五年收买期限之说,则明明有之。

日置云:讨论甚久,贵国政府之意思亦已了然,但本国政府始终要求同意,请再考量。盼望将修正案之第二款撤回,以安奉铁路事加入第一款内。

总长云:本国政府为难情形,请谅察之,极盼让步。

日置云:安奉铁路展限事,本国政府无让步之余地,特声明之。

总长云：如能再加考量，无不考量，请格外原谅。

日置云：加藤外相与陆公使晤商时，加藤外相云决心不能让步。陆公使云决心不能承认。是即所谓决心与决心之冲突。

总长云：并非决心，是为苦心。

日置云：中国之地位或与日本之地位不同，然并非多大为难之事，仍请一律照允。

总长云：中日两国自此日益亲善，将来商议事件，政府及人民未有不欢迎者，可预料异日商议必无冲突。

日置云：将来商议，恐于两方面不利，务必于此次谈判决定之。且贵国政府难以照允之理由，不甚明了。既允将来可以展期，仅为贵国之体面起见，此时何尝不可商议。

总长云：安奉铁路展限，约中并无明文，今提出修正案，即系看重贵国政府之意思。譬如中国与他国订定之各项合同，均无展期之明文，今以无明文可以展期，由日本首先开端，他国复来要求，其将何以应付？虽南满铁路亦无展期之文，然有外人质问时，尚可答以南满铁路与旅大租借地有密切之关系，他国之在各省并无此例。故贵国政府应谅察中国之地步，及不得已之苦衷。

日置云：于未到期以前，商议展期，与南满铁路情形相同。

总长云：南满铁路系承继俄国之权利，安奉铁路则不然。

日置云：南满铁路系日俄之约，可以展期，安奉铁路为中日之约，独不可展期乎？

总长云：条约上有明文者可以展期，安奉铁路无明文。以可得展期之事订之约中，以备将来商议，是亦手续之事而已。

日置云：南满铁路条约上亦无展限之文。

总长云：原拟仅允将旅大租借地展期至五十年，南满铁路亦拟到期再议展限，因看重贵国政府之意思，且以其有历史上承继之关系，并非擅在中国所造之路，故特别允许展期。安奉铁路非所比也。

日置云：对于安奉铁路亦请贵国政府表示好意。

总长云：看重贵公使之意思，容再研究，但实在为难。

日置向次长云：何故如此为难？

次长云：条约上期限之关系不同，一为八十年，一为三十六年，一则仅十五年而已。

小幡云：将来再行商议，必起争执，恐不利益。

次长云：已定明将来展限，可以安心。

小幡云：如能于今日商议，则更安心矣。

总长云：贵公使对于第一款之修正案，可同意乎？

日置云：适已修正，加入收买期限。

总长云：收买期限无何关系。

次长云：租借地展期至三倍之多，南满铁路又云展期，已与中国政府之方针不符，又欲将安奉铁路展限，自此情形观之，系欲以朝鲜铁路一面可通安奉，一面可达东京，殆非专为铁路之统系关系，不啻为日本之土地展长线，况安奉铁路性质不同，原约中并无展限之根据。

小幡云：满洲之居住贸易等事，条约上亦无根据，小村大使曾有开放满洲之语。今满洲之地方官与领事之间，常起镣辖。处今日满洲之新时代，亟应另订约章，如谓有原约可以根据，则与本国政府之宗旨不符。

次长云：若如此说，则地方官与领事不免有因事争执之处，不止南满一处，是各国皆可要求另订新约矣。何可如此办理？

总长云：收买期限事，容极力考量。安奉铁路事，仍请格外谅察。

日置云：安奉铁路事实在不能让步。收买期限可允展至七十二年。

总长云：贵公使原来之言，即云七十二年，并未言九十九年。

日置云：原来之主张，系再加九十九年。

总长云：定须七十二年不可少乎？

小幡云：原案均于原有期限之外再加九十九年。

次长云：自汉译之条件观之，系展至九十九年。

总长云：政府考量，亦系按照汉译条件考量。

日置云：安奉铁路展限事，如能同意，收买期限可以本公使之责任，再行酌量，请将安奉铁路加入第一款内。

次长云：总长适言初仅允展租借地之期限，南满铁路又允展期，是已看重贵国政府之意思，安奉铁路则无可再让矣。

日置云：贵国政府之好意甚为感谢，但安奉铁路无论如何不能让步，仍请看重本国政府之意思。

总长云：收买期限仍为三十六年如何？

日置云：如允三十六年，安奉铁路如何？

总长云：非本总长一人可以考量，容再研究。

日置云：收买期限之三十六年，系自此次订约之日起三十六年，抑连原约三十六年？

总长云：系连原约之期限计算。

日置云：以后仅有二十四年耳。总之，收买期限可以让步，安奉铁路则非九十九年不可。

总长云：九十九年不能办到。人谓外交部系丧失利权之部，外交总长系崇拜外国之人。

日置云：观屡次会议，贵总长为本国极力主张，绝非如此，此殆言者之过也。

总长云：此贵公使原谅之言，国民不能见谅。

日置云：今日会议毫无进步，安奉铁路盼加入第一款，收买期限容再斟酌。

总长云：今日讨论虽久，旅大租借期限及南满铁路期限已有结果，安奉铁路事容再考量。

日置云：第一款之进步，系本公使同意修正案之故，至今日彼此讨论之事，则毫无进步。

总长云：安奉铁路欲展至九十九年，恐不易办。

日置云：以条约之原文不同，而即不允，殊不可解。

总长云：安奉铁路之期限仅十五年，不能展至九十九年。

日置云:条约内容虽有不同,似亦不妨照允。

总长云:不能见谅,殊为可惜。

日置云:小幡参赞曾云,如最初之要求再较重大,或易商办,此语诚然。

总长云:安奉铁路事本无修正案,已由曹次长言过,贵国政府最初如有再重大之条件,本国政府自应阻止,请勿提出。

日置云:现均为最轻之案,请即同意。

总长云:本国政府于无可让步之中,已格外让步,安奉铁路之期限,以本总长个人观之,恐办不到。

日置云:还系日本条件太轻之故,报载某大员云,日本尚可提出再重大之条件。当日若果如此,则讨论之间,可表示本国政府让步之意,贵国政府必能满意。惜日本政府之过于正直也。

总长云:报纸所载,系大外交家之言,切不可听。当日如果提出再重大之条件,大总统必不收受,本总长亦不办理。

日置云:本公使颇有后悔之意。

总长云:本总长亦甚可惜。当发表大纲意见时,并非为本国政府之主张,均系本总长冒险之言,彼时贵公使甚表满意。

日置云:彼时甚希望照原案同意,是以表示满意,不料修正案与原案相差如是之远也。

总长云:安奉铁路事不能让步乎?

日置云:不能让步。

总长云:尚须九十九年乎?

日置云:九十九年。

总长云:租借地、南满、安奉三事,本国政府让两步,贵国政府让一步可乎?

日置云:碍难照允。

总长云:容再考量。

日置云:请于下次会议答复。

旋即辞去。

中日"二十一条"交涉第七次会议问答

1915 年 3 月 6 日

日置云：于未谈判以前，先有一言，今日已系第七次会议，而毫无进步。自第一次开议以来，进步甚缓，且观第六次会议之情形，深觉可惜。讨论时间不少，不过为文字上之争执。即如安奉铁路为大势所趋不得不如此者，而贵国政府并无何等之理由，不允从速取决，殊堪诧异。此次交涉系最重大之问题，于中日两国关系甚大，万不可不急于进行。近来报纸传说，谓贵国政府系借第三国之干涉，而有进行。无论有无此事，盼望贵总长极力维持，从速进行方好。

总长云：贵公使之意思，业已了解。但以进行不速，且以第六次会议无进步可言，殊觉可惜。本国政府对于此次条件甚费考量。第一次系彼此接洽意见，第二次系发表大纲意见，第三次讨论山东岛屿不让与问题，第四第五两次商议第一号之第三款第四款，甚费讨论，而贵公使拟从缓议，是已稍有结果，并非毫无进步。本国政府尊重贵国政府之意思，考量而又考量，此次会期既促，讨论时间又长，当然可以进行。至报纸所云第三国之干涉绝无其事。中日两国交涉，自应两国直接谈判，何能令第三国干涉？

日置云：此次交涉极愿速了，为本国政府最初之希望，谅贵国政府亦有同情。始奉本国政府训令，系欲每日开议，贵总长言部务甚忙，又请隔日开议，迄今尚未得同意。虽贵总长公务甚多，而此次问题关系至重，万一谈判决裂，不能得圆满之结果，必有危险，顾不可惜？此事本公使视之最重，似贵国政府不甚注重，是以进行不速。近来中国报纸攻击日本甚烈，然日本之舆论，则仍持谨慎之态度。故本国国民至为着急。日前东京《时事新报》及大阪《每日新闻》，均特派社员来京调查交涉情形，并有熟悉中国之情形之中西政树其人者，亦来北京调查一切，彼等不能无所用意,故进行愈不能不速。

总长云:从速进行,不但为两国人民之所愿,本国政府亦有此意,即他国人亦盼望早日解决此次问题。但贵公使曾云照普通之交涉办理,若照普通交涉,则每星期仅能会议一次,今则会议两次,且时间甚长,并非不愿从速进行。即如贵公使最初要求发表意见,本总长即发表意见,嗣请再行考量,本国政府又赶紧考量,由曹次长告知贵公使。本国政府极愿从速进行之意,当早为贵公使所洞鉴。

日置云:业已理会,贵总长如能表明从速进行之意,请允于下星期二四六日开三次会议。

总长云:看重贵公使之意思,极表同意。

日置云:前次会议请将安奉铁路加入第一款内,贵国政府考量之结果如何?

总长云:本国政府考量已非一次,原拟以旅大租借地展期至五十年,其南满铁路与安奉铁路则均拟到期再议,嗣经详加考量,以南满铁路与旅大租借地均因日俄战争之结果,颇有密接之关系,本总长极力主张,始将南满铁路跳越一步,将其退还期限亦允展至九十九年。至安奉铁路,全然条约上之关系不同,请仍照修正案同意。

高尾:询以南满铁路之收买期限如何。

总长云:收买期限仍照旧为三十六年。

日置云:本公使种种说明,贵国政府尚不能了然,深为可惜。因安奉铁路与南满铁路条约发生之关系不同,不允展期。又南满铁路之退还期限既允展期,而收买期限又不允展期,究系如何理由,颇不了解。总之,本国政府断不能同意修正案,特切实声明之。

总长云:旅大租借期已照原案展至九十九年,南满铁路亦展至九十九年,安奉铁路不过一小部分,似贵国政府可以让步。盖商议事件,必彼此互相让步,方易解决。

日置云:对于贵国政府之修正案不能同意,请再考量,现可商议原案之第二款。

　　总长云:安奉铁路贵公使不能让步乎?

　　日置云:已详细说明,请照原案同意。

　　总长云:再三考量,安奉铁路之原期限仅十五年,纵令展期,九十九年亦不能办到,业经屡次说明。

　　日置云:能延长多少年?

　　总长云:当日小村大使讨论善后条约时,仅要求十五年,今就原约再展五年,共为二十年如何?

　　日置云:不能同意,请议第二款。

　　总长云:贵国政府主张九十九年,实属难以承认,此外能否有互让之法?

　　日置云:必修正案与原案相差不远,始能进行。本国政府主张九十九年,贵国政府仅主张二十年,所差实觉太远。

　　总长云:本国政府之意思,系欲再加五年,以本总长个人之见,至多亦再加十五年,共为三十年。

　　日置云:此款现在不能商议。

　　总长云:似贵国政府可以照此同意。

　　日置云:本国政府之训令,主张原案拟在第一款分作两段,又短少期限之事,本公使未接奉训令,不能同意。

　　总长云:商议事件,须彼此互换意见,互相让步,始有圆满之结果,仍请格外见谅。

　　日置云:彼此相商,必至可商议之程度始能相商,今修正案则尚不能至可商议之程度。

　　总长云:此甚可惜。如旅大租借地原约为二十五年,纵令展期亦仅能展至五十年,本国政府之修正案,万一如此提出,又将如何? 今允展至九十九年,即系本国政府之格外让步也。

　　日置云:容再考量,请贵总长亦再加研究。

　　总长云:拟决定一条后再议次条,请贵公使同意。

　　日置云:此时不能决定,碍难同意。

总长云：本国政府盼望从速进行，仍愿议定一条，再议他条。

日置云：固所甚愿，但不能决定，只好商议次条。

总长云：九十九年过长，贵公使之意能让至如何程度？

日置云：以本公使自己之权限，不能提出修正案，只能主张原案九十九年。如贵国政府之主张，与原案期限相近，尚可报告本国政府，请再考量。

总长云：再加十五年，则为三十年矣。

日置云：三十年之期限，相差甚远，不能报告本国政府。

总长云：照原约已加一倍。至南满铁路之收买期限，自本约画押之日起，照贵公使所言，加三十六年，可以同意。

日置云：南满铁路收买期限，系言原有之期限满后再加三十六年，为七十二年。适已言本公使无提出修正之权，与原案相差不远，可以报告政府。现查安奉与南满均系收买期限，如均展至七十二年，尚可报告政府。

总长云：安奉铁路亦于期限满后退还中国乎？

高尾云：安奉铁路无退还期限，仅有收买期限。

总长提出草案如下：南满收买期限，自本约画押之日起，展长三十六年，安奉以南满展长之三十六年为期限。

小幡云：欲令南满与安奉之收买期限同时期满乎？

次长云：公使适言安奉与南满均展至七十二年，故有此案。

高尾云：南满原约尚余二十四年，今展至三十六年，是仅加十二年；安奉原约尚余八年，亦展至三十六年，是仅加二十八年，照约展至七十二年计算，南满除原有二十四年外，尚加四十八年；安奉除原有八年外，尚加六十四年。

次长云：总长始言加五年，后又言展至三十年，今又言展至三十六年矣。

总长云：本总长提出之草案，能报告贵国政府乎？

日置云：相差太远，难以报告。

总长云：旅大租借地及南满铁路退还期限，已均照贵国意思决定，南满之收买期限及安奉期限，请贵公使同意。

日置云：观原案可知本公使之地位实属为难，原案安奉期限系加至九十九年，相差太远也。

日置向次长云：何以如此为难？

次长云：贵公使如能于今日决定，本次长可再与总长相商。

日置云：本公使非全权委员，无决定之权限。

次长云：全权公使当然有全权，总长系为迅速进行起见，故愿决定。

日置云：有何主张，可以报告政府，今日不能决定。

总长云：请再考量，原案虽为九十九年，而原约则仅十五年。

日置云：原约为二十五年，谈判之结果，定为十五年，今亦不必辩论，但能照本公使之草案，可以报告政府。

总长云：本总长之草案不能报告乎？

日置云：碍难报告。

总长云：安奉加七十二年，系较原约加四倍有余，七十二年之数，本系根据南满收买期限之一倍，至安奉之一倍，则仅三十年。

日置云：再三讨论，终难同意。

总长云：现又想一法，于让步之中再为让步如下：南满收买期限照原约再展三十六年（前后七十二年），安奉收买期限俟原约期满，再展三十年（前后四十五年）。

日置云：碍难照允，如能照本公使之草案，可以报告政府。

总长云：安奉有原约在，不可以不考量。

日置云：不能仅照原约。

总长云：九十九年之数，亦系根据条约。

日置云：可先议第二款。

总长云：本总长对于第二款曾经发表意见，可照修正案同意乎？

日置云：曾经详细考量，第三款之修正案，与原案宗旨不符。原案第二三款之意思，向来遇有机会时，曾屡次提醒中国，今观修正案，实与根本之主旨不合,仍请照原案同意。

总长云:最初发表意见时,曾云原案之二三款与条约有抵触,本国政府原拟不提出修正案,嗣又设法避去条约上之抵触,故仍提出相商。

日置云:第二三款本国政府视之最重,拟就向来之事实,于此时订明,以免缭辖。且二三款之内容,在外蒙古已与俄国订约,故本国政府亦愿订明,仍请同意原案。

总长云:本国政府看重贵国政府之意思,故提出第三款之修正案,若贵国政府之原案,则多与条约抵触。

日置云:原案即系改正条约之意。

总长云:有与他国之约抵触者,内地杂居向无此例,恐他国亦来要求。

日置云:因向来无此例,故订约之后,即可照此约办理。

总长云:本国与他国数十年所订之条约,均无此例,是与各外国之约抵触。贵国当未收回治外法权之时,亦未经许外人以内地杂居及在内地贸易等事。

日置云:与各外国之约抵触,是何意义?

总长云:与各外国所订之约,系各外人仅能于通商埠内之租界居住贸易,并经营商工业,及租地盖造应用房厂。

日置云:因向来之条约无此例,故请给与此等权利。若云与条约抵触,岂贵国与俄国所订之约即无抵触乎?

总长云:第三款修正案之事实,如开设商埠居住贸易等,均与贵国政府之主义相同,特字面稍有不同耳。

日置云:照修正案不能同意者二:一限定地界,与原案不符;二未订明农业耕作之事。

总长云:南满开埠地点业经不少,今再添地点即可敷用。至农业则为向来条约所无。

日置云:向来条约上如无此例,则无要求之必要,因现在南满洲及东部内蒙古业经有此事实,特请同意明认此地位而已,不必援照旧约。

总长云:本国与各外国订有条约,不愿令外人有异言。今贵国所要求者,轶出向来条约之范围以外,于中国不便,于贵国亦不便。又东部内蒙古曾经声明剔除,不能同时提议。至耕作为小民之生计,无论何国不让外人耕种。虽巴西、阿根廷、智利诸国,有招外人耕种之事,系人口稀少,为一种特别情形,不可为例。且日人在中国内地耕作,难保不常有镠轕之事。

日置云:贵总长恐轶出向来条约之范围,不允同意,其实此次要求,即欲于订约之后照新约办理也。所云巴西等国因人口稀少,划外人垦种,固然;然农业实业等,均应从经济上着想。近来南满地方本国之人民不少,此为经济上之趋势,无可如何之事。至小民之生计一节,向来南满地方之中国小民,仅种旱田,不习水田种稻之法,本国人在该处办理水田,著有成绩,中国人民颇仿作之,亦出好米。是于中国小民颇有利益,并于生计无碍。至以此生出镠轕为可虑,今明订此条约,即可免除误会,自然相安无事矣。又贵总长适云中国内地无外人耕作之事,查黑龙江省汤原县之北部,有东益垦务公司,即系美国人办理者。

次长云:或系中国自办之公司,美人特为技师而已。

高尾云:闻确系美国人办理。

次长云:资本如何?

高尾云:资本,天津太古洋行颇有关系。

次长云:请以调查之大略见示。

日置云:并不甚详。

又云:此等耕作之事,为中国发达地方,甚有利益,向来为荒地者,今则为垦地,并无妨碍。

总长云:发达地方之耕作,本系自国之事,无让与外国人者。

日置云:此等事业,应从经济上之发达着想,不能为法律条约所压制。如此办理,虽为违反条约,亦系经济上自然之势力,他之外国人,亦有时为违反条约之事。

总长云:照本国政府之修正案,亦与贵公使之意思相符,且系条约上所有之办法,各省均系如此办理。于居住贸易商工业等,无不可以发达,至耕作一节,欲以订入约中,碍难同意。

日置云:对于原案之二三款,除耕作以外,均能同意乎?

总长云:照原案有种种为难情形,本国政府系于无可设法之中提出修正案。若在内地任便居住,则是内地杂居,内地杂居与领事裁判权最有关系,贵国当日亦有经验。领事裁判权为破坏主权之一端,内地杂居而不服从中国之法律,则各内地之主权,均被其破坏矣。中国本欲以此事为收回领事裁判权之张本,有领事裁判权,则不能允内地杂居;有内地杂居,则不应有领事裁判权也。

日置云:俄蒙条约第一条及第六条,系如何解决?

总长云:南满与外蒙古情形不同,南满已设有州县,直为内地矣。

高尾询之次长。

次长云:总长之意,谓外蒙古为藩属,南满则二十一省之一,情形不同也。

日置云:外蒙与东三省情形不同,固然;但俄蒙条约之第一款,不背贵国之主权乎?

高尾云:第一款载明,俄国臣民在外蒙古任何地方,得任便居住、经营商业,并设立工厂等事。

总长云:即系任便居住往来之意,但俄蒙条约系外蒙古独立之时,一般无知识之愚人,为外人所强迫,是为特别情形,中国政府不得已而承认之者。我等正式谈判,不能以蒙人所订之约为比例,自应查照两国亲善之旨办理。

日置云:贵国政府于不得已时即可承认乎?

总长云:此次谈判系两国政府之好意,本国政府不能料贵国有何等举动,贵国政府亦不能以俄国对待外蒙古之态度对待中国。

日置云:日本之地位与俄国之地位,历史上之关系,显然不同,故本国政府照本国之地位提出要求,其理由较俄国加百倍。如欲照俄蒙之办法进行,亦甚易,即如本国国民常有解决满蒙之言论,其里面之用意不难揣测,可见本国政府此次提出之条件尚系欲和平磋商也。

总长云:政府有政府之主张,人民有人民之主张,据本国政府观之,实无规定条约之必要,纵令规定,亦应照修正案之意办理。因南满如此,他国起而效尤,亦在他处要求,是使中国成四分五裂之情形,当非贵国政府所希望。孙总长曾言:于贵国有益,于中国亦有益,可商办;于贵国有益,于中国无损,亦可商办;若于贵国有益,于中国有害,则难以同意矣。

日置云:政府自然有政府之主张,故提出此次要求,若不于此时订明,将来必时起危险,此可明见之事。自事实上观之,南满与东部内蒙古现有之日本人已不少,虽条约上禁止在未开地方居住,而潜往居住者,实不乏人,地方官为此事与领事常起镣镣。故自经济上言之,为便于行商居住,现在不能不如此,将来亦不能不如此。若不订明,必生出不吉祥之事,又虽订明此约,各国仅能在满洲地方均沾,在他省则不能均沾,因地位不同,故也。

总长云:修正案即系照贵国政府之意思,多开商埠,便于行商,当然可以自由居住贸易。一面贵国人民可达经商贸易之目的,一面他国之在他省可无同等之要求,仅能照约均沾而已。

日置云:自中日两国之地理上经济上言之,有多数之日本人愿来中国经营商业工业农业或畜牧等事,不得专指商业而言。仅开商埠不能满足,且往往有不合宜之地点。至云他国在他省有同等之要求,查他国均无如日本在南满之地位,且无要求之必要。理由不同,情形亦不同,是盖事实上之问题也。

总长云:贵公使仅云南满,北满即有同一之地位,将如何办理?

日置云:如何办理,贵国政府必有主张,且俄国在外蒙已得有利权矣。

总长云:南满既订条约,给与权利,俄国对于北满亦必为同一之要求。

日置云:情形相同,纵令俄国有此要求,亦系大势所趋,无可如何也。

总长云:照修正案之意,贵国既可达到商业之目的,将来北满亦拟如此办理。如贵国在南满要求特别情形,俄国于北满亦如此要求,是范围过大矣。故照修正案办理,是欲贵国作一榜样。

日置云:现在不能问原案之是否,此项要求系从事实上立言。将来俄国视情形之必要,在北满有同一之要求,贵国政府亦应考量。

总长云:因看重贵国政府之意思,故提出第三款之修正案,请看重修正案,彼此讨论。

日置云:断然不能同意修正案。现在南满之有日人及将来增加日人,为一定不易之事实,不可禁阻,非今日许来不许来之问题也。自此情形观之,在贵国政府虽有主张,而本国政府及本公使之意思,盼望能设法调和制度及主权上之障碍。换言之,即筹出相当之办法,务使与条约制度主权不相抵触也。

旋即兴辞而去。

《中日关系史料——二十一条交涉》(上),第124—133 页

中日"二十一条"交涉第八次会议问答
1915 年 3 月 9 日

日置云:上次会议关于安奉铁路展限之事,如何办理?

总长云:经本国政府格外考量,务使贵国政府完全满意,拟照贵国政府提出之原案加一附注,本国政府之修正案,本系分为两款,今仍将修正案第二款撤回,照贵国政府之原案第一款办理。

次长云:系全照原案之第一款。

总长云:请报告贵国政府,系完全照贵国之主张,随交附注如下:旅大租借地至民国八十六年,即西历一千九百九十七年为满期,南满铁路至民国九十年,即西历二千零一年为满期,安奉铁路至民国九十六年,即西历二千零七年为满期。

小幡云:南满铁路有退还及收买两期限,何以附注未注明?

次长云:附注系根据原案写法,原案所谓南满铁路展至九十九年,系指何者而言?

小幡云:包括退还及收买两期限而言。

次长云:若然,则附注亦包括两期限。

日置云:原案系于最初期限之外再每加九十九年。

高尾云:原案有各期限之语,附注何无各字。

次长云:呈递大总统及面交孙总长之汉译条件,均无各字,且言展至九十九年,则应包括最初期限在内。

日置云:可照修正之意思同意,但照附注写法,则与原案之日文不符,容将日文改写,俟下次会议再定。总之,字句虽有斟酌,贵国政府允将安奉期限明订第一款内,本公使甚表满意。

总长云:字句之间或有更改,本总长之意见,凡商议一条,彼此于主义已决定者,可互行签字,以期迅速进行。

日置云:照原案者可以签字,若有修正,则须报告政府,俟得训令,始能决定。

总长云:盼望得训条决定后,缮写二纸,彼此签字互换。

日置云:无异议。

高尾云:第一款须明订南满铁路之退还及收买两期限。

次长云:两期限同时期满。

小幡云:照原案则应各于原有期限外再加九十九年,并非同时期满。

次长云:公使已同意修正之意思,则退还与收买两期限,自系同时期满,但同时期满,于事实上颇有窒碍。

日置云:文字再行考量,可在贵国政府同意之年限范围以内,再行斟酌。

总长唯唯。

日置云:第二三款如何?

总长云:前次会议,贵公使曾请考量设法调和主权条约制度上之抵触,本国政府又加研究,现拟再行提出修正案,惟东部内蒙古曾经声明提除。本国政府以东部内蒙古地方尚少发达,现仅于赤峰洮南两处预备开埠,可供外人之居住贸易,其余地方多系沙漠,又兼地方不靖,常有杀人害人之事,易生蓼辖。即如新民屯,即有关系日人之事件,至今犹为遗憾。拟俟商务发达地方安靖之后,彼时再行商议,此确系本国政府之苦衷。至耕作一节,实属为难。惟前次会议,贵公使以仅开商埠,不能包括耕作,颇不满意。今拟另设方法,不以之订入约中,以互换文件行之。

日置云:请以修正案见示,惟东部内蒙古,本国政府异常看重,碍难同意提除。

总长云:东部内蒙古请报告贵国政府,谅察中国政府为难情形。

日置云:东部内蒙古现在为难,将来再行商议一节,可于此时言明乎?

总长云:可于此时言明,但用互换文件之法。内蒙古地方铁路交通诸不完备,兼之地方不靖,时生危险,外国人请给护照前往游历,本部碍难照发者,即此之故。贵使馆亦常为此事与本部交涉,可见中国政府十分为难。即如赤峰虽拟开埠,至今尚未兴工,道路亦不完备,将来交通发达,定可商议。

随交修正案如下:凡在东三省南部内地居住贸易之外国臣民,须觅妥实商保,声明赴何处作何项职业,呈请该省巡按使或道尹查核,果系正当营业,发给居留执照,以便居留。惟此项在内地居住之外国臣民,遇有民刑诉讼,应由中国官吏处理,所有中国法令、警察条规、税课章程,均应一律遵守。其因盖造工商业应用房厂之地基,应向业主公平商租。

又以文件互换者如下:中国政府允许设一中日垦务公司,择南满洲荒旷地方划定界址,由公司备价租领开垦,其一切章程应按照中日合办采木公司章程,与奉天地方长官另行商订。

日置云:与原案相差不远,始可商量,若照此修正案,是直撤回治外法权矣。与原案意思不符。至耕作一节,修正案亦与原案宗旨相去太远。仅令本国设一垦务公司,殊难同意。

次长云:此项垦务公司,系欲中日两国合办。

总长云:此修正案系本国政府于无可设法之中所设之法,即系调和制度主权条约上抵触之意。此种苦衷贵公使不能见谅,殊为失望。至垦务公司,各处如此办理,均有成效。南满荒旷之地,大都可使日人耕种,范围亦广,并无妨害。此即斟酌主权及机会均等主义而设之办法也。又贵公使曾云,日本人现在既来中国,将来亦来中国,为经济之趋势。事实上既不能请贵国政府命令回国,则本国政府不能不竭力设法。贵公使恐日本人民有不便,今则设法去其不便,可免轇轕。是一面尊重中国之主权条约,一面日本商人可以安全营业,已足期商务之发达矣。

日置云:前次会议,本公使之意,欲请贵国政府照原案之第二款第三款同意。至实行之时,或恐与条约制度主权有所抵触,可再设他之方法,即如加一附注,另行言明之意。不料贵国政府不照原案同意,仍提出第三款之修正案,与原案相差甚远,殊属碍难斟酌。至耕作一节,设立垦务公司是仅限一地方,与原来宗旨不符。

次长云:公司虽一,而开垦之地方不少,均可由公司租领耕种。

总长云:修正案即系根本同意之意思,与原案相差不远,不过设法调和抵触而已。

日置云:本公使之意思,系欲照原案同意,至实行内地杂居之时,如租税如何缴纳,警察律例,完全发达地方至如何之程度可以服从,民事诉讼等如何协定办法裁判之,可以彼此商议,但不能与原案宗旨不符。总之,内容极为复杂,可再彼此考量。

总长云:本总长即系本此意报告政府,原案之第二款,除耕作以公文互换外,盖造商工业应用之房厂,可得其土地须要之租借权,第三款任便居住往来、经营商工业等事,均规定修正案之中。惟因于条约主权有碍,故加入租税警察等字样,不过文字太长耳。

日置云:照修正案办理,是将治外法权撤回,尚须请领执照,日本人民为所束缚,不能自由,于往来甚形不便,与商埠大异。

总长云:发给执照,系为保护日商起见,不然有多数之人潜赴内地,不能辨明为日本人,易生误会。且对于本国国民,一方面尚可谓内地未尽开放,主权依然保留,可以免起反对。

日置云:容再考量。

总长云:警察及民事诉讼等,请一并考量,且因内地杂居,向无此例,照修正案办理,是有内地杂居之实,无内地杂居之名而已。

日置云:第四款如何?

总长云:第四款贵公使可照修正案同意。

日置云:对于原案不同意,系何理由?

总长云:根本上之理由,原案系欲将南满洲之开矿权全部让与日本,与机会均等之主义不符,故提出修正案。查向来之约,仅系指定地点,不能全部让与,照修正案办法,于一年以内勘得之矿,尚可选择半数。

日置云:若恐与机会均等主义违背,应照原案同意。因原案非将南满全部矿山包括在内,系云拟开各矿另行商订也。

总长云:第四款似可不必订入约中,因将来资本家如欲开矿,随时均可商办也。但贵公使如以为必要,可以互换文件之法行之。

日置云:因应开之矿尚未决定,此款特预约之意耳。

总长云:开矿等事向系互换文书,为贵公使所深知。以本总长观之,第四第五第六等款,均可用互换文件之法。其中聘请顾问,特最小之事耳。矿产归农商部主管,造路归交通部办理,外交部多不经手,往往各该部即自以公函订之。如以之全订约中,国民见之,外国人见之,将均谓条文如此之多矣。

日置云:他号或可互换文书,一号二号系订定条约之意思,曾经声明。

总长云:事实上并无差异,特条件减少耳。

日置云:第四款按照修正案办理,不与机会均等主义相背乎?

总长云：原案系以矿之全部永久许与日本国臣民，修正案则日本国臣民于一年以内可选择良矿，一年以外他国人当可商办，然已无良矿矣。

日置云：按照第四款原案，先开地点商议如何？

总长云：可以指定地点，再行考量。但按照中国矿务条例办理一语，必须加入。

日置云：大致意见，业已相合，指定地点商议，抑照修正案，容再考量。

日置又云：第五款如何？

总长云：第五款之修正案可同意乎？

日置云：贵国政府之修正案，可表同意。但原案之第二项有关于税课之事，当第二次会议时，贵总长发表意见，仅云海关税及盐税不能作抵，除此两项税课以外，仍请加入。

总长云：修正案所以不加入税课之理由，因于主权有碍。税之大宗为海关税及盐税，其余税课收入不多，事实上不能以之作抵。加入此节，是徒惹国民注意，令其反对，将谓政府应自己课税，亦不能支配也。况五国银行团会议之时，贵国曾不允以该处税课作抵，是即一大保证。

日置云：提出第二项之原因，系因东三省常为借款而生缪辖。前有美国商人商议借款之事，曾欲以税课作抵，经本国领事查出抗议，始行罢议。本国政府有此经验，故提出商议，以防将来。五国银行团会议时，亦系因此提出反对，四国银行均承认之，彼等亦系不愿干预有缪辖之事也。

总长云：东三省商议此项借款，确非正当之办法，因贵国出面抗议，不成，将来地方官有此经验，自不再办此事。若必以之订之约中，则人人皆知，是使中国政府为难。且北满亦有牲畜税，将欲援照不允作抵矣。

日置云：地方政府与外国借款事，难保将来不再有此事实，虽抗议则可不成，然必预先通知，始能抗议，万一秘密订立合同，日本知之在后,则无从抗议矣。故为预防镣镣起见,此时亟应订明。

总长云:地方官不得中央之许可,不能向外人借款。此时之外国人,非当日可比,不易朦混。纵令地方官欲以税课作抵,外人亦不相信,尚须研究调查此项税课是否可以作抵,及曾否作抵,与他国有无关系。经此种种调查,即不通知贵国,而贵国早知之矣。故地方官秘密借款之事,为事实上所不能有。

高尾云:地方借款中央能知之乎?其知之者为何种机关?

次长云:财政部外交部均能知之。

高尾云:恐系商定之后。

次长云:于未商定以前,须得中央政府之许可。

日置云:地方借款中央政府不许可不能成立乎?

次长云:然。

日置云:如此则以此节订入约中何如?

次长云:此系互换文件之性质,不能订入条约。

小幡云:第二次会议发表意见时,总长仅云海关税及盐税不能作抵,是已无反对原案之意,如不明订约中,恐将来地方常有此等借款之事实。

次长云:不能常有此事实,即有之,中央政府未有不知之者。

小幡云:未必尽知。

次长云:能尽知之,此节可以保证。

日置云:地方借款之事,在所不免,即以东三省南部地方,如以税课作抵借款,中央政府不允各节,订入约中亦可。

总长云:不便订之约中。

日置云:按照原案写法如何?

总长云:碍难同意。贵国政府必欲言明,以文件互换之,政府或不致反对。因政府必不愿地方以税课作抵借款也。但公函中须声明除海关税及盐税外。

高尾询之次长。

次长云：谓公函中言明，除海关税及盐税外，地方官如以他项税课作抵向外国借款，中央政府不允云云。

高尾云：向日本借款亦不允乎？

次长云：日本曾不愿借与中国之款。

日置云：东三省地方税课不得作抵借款一事，五国银行团业已承认，且在巴黎会议时已经发表，各国资本家无不知之者，订之约中，似亦不妨。

次长云：此有禁止之意，条约系对外而言，不应有此体裁。

总长云：五国银行团等大资本家，既无不知之者，则此节更不必明定。

日置云：大资本家虽已知之，而小资本家最为可恶，地方上之小借款大抵皆小资本家所弄之伎俩。

总长云：小资本家固多不规则之举动，然东三省南部已无可作抵之税课，且为中央政府所知，必不允许。贵公使认为必要，可以换一公文。

日置云：第五款大致照修正案同意，第二项仍请同意原案。本公使亦再加考量。

总长云：本总长亦照此意报告政府。

日置云：次及第六款。第六款之修正案，与原案大致相同，惟拟修改数字，即加入警察教官字样，删去尽先二字。所以加入警察字样者，今日可预先声明，第五号之第三款拟撤回也。今拟修改如下：中国政府声明，如在东三省南部聘用政治财政军事警察外国各顾问教官时，聘用日本人。

总长云：教习字样所以删去者，因订入约中，则学校中各项教习均不能聘用他国人也。

日置云：已指明系政治财政军事警察之顾问教习。

总长云：财政学堂军事学堂均须聘请各项教习，何能有所限制？

小幡云：奉天某师团中，曾有聘请德国人作教习之事。

次长云：并非请作教习，系向德国购买军械，该德人带同军械来华，于六个月之内教练使用军械而已,满六个月即行回国矣。

日置云:加入教官字样不能同意乎?

总长云:容再考量。

日置云:次及第七款。第七款之修正案不能同意,原案仍请贵国政府同意。

总长云:吉长铁路全路之管理权,均委托贵国,殊觉为难,将来借款造路之事尚多,即如商议烟潍龙潍铁路之时,念及吉长铁路,即有戒心。此等合办之路,不数年间即归日本管理,而并延长年限,恐于两国经济合办之事业影响甚大。本国政府再三斟酌,旅大租借地及南满安奉两铁路期限,既均完全使贵国政府满意,仅此一点,似贵国可以让步。

日置云:吉长铁路与日本经营之他路,于交通上贸易上军事上均有密切之关系。因吉长铁路办理不善,不能发达,以致本国所办之铁路亦受其影响,要求委任日本管理,不外极力改良之意,仍请照原案同意。

总长云:本国政府亦知此中情形,但中国之实业家资本家均欲与日本合办事业,此节若照原案办理,恐受莫大之影响。

日置云:此铁路之资本家,将来分利,必年益加多,不但不致亏空,并可增加利益,且委任日本管理,定能发达,必与南满干路相同。

总长云:凡系各半之款,即归日本管理,恐于将来合办事业有影响。

日置云:并非夺取资本之意,一面尊重资本,一面力求铁路之发达也。

总长云:凡资本家均欲争管理权,今委任日本管理,则群起畏惧,以后不敢再合办事业矣。

总长又云:贵公使适言第六款加入警察字样,则第五号之第三款取消。据本总长观之,第五号系全号取消,并非仅取消第三款。

日置云:全号取消,不能同意,曾经声明。

日置又云:第七款本国政府主张原案,已有决心,请再考量。

总长云:第二号之全号中国均让步,贵国一步不让乎?

日置云:本国政府视之最重。

总长云：今日会议后报告政府，谓第七款贵公使尚主张讨论，本总长殆无以自解。本总长及曹次长在政府中颇受责难。然仍任劳任怨，期达亲善之目的。贵公使可否退让一步，以便向政府有所辩护。

日置云：本公使甚表同情，但如为本公使之私事定可让步，且亦不提出要求，本公使亦处于同等为难之地位，尚请原谅。

总长云：容照贵公使之意思，再行考量。第三款之修正案及关于耕作事互换文件之案，请贵公使亦再考量。

日置云：但离原案之意思太远，难以同意。

旋即辞去。

《中日关系史料——二十一条交涉》（上），第136—145页

日置益面告日政府训令大要
1915年3月25日

此次派兵，系交代之目的，惟中国各地方有不稳之状况，如上海集会排斥日货、山东铁路时有中国人妨害，日本人在山东地面，被中国人击毙及其他不稳情形之类。中国政府若不从速镇压各地方之风潮，恐实行交代之事，不能谓不难。又各地方有此不稳情形，亦系此次交涉迟延解决之所致，盼望中国政府从速解决此次交涉，并镇压各地方之风潮。

《中日关系史料——二十一条交涉》（上），第178页

中国外交部致日置益照会
1915年3月26日

为照会事：接济南来电，坊子近到日本步兵五百余名，炮、马兵各一队。济南亦到有日本步炮队约七百人，尚有大队续至。又接奉天来电，日本在奉天车站约增兵三千余人，大连湾东港亦到有日兵三千余人等因。查胶澳战事早经解决，所有沿胶济铁路少数军队，正在协商撤回。今忽增加兵力如此之多，殊堪疑讶。且奉天地方安静，更无增加军队之必要，贵国此次在该两省究竟因何增加兵力，尚希贵公使迅即见复。切

盼。须至照会者。

《中日关系史料——二十一条交涉》（上），第 178—179 页

中国代表面交日使理由说帖

1915 年 4 月 1 日

　　查第二号原案第二条，要求在南满洲东部内蒙古自由居住贸易耕作，且欲得土地所有权一节，显欲使日本人在该处所处之地位，轶出彼此条约所订范围之外，在该处得以自由行动，限制中国主权之行使，是大害我行政主权也。日本人在该处既可得土地所有权，将来势之所极，该处土地到处皆可为日本人所有，是实侵害我完全领土权也。且内地杂居与领事裁判权不能相容，故欲内地杂居之实行，必须撤回领事裁判权。先进之国，俱有先例。日本政府此次绝对要求杂居，欲使领事裁判权推行及于中国内地，并将南满洲之利益几为日本人所垄断，与各国机会均等主义显然不符。故对于此项要求，中国政府本无与商之余地，惟念彼此邦交之关系，虽有上述之种种困难，于无可设法之中，力求解决之法，明知与条约不相容，拟于条约范围以内，勉副日本之希望。故第一次修正案提出在南满洲添开商埠，且允与中国人合办农垦公司。盖日本人所愿至之地，必为该处主要之处，尽行开作商埠，则日本人得以到处居住贸易，商租地亩，合办农垦，已可得杂居之实利，而于中国条约之困难，各国均等主义，均尚有辩护之余地。日本政府不允照此办法，中国又提出第二次修正案，将添开商埠之案收回，另拟办法，与日本人以条约外杂居之利益，惟声明商埠以外之日本人，须服从中国警章，完纳各项赋税，与中国人一律。并声明日本人之民刑诉讼，须归中国官裁判，日本领事只能到堂听审，此盖仿照延吉厅（间岛）韩民在中国内地杂居区域内办法，并非此次新创之例。日本政府又不允，乃为第三次之修正案，将诉讼问题分别民事刑事，仿照土耳其对于外国人现行之成例，复行提出。日本政府仍不允。至是而为第四次之修正案，即将日本政府初次提出原案之第二条第三条，关于南满洲杂居问题，除土地所有

权改为土地租借权,耕作土地加以另订章程数字外,完全照原案同意,惟附加一条,声明中国政府委曲求全之办法。此条之意,即依据三月六日贵公使声明于第二条第三条原案附加条文,拟一调和办法,俾与主权条约制度不相抵触之意。此次修正案,原案第二第三条既已同意服从警章完纳赋税,主意亦已相同,即诉讼问题,刑事已照向例办理,民事仅视现行办法略为变通,俾免实行之窒碍,并不足以比土耳其之现行办法,此为中国政府无可再让之办法,务请委曲详报贵国政府,速行同意,以期解决。至东部内蒙古情形,与南满洲迥然不同,自不能相提并论,屡经本总长声明,贵公使亦已同意者也。

《中日"二十一条"交涉史料全编》(1915—1923),第 26—27 页

中国外交部致日置益函

1915 年 4 月 6 日

径启者:据山东地方官报告称,本月二日上午由张店开至济南日军等二百七十余人,下午由坊子开至济南日兵三百六十余人,均带有军械等语。相应函请贵公使查照本部三月二十二、二十九两日照会,转达贵国政府并案办理为荷。顺颂日祉。

《中日关系史料——二十一条交涉》(上),第 207 页

中国外交部收统率办事处抄交张锡銮等电

1915 年 4 月 8 日

大总统府政事堂、统率办事处、参谋本部、陆军部鉴:华密。报称日本第十七师团之第二十四旅团司令部伊藤旅团长,及第二十一联队,于十号乘"琴平丸"抵连,该队全部暂住连埠。又步兵第四十一联一大队,工兵第十七大队,于三号乘"亚细亚丸"抵连。除续探外,特闻。锡銮、元奇。歌。印。(统率处四月六日函抄送)

《中日关系史料——二十一条交涉》(上),第 210 页

中国代表面交日使理由说帖

1915 年 4 月 9 日

按东三省放垦向有专章,租地耕种亦有习惯。近今间有租地与外国人代为垦耕之事,各据契约,办法不一。将来所定之租地垦耕章程,不过以各种习惯之不成文法,定为成文法而已。至租地年限,亦自按照习惯,与夫近今中外人间所订契约,择其最长之年限,以为标准。此种章程既系根据习惯办法,为中外人民所共守,自应以公平为主,决不至有歧视之嫌,此中国政府所能保证者也。至警察法令,为中国现行之警察律,行之通国,历有年所。赋税亦为现行之税则,均系完全中国内政,自不便由日领承认,启将来外国领事承认本国律法之恶例。且日本既允许南满杂居之日本人服从中国之警察赋税办法,是明明知有中国现行之警察赋税办法,而使日本人服从之,自无以业经通行之警察赋税办法,而更要求承认之理由。至裁判问题,中国业已修正数次,照最后之修正案,民刑诉讼均已照约办理,与最初欲以内地杂居与领事裁判为交换之主意,早已让步。即证以同有外国领事裁判权之土耳其国,其裁判办法,凡土耳其人与英人间之民事案件,无论该英人之为原告或被告,皆由土耳其法庭审理。其关于不动产之各种条件案内之外国人,须与土耳其人一律办理。且无论该外国人之为原告或被告,须直接由土耳其民事法庭处断。即使两造皆为外国人,亦无利用其国籍之权利等语(参照一八六七年六月十八日土耳其法律及一八六八年七月二十八日协约)。此次所定关于土地审理之办法,不过参酌土耳其一部分之办法。至民刑诉讼之办法,尚不如土耳其之办法甚远。贵公使既声明将来用中国法律及习惯法审理,更无共同审理之必要。故日本政府应鉴中国政府之诚,实不应再借口领事裁判权,而并此最让步之办法而亦不承认也。以上理由,中国政府自信确为公平最后之让步,尚希详细转达贵政府熟加考量,速予同意,以速解决。

《中日"二十一条"交涉史料全编》(1915—1923),第 28—29 页

日本公使第二次送交条款

1915年4月26日

另开各款,系将日文译汉文者,末次确定时,应有修正文字之处,特此声明。

第一号前文:

日本国政府及中国政府,互愿维持东亚全局之平和,并期将现存两国友好善邻之关系益加巩固,兹议定条款如左:

第一款　中国政府允诺,日后日本国政府拟向德国政府协定之所有关于山东省依据条约或其他关系对于中国政府享有一切权利利益让与等项处分,概行承认。

第二款(改为换文)　中国政府声明,凡在山东省内并其沿海一带之地及各岛屿,无论何项名目,概不让与或租与别国。

第三款　中国政府允准,自行建造由烟台或龙口接连胶济路线之铁路,如德国愿抛弃烟潍铁路借款权之时,可向日本资本家商议借款。

第四款　中国政府允诺,为外国人居住贸易起见,从速自开山东省内合宜地方为商埠。

(附属换文)所有应开地点及章程,由中国政府自拟,与日本国公使预先妥商决定。

第二号前文:

日本国政府及中国政府为发展彼此在南满洲及东部内蒙古之经济关系起见,议定条款如左:

第一款　两订约国互相约定,将旅顺大连租借期限并南满洲及安奉两铁路期限,均展至九十九年为期。

(附属换文)旅顺大连租借期至民国八十六年,即西历一千九百九十七年为满期,南满铁路交还期至民国九十一年,即西历二千零二年为满期,其原合同第十二款所载开车之日起三十六年后中国政府可给价收回一节,毋庸置议。安奉铁路期限至民国九十六年,即西历二千零七年为满期。

第二款　日本国臣民在南满洲为盖造商工业应用之房厂，或为经营农业，可得租赁或购买其须用地亩。

第三款　日本国臣民得在南满洲任便居住往来，并经营商工业等各项生意。

第三款第二项　前二款所载之日本国臣民，除须将照例所领护照向地方官注册外，应服从由日本国领事官承认之警察法令及课税。至民刑诉讼，其日本人被告者，归日本国领事官，其中国人被告者，归中国官吏各审判，彼此均得派员到堂旁听。但关于土地之日本人与中国人民事诉讼，按照中国法律及地方习惯，由两国派员共同审判。俟将来该地方司法制度完全改良之时，所有关于日本国臣民之民刑一切诉讼，即完全由中国法庭审理。

第四款（改为换文）　中国政府允诺，日本国臣民在南满洲下开各矿，除业已探勘或开采各矿区外，速行调查选定，即准其探勘或开采，在矿业条例确定以前，仿照现行办法办理：

一、奉天省

所在地	县名	矿种
牛心台	本溪	石炭
田什付沟	本溪	同上
杉松岗	海龙	同上
铁厂	通化	同上
暖池塘	锦	同上
鞍山站一带	辽阳县起至本溪县	铁

二、吉林省南部

所在地	县名	矿种
杉松岗	和龙	石炭
缸窑	吉林	石炭
夹皮沟	桦甸	金

第五款第一项（改为换文）　中国政府声明，嗣后在东三省南部需

造铁路,由中国自行筹款建造,如需外款,中国政府允诺先向日本国资本家商借。

第五款第二项(改为换文)　中国政府声明,嗣后将东三省南部之各种税课(惟除业已由中央政府借款作押之关税及盐税等类)作抵由外国借款之时,须先向日本资本家商借。

第六款(改为换文)　中国政府声明,嗣后如在东三省南部聘用政治财政军事警察外国各顾问教官,尽先聘用日本人。

第七款　中国政府允诺,以向来中国与各外国资本家所订之铁路借款合同规定事项为标准,速行从根本上改订吉长铁路借款合同。

将来中国政府关于铁路借款附与外国资本家以较现在铁路借款合同事项为有利之条件时,依日本之希望,再行改订前项合同。

中国对案第七款　关于东三省中日现行各条约,除本协约另有规定外,一概仍旧实行。

关于东部内蒙古事项:

一、中国政府允诺,嗣后在东部内蒙古之各种税课作抵由外国借款之时,须先向日本国政府商议。

二、中国政府允诺,嗣后在东部内蒙古需造铁路,由中国自行筹款建造,如需外款,须先向日本国政府商议。

三、中国政府允诺,为外国人居住贸易起见,从速自开东部内蒙古合宜地方为商埠,其应开地点及章程由中国自拟,与日本国公使妥商决定。

四、如有日本国人及中国人愿在东部内蒙古合办农业及附随工业时,中国政府应行允准。

第三号:

日本国与汉冶萍公司之关系极为密接,如将来该公司关系人与日本资本家商定合办,中国政府应即允准。又中国政府允诺,如未经日本资本家同意,将该公司不归为国有,又不充公,又不准使该公司借用日本国以外之外国资本。

第四号：按左开要领中国自行宣布：

所有中国沿岸港湾及岛屿，概不让与或租与他国。

换文：

对于由武昌联络九江南昌路线之铁路，又南昌至杭州及南昌至潮州之各铁路之借款权，如经明悉他外国并无异议，应将此权许与日本国。

换文第二案：

对于由武昌联络九江南昌路线之铁路及南昌至杭州南昌至潮州各铁路之借款权，由日本国与向有关系此项借款权之他外国直接商妥以前，中国政府应允将此权不许与何外国。

换文：

中国政府允诺，凡在福建省沿岸地方，无论何国，概不允建设造船厂军用蓄煤所海军根据地，又不准其他一切军务上施设，并允诺中国政府不以外资自行建设或施设上开各事。

陆外交总长言明如左：

一、嗣后中国政府认为必要时，应聘请多数日本人顾问。

二、嗣后日本国臣民愿在中国内地为设立学校病院租赁或购买地亩，中国政府应即允准。

三、中国政府日后在适当机会，遣派陆军武官至日本，与日本军事当局协商采买军械或设立合办军械厂之事。

日置公使言明如左：

关于布教权问题，日后应再行协议。

《中日"二十一条"交涉史料全编》(1915—1923)，第30—34页

中国之最后修正案
1915年5月1日

第一号前文：

日本国政府及中国政府互愿维持东亚全局之和平，并期将现存两

国友好善邻之关系益加巩固,兹议定条款如下:

第一款　中国政府声明,日后日德两国政府彼此协定关于德国在山东省内依据条约及成案办法对于中国政府享有之一切利益等项处分,届时概行承认。

日本国政府声明,中国政府承认前项利益时,日本应将胶澳交还中国,并承认日后日德两政府上项协商之时,中国政府有权加入会议。

第二款　此次日本用兵胶澳所生各项损失之赔偿,日本政府概允担任。胶澳内之关税电报邮政等各事,在胶澳交还中国以前,应暂照向来办法办理。其因用兵添设之军用铁路电线等,即行撤废。胶澳旧有租界以外留余日本军队先行撤回,胶澳交还中国时,所有租界内留兵一律撤回。

第三款(改为换文)　中国政府声明,凡在山东省内并其沿海一带之地及各岛屿,无论何项名目,概不让与或租与他国。

第四款　中国政府允准,自行建造由烟台或龙口接连胶济路线之铁路,如德国愿抛弃烟潍铁路借款权之时,可向日本资本家商议借款。

第五款　中国政府允诺,为外国人居住贸易起见,从速自开山东省内合宜地方为商埠。

(附属换文)所有应开地点及章程由中国政府自拟,与日本国公使预先妥商决定。

第六款　以上各款,将来日德政府协商让与等项,倘或未能确定,此项预约作为无效。

第二号前文:

日本国政府及中国政府为发展彼此在南满洲之经济关系起见,议定条款如下:

第一款　两订约国约定,将旅顺大连租借期限并南满洲及安奉两铁路期限,均展至九十九年为期。

(附属换文)旅顺大连租借期至民国八十六年,即西历一千九百九十七年为满期,南满铁路交还期至民国九十一年,即西历二千零二年为满期,其原合同第十二款所载开车之日起三十六年后中国可给价收回一节,毋庸置议。安奉铁路期限至民国九十六年,即西历二千零七年为满期。

第二款　日本国臣民在南满洲为盖造商工业应用之房厂,或为农业,可向业主商租须用之地亩。

第三款　日本国臣民可在南满洲任便居住往来,并经营商工业等各项生意。

第三款第二项　前二项所载之日本国臣民,除须将照例所领护照向地方官注册外,应服从中国违警律及违警章程,完纳一切赋税,与中国人一律。至民刑诉讼,各归被告之本国官审判,彼此均得派员旁听。但日本人与日本人之诉讼及日本人与中国人之诉讼关于土地或租契之争执,均归中国官审判,日本领事官亦得派员旁听。俟将来该省司法制度完全改良之时,所有日本国臣民之民刑诉讼,即完全由中国法庭审理。

换文:

一、中国政府声明,嗣后不将南满洲及热河道所辖之东部内蒙古除关税盐税外之各种税课抵借外债。

二、中国政府声明,嗣后在南满洲及热河道所辖之东部内蒙古需造铁路,由中国自行筹款建造,如需外款,除与他国成约不相抵触外,先向日本国资本家商议。

三、中国政府允诺,为外人居住贸易起见,从速自开南满洲及热河道所辖之东部内蒙古内合宜地方为商埠,其章程按照中国他处已经自开之商埠办法办理。

第三号:

日本国与汉冶萍公司之关系极为密接,如将来该公司与日本资本家商定合办,中国政府应即允准。又中国政府声明该公司不归为国有,又不充公,又不准使该公司借用日本国以外之外国资本。

来函:

径启者:闻中国政府在福建省沿岸地方,有允外国建造船厂军用蓄煤所海军根据地及其他一切军务上施设,并闻中国政府有借外资建设或施设上开各事,有无此项情事,希即见复,为荷。

复函:

径复者:接准　月　日来示,阅悉。中国政府可以声明,并无在福建省沿岸地方允外国建造船厂军用蓄煤所海军根据地及其他一切军务上施设,又无拟借外资建设或施设上开各事。相应函复,即希查照。

《中日"二十一条"交涉史料全编》(1915—1923),第 35—37 页

中国代表对日使面答理由

1915 年 5 月 1 日

日本政府此次对于中国政府提出条件五号,第一号关于中国山东事项,第二号关于南满洲东部内蒙古事项,第三号汉冶萍公司事项,第四号要求全国沿海不割让事项,第五号关于全国之顾问警察军械布教及扬子江铁路福建问题等事项,经日本公使说明第一号第二号为互订条约性质,第三号第四号为互换公文性质,第五号为劝告性质。中国政府对于如此重大之条件,慎重审议,决意分别与日本政府推诚商议,是即为中国政府对于日本政府表示十分顾念邦交之至意也。开议以来,力求迅速进行,每星期会议至三次之多。对于第二号各款,深愿与日本政府发展在南满洲彼此之经济,并谅察日本政府重视南满洲之关系,故于旅顺大连二十五年之租借期展至九十九年,南满铁路三十六年之期限展至九十九年,安奉铁路十五年之期限亦展至九十九年一节,向来切盼到期收回之事,不俟犹豫,勉忍痛苦,以副日本政府之希望;此不能不谓中国政府对于日本政府表示一绝大友善之证据也。此外第二号各款,凡能让步者,无不让步,是即中国政府推诚相与之真意。惟南满洲杂居问题,中国政府以为有背中国与日本及中国与他国之条约,极力考量,以冀避去条约之抵触。最初请日本政府允许审判权完全归中国官吏,日本政府不允。嗣中国政府再三考量,修改让步之案,至五六次之多,甚至在内地之中日人民之民刑诉讼,均允照条约办理,仅关于土地

及租契一部分之诉讼,主张由中国官吏审理,以为领土主权之表示,亦足见中国政府极力让步之意。东部内蒙古风气未开,与南满洲情形又绝然不同,自不应相提并论。第三号之汉冶萍公司,纯然为商人之事业,政府不便干涉。第四号声明沿岸不割让,于独立国之主权有碍,初拟不与商议。经日本公使要求考量,又于三号为主义上之商议,于四号于自己主权范围之内,自行宣言。凡此条件,即于我主权领土及各国条约机会均等有绝大关系者,我国亦必为慎重之考量,以期有以副日本政府之希望,此皆中国政府苦心斡旋之处,当亦为日本政府所谅察也。至第五号各款,日本政府最初提出之时,即声明系劝告性质,故中国政府始终声明尊重日本政府之劝告,不能为何等之文字之声明。且该各条约有损中国主权,违背条约及机会均等主义,故中国政府虽有十分尊重日本政府希望之意,然亦不能不顾全自国之主权与他国之成约,且欲预除两国误会之种子,以巩亲善之基础,迭次开诚布公,反复申说不能商议之理由,然对于福建问题,日本政府之希望,仍愿声明中国政府并无借外国资本以经营海口之事。然则中国政府于无可商量之问题,而且勉为商量,何尝有规避之事实。兹日本政府重行提出修正案,并为胶澳交还中国之声明,中国对于友好之日本政府,为最后之考量,另提答案。其中第一号尚未讨论决定之条,仍行提出,以便讨论。第二号除业已决定之条不提外,关于南满洲杂居项内之警察法令,更为限制的修正。关于土地及租契裁判,许日本领事派员旁听。南满洲及热河道所辖之东部内蒙古,依日本政府之要求,于四条件中同意三条件。汉冶萍照此次修正案同意。深望日本政府鉴于中国政府最后让步之诚意,迅与同意,实所切盼。至此次交涉,彼此约守秘密,惜日本政府提出条件后数日,日本大阪某报特发号外,泄漏条文,致中外报章纷纷注意,时为祖中祖日之论,以惹世界之揣测。中国政府深为可惜,然中国政府绝无利用新闻政策之事,业经中国外交总长迭次向日本公使声明,深盼两国交涉速即解决,俾世界疑团早日消释,则为本国政府所切望者也。

《中日"二十一条"交涉史料全编》(1915—1923),第38—39页

日本政府给袁世凯政府的最后通牒及附件"觉书解释"

1915 年 5 月 7 日

　　今回帝国政府与中国政府所以开始交涉之故，一则欲谋因日、德战争所发生时局之善后办法，一则欲解决有害中日两国亲交原因之各种问题，冀巩固中日两国友好关系之基础，以确保东亚永远之和平起见，于本年一月向中国政府交出提案，开诚布公，与中国政府会议，至于今日，实有二十五回之多。其间帝国政府始终以妥协之精神，解说日本提案之要旨，即中国政府之主张，亦不论巨细，倾听无遗，其欲力图解决此提案于圆满和平之间，自信实无余蕴。其交涉全部之讨论，于第二十四次会议，即上月十七日，已大致告竣。帝国政府统观交涉之全部，参酌中国政府议论之点，对于最初提出之原案，加以多大让步之修正，于同月二十六日更提出修正案于中国政府，求其同意。同时且声明中国政府对于该案如表同意，日本政府即以因多大牺牲而得之胶州湾一带之地，于适当机会，附以公正至当之条件，以交还于中国政府。五月一日中国政府对于日本政府修正案之答复，实与帝国政府之预期全然相反。且中国政府对于该案不但毫未加以诚意之研究，且将日本政府交还胶州湾之苦衷与好意，亦未尝一为顾及。查胶州湾为东亚商业上、军事上之一要地，日本帝国因取得该地所费之血与财，自属不少。既为日本取得之后，毫无交还中国之义务，然为将来两国国交亲善起见，竟拟以之交还中国，而中国政府不加考察，且不谅帝国政府之苦心，实属遗憾。中国政府不但不顾帝国政府关于交还胶州湾之情谊，且对于帝国政府之修正案，于答复时要求将胶州湾无条件交还，并以日、德战争之际日本国于胶州湾用兵所生之结果与不可避之各种损害，要求日本担任赔偿之责。其他关系于胶州湾地方，又提出数项要求，且声明将来有权加入日、德讲和会议。明知如胶州湾无条件之交还及日本担负因日、德战争所生不可避之损害赔偿均为日本所不能容认之要求，而故为要求，且明言该案为中国政府最后之决答，因日本不能容认此等之要求，则关于其他各项即使如何妥协商定，终亦不觉有何等之意味。其结果此次中国政府之答复，于全体为空漠无意义。且查中国政府对于帝国政府修正案中其他条项之回答，如南满洲及东部内蒙古，就地理上、政治上、商工利害上，皆与帝国有特别之关系，为中外所共认。此种关系因帝国政府经过前后二次之战事，更为深切。然中国政府轻视此种事实，不尊重帝国在该地方之地位。即帝国政府以互让精神，照中国政府代表所言明之事而拟出之条项，中国政府之答复亦任意改窜，使代表者之陈述成为一片空言。或此方则许，而彼方则否，致不能认中国当局者之有信义与诚意。至关于顾问之件，学校病院用地之件，兵器及兵器厂之件，与南方铁道之件，帝国政府之修正案，或以关系外国之同意为条件，或只以中国政府代表者之言明存于记录，与中国主权与条约并无何等之抵触。然中国政府之答复，惟以与主权条约有关系，而不应帝国政府之希望。帝国政府因鉴于中国政府如此之态度，虽深惜几再无继续协商之余地，然终眷眷于维持极东和平之帝国，务冀圆满了结此交涉，以避时局之纠纷，于无可忍之中，更酌量邻邦政府之情意，将帝国政府前次提出之修正案中之第五号各项，除关于福建省互换公文一事业经两国政府代表协定外，其他五项，可承认与此次交涉脱离，日后另行协商。因此中国政府亦应谅帝国政府之谊，将其他各项即第一号、第二号、第三号、第四号之各项及第五号中关于福建省公文互换之文件，照四月二十六日提出之修正案所记载者，不加以何等之更改，速行应诺。帝国政府兹再重行劝告，对于此劝告，期望中国政府至五月九日午后六时为止，为满足之答复。如到期不受到满足之答复，帝国政府将执认为必要之手段，合并声明。

附件："觉书解释"

1915 年 5 月 7 日

一、除关于福建省交换公文一事之外，所谓五项，即指关于聘用顾问之件，关于学校病院用地之件，关于中国南方诸铁路之件，关于兵器及兵器厂之件，及关于布教权之件是也。

二、关于福建省之件，或照四月二十六日日本提出之最后修正案，或照五月一日中国所提出之对案，均无不可。此次最后通牒，虽请中国对于四月二十六日日本所提出之修正案不加改定，即行承诺，然此系表示原则，至于本项及（四）、（五）两项，皆为例外，应特注意。

三、以此次最后通牒要求之各项，中国政府倘能承认时，四月二十六日对于中国政府关于交还胶州湾之声明，依然有效。

四、第二号第二条土地租赁或购买，改为暂租或永租，亦无不可。如能明白了解可以长期年限且无条件而续租之意，即用商租二字，亦可。又第二号第四条警察法令及课税承认之件，作为密约，亦无不可。

五、东部内蒙古事项中，关于租税担保借款之件及铁路借款之件，向日本国政府商议一语，因其与在满洲所定之关于同种之事项相同，皆可改为向日本国资本家商议。又东部内蒙古事项中商埠一项地点及章程之事，虽拟规定于条约，亦可仿照山东省所定之办法，用公文互换。

六、日本最后修正案第三号中之该公司关系人，删除关系人三字。亦无不可。

七、正约及其他一切之附属文书，以日本文为正文，或可以中日两文皆为正文。

《中日"二十一条"交涉史料全编》（1915—1923），第140—144页

袁世凯政府答复日本政府最后通牒节略
1915年5月9日

本月七日下午三点钟，中国政府准日本公使面递日本政府最后通牒一件，附交解释七条。该通牒末称，期望中国政府至五月九日午后六时为满足之答复，如到期不收到满足之答复，则日本政府将执认为必要之手段，合并声明等语。中国政府为维持东亚和平起见，对日本国政府四月二十六日提出之修正案，除第五号中五项容日后协商外，其第一号、第二号、第三号、第四号之各项，及第五号中关于福建问题以公文互换之件，照四月二十六日提出之修正案所记载者，并照日本政府所交最后通牒附加七件之解释，即行应诺。以冀中日所有悬案，就此解决，俾

两国亲善益加巩固。即请日本公使定期惠临外交部,修正文字,从速签字,为荷。

《中日"二十一条"交涉史料全编》(1915—1923),第 149 页

大总统申令
1915 年 5 月 13 日

据参政院呈称,为建议事,前清末季,国势陵夷,海疆多故,沿海要塞或因故让与外国,或为外国所租借,以致险要沦陷,军防无所凭借,庶民不得安枕,于设险守国之义,大相背驰。兹特建议呈请政府,于创巨痛深之后,为惩前毖后之谋,明令陆海军部暨海疆官吏,注重海防,使沿海居民得以安居乐业,并宣告天下,嗣后中国所有沿海港口湾岸岛屿,无论何国,概不允认租借或让与。务使本国坚固围之心,而国际共享升平之福,全国幸甚。兹于五月十二日大会提出讨论,全院一致议决,谨提出建议,呈请公布施行等语。查海疆区域,关系国防大计,亟应详审绸缪,该院建议,洵属识虑远大,特加宣布。嗣后中国所有沿海港口湾岸岛屿,无论何国,概不允认租借或让与。并着陆军海军两部及海疆官吏,力负责任,妥为筹防,以体巩固国权之至意。此令。

大总统印

中华民国四年五月十三日

国务卿徐世昌

《政府公报》第 1083 号,1915 年 5 月 14 日

(五)列强对"二十一条"的反应

说明:面对日本政府的最后通牒,北洋政府转而寻求国际援助。然而,英、法、美、俄等列强从各自利益出发,劝导中国接受日本的最后通牒。

1. 沙俄与日本对华"二十一条"

马列夫斯基致沙查诺夫电

1915 年 1 月 11 日［24 日］

电第 10 号。

并抄转北京。

续第 9 号电。

警察局禁止发行昨日《朝日新闻》增刊,该报从北京发出消息称,日本已向中国提出如下要求:1）关东租借期限和南满铁路期限均延至九十九年;2）德国在山东省之全部利益悉让与日本;3）开放中国最重要的一些地点作为商埠;4）日本在华享有建筑铁路和内河航行之权利。

禁止报纸转载和评论这些消息。

昨日,中国公使秘书奉命来访,秘密告知帝国使馆,中国政府并不感到德国政府的压力,却颇受英国政府的影响。

日本报纸强烈谴责英国驻北京公使的行动,指责他公然反对日本的政策。

马列夫斯基

《沙俄与日本对华"二十一条"》,第 84 页

沙查诺夫致马列夫斯基电

1915 年 1 月 14 日［27 日］

电第 229 号。

第 7 号、第 9 号和第 10 号电均悉。

日中两国政府关于山东的谈判与我国关系不大,我们等待日本政府于谈判结束后将其结果告知我们。至于南满和内蒙,因我国与日本在这些地区的地位相似,我们欲尽快而充分地了解日本政府在这方面

所提出的问题。

因此,请您同加藤男爵交谈时,一遇适当机会就回到这个主题,设法使他开诚布公地说明,日本公使与中国政府正在北京商讨哪些有关满蒙的问题以及日本政府正在设法解决哪些问题。

沙查诺夫

《沙俄与日本对华"二十一条"》,第 85 页

库朋斯齐致沙查诺夫电

1915 年 1 月 16 日[29 日]

电第 31 号。

并抄转东京。

续第 29 号电。

今日新任外交总长来访,我向他一一叙述了第 29 号电中所提到的日本要求以及关于延长关东租借期限和南满铁路期限的补充要求,前任外交总长已向我承认,确有这些要求。对此,陆徵祥虽未完全加以证实,但也未否认我的消息是确实的,他仅就日本控制中国对外政策一条说,日本人走得还不十分远。他继称:日本"二十一条"要求非常苛刻,日本人特别坚持不许中国政府将"二十一条"告知其他大国,并以将产生最严重后果相威胁。陆徵祥向我证实,总统仍希望心平气和地顺利解决问题。外交总长请我对我们的谈话严守秘密。

法、英两国公使尚未得到有关日本要求的任何可靠消息。

库朋斯齐

《沙俄与日本对华"二十一条"》,第 85—86 页

本肯多夫致沙查诺夫电

1915 年 1 月 23 日[2 月 5 日]

电第 71 号。

第 306 号电悉。

格雷对我说:他已饬令详细查明在伦敦获悉的日本对华要求的全部情况,但是,他了解的情况与我告知他的情况毫无相似之处。我问,他是否得到关于希望获得扩大适用于整个中国的特权即独占权的消息。他答称,他不知道任何这类消息,日本要求重新签订满洲租借契约,据他看来,有个问题牵涉到内蒙,他认为,此问题在俄日协约中已作规定。格雷说,他认为上述消息被夸大到了极点。至于英日关系,据他说,至今未发生任何可能使其受损之事。我告诉他,正如他所知,俄国希望与日本亲近。他说,他知道这一点,从英国的观点看,他认为这并没有什么不妥,反而很有好处。我认为,当谈及日后同日本的关系时,格雷多半会看到,至少可能看到,将来可能产生的困难主要不是来自中国,而是来自英属太平洋领地、澳大利亚和加拿大种族方面的问题。不过,这些遥远的忧虑,目前并不会对格雷发生影响。

本肯多夫

《沙俄与日本对华"二十一条"》,第87页

马列夫斯基致沙查诺夫电

1915 年(1 月 23 日)[2 月 5 日]

电第25号。绝密

并抄转北京。

第2号。

关于山东省的条款:

1. 中国方面允诺,日后日本和德国协定关于德国依据条约及其他关系对山东省享有之一切权利、利益和租界等项处分,概行承认。

2. 中国方面允诺,凡山东省内及其附近岛屿,不得以任何借口租让。

3. 允准日本国建造由烟台或龙口连接胶济线之铁路。

4. 增加山东省内之开放港。

关于南满和东部内蒙古之条款:

1. 延长关东租借期限并南满安奉两铁路期限。

2. 1)日本人可得居住权和土地占有权;2)许采矿权与日本,矿场由日本人自定。

3. 〔中国〕将铁路租让任何第三国或以任何第三国之款建造铁路或由各项税课作抵向第三国借用款项之时,必须先经日本国同意。

4. 中国方面允诺,如聘用政治、财政、军事各顾问教习,必须先向日本国商议。

5. 将吉长铁路管理、经营事宜交与日本国。

第三号:

原则上同意,俟将来适当机会,将汉冶萍公司作为日中合办事业。

第四号:

按照保全中国领土不受侵犯之原则,中国政府允准,所有中国沿岸港湾及岛屿,概不租让。

马列夫斯基

《沙俄与日本对华"二十一条"》,第88—89页

沙查诺夫致马列夫斯基电

1915 年(1 月 25 日)〔2 月 7 日〕

电第 468 号。

请向外务大臣表示我们的谢意,感谢将日本对华要求之抄件知照我们,这次照会对我们尤其重要,使我们得知,有关日本对华要求之传闻是明显地过甚其词了。

例如,各报断言,日本政府要求组织中国武装力量之权利,显然,这使我们不能漠不关心。

关于外国顾问之第 8 款,我们想弄清楚,在决定外国顾问人选时,日本政府所要求的发言权是只与南满地方行政有关,还是与整个中国行政有关。即使在前一种情况下,我们亦不能不注意到,在某些方面,奉天当局的管辖范围也伸展到北满,而吉林省有一半属于我国范围。

因此,我们必须同日本政府交换意见,以便在这方面规定一种办法,使我们在北满和日本在南满的平等地位不致破坏。

沙查诺夫

《沙俄与日本对华"二十一条"》,第 91 页

马列夫斯基致沙查诺夫电

1915 年 2 月 7 日[20 日]

电第 75 号。机密

关于马列夫斯基第 50 号电。

关于本人第 74 号电。

倘帝国政府需要我询问外交总长:中国政府究竟准备满足哪些要求,我想必会得到一番所期望的解释,因有人对我肯定说,总统已谕令陆徵祥,把我要了解的有关谈判进程的全部情报告知我。不过,迄今为止,我一直留意对进行中的谈判不加任何干预,对此,中国人颇为高兴;我亦竭力不给中国人出任何主意,尽管他们私下请我出谋。因为我担心这可能轻易引起中国或日本对我们的误解。我只限于向中国人提供一些微不足道的帮助,将我听到的消息和传闻秘密地告知他们,他们显然以为这些消息和传闻很有价值,为此竭力对我表示感激。而英国的行动却使他们大失所望,他们曾对英国寄予很大希望,然而,他们从不期望我们给予任何支持和帮助。

尊贵的阁下是否同意这一作法,请训示。

库朋斯齐

《沙俄与日本对华"二十一条"》,第 95 页

库朋斯齐致沙查诺夫紧急报告

1915 年 2 月 11 日[24 日]

急件第 5 号。机密

谢尔盖·季米特利耶维奇先生阁下:

　　近来,在此间所有政治问题中,惟一引起公众注目的是,自日本公使假满归任后,将一长单子日本对华要求面交袁世凯总统以来,日中关系发生了危机。

　　关于这方面此间所发生之全部情况,我已陆续密电谨呈尊贵的阁下。据中国外交总长云,日本要求全文现已通告在华有最重要利害关系的一些大国,据我所知,虽然日前外交部答应将全文秘密交与我,但迄今此间外交代表谁也未得到全文。

　　然而,据陆徵祥业已告知我的情况足以判明,日本的某些要求,如中国聘用"有力之"日本人充为政治、军事、财政等各顾问,日本参加改组中国警察机关,与我国之利益绝非无关。这些要求——特别是如果注意到日本人在实施其要求时惯用对要求条款随意解释的手法——严重地威胁着中国的独立,有人对我肯定地说,日本人在向中国人口头解释该问题的某些细节时业已表露出这种倾向。因此,如果袁世凯确实决心彻底抵制日本人的某些要求,并表示决不容许朝鲜的遭遇降临到中国头上,那是不奇怪的。大概总统期望他能比较顺利地摆脱目前的困境,然而总统的期望有何根据却很难说。最初中国人自认为有理由期望大不列颠的帮助,但他们很快就失望了。也许他们还期望合众国的帮助,此间传说合众国同其他大国已开始就此问题交换意见,尽管此间美国公使并未得到华盛顿任何训令,证明这一传闻是正确的。然而我认为,很可能袁世凯期望日本人最终会对中国政府准备作出实际上的最大让步而感到满足,从而放弃其最苛刻的要求;日本人并不愿采取军事行动,军事行动会使本来就不妙的日本财政更加力所不及,此外,亦会对日本人广泛的对华贸易产生极其不利的影响,而对华贸易对日本人至关重要。对日本的军事示威,甚至对日军在中国一些地方登陆,中国政府已有充分思想准备;日军并未遇到中国人的任何抵抗,但亦不会对中国人产生预期的作用,因为并不能迫使中国人对日本的全部要求一一屈从。

　　中国人大概以为在这种情况下自己一张最大的王牌就是,日本在将其对华要求通知其他大国时,在通知单里隐瞒了一系列最重要的要求。北京政府认为,这种两面派行为现已众所周知,这必然把日本置于令人怀疑的境地,还会在某些方面限制其行动自由。据此,当地所有报刊,显然俱按照所提口号竭力强调上述情况,并希望看见日本在其行动中甘心情愿放弃那些在通知别国时未提到的那些要求。然而我以为,这种报刊攻势不仅不会达到其预期目的,而且很可能适得其反;中国政府应当明智一些,在这方面应审慎行事,对目前之问题仍要审慎。

值得一提的是,英国官方人士对日本采取之行动内心虽非常不满,但在此问题上却极为克制——所有远东英国报刊和所有有势力的英国在华商界都不无根据地认为日本的要求对自己的利益有很大危害,对日本的要求俱表示最强烈地反对,而对中国人则公开表示同情。这亦使日本报刊指责英国人对日本不友好有所借口,其中受到特别抨击的是以同情中国著称的驻此间英国公使J·朱尔典先生。

日中谈判至今尚无任何进展,双方在协商时仍然都表现得非常固执。

致诚挚的敬意

瓦·库朋斯齐

再者,外交总长顷派一名官员前来我处,他将随带的一份日本要求本文的英译本极秘密地交给了我。见附件。

瓦·库朋斯齐

《沙俄与日本对华"二十一条"》,第97—99页

马列夫斯基致沙查诺夫紧急报告

1915年2月13日[26日]

急件第15号。机密

谢尔盖·季米特利耶维奇先生阁下:

除了我今日第54号电外,谨报告如下:

昨天我会晤外务大臣时,曾向他询问对华交涉的进程,并请他注意

报刊上有关日本对华补充要求的种种报道。

加藤男爵答称,谈判正在心平气和地进行,不过离结束尚远;他虽不是悲观论者,但他预料到,日本要求的某些条款会遇到不少困难。然而日本政府认为必须提出这些条款。不过,目下日本人尚未就答复一事向中国提出任何期限,他们期待着袁世凯的明智。加藤补充说:"当然,我们也不能无限期地拖延这次谈判。"

至于补充要求,外务大臣于本月16日已概括地向我说了说(第42号电),他完全明白,中国人及其谋士们散布夸大、歪曲日本要求性质的谣言,已对谈判进程产生不良影响。中国人欲赋予日本要求这样一种性质,日方企图把中国置于自己的保护之下,从而使日本政府的目的落空。外务大臣从北京得到的一些消息,使他有理由认为,中国人不仅倾听外交代表辛慈先生的意见,而且还听另一些北京政府暗中鼓动者的意见。加藤男爵当时提到了莫理逊和辛博森。

照外务大臣的论点,补充要求是很局部的问题,其中一些问题在他就任时业已产生,这些补充要求有七条;倘若您欲了解这些补充要求的内容,加藤已饬令本野男爵将这些要求的扼要内容秘密知照阁下。我问,日本政府为何不把补充要求公诸于众以消除误解?外务大臣答称,那会违反外交惯例。他还说,关于美国干预谈判的传闻并无根据。他已把日本所提要求的抄件知照此间美国大使,并主动向他作了一切必要的解释。

我据外务大臣所谈,记下上述七条内容(我在第54号电中已对这七条作了准确的转述)之后,又请他向我作一些解释,对此,他欣然允诺。

1. 关于日本顾问在北京中央政府任职一节,加藤男爵说,日本绝不像中国人所散布的那样,要求委任这种顾问的特权,只不过要求日本人与其他外国人平等而已。目前北京已有各国政治、财政和军事顾问。日本希望与聘请其他外国人一样,也聘请日本人担任这类职务。

2. 用日本经费在中国开设一些学校和医院。日本想获得经营管理这些设施、逐步扩大其数目的权力和这些设施的不动产权;日本还想获得图谋已久的设寺院的权利。

3. 改良警察官署的问题并不像中国报纸所报道的,涉及整个中国,它只涉及那些日本有特殊利益的地区,如南满。在这些地区日中合办警察官署或吸收一定数量的日本人充任警察,必将有助于及时防止以前屡次发生的冲突。

4. 目前大部分生产枪、炮、弹药的中国军械厂全由德国人开设,其中有"克虏伯"。还有英国的维克斯公司各厂。此间一些军械厂所能生产的军械已超过日本军队的需要,故日本政府欲供给中国一部分枪械和其他炮兵装备。日本政府要求北京,或由中国人承允,向日本定购其所需半数以上的军械,或在中国设立日中合办的军械厂。

5. 日本力求获得:(1)九江——武昌,(2)南昌——杭州,(3)南昌——潮州各线路铁路的建造权。我问:英国人对日本要求在扬子江附近建筑一条由扬子江通往南方的铁路,是何态度? 加藤答称,英国业已知道日本这一计划。

日本希望的第6条涉及福建省,系中日旧约的发展。据外务大臣说,鉴于日本在该地区有特殊利益,故希望在那里获得对铁路企业、采矿和港湾改造投资的优先权。

末了,关于佛教布道者布教活动的第7条,日本人希望日本布道者取得与耶稣教传教士同样条件。

最后,我问加藤男爵为何把上述补充要求分出,作为单独一号,而不与他在公历2月2日备忘录(见我第25号电)中所转告的条款放在一起,加藤的回答相当含糊。从他的话中可以断定,最初提出的四项要求均含有政治性,自应作为政治条约的项目,而目前所补充的要求大部分是以前长期交涉过的局部问题,故不打算将其列入任何正式外交文件。

我个人认为,除比较重要的问题外,这样划分还包含另外的差别;大概,第二类补充要求不具有预先决定日本今后对华政策的作用。无疑,北京政府接受日本前四项,特别是有关山东、南满和内蒙的要求,也为完全接受其余各条协议打下了基础。

致诚挚的敬意

尼·马列夫斯基—马列维奇

《沙俄与日本对华"二十一条"》,第100—103页

库朋斯基致沙查诺夫紧急报告

1915年2月18日[3月3日]

急件第6号。

自我上次报告以来已有一周,在这一周内,日本驻华公使与外交总长之间的谈判进展正常,看来,已消除了先前的紧张。

据我收到的外交总长口授的秘密来文,谈判情况如下:

关于山东半岛之第一号问题的商议暂行搁置,留待后议,因陆徵祥先生一方面指出,曾经帮助日本人占领青岛的英国人须参加商议,另一方面又声称,由于中国在此次战争中保持中立,故中德条约依然有效。

关于南满和东部内蒙古之第二号,绪言中有"优越地位"一语,与中国先前承担之义务相抵触,外交总长欲将其删除。他还竭力查明南满与东部内蒙古在地位上之差别,关于南满尚有一些国际协议,而关于东部内蒙古,中国至今尚未签订任何协定。关于延长关东租界期限和铁路合同期限问题尚无困难,中国同意日本要求。关于吉长铁路问题,总长竭力促使日本人放弃这项要求,他指出,倘若接受这项要求,则使得中国日后对日本私人资本家要求享有新的租借权要更加谨慎,因为中国将时刻耽心,这种私人企业日后会按这个先例轻易转为日本政府所有。

关于获得不动产问题,陆徵祥先生认为,这是很难解决的问题。

关于第三号和第四号的交涉,现毫无所知,但陆徵祥先生已暗示日本公使,中国政府同意商议前四号日本要求,然而希望日本人不要坚持第五号。

日置先生业已请示东京。

他据所得训令答称,第五号不能取消,但可暂不商议。

致诚挚的敬意

瓦·库朋斯齐

《中日"二十一条"交涉史料全编》(1915—1923),第330—331页

日本驻彼得格勒大使馆致俄国外交部备忘录

1915年4月18日[5月1日]

机密

I. 关于山东省的提案经某些修改业已通过。

II. 涉及南满的一些条款也已通过。鉴于居住权和土地所有权问题尚未解决,帝国政府兹提出下述方案:

1. 日本国臣民在南满洲为盖造商工业应用之房厂,或为经营农业,可得租赁或购买其须用地亩。

2. 日本国臣民得在南满洲任便居住往来,并经营商工业等各项生意。

3. 基于上述两款,日本国臣民须照例将所领护照交中国地方当局注册;他们应服从由日本领事官承认之中国警察法令及课税。至民刑诉讼,其日本人被告者,归日本领事官,其中国人被告者,归中国官员,各自审判,彼此均派员至堂旁听。但关于土地问题之日本人与中国人之间的民事诉讼,按照中国法律和地方习惯,由日本领事官和中国官员共同审判。俟将来该地方司法制度完全改良之时,所有关于日本国臣民之民刑一切诉讼,即完全由中国法庭审理。

III. 至于东部内蒙古,则要求中国政府:1)应行允准日中合办农业和附随工业;2)中国如欲借款建造铁路或以各种税课作抵借款之时,须先向日本商议;3)增开商埠。

IV. 关于汉冶萍公司:1)如将来该公司与日本资本家商定合办,中国政府应即允准;2)中国政府允诺,未经日本资本家同意,不将该公司

充公;3)不将该公司归为国有;4)中国政府允诺,不准该公司借用日本以外之任何资本。

V. 至于中国沿岸地方概不割让,中国政府发表一项〔郑重〕声明,帝国政府将会感到满意。

VI. 其余各条须注意者如下:1)嗣后中国政府认为必要时应聘请多数日本人顾问;2)嗣后日本国臣民愿在中国内地为设立学校病院租赁或购买地亩,中国政府应即允准;3)中国政府日后将遣派军官至日本,与日本军事当局直接协商采买军械或设立日中合办军械厂之事;4)对于日本所期望之中国南方各铁路之借款权,如经明悉其他外国并无异议,中国应将此权许与日本国;或者说,照中国政府之意,修建筹划之铁路是与第三国之利益相抵触者,不论目下同中国交涉之情况如何,在日本同第三国未达成协议之前,中国政府不同任何订约一方就上述铁路进行协商;5)关于日本布道者自由布教问题,留待日后商议。

VII. 关于合办警察之原案业已收回。

VIII. 关于福建省,中国政府允诺,凡在福建省沿岸地方,无论何国,概不允建设任何船厂、蓄煤所、海军根据地和军事施设,又中国政府不准以任何外资在该省沿岸地方建造这类设施。

上述为帝国政府所提议案。为尽快结束正进行之谈判,中国政府若同意此议案,帝国政府则主动向中国政府宣布,愿将胶州湾交还中国——如果和谈之结果使日本有权自由地处置胶州湾——条件是遵守一些条款,其中最主要之条款如下:

1)开放青岛为商埠。

2)在日本指定之地区设置日本租界。

3)倘若列强提出这种要求,则设置公共租界。

4)日中两国政府就处置德国之官方建筑和财产达成协议。

《中日"二十一条"交涉史料全编》(1915—1923),第339—340页

日本驻彼得格勒大使致沙查诺夫口头照会

1915 年 4 月 25 日[5 月 8 日]

除要求解决日中问题的上次照会外,日本大使兹奉本国政府之命,谨向外交大臣阁下通告如下:

帝国政府考虑到中国的局势,极愿和解,业已同意修改对华要求的原提案,并且说明,中国对于该提案如表同意,日本政府愿将日本帝国以偌大牺牲所取得的胶州湾一带地方,于适当机会,附以公正妥当的条件,交还中华民国。中国政府于 5 月 1 日向帝国政府作了答复。但其内容远不能令人满意,且使人确实惊讶。中国政府甚至企图在许多条款中收回其一度允诺的让步,并列入一些新条款,欲使日本帝国不利,鉴于有和解之意,帝国政府业已同意修改原提案,故整个问题只得往后推延。倘若帝国政府在开始此次谈判时,听信中国政府之言,则帝国政府所抱定之目的将永远不能达到。

在通告上述答复时,中国代表还正式、断然宣称,这些对案是他们的最后意见,不得作任何更改。

随后,中国政府于 5 月 5 日又知照日本驻北京使馆,中国政府收回自己的声明,希望继续谈判,重新研究日本政府的最后修正案。然日本政府不难理解,中国欲以此办法拖延问题,中国并无诚意。帝国政府殷切希望友好地解决问题,尽量避免任何纠葛,最后一次要求民国政府接受日本的全部修正案,但附带说明,业已商定,除福建问题应予立即解决外,其他要求留待日后商议。帝国政府定以 5 月 9 日,星期天下午六点为限,中国应在此限期之前予以确定的答复。

帝国政府深望中国政府注意远东和平,在上述期限内恢复理智,接受上述全部日本最后修正案;如果帝国政府在此期限内未收到满意的答复,将不得不采取认为必要的手段,以维护和捍卫帝国在远东之地位。

帝国政府认为,应把迫使帝国政府作出这项最后决定的有关情况知照俄国政府。

《中日"二十一条"交涉史料全编》(1915—1923),第 347—348 页

沙查诺夫致马列夫斯基电

1915 年 4 月 27 日［5 月 10 日］

电第 2165 号。

并抄转华盛顿和北京。

第 146 号电悉。

4 月 25 日［5 月 8 日］美国大使转告我,联邦政府拟对东京采取行动,以提醒日本政府必须对中国持温和态度,联邦政府请求对此项行动予以支持。

我回避对这一提议表示赞同,指出俄日之间存在着同盟关系。我又说:据我所得到的消息,早在向中国人发出最后通牒以前,中国人私下告知日本公使,同意日本政府的要求,而他们提出的保留条件,同东京内阁以最后通牒形式对这些要求所作的修改是一致的。

因此,应该认为,日中之间的武装冲突可以防止。

沙查诺夫

《沙俄与日本对华"二十一条"》,第 114—115 页

库朋斯齐致沙查诺夫紧急报告

1915 年 4 月 29 日［5 月 12 日］

急件第 20 号。

谢尔盖·季米特利耶维奇先生阁下:

关于日中危机最后阶段的情况,我已连致密电呈报阁下,因中国无条件接受日本最后通牒,日中危机业已告竣。

当得知路透社电讯首先刊登的日本即将发出最后通牒的消息后,中国政府对将要出现的情况极为惊恐,企图防止难免的打击,遂推翻自己以前的声明,通知日本公使称,中国对日本最后修正案的答复不是最后答复,还可能修改。当时此种尝试并未获得任何效果,而日公使已暗示中国外交部,他已接到向中国提出最后通牒的训令,外交次长曹汝霖先生赶往日使馆,奉命宣布,除第五号内关于聘请日本顾问和向日本定

购半数以上军械两项对中国人最苛刻的条款外,中国同意接受日本的全部要求。但日本公使却断然拒绝商讨中国次长的议案,并且声称,他将于次日出示最后通牒,这使中国政府深陷绝望之境。中国政府预料,日本将要它完全接受其全部要求,甚至坚持要按日本的训示立即聘请一些顾问,此外,中国政府亦完全明白,自己无力,亦不可能对日本人作任何反抗。因此,当中国人据日本最后通牒及其附加说明之原文确信,除中国人已接受的有关福建省之要求外,日本政府业已同意,第五号各条留待日后协商时,感到异常高兴是不奇怪的。但是,中国人为这一比较有利于他们的转变所鼓舞,从一个极端走到另一个极端,对这出乎他们意料之外的相当温和的要求不是立即表示同意,而是开始盘算如何获取日本人尽可能多的让步。最后通牒提出后,总统立即召集会议,因以陆军总长段祺瑞为首的军方坚决主张拒绝日本的要求,会上未能通过任何决议。是晚,外交部一位秘书前来造访,奉外长之命就接受日本的要求是否可附加某些条件一事询问我有何意见和建议。我答复说,最恳切地劝告中国尽快借日本突然表示愿对中国作某些极重要让步之机,立即同意无条件地接受日本的最后通牒,以免日本人借口不满意中国的答复而着手采取强制手段及嗣后扩大其要求范围。为充实我的论据,我援引了恰在此之前收到的帝国驻日大使4月24日[5月7日]第142号密电,皇室侍从长马列夫斯基—马列维奇在该电中表示了同样的意见。据我所知,中国人亦曾请其他国家代表,如法英代表出谋,他们答复中国人的意思与我相同。在最后通牒提出后之次日,总统召集了第二次会议,终于通过决议,无条件接受最后通牒。中国对通牒答复的措词还遇到了某些阻难,因为日使馆要求事先阅看该答复本文,并要作某些改动,坚持要在本文中添入目下尚未解决的第五号要求仅仅留待适当时机协商。外交次长多次往返于外交部和日使馆的交涉终于圆满结束,遂于星期天凌晨一点,外交总长把文字上作了如此改动的答复交于日本公使。两国政府间的协议应完成手续和系结,议定书的最后签署,现在只等日本公使收到日文文本了,这个文本目前东京正在拟定。

骤然看来日本公使拒绝讨论中国外交次长的议案似乎令人不解,该议案作出的让步远比次日最后通牒所要求的让步要多,我从可靠方面获悉,其原因是日置先生在得到最后通牒原文前,并未立即递交中国人,他电致东京称,没有必要放弃第五号要求,若允许他把第五号列入最后通牒,则中国人将不得不对第五号要求表示同意。然日本政府就此问题训示日置说,通知他的最后通牒全文,业经天皇批准,他应把最后通牒原封不动地递交〔中国〕。此外,同日置先生交谈时,外交次长曹汝霖先生所表示的意见大概不甚明确,他以个人名义作的口头允诺又出尔反尔,这些情况亦起了某种作用。最后,至于国内政治方面的理由自不待言,日本政府已将其致中国的最后通牒通告列强,照日本政府的看法,这个事实可能成为必须出示最后通牒的理由。

至于促使日本对第五号要求作如此重要让步之原因,一般说,是因当时日本担心第五号要求引起其他大国,尤其是英国对自己过于反感,担心欧战结束后,自己目前在华所取得的特权或许有丧失的危险。很多人推测,英国政府是否在这方面对东京施加了某种压力,现尚无确实根据,但从我的英国同事话中(他在这方面极为审慎),可以断定,伦敦内阁在这方面的确采取了谨慎措施。

由于英国采取了行动,当然日本在华会得到极为重要的利益,自然,日本一定会以它特具的巧妙和不择手段充分享用这些利益。但与此同时,日本所获得的外交胜利对日本显然有某些不利之处。未提出任何郑重的理由便对中国进行如此粗暴而强力的镇压,这已引起各地极大愤怒和痛恨,以致日中结盟谈判中顿了很久。刻下各界人士对日本的憎恨已如此之大,应当预料到,将会对日货进行虽不公开但非常有效的抵制,这可能使日本工商业付出数百万代价。日本的行动方式也激起远东外国集团的舆论反日,日本的欲望对它们的工商业利益也是直接威胁。此间所有外国报刊所刊载的俱为最激烈的反日文章,而这些报刊显然忠实地表达了远东实业家和远东英国官方的意见。据共同的看法,凡此种种说明,日本近来的行动将使英日同盟遭受致命打击,而英日同盟本来就不巩固和没有诚意。无疑,欧战结束后,日本对这一情形势必予以严重注意,我在前几次报告中业已指出,我们应当看到,这一情形可能轻易导致日德接近,而德国在这方面已预先明确表示好感。

随后,在分析日本从中国获得的特权对俄国在远东的特殊利益将产生何种影响时,我认为可以断定:其实后者不会直接受到损害。别看日本一切如愿,但它并不能使中国中央政府屈服于自己的势力,无疑,这对我们亦是极其危险的。日本的势力取代德国在山东的势力,并不会给我们带来任何损失;而日本在南满取得的优惠,则可作我们要求在北满获得同样权利的依据。此外,我想我们可以利用中国政府许日本在东部内蒙古享有的某些特权作为加强我国要求的附加理由,这些要求是作为我们从阿尔泰地区撤军的条件而提出的。

在整个日中交涉期间,我对谈判始终谨慎行事,这一点我已于本年2月7日[20日]第75号密电中叙及,并得到帝国政府赞许。我在适当时候向中国人表示同情以及我将所获得的情报转告他们,得到他们特别好评。总统和外交总长为这些微小的帮助再三诚挚地向我致谢,让我随时知道所发生的一切。在危机顺利解决之后,袁世凯立即两次派人向我表示其真诚谢意,感谢我们在如此困难的情势下同情中国。总而言之,我可以肯定地说,此刻,我们同中国的关系比俄日战争以来的任何时候都更友好。然而,所有这些丝毫无损于帝国使馆与日本使馆间的良好关系,我经常与我的日本同事亲切地仔细交换意见。在最近交涉期间,我多次把日置先生想知道的情报,在他从其它途径得到以前便告诉了他,中国接受日本最后通牒的次日,日本公使前来造访,对我在整个日中危机期间持同情态度表示感谢。

在结束本报告时,我认为应将刊登日本最后通牒英译本的剪报以及所附说明书,日本最后提案和中国对最后通牒的答复俄译本一并附呈阁下。

致诚挚的敬意

瓦·库朋斯齐

《沙俄与日本对华"二十一条"》,第115—119 页

中国驻彼得格勒公使馆致沙查诺夫口头照会

1915 年 4 月 30 日[5 月 13 日]

第 970 号。

注意到俄罗斯帝国政府关心中日问题,本公使奉本国政府训令,谨向阁下口头阐述下列事实:

本年 1 月 18 日,日本向中国提出"二十一条"要求案。中国政府真诚地同该国进行了谈判,并作了最大限度之让步。

4 月 17 日以前,双方已就其中有关南满之六项条款,签署了协议草案;至于余下之条款,有九条已基本上接受。

正当可望迅速缔结最后协定之时,日本代表却中止了谈判。4 月 26 日日本代办又向中国提出了二十四条新议案,并声称,此系该国最后之让步。

其实这个议案与上次(1 月 18 日)议案仅所用言辞不同罢了;然而,尽管如此,中国政府对日本始终怀着友好感情,并于 5 月 1 日向日本作了答复,其内容简述如下:

中国同意日本提出之有关南满问题之各条,但无论如何不能同意该处实行会审。

至于山东问题,中国基本上表示同意,然鉴于日本尚未与德国开始和谈,中国必需声明,惟有德国在山东享有之一切权利和租界于缔结和约时允归日本的情况下,本协定才有效力。

关于东蒙日本认为最重要之四条,中国已同意三条。

至于汉冶萍企业,如该公司将来愿意同日本合办,中国政府即行允准。

最后,中国完全同意日本之议案,不准任何外国或外资在福建省建

立海军根据地。

日本并不以此为满足,还欲以武力迫使中国完全接受其要求。5月6日中国外交次长向日本代表表示:虽然中国政府不可能再作让步,但他将进行尝试;而日本代表仍毫不改变其要求。

5月7日下午三点,日本代表向中国政府递交了最后通牒,内中,日本要求中国于本月9日晚六点以前承认4月26日议案所提各条,下列五条:聘请顾问、开办学校和医院并获取地亩、购买武器或合办军械厂、沿扬子江建筑铁路和布教除外,容留待后议。如拒不接受,日本只得采取必要之手段以达其目的。

此项谈判相持一百多天,正式和非正式会议至数十次之多。中国已作一切可能之让步,除某些有碍中国独立和领土不可侵犯原则以及与各国利益均沾相冲突之条款外,几乎接受了全部要求。况且中国并未放弃继续和平友好谈判之愿望。

在最后之时刻,外交次长曾亲自向日本代表表示,中国将作一切可能之牺牲,以期圆满解决问题;然日本却不加任何考虑,竟发出最后通牒,公然进行恫吓。

此外,谈判尚未结束,日本便动员、增派在奉天和山东之部队,最后,还在关东宣布特别戒严;日本如此“持械”谈判,中国深感遗憾。

最后,为维持东亚和平,为保护中国人和外国人之生命财产起见,中国被迫让步,于本月8日午夜1点向日本作了答复。

《中日“二十一条”交涉史料全编》(1915—1923),第355—357页

马列夫斯基致沙查诺夫电

1915年4月30日[5月13日]

电第152号。

第2175号电悉。

获悉英国大使已奉命转告日本外务大臣,大不列颠政府对中国谈判取得圆满结果正式表示祝贺,今日我会晤外务大臣时,向他表示了我

个人的祝贺。他的让步态度已消除了令人不快的远东危机,相信您
会对他的这种态度作出正确评价。加藤对我们在此次谈判期间给予
日本的道义支持表示感谢,他特别满意地提及俄国报刊对日本的同
情态度。我趁大臣心绪良好,同他说起枪械一事,他抱歉说,近来把
精力都放在中国危机上了。他回答,一见到陆军大臣便提醒他注意
我们的请求。

马列夫斯基

《沙俄与日本对华"二十一条"》,第119—120页

马列夫斯基致沙查诺夫紧急报告

1915 年 5 月 5 日 [18 日]

急件第 36 号。机密

谢尔盖·季米特利耶维奇先生阁下:

我业已奉到阁下电示——与外务大臣商谈枪支一事时,可指出我
们在日中谈判期间对日本表示的友善态度,昨日会晤加藤男爵时,我详
细叙述了我们给予日本的友好帮助。大臣听完,显然很满意,他告诉
我,他已从本野男爵的报告中得知您对美国大使的答复。他嘱我向您
转达最诚挚的谢意,感谢您拒绝美国政府关于干涉北京谈判的建议,感
谢我们在过去危机期间给予日本的道义支持。

同时,加藤男爵还把美国采取行动的一些细节告诉了我。原来,在
通告彼得格勒、巴黎和伦敦之前,在日本对华提出最低要求一事为人所
共知之后,国务卿布莱恩曾召见珍田大使,预先通知他,美国拟向东京
提出友善的忠告,切莫把对华关系搞得尖锐化了,提要求要适可而止。
珍田当即回答布莱恩说,联邦政府采取这项行动在北京已人所共知,其
作用可能与华盛顿政府的良好愿望相反,因为美国对东京采取的行动
无疑将被中国解释为鼓励他们不作让步。实则日本已毅然决定把谈判
进行到底,绝不放弃其最低限度的要求,而美国国务卿用心听完日本大
使所言之后,思考片刻,答称,他已向东京友好地提出要适可而止。还

请我们、英国人和法国人对这一提议给予支持。众所周知,联邦政府的建议不仅被我们,而且亦被巴黎和伦敦所拒绝。但美国的意图已为北京所知悉,谈判立即向不利方面转化;中国人变得更加固执,甚至连以前的某些口头允诺亦不承认了。据加藤男爵云,此种情形是促使日本政府急忙向中国下最后通牒的主要原因。

然而,美国此举受挫并未使华盛顿的外交官得到启示:国务卿布莱恩仍饬令此间美国外交代表知照加藤说,日中协定,凡妨害美国利益及利益均沾原则者,美国概不承认。加藤男爵拒绝解释美国国务院这项声明,把它称之为"厚颜无耻的"声明。日本根本无须美国对日中条约的任何承认。另一方面,加藤补充说,日本内阁业已将北京谈判的全部情况知照其他有关国家,同样也知照了华盛顿政府;但国务卿布莱恩在其书面声明中指出中美订有长达二十页的维护美国利益的条约,在声明末尾还补充说,因南满、内蒙和福建均"接近日本国土",故美国不干涉日本在这些地区的利益。加藤虽认为这种论证在地理学方面是令人怀疑的,但他并不反对这种论证,因为,它给日本带来了所期望的结果。

外务大臣谈起美国外交总是带着讽刺的口吻说,由于穆尔去职,在美国国务院没有谁熟悉外交问题和外交技术了。

从他的话中我可以断定,他认为,美国这项对日声明不要求答复。

致诚挚的敬意

尼·马列夫斯基—马列维奇

《沙俄与日本对华"二十一条"》,第 121—122 页

马列夫斯基致沙查诺夫紧急报告

1915 年 6 月 19 日[7 月 2 日]

急件第 47 号。

谢尔盖·季米特利耶维奇先生阁下:

肆无忌惮的民族主义历来是日本对外政策的特征。

这一特性已在当前世界危机中鲜明地表现出来。同大不列颠缔结

的同盟条约已成为日本对德开战的借口。其实,1902—1905年条约是针对我国的,绝非要日本保护自己的盟国,而反对第三国。日本对德开战的真正原因可能是利用已经出现的有利情势以达到自己的目的。向黄海推进的德国"铁甲舰队"对辽东及朝鲜经常造成威胁。消除这一威胁和从与日本在亚洲大陆的利益范围相毗邻的区域排除德国的影响,无疑均已列入日本外交的隐秘计划。为此需要等待有利时机,而当这个时机出现之后,日本便急忙加以利用。

后来日本奉行这种狭隘民族利益的政策,向中国提出了早已酝酿成熟的要求,并竭力迫使已失去其他参战国一切实际支援的北京政府接受了这些要求。

日本以这种方式获得的胜利解决了其外交提出的政治任务,因为攻占青岛是通向1915年5月25日北京条约的准备阶段。

不过,由于取得这些成果日本在目前战争中积极活动的目标已经达到。虽然日本国仍在注意战争中的德国,但并未采取任何军事行动及军事措施帮助其盟国英国,和进一步击溃共同的敌人。不久前日本政府并未禁止本国臣民在中国同德国人贸易往来便是最好的证明。

我曾荣幸地报告,此间的报刊及某些政治集团对德国人表露出友善态度。应当指出,近来这种友善态度甚至变得有些强烈。日本现任外务大臣曾作过许诺,他决不会放弃伦敦条约的原则而同德国单独媾和。不过,因加藤男爵有可能退出内阁,不受正式签字束缚的日本政府,可视情况而改变其对该问题的看法。

鉴于此间社会舆论的这种情绪,彻底研究社会舆论对目前战争期间日本实际盟友的态度是有意义的。我不想对法国和意大利作详细研究,因为这些国家与日本的政治接触太少。至于英国,我在以前的历次报告中已经指出,可以觉察到此间对英国友谊持冷淡态度。由于日本政府已放弃第五号要求,此间人士对这种友谊能给日本带来的好处更加感到悲观;此间坚信,日本放弃第五号要求,是由于英国的坚决要求,并且仅仅为了英国的利益。发行很广的《日日新闻报》昨天曾借后藤男爵之口说："最近的事件表明,日本不善于利用日英同盟;从这次战争开始,日本就只为英国利益效劳。"议员高富曾在公历 6 月 29 日的《大和新闻》上暗示了此种情况,并指出:"国际关系不断变化。对于一个国家来说,没有永恒的敌人或朋友。应选择为保障自身地位而必须接近者作为朋友。因此,日本在战后必将采取意外的方针。"

相反,对于俄国,所有各报刊依然一致表示,必须利用目前时机缔结俄日同盟。各主要报纸几乎天天对该问题发表长篇社论。近来,当人们获悉,年迈的"元老"井上侯爵从秋津来到东京,同自己的同事及内阁成员举行秘密会议后,对该问题的讨论尤其活跃。据可靠消息,井上坚决主张立刻就此问题同我们谈判。各报均按各自的观点阐明日本人普遍希望与我们接近,社会舆论将俄日同盟视为自己未来的保障。英国在中国的竞争及其在海上和陆上对德军事行动的成效甚少,这在一定程度上使大不列颠在这里的威信发生了动摇。日本担心自己陷于孤立,并担心将来可能会为青岛〔问题〕而激怒德国。让日本社会舆论避开谈论德国的危险无疑是必要的。《大和新闻》指出:"倘在某一方面不给予特别致命的打击,则德国日后在欧洲和远东,特别在中国有可能积极行动。到那时德国人会轻易地利用中国人对日本的敌视态度,使日本利益遭受重大损失。由于可能出现此种情况,所以在日本赞成缔结日俄新盟约的呼声愈来愈高。俄国将会帮助我们将德国人赶出远东,并在那里建立巩固持久的和平。"在日本几乎所有多少有点威信的报刊俱在这方面表示了意见。

《国民新闻》曾就此问题发表过一篇文章,此文还有点意思,谨将此文以及刚出版的日本《每日邮报》的剪报一并附上。

致诚挚的敬意

马列夫斯基

《沙俄与日本对华"二十一条"》,第 126—128 页

帕尔克致沙查诺夫函

1915 年 8 月 4 日[17 日]

函第 363 号。

谢尔盖·季米特利耶维奇先生阁下：

　　根据日中两国于今年五月签订的关于南满和东部内蒙古条约以及换文,日本已取得一系列重要特权,如:南满铁路租让合同展期;日本国民在南满有任便居住权及土地租赁权;新煤矿开采权等。

　　因而自然产生了保证俄国在北满享有类似特权的问题。

　　关于该问题,中东铁路公司董事会已向我提出下述建议:

　　南满铁路租借有效期展至 2002 年,废除在该路期满前中国人赎回铁路之权,这可以使我们有不容争辩的理由设法在租借中东铁路方面取得同样特惠。

　　由于给予日本国民在南满任便居住权及发展商业活动权,即产生了将同样权利扩大适用于北满的俄国国民的问题。不过,在此种情形下,必须首先查明,日本人目前所享有的权利是否打算仍旧只限于日本人,是否按最惠国待遇原则将此种权利扩大适用于其他国家的臣民。在后一情况下,由于俄国人素来不好活动和缺乏商业主动精神,可能容易出现下述情况:俄国臣民在北满享有居住、租赁土地和经商的自由并将此种权利扩大适用于其他国家的臣民,将导致精力更加充沛、更富于进取心的外国人胜过了俄国企业家和俄国移民,这些外国人无疑地力图利用这个开放的机会渗入这个地区。中东铁路收入的增加虽直接依赖于铁路地区经济生活的发展,从这个观点看,以何种办法及依赖何种因素取得上述发展无关紧要,但上述情形未必就符合我国政府的愿望。

　　至于日本人在南满及东部内蒙古获得投资新铁路的特权,我们已经采取步骤,要求中国政府向我们提供在北满建筑我们所关心的铁路的租让权,无论如何,中国给日本特权使我们有理由设法进一步巩固我们在北部地区铁路建设中的影响。

　　据目前所知,在北满靠近铁路的地区缺乏有开采价值的煤矿,可以在北满获取的经营其他任何自然资源的权利,换取日本人在奉天、吉林两省所取得的煤矿开采权。

关于优先聘请日人充任南满中国行政当局代表人物的政治及其他事务顾问之权,我们在北满已预先得到,例如,中东铁路代表、俄国臣民斯皮岑已在黑龙江巡按使手下充任政治顾问。作为一项原则,无论如何,最好保留我们的上述权利。

我个人赞成上述意见,并认为应将其报告阁下钧裁,您认为在上述方面可采取何种步骤,恳请务必赐告。

致诚挚的敬意

彼·帕尔克

《沙俄与日本对华"二十一条"》,第 135—136 页

库朋斯齐致沙查诺夫电

1915 年 8 月 16 日[29 日]

电第 462 号。

第 4064 号电悉。

我认为,此刻提出保证我国在北满享有类似于日本在南满所获得的特权极不适时机,因为,中国人非常清楚,我们目前没有经费对他们施加压力,况且,军事行动目前亦对我们不利。

其实,目前我只能表示我们希望得到许诺:北满的任何铁路不得由其他外国人或外国资本建造,外国借款不得以北满的进款作抵,北满不得聘请外国顾问。

南满铁路租期的延长当然应该扩大适用于中东铁路,并且应当规定,中国无权提前赎回该路。

至于其余各项,我认为不可作抽象结论,而我们的行动方式应以在当地收集的及从实践中得来的资料为依据,而我没有这些资料。我只能认为:倘某些地区的矿产有实际价值,最好要求其开采权,并要求对我们有重要利益的铁路的建造权。

关于要求开辟任何新商埠和在那里设立俄租界一事,惟有确信此举的确对我国商务而不是他国商务有利时,才应提出。此外,惟有日本人放弃在我国势力范围内运用任便居住权和土地租借权,则此种权利才对我们有利。同时亦应当注意到,我们认为司法权方面的规定可以接受,日本人对此已表示赞同。

我认为,一切问题均应由我国领事会同中东铁路、我国商人及企业家代表在原地仔细研究,这样才能准确地断定,从我们利益的角度看,究竟希望实现哪些要求,我们可以实际利用哪些特权。在此以前我们亦只能以日本人所享有的特权为借口,来充实我们对可能产生的某些问题的要求。

因为,倘若我们提出类似日本的要求,则我们便可以期望取得成功,不过倘若我们像日本人那样对中国使用压制手段,则除必须将我国在北满的地位同日本人在南满的地位加以对比外,我认为没有必要举出特别理由证明我国的要求是正确的。

在此种情况下,亦未必能产生补偿问题,况且在最近,我们虽已得到中国人的全部让步,但我们认为不能迁就他们在西伯利亚设领事及海关税率随商品价格变更问题上的要求。

库朋斯齐

《沙俄与日本对华"二十一条"》,第 137—138 页

沙查诺夫致帕尔克函
1915 年 8 月 24 日[9 月 6 日]

函第 474 号。机密

彼得·利沃维奇先生:

在接到尊敬的阁下 8 月 4 日[17 日]第 363 号密函后,我就询问驻北京公使,对希望及时设法确保俄国在北满享有类似日本人在南满所取得的特权有何见解。我觉得应随函附上四等文官库朋斯齐的答复。他认为此刻向中国政府提出上述要求不大适宜,当情势允许我们向中

国政府提出这些要求，而各种条件又能确保其得以实现之时到来以前，我们可以日本人所享有的特权为借口，来充实我们对可能产生的某些问题的要求，我认为应该赞同他的这个意见。

在提出有关我国在北满权利的总问题的合适时机到来之前尚有一段时间，我认为，我们可像四等文官库朋斯齐所建议的那样，利用这段时间搞清，在日本人业已取得的特权中哪些是我们应当设法获取的。如果尊敬的阁下认为需要吸收中东铁路局深入研究该问题，我在这方面可向满洲各领事发出相应的指示，以便使他们会同中东铁路代表作好这项工作。

此外，我认为应当注意，毫无疑问，日本政府认为在南满的任便居住权和不动产租借权不只属于日本人，而属于所有在中国享有最惠国待遇的外国人。我们打算赞同俄日两国相互放弃在满洲非自己势力范围内的土地占有权，日本政府当时曾设法在南满为自己谋取此项权利。您从本函所附 3 月 2 日［15 日］我致驻东京大使第 120 号函的抄件中可以看到，驻此间日本大使对我们的这种想法持何态度。

驻北京公使向我报称，中国政府刚一表示同意延长南满铁路期限，中国外交总长就表示，中东铁路期限可适当延长。这样一来，大概我们不施加压力，便可将我们的铁路期限展至九十九年。不过，必须注意，我们只提出这一项要求，就将给中国人造成一种印象，似乎我们只打算提出这项要求，这样我们将使自己关于把日本人在南满所享有的特权扩大推行于北满的要求难于得到满足。尽管我在本月 13 日［26 日］第452 号函件中曾主张，向中国政府发表一项声明：我仍以为自己有权认为中东铁路的租借权属于俄国政府，而不属于私营公司，并有权要求将中东铁路展期至九十九年，因为日本在南满铁路已享有此种权利，但是我起草这一声明只不过是防备万一，同中国人就中东铁路公司中方代表的任职一事达不成协议。不过，根据四等文官库朋斯齐最近一些报告可以断定，中国政府未必会在如此紧张的情况下提出上述任职问题。因此，倘若尊敬的阁下基本上同意此项声明，则无论如何要在较合适的情势到来时才能发表。

　　致诚挚的敬意

沙查诺夫

《沙俄与日本对华"二十一条"》,第139—140 页

2. 美国与日本对华"二十一条"

美国白皮书:"二十一条"
1915 年

　　1915 年初,日本秘密地向中国提出"二十一条",这些条件如果全部被接受,将使中国事实上成为日本的保护国。日本政府不但要求在满洲、山东及内蒙的进一步的经济与政治权利,而且企求在长江流域的专有工矿权,并在事实上要求对中国社会及政治机构的监督控制,不仅包括学校和教堂,而且甚至是政府本身。美国知道这些条件时,曾借此机会重新确定美国对华的传统政策。在 1915 年 3 月 13 日,给日本驻美大使的照会中,蒲莱安追述自 1899 年门户开放照会以来的美国政策,提到有关中国的各种国际协议,并认为日本的条件是和它过去所作关于中国主权的声明不相符合。国务卿声称,美国信赖日本关于对"中国独立、完整与商业"所作的"屡次保证",也信赖日本"不采取任何步骤"以"违反这些保证的精神"的说法。国务卿指出,美国人在中国的活动,"从来不是政治性的,相反地,主要的是商务性的,绝不想影响到中国的政府政策"。蒲莱安声称:

　　"在原则上,并依 1844 年、1858 年、1868 年及 1903 年和中国所订条约,美国有理由反对日本有关山东、南满、蒙古东部的要求,不过美国坦白承认,领土的接近产生日本同这些地区间的特殊关系。"

　　但是,国务卿声明,美国"对一个外国在政治上、军事上或经济上对中国行使支配权力,不能漠不关心",并且希望日本将发觉"不强迫中国接受这些提议,是和日本的利益相和谐的。这些提议,如被接受的

话,就会排斥美国人,使他们不能平等参加中国的经济和工业的发展,并限制了中国的政治独立"。国务卿在结束他的照会时,说明美国的政策"是要维持中国的独立、完整和商业自由,并保持美国人在中国的合法权利和利益"。

日本不顾美国所表示的意见与中国的反抗而坚持己见,并发出最后通牒,施加压力,迫使中国接受修改后的条件,这仅较当初条件提出时的极端地位稍有让步而已。蒲莱安乃在 1915 年 5 月 11 日,用同样内容的照会通知中日两国政府。美国"对于中日两国政府间已经缔结或行将缔结的任何协定或约定,凡有损害美国及其在华公民的条约权利或中华民国之政治或领土完整或通称门户开放政策的国际对华政策者,一概不能承认"。

《中美关系资料汇编》第 1 辑,第 82—83 页

布赖恩致珍田照会
1915 年 3 月 13 日

大使阁下:

本年 2 月 8 日阁下在国务院留交给我备忘录一份,述及日本帝国政府对中国不得已而提出的要求。同月 22 日阁下又送来备忘录一份,其中提出某些帝国政府促使中国考虑的、而影响美日两国关系的"请求"。

美国政府从帝国政府这两件文书中,欣悉对华所提"请求"并非"要求"而是"希望",只请中国予以"友好考虑"者。美国政府了解"要求"同"请求"的区别,在于后一种情形,倘若中国政府拒绝考虑,就不能勉强它。

由于这些请求涉及美日两国对华的传统态度,我愿向阁下表达美国政府关于这些请求对于美国与中华民国间的关系之影响所作的考虑。

为酬答帝国政府声明的坦白友好性质起见,美国政府相信,帝国政

府对于美国政府关于这些事项所表示的意见,也会以同样的友好精神加以接受。

我们记得,1899 年美国政府曾经请求法国、德国、大不列颠、意大利、俄国及日本诸国政府正式同意三个提议:

第一,各国对于其在中国任何所谓"势力范围",或租借地内之任何条约口岸或任何既得权益,不得干涉。

第二,中国现行的约定关税率,对于运往在前述"势力范围"内一切口岸除非是"自由港"之所有货物,无论属于何国,均应适用,其税款概归中国政府征收。

第三,各国在其"范围"内之任何口岸,对他国船舶不得课以高于该国船舶之港口税,并在其"范围"内所建筑、控制或经营的铁路上运输属于他国公民或臣民的货物通过此种"范围"时,所收运费不得较高于本国国民运输同样货物所收之运费。

1899 年 12 月 26 日,日本外相致美国驻东京公使照会,向该公使保证:如果所有其他有关各国接受同样的建议,则帝国政府对于美国如此公正平允的提议,将毫不犹疑地予以赞同。

其他各国也同样表示接受了美国的提议。

1900 年 7 月 3 日,其他各国商询由于义和团事变的结果应采何政策时,美国政府曾于致奥匈帝国、法国、德国、大不列颠、意大利、日本、俄国的照会中说明其意见。该照会宣称:美国政府的政策是在寻求一种解决,使中国获得永久安全与和平,保持中国的领土与行政完整,保护各友邦受条约与国际法所保障的一切权利,并维护各国在中国各地平等公正贸易之原则。

日帝国政府外务大臣对美国驻日公使的答复,表示同意美国政府的意见。

在其后的一个月中,英德签订协定,确定其在华的相互政策如下:

(一)中国沿江沿海所有口岸,应无差别地对各国国民的贸易及一切其他正当经济活动自由开放,这是一个关系国际共同永久利益的事,在两国势力所能达到的一切中国领土内,两国政府同意维持这个原则。

(二)英国政府与德国政府不利用目前的纠纷在中国取得任何领土利益,并采取维持中国领土现状不使缩减的政策。

英德两国曾将这协定通知日本,帝国政府复文如下:

两缔约国既已保证,如帝国政府加入本协定便可与原签字国取得同样地位,帝国政府兹毫不迟疑地正式宣布参加上述协定,并接受所包含的原则。

1901年中俄两国政府在谈判给予俄国在满洲开矿及修筑铁路的独占特权的满洲专约时,日本公使来访美国国务卿,谈称该专约是最要不得的,因为它违反了关于保持中国完整的各国之间的共同谅解。日本政府切望各国采取方法,使中国最后签字延迟到俄国所定的签字最后期限以后。

关于此事,美国曾对比国、中国、法国、德国、大不列颠、意大利、日本、荷兰、俄国、西班牙分致照会如下:

中国如订协定把开矿筑路或其他开发满洲实业的独占权利与特权,让渡给任何公司,美国政府势不能不加以严重注视。这种协定构成独占,显然破坏了列强与中国所订条约的规定,因而严重影响了美国人民的权利;它限制了他们的正当贸易,使他们遭受歧视、干涉或其他损害,并永远损害中国在满洲的主权,严重妨害中国履行国际义务的能力。而且中国这种让与,必将引起其他列强效尤,要求在中国其他地区享有同样的独占利益,其不可避免的结果必定是完全破坏了各国在全中国关于贸易、航海、通商的绝对平等待遇的政策。

另一方面,一个国家单独为本国的商业组织取得的排他性的特权,是与俄国一再对美国政府提出愿意遵照在华门户开放政策的保证相冲突的,这种门户开放政策是美国政府所提倡,而为所有在华有商业利益的对华有约国所接受者。

根据这些理由,美国政府现在一如往日,衷诚希望在权利均等的基础上进行各国与中国间的充分与公允的交往,俾保证全世界均受其益。

为此美国政府将上述意见提请中俄两国政府密切考虑,相信两国将予以应有之重视,并采取适当步骤,以消释美国正当而自然的担心。

以上是美国及其他关心中国幸福的国家要维持中国的领土行政完整及工商业机会均等的政策的开端。列强均已普遍地正式接受并支持这个政策。

这里只要提一提 1902 年的英日条约、日俄战争爆发时的日本宣言、1905 年的英日条约、1905 年的日俄朴次茅斯条约、1907 年的法日协商条约及 1907 年的俄日条约。在这些文件中日本曾证实维持中国政治独立与领土完整及各国取得在华发展工商业的均等机会,是对日本有特殊利益的。

最后,美国国务卿罗脱与日本大使高平子爵曾在 1908 年 11 月 30 日用换文宣布美日两国在远东的政策。这换文包括如下的说法:

四、它们(译者注:指美日两国政府)决定运用一切能用的和平手段,支持中国独立与完整及各国在华工商业机会均等的原则,以保持所有国家在华的共同利益。

五、如有威胁上述的维持现状、或威胁以上规定的机会均等原则的情事发生,两国政府应互相知照,以便对两国认为应行采取之有效手段获得谅解。

我推想阁下的政府之所以把上述向中国提出的提议通知美国政府,是因为贵国政府愿意依照该协定的精神,把任何足以威胁上述原则的情事彼此通知。美国是保存各国承认书的国家,因此自感有道德上的义务,对于任何破坏这承认的行为,不能默尔而息。为此,我致送这照会给您,目的在依照缔约时的相互尊敬及友好精神,实行 1908 年的协定。

美国深知日本会保持相互原则的,因此相信我国可以信赖贵国政府关于中国的独立完整与商业等问题屡次所作的诺言,并相信贵国不至采取与这些诺言的精神相违悖的步骤。

两个世代以来,美国的传教士同教师曾为在中国的传教同教育事业而牺牲。美国资本已经在某些地区投资,美国实业也在某些地区建立起来。美国人的活动从来不是政治性的,而相反的,主要是商业的,并且不打算影响中国政府的政策。由于有这两种利益的发展,美国人所关心的是在广泛的路线上合法地参加中国的经济发展。许多在他国由私人企业经营的计划,在中国必须在政府指导下进行。美国公民与资本如此而参加了某些公共改良事业,例如导淮工程、粤汉铁路筑路计划等。第四件与美国有重大关系的事情就是美国在中国的广泛条约权利。这些权利一般有关美国在华商业特权及美国侨民的保护。鉴于这些条约权利及美国在华逐渐增加的经济利益,日本在目前新的中华民国刚刚成长发展的危急阶段,向中国政府提出的某些主张,美国感觉严重的关心。在原则上,并依 1844 年、1858 年、1868 年及 1903 年和中国所订条约,美国有理由反对日本有关山东、南满、蒙古东部的"要求",不过美国坦白承认领土的接近产生日本同这些地区间的特殊关系,所以,目前对日本提议第一款及第二款,美国不加反对。至于第四款及第五款的第二、第五、第七节,美国政府认为对美国或美国在华公民的现有权利与利益并无特别威胁。但在另一方面,第五款第四节,关于限定从日本购买军火,第六节企图独占福建省的开发,美国政府认为如这些条款付诸实施,势必违反别国工商业机会均等原则。美国公民自可要求参加,不仅在福建,而且在其他省份的商业发展之权。美国不是不知道,如果对一个国家取得让与权的特别优先权,则美国工商企业必得受到许多严重的不利。例如在南满铁路的经营上,有一时期所有货物凡非经日本船只运入满洲者均受歧视。这是指出一个广泛的优先权的让与所必然发生的麻烦结果。美国和其他国家有权许其公民同中央及省政府自由订立契约,而其权利之行使不受第三国之阻扰或被第三国认为不友好的行为。因为美国在华事业是根据其本身的功用和预计的利益来决定其价值,而不问这种事业对中国在东方的将来政治地位的可能影响怎样。

在上述两节中所提到、而为日本要求从中国得到的特权和权利,是和美国由中美条约所保证的权利相冲突的。

1844年的条约第十五款条文如下：

各国通商旧例，归广州官设洋行经理，现经议定将洋行名目裁撤，所有合众国民贩货进口出口，均准其自由与中国商民任便交易，不加限制，以杜包揽把持之弊。

1858年条约三十款条文如下：

现经两国议定，嗣后大清朝有何惠政、恩典、利益施及他国或其商民，无论关涉船只海面通商、贸易、政事交往等事情，为该国并其商民从来未沾，抑为条约所无者，亦当立准大合众国官民一体均沾。

1868年条约第八条条文如下：

凡无故干预代谋别国内治之事，美国向不以为然，至于中国内治之事，美国声明并无干预之权及催问之意。即如通线、铁路、各等机法，于何时照何法，因何情欲行制造，总由中国皇帝自主，酌度办理，此意预已言明。将来中国自欲制造各项机法，向美国以及泰西各国借助襄理，美国自愿指准精练工师前往，并愿劝别国一体相助，中国自必妥为保护其身家，公平酬劳。

1903年条约第三款第七款条文如下：

第三款　美国人民准在中国已开或日后所开为外国人民居住通商各口岸，或通商地方，往来居住，办理商工各业制造等事，以及他项合例事业。且在各该处已定及将来所定为外国人民居住合宜地界之内，均准赁买房屋行栈等，并租赁或永租地基，自行建造。美国人民身家财产所享之一切利益，应与现在或日后给与最优待之国之人民无异。

第七款　中国因知振兴矿务于国有益，且应招徕华洋资本兴办矿业，故允自签押此约之日起，于一年内自行将美国连他国现行矿务章程迅速认真考究，采择其中所有与中国相宜者，将中国现行矿务章程从新修改妥定，以期一面振兴中国人民利益，于中国主权毫无妨碍；一面于招致外洋资财无碍，且比较诸国通行章程，于矿商亦不致有亏。美国人民若遵守中国国家所定为中外人民之开矿及租矿地输纳税项各规条章程,并按照请领执照内载明矿务所应办之事,可照准美国人民在中国地方开办矿务及矿务内所应办之事,至美国人民因办理矿务居住之事,应遵守中美彼此会定之章程办理。凡于此项矿务新章颁行后始准开矿者,均须照新章办理。

很明显的,这些条款,包括"最惠国"待遇,使美国人有资格向中国要求和日本现在所要为日本国民索取的排他性的权利相同的权利。

此外还须注意者,即:第三款禁止中国割让或租借沿海任何口岸、港口或岛屿,第五款第一节要求中国雇用有本领的日本人充当顾问,办理政治、财政及军事事宜,第三节建议于"必要的地方"由中日合办警察。

关于这三项提议的第一项,加藤男爵曾对美国驻东京大使解释过。他表示日本无意在中国沿岸,无论在青岛或青岛以南,得到海军基地,因为这对日本毫无价值,但日本反对别的国家占有此种基地。关于用顾问问题,美国相信可以假定中国政府在作选择时不会作不公正的歧视,虽然应该指出,美国政府知道,在中华民国代表八个国家的二十五名顾问中,日本有了六名。关于在那些中日两国人民曾经发生过磨擦的地方,提议合办警察一事,美国政府恐怕这个计划不但不能减少这种磨擦,反足以制造比所要消除的困难更大的困难。

但更重要的是,这些提议倘为中国所接受,虽不侵犯中华民国的领土完整,却明显地损害了中国的政治独立与行政完整。第五款第四节关于购买军火问题,情形也差不多。所以,美国认为这些要求很难与维持中国的完整主权相调和。而维持中国主权完整,是日本和美国及欧洲列强在过去十五年内曾经用正式宣言、条约及换文所一再确认者。因此,美国对一个外国在政治上、军事上或经济上对中国行使支配权力,不能漠不关心。美国政府希望贵国政府能够认识到不强迫中国接受这些提议是和日本的利益相和谐的。这些提议,如被接受的话,就会排斥美国人使他们不能平等参加中国的经济和工业的发展,并限制了中国的政治独立。

　　美国相信,一种强制中国接受这些提议的企图一定会引起中国人的愤怒和有关列强的反对,因而产生一种美国政府深信不是帝国政府所愿意的情势。

　　美国政府利用这个机会来表明,美国一向用友好同尊敬的眼光来看日本在远东的愿望。这种愿望已成为两国以往关系的特征。美国政府极诚恳地愿使贵国政府感觉到,美国对日本在东方的卓越地位和中日两国为了相互利益而采取的密切合作,并无嫉妒之意。美国也没有任何意思要妨碍或困阻日本,或影响中国使其反对日本。相反的,美国的政策,一如本照会所述,是要维持中国的独立、完整和商业自由,并保持美国人在中国的合法权利和利益。(下略)

蒲莱安

1915 年 3 月 13 日于华盛顿

《中美关系资料汇编》第 1 辑,第 462—467 页

马列夫斯基致沙查诺夫电

1915 年 4 月 25 日[5 月 8 日]

电第 146 号

中国。

　　美国代办送我一份华盛顿来电,内称,美国已向俄法英三国建议,共同向东京和北京提出友好而严肃的忠告,不要匆匆忙忙谈判,而应力求使谈判圆满结束。代办奉命把美国政府业已采取的行动通告首相和外相。因该电被耽搁四十八小时,代办于今日,即最后通牒业已提出之后才收到,故他认为已没有机会向加藤提出这份电报了,只不过同大隈作了一次显然是学究式的交谈。代办问,我是否获悉美国驻彼得格勒大使已向俄国提出建议,是否已受命向东京政府发表有关声明。我答复说,尚未获悉美国采取行动,亦未奉到任何这类命令。

马列夫斯基

《中日"二十一条"交涉史料全编》(1915—1923),第 399 页

布赖恩致驻日大使训令

1915 年 5 月 11 日

请去见外相，面递照会文字如下：

"鉴于目前中日业经进行谈判和即将举行谈判的情形及由于此等谈判结果所达成的协定，美国政府谨通知日本帝国政府：美国对于中日两国政府间已经缔结或行将缔结的任何协定或约定，凡有损美国及其在华公民的条约权利或中华民国之政治或领土完整或通称为门户开放政策的国际对华政策者，一概不能承认。

对于中国政府亦已递交一件文字相同的照会。"（下余）

蒲莱安

1915 年 5 月 11 日午后五时于华盛顿

《中美关系资料汇编》第 1 辑，第 467 页

芮恩施致中国外交部节略

1915 年 5 月 13 日

查核现在情势，所有中国政府与日本政府业经议过事件，暨目今仍须商议之事，并商议结果之合约各项情形；美国政府兹特向中华民国政府宣布，凡中国政府与日本政府业经议定或将来仍须议定之合同，并所允认各节，美国政府对于该合同与所允认各节内，所有损害美国政府及美国人民按约所有权利之处，并损害中国国政主权、领土权，或各国与中国邦交上名称所谓门户开放主义，一概不能承认。此项同体通告，美国政府已径送日本政府矣。

《中日关系史料——二十一条交涉》（上），第 310 页

陆徵祥会晤芮恩施问答

1915 年 6 月 9 日

芮使曰：顷与顾参事所谈贵国经过此番中日交涉，应如何筹议对外善后办法一层，想业经顾参事面达贵总长矣。本公使之意，第一步应与

英、美等国力求亲善,得其完全信任,则遇事请其协助维持较为容易。至召集远东国际公会,或在战后大会设法巩固贵国国际上之地位,尚为第二步也。夫召集远东公会,须详细筹画,在先定有应议问题,说明范围,然后可以举行。如修改税则应如何次第进行,收回领事裁判权应如何订定阶级、逐渐办理,若无事前之预备,则恐临事仓遽,反恐议及不应议之事。且此种公会,凡与贵国有条约之国,均须与焉,即与贵国感情不甚友挚者,亦不得不邀之派员列席,所以此种会议难保必无有损贵国之提议。至战后公会,如以交战国为限,则所议必以因战事而发生之各问题为限。如修改疆界、规定补偿等问题也。在此公会,中国问题势难提及。本公使以为交战国公会告竣后,必有如海牙和会之一种大会,讨论弭兵免战问题,世界各国均得与。等在此大会,可设法提议一种间接有益贵国之问题,如推广国际仲裁问题是也。

总长曰:贵公使所见甚是。本国近与和兰已订有广义之仲裁条约,所云远东公会,诚如贵公使所言,恐有流弊。交战国公会除划界及补偿问题外,或鉴于青岛问题,复议及将来限制战区问题,然亦不能说定。至第三次平和会对于中立国之权利义务问题,度必重行规定,此亦是有益本国之举。

芮使曰:本公使对于平和大会问题,正在研究。此次回国,亦拟与政府商议,将来对于贵国国际上之地位,如何能巩固,此层亦拟与政府筹划,终期有裨贵国。

总长曰:感甚。贵国与日本亦系友邦,且值欧战时代,而对于此次中日交涉,仍能多方关切,本国甚为感谢。从前本总长在第二次海牙平和会遇事时,与贵国代表接洽,彼此受益。中美两国通好以来,睦谊缠绵无间,历史上亲密之纪念甚多,如葛兰脱总统之与李文忠公之为挚友。且现在彼此政体一致,人民观念相同,日后睦谊之亲密,比之今日定能倍蓰。

芮使曰:本国所冀于贵国者,即是富强之中国。将来凡有益贵国之举,本公使可以声明本国政府必乐为之助。

总长曰:谢谢。再前者关于中日交涉事,贵公使所致本总长之公事,本国政府甚为看重,实系贵国睦谊之一种表示。不但有维持东亚和平之影响,且与日本要求条件第五号之将来,亦有密接关系。因闻日本方面虽未答复,亦颇了解此公事之意义故也。本国因有不便,故未答复,然此举与寻常之不复不同,业经电令夏公使,将本国看重该件公事之意,及不便答复之处,面达贵国政府。用告贵公使,以资接洽。

芮使曰:贵总长业已电告夏公使转达本国政府,足见贵总长十分周到。再前日贵国所订中俄蒙协约,可否请抄给一份,以资参考。

总长曰:可以照办,该协约有法文原文,容抄送可也。

芮使曰:感甚。再印花税问题,各国答复如何,有无业已表示同意者?

总长曰:此事曾嘱本国驻使径询各所驻国政府。俄国政府因农部研究未竣,尚未复我。意国政府谓俟驻京斯使报告到后,方可回复。其余数国,有谓如他国同意,彼也可赞成者。

芮使曰:得此消息,甚感。

《中日关系史料——二十一条交涉》(上),第 397—398 页

3. 英国与日本对华"二十一条"

中国外交部收施肇基电

1915 年 3 月 13 日

议员摩尔登诺在下议院演说,先请各议员注意此次日本要求条款范围之广阔,包括中国数大部分,并引用《泰晤时报》二月十二日所载之条款全文,又引用纽约报界联合会二月二十一日所载之条款全文,以资考证。旋于质问时间,对于英日协约第一、第二、第三条条文,该议员问曰:日本之要求条款,究竟是何,其提出曾否得英政府之同意,与英日协约有无抵触之处。又云:据传闻中国因有碍列强条约,反对条款全

部,或条款之数条,惟本员确知日本有强令全部承认之事。故本员欲知此项条款,应否搁至战事终结后解决。

外部次长答云:英国在中国既有极大权利关系,政府已决定保持之,惟所谓该项条款与联盟国协约精意相悖一节,渠难同意。日本之条款可分为两类,其中意图解决历年悬案为一类,居其多数。其中探测中国,如日本向德国提出战后条款,表示何等态度为一类,居其少数。其第二类条款,系有待的,是未载在联盟协约之内。总而言之,日本在中国扩充权利,其所扩充者无伤于英国权利,则英国无所阻止。英国以所指之权利尚不影响南满铁路,且甚望日本表示其互相利益之事,不至求取有碍英国之权利。设有中日交涉未能将外交手续了决之处,或将延至相害中国独立、领土完全,后当评议。察日本分内所应得者,不至相害中国独立、领土完全,此亦英日联盟之宗旨。该次长以日本要求之事实未能详细宣布,以此系秘密通告者。十二日。

《中日关系史料——二十一条交涉》(上),第155—156页

4. 法国与日本对华"二十一条"

本野致加藤电

1915 年 2 月 23 日[俄历 10 日]

我国驻巴黎大使来电称:

"从我与外交部亚洲司司长之交谈中,我确信,法国政府尚未就日本要求进行交涉。除电报外,当地报纸均未就此事另行刊登任何专条。与远东有联系的银行甚至还欢迎日本在华获得新权利的欲望。大概法国政府将不会对此问题表示异议。(亚洲司司长谓,对法国来说,在日本全部要求中,最重要的一条系关于福建省的要求,然而,倘若承认1906 年条约,则法国政府并无异议。)

应立即将我们迫切要求的内容秘密知照法国政府,我们业已将其秘密知照英俄两国政府。倘我们惟独不知照法国,则我们只会引起法

国的不满。故请准许我于适当时候知照法国。"

《中日"二十一条"交涉史料全编》(1915—1923)，第 424 页

中国外交部收胡惟德电
1915 年 5 月 13 日

准九号部电，中日交涉结束情形已闻悉。巴黎时报载日本公布电，将中日交涉协约内容及说明书概行宣布，并称日本乘欧战时机要求多件，中国既无防御方法，亦自不能抵抗。且谓此次条款，并于中国土地主权无损，仅欲实行门户开放主义，建设保护地耳。中国兵力既在日本以下，安得不俯首听从。然综未来言之，日本在山东、蒙古、满洲、福建俱得有重要之特权，即在中国全国势力亦较扩张，将来利用外资开辟富源，则从前日本占优胜之均势，忽被人破坏者，可以重行建设，是此次所得之利益，足以偿失而有余也。日本人以平和之态度，将一切障碍全行除去，足见其外交手腕之敏活，将来该国之发达，正未可量也。

《中日关系史料——二十一条交涉》(上)，第 309 页

5. 荷兰与日本对华"二十一条"

中国外交部收唐在复电
1915 年 5 月 12 日

外交部:已。和报论中日事称，美国既袖手旁观，中国孤立，势不能战，日本国遂得逞其要挟，现远东和局虽暂保全，但中国必不忘此要挟，后有机会，必图恢复。又称日本国实行硬持亚洲政策，此其第一步，各国在亚地位十分摇动，现对华逾量之侵攫，虽已迫从，但事之实在结束，须俟欧洲讲和时云。复。十一日。

《中日关系史料——二十一条交涉》(上)，第 306—307 页

6. 瑞典与日本对华"二十一条"

中国外交部收驻陆宗舆电
1915 年 1 月 25 日

外交部:鱼。日报宣传中国将请他国干涉,舆令桑田径向加藤辩明,谓我两国无论何事,必当径自推诚相商。加藤意亦首肯。又瑞典国倭使在外交团及西报界颇蒙尽力,渠力劝我国镇静忍耐,能磋磨期日为佳,不得已示轻者以可商,顾彼面子,不令决裂,待彼内政解决,必来机会。且言北京德人最宜注意,中国宜通情英、美,勿露痕迹,以备后援,并与日使加意周旋,时论切忌激烈。又欧洲义、罗两国预战,消息更恶。舆。二十五日。

《中日关系史料——二十一条交涉》(上),第4—5页

7. 奥地利与日本对华"二十一条"

陆徵祥会晤奥地利使馆参赞文采德、翻译巴尔问答
1915 年 4 月 15 日

文参赞云:现闻有日本新兵到津,讹使恐生争竞,拟将奥兵运来北京,以杜乱萌。

总长答:天津并无新来之日本兵,即使有之,而运送奥兵来京一节,并不宜行。恐一运送,必惹起他人之注意,或即因此而生出许多谣言,亦未可知,故仍以照旧留津为是。

《中日关系史料——二十一条交涉》(上),第228页

8. 西班牙与日本对华"二十一条"

中国外交部收戴陈霖函
1915 年 7 月 16 日

径复者:接准九日电称,中日交涉,日本用哀的美敦强迫,中国不得已,照哀的美敦要求完全答复,希将经过情形面告外部等因。当即往晤日外部正长,将吾国与日本交涉前后经过不得已情形,按照来电所开各节面向告知。该正长答谓,日本要求各款经贵政府再三让步,足见重视和平之意。至于有碍贵国主权独立之处,自未便轻于承认,但目前大局如斯,不得不从和平解决,亦属无可如何云云。所有遵照来电面告外部情形,合肃函复,即祈查照为荷。此致外交总长。戴陈霖。五月十九日。

《中日关系史料——二十一条交涉》(下),第 507—508 页

(六)"民四条约"问题

说明:迫于日本的压力,孤立无援的北洋政府最终与日本签署了系列《民四条约》,满足了日本在南满、东蒙和山东地区的侵略要求。《民四条约》充分反映了日本独霸中国的侵略意向,种下了中日关系恶化的祸根。

关于山东省之条约
1915 年 5 月 25 日

大中华民国大总统阁下及大日本国大皇帝陛下,为维持极东全局

之平和并期将现存两国友好善邻之关系益加巩固起见,决定缔结条约。为此,大中华民国大总统阁下任命中卿一等嘉禾勋章外交总长陆徵祥,大日本国大皇帝陛下任命特命全权公使从四位勋二等日置益为全权委员。各全权委员互示其全权委任状,认为良好妥当,议定条项如左:

第一条　中国政府允诺,日后日本国政府向德国政府协定之所有德国关于山东省依据条约或其他关系对中国享有一切权利、利益让与等项处分,概行承认。

第二条　中国政府允诺,自行建造由烟台或龙口接连于胶济路线之铁路。如德国抛弃烟潍铁路借款权之时,可向日本国资本家商议借款。

第三条　中国政府允诺,为外国人居住、贸易起见,从速自开山东省内合宜地方为商埠。

第四条　本条约由盖印之日起即生效力。

本条约应由大中华民国大总统阁下、大日本国大皇帝陛下批准,其批准书从速在东京互换。

为此,两国全权委员缮成中文、日本文各二份,彼此于此约内签名盖印,以昭信守。

中华民国四年五月二十五日

大正四年五月二十五日

作于北京

关于南满洲及东部内蒙古之条约
1915 年 5 月 25 日

大中华民国大总统阁下及大日本国大皇帝陛下,为发展在南满洲及东部内蒙古两国间之经济关系起见,决定缔结条约。为此,大中华民国大总统阁下任命中卿一等嘉禾勋章外交总长陆徵祥,大日本国大皇帝陛下任命特命全权公使从四位勋二等日置益为全权委员。各全权委员互示其全权委任状,认为良好妥当,议定条项如左:

第一条　两缔约国约定,将旅顺、大连租借期限并南满洲及安奉两铁路之期限均展至九十九年为期。

第二条　日本国臣民在南满洲为盖造商、工业应用之房厂或为经营农业,得商租其需用地亩。

第三条　日本国臣民得在南满洲任便居住、往来,并经营商、工业等一切生意。

第四条　如有日本国臣民及中国人民愿在东部内蒙古合办农业及附随工业时,中国政府可允准之。

第五条　前三条所载之日本国臣民,除须将照例所领之护照向地方官注册外,应服从中国警察法令及课税。

民、刑诉讼,日本国臣民为被告时,归日本国领事官,又中国人民为被告时,归中国官吏审判;彼此均得派员到堂旁听。但关于土地之日本国臣民与中国人民之民事诉讼,按照中国法律及地方习惯,由两国派员共同审判。

将来该地方之司法制度完全改良时,所有关于日本国臣民之民、刑一切诉讼即完全由中国法庭审判。

第六条　中国政府允诺,为外国人居住、贸易起见,从速自开东部内蒙古合宜地方为商埠。

第七条　中国政府允诺,以向来中国与各外国资本家所订之铁路借款合同规定事项为标准,速行从根本上改订吉长铁路借款合同。

将来中国政府,关于铁路借款事项,将较现在各铁路借款合同为有利之条件给与外国资本家时,依日本国之希望再行改订前项合同。

第八条　关于东三省中日现行各条约,除本条约另有规定外,一概仍照旧实行。

第九条　本条约由盖印之日起即生效力。

本条约应由大中华民国大总统阁下、大日本国大皇帝陛下批准。其批准书从速在东京互换。

为此,两国全权委员,缮成中文、日本文各二份,彼此于此约内签名盖印,以昭信守。

中华民国四年五月二十五日

大正四年五月二十五日

作于北京

附一:关于山东事项之换文

外交部致日本公使照会

为照会事:本总长以中国政府名义对贵国政府声明:将山东省内或其沿海一带之地或岛屿,无论以何项名目,概不租与或让与外国。相应照会,即希查照。须至照会者。

中华民国四年五月二十五日

日本国公使　中华民国外交总长

日本公使复外交部照会

为照复事:接准本日照会,贵总长以贵国政府名义声明:"将山东省内或其沿海一带之地或岛屿,无论以何项名目,概不租与或让与外国。"等语,业经阅悉。相应照复,即希查照。须至照复者。

大正四年五月二十五日

中华民国外交总长　日本国公使

附二:关于山东开埠事项之换文

外交部致日本公使照会

为照会事:本日画押之关于山东省条约内第三条所规定应行自开商埠之地点及章程,由中国政府自行拟定,与日本国公使协商后决定之。相应照会,即希查照。须至照会者。

中华民国四年五月二十五日

日本国公使　中华民国外交总长

日本公使复外交部照会

为照复事:接准本日照称:"本日画押之关于山东省条约内第三条所规定应行自开商埠之地点及章程,由中国政府自行拟定,与日本国公使协商后决定之。"等语,业经阅悉。相应照复,即希查照。须至照复者。

　　大正四年五月二十五日

　　中华民国外交总长　日本国公使

附三：关于旅大南满安奉期限之换文

外交部致日本公使照会

　　为照会事：本日画押之关于南满洲及东部内蒙古条约内第一条所规定，旅顺、大连租借期限展至民国八十六年，即西历千九百九十七年为满期；南满铁路交还期限展至民国九十一年，即西历二千零二年为满期。其原合同第十二条所载："自开车之日起三十六年后，中国政府可给价收回。"一节，毋庸置议。又，安奉铁路期限展至民国九十六年，即西历二千零七年为满期。相应照会，即希查照。须至照会者。

　　中华民国四年五月二十五日

　　日本国公使　中华民国外交总长

日本公使复外交部照会

　　为照复事：接准本日照称："本日画押之关于南满洲及东部内蒙古条约内第一条所规定，旅顺、大连租借期限展至民国八十六年，即西历千九百九十七年为满期；南满铁路交还期限展至民国九十一年，即西历二千零二年为满期。其原合同第十二条所载：'自开车之日起三十六年后，中国政府可给价收回。'一节，毋庸置议。又，安奉铁路期限展至民国九十六年，即西历二千零七年为满期。"等语，业经阅悉。相应照复，即希查照。须至照复者。

　　大正四年五月二十五日

　　中华民国外交总长　日本国公使

附四：关于东部内蒙古开埠事项之换文

外交部致日本公使照会

　　为照会事：本日画押之关于南满洲及东部内蒙古条约内第六条所规定中国应行自开商埠之地点及章程，由中国政府自行拟定，与日本国公使协商后决定之。相应照会，即希查照。须至照会者。

中华民国四年五月二十五日

日本国公使　中华民国外交总长

日本公使复外交部照会

为照复事:准本日照称:"本日画押之关于南满洲及东部内蒙古条约内第六条所规定中国应行自开商埠之地点及章程,由中国政府自行拟定,与日本国公使协商后决定之。"等语,业经阅悉。相应照复,即希查照。须至照复者。

大正四年五月二十五日

中华民国外交总长　日本国公使

附五:关于南满洲开矿事项之换文

外交部致日本公使照会

为照会事:日本国臣民在南满洲左开各矿除业已探勘或开采各矿区外,速行调查选定,中国政府即准其探勘或开采,但在矿业条例确定以前,仍仿照现行办法办理。相应照会,即希查照。须至照会者。

中华民国四年五月二十五日

日本国公使　中华民国外交总长

一、奉天省

所在地	县名	矿种
(一)牛心台	本溪	煤
(二)田什付沟	本溪	煤
(三)杉松岗	海龙	煤
(四)铁厂	通化	煤
(五)暖池塘	锦	煤
(六)鞍山站一带	由辽阳县起至本溪县	铁

二、吉林省南部

所在地	县名	矿种
(一)杉松岗	和龙	煤铁

（二）缸窑　　　　　　　吉林　　　　　　　　煤

（三）夹皮沟　　　　　　桦甸　　　　　　　　金

日本公使复外交部照会

为照复事:接准本日照称:"日本国臣民在南满洲左开各矿除业已探勘或开采各矿区外,速行调查选定,中国政府即准其探勘或开采,在矿业条例确定以前,应仿照现行办法办理。"等语,业经阅悉。相应照复,即希查照。须至照复者。

大正四年五月二十五日

中华民国外交总长　日本国公使

一、奉天省

所在地　　　　　　　　　县名　　　　　　　　矿种

（一）牛心台　　　　　　本溪　　　　　　　　煤

（二）田什付沟　　　　　本溪　　　　　　　　煤

（三）杉松岗　　　　　　海龙　　　　　　　　煤

（四）铁厂　　　　　　　通化　　　　　　　　煤

（五）暖池塘　　　　　　锦　　　　　　　　　煤

（六）鞍山站一带　　　　由辽阳县起至本溪县　铁

二、吉林省南部

所在地　　　　　　　　　县名　　　　　　　　矿种

（一）杉松岗　　　　　　和龙　　　　　　　　煤铁

（二）缸窑　　　　　　　吉林　　　　　　　　煤

（三）夹皮沟　　　　　　桦甸　　　　　　　　金

附六:关于南满洲东部内蒙古铁路课税事项之换文

外交部致日本公使照会

为照会事:本总长以中国政府名义,对贵国政府声明:嗣后在南满洲及东部内蒙古需造铁路,由中国自行筹款建造;如须外资,可先向日本国资本家商借。又,中国政府嗣后以前开地方之各种税课(除中国中央政府业经为借款作押之盐税、关税等类外)作抵,由外国借款时,可先向日本国资本家商借。相应照会,即希查照。须至照会者。

中华民国四年五月二十五日

日本国公使　中华民国外交总长

　　　　　日本公使复外交部照会

为照复事:接准本日照会,贵总长以贵国政府名义声明:"中国政府嗣后在南满洲及东部内蒙古需造铁路,由中国自行筹款建造;如须外资,可先向日本国资本家商借。又,中国政府嗣后以前开地方之各种税课(除中国中央政府业经为借款作押之盐税、关税等类外)作抵,由外国借款时,可先向日本国资本家商借。"等语,业经阅悉。相应照复,即希查照。须至照复者。

大正四年五月二十五日

中华民国外交总长　日本国公使

附七:关于南满洲聘用顾问事项之换文

　　　　　外交部致日本公使照会

为照会事:本总长以中国政府名义,对贵国政府声明:嗣后如在南满洲聘用政治、财政、军事、警察外国顾问教官时,可尽先聘用日本人。相应照会,即希查照。须至照会者。

中华民国四年五月二十五日

日本国公使　中华民国外交总长

　　　　　日本公使复外交部照会

为照复事:接准本日照会,贵总长以贵国政府名义声明:"中国政府嗣后如在南满洲聘用政治、财政、军事、警察外国顾问教官时,可尽先聘用日本人。"等语,业经阅悉。相应照复,即希查照。须至照复者。

大正四年五月二十五日

中华民国外交总长　日本国公使

附八：关于南满洲商租解释之换文

日本公使致外交部照会

为照会事：本日画押之关于南满洲及东部内蒙古条约内第二条所载"商租"二字，须了解含有不过三十年之长期限及无条件而得续租之意。相应照会，即希查照。须至照会者。

大正四年五月二十五日

中华民国外交总长　　日本国公使

外交部复日本公使照会

为照复事：接准本日照称："本日画押之关于南满洲及东部内蒙古条约内第二条所载之'商租'二字，须了解含有不过三十年之长期限及无条件而得续租之意。"等语，业经阅悉。相应照复，即希查照。须至照复者。

中华民国四年五月二十五日

日本国公使　　中华民国外交总长

附九：关于南满洲东部内蒙古接洽警察法令课税之换文

日本公使致外交部照会

为照会事：依本日画押之关于南满洲及东部内蒙古条约内第五条之规定，日本国臣民应服从中国之警察法令及课税，由中国官吏与日本国领事官接洽后施行。相应照会，即希查照。须至照会者。

大正四年五月二十五日

中华民国外交总长　　日本国公使

外交部复日本公使照会

为照复事：准本日照称："依本日画押之关于南满洲及东部内蒙古条约内第五条之规定，日本国臣民应服从中国之警察法令及课税，由中国官吏与日本国领事官接洽后施行。"等语，业已阅悉。相应照复，即希查照。须至照复者。

中华民国四年五月二十五日

日本国公使　　中华民国外交总长

附十:关于南满洲东部内蒙古条约第二至第五条延期实行之换文

外交部致日本公使照会

为照会事:本日画押之关于南满洲及东部内蒙古条约内第二条、第三条、第四条及第五条,中国政府因须准备一切,拟自本条约画押之日起,延期三个月实行,应请贵国政府同意。相应照会,即希查照。须至照会者。

中华民国四年五月二十五日

日本国公使　中华民国外交总长

日本公使复外交部照会

为照复事:准本日照称:"本日画押之关于南满洲及东部内蒙古条约内第二条、第三条、第四条及第五条,中国政府因须准备一切,拟自本条约画押之日起,延期三个月实行。"等语,业已阅悉。相应照复,即希查照。须至照复者。

大正四年五月二十五日

中华民国外交总长　日本国公使

附十一:关于汉冶萍事项之换文

外交部致日本公使照会

为照会事:中国政府因日本国资本家与汉冶萍公司有密接之关系,如将来该公司与日本国资本家商定合办时,可即允准;又,不将该公司充公;又,无日本国资本家之同意,不将该公司归为国有;又,不使该公司借用日本国以外之外国资本。相应照会,即希查照。须至照会者。

中华民国四年五月二十五日

日本国公使　中华民国外交总长

日本公使复外交部照会

为照复事:准本日照称:"中国政府因日本国资本家与汉冶萍公司有密接之关系,如将来该公司与日本国资本家商定合办时,可即允准;又,不将该公司充公;又,无日本国资本家之同意,不将该公司归为国有;又,不使该公司借用日本国以外之外国资本。"等语,业已阅悉。相应照复,即希查照。须至照复者。

大正四年五月二十五日

中华民国外交总长　日本国公使

附十二:关于福建问题之换文

日本公使致外交部照会

为照会事:闻中国政府有在福建省沿岸地方允许外国设造船所、军用贮煤所、海军根据地或为其他一切军事上之施设,并自借外资为前项各施设之意思,中国政府果否有此意思,请即见复。相应照会,即希查照。须至照会者。

大正四年五月二十五日

中华民国外交总长　日本国公使

外交部复日本公使照会

为照复事:接准本日照称各节,业已阅悉。中国政府兹特声明,并无在福建省沿岸地方允许外国设造船所、军用贮煤所、海军根据地及其他一切军事上施设之事;又无借外资欲为前项施设之意思。相应照复,即希查照。须至照复者。

中华民国四年五月二十五日

日本国公使　中华民国外交总长

附十三:关于交还胶澳之换文

日本公使致外交部照会

为照会事:本公使以帝国政府名义,对贵国政府声明:日本国政府于现下之战役终结后,胶州湾租借地全然归日本国自由处分之时,于左开条件之下,将该租借地交还中国:

一、以胶州湾全部开放为商港;

二、在日本国政府指定之地区,设置日本专管租界;

三、如列国希望共同租界,可另行设置;

四、此外关于德国之营造物及财产之处分并其他之条件、手续等,于实行交还之先,日本国政府与中国政府应行协定。

相应照会,即希查照。须至照会者。

大正四年五月二十五日

中华民国外交总长　日本国公使

外交部复日本公使照会

为照复事:接准本日照会,贵公使以贵国政府名义声明:日本国政府于现下之战役终结后,胶州湾租借地全然归日本国自由处分之时,于左开条件之下,将该租借地交还中国。等语,业已阅悉。

一、以胶州湾全部开放为商港;

二、在日本国政府指定之地区,设置日本专管租界;

三、如列国希望共同租界,可另行设置;

四、此外关于德国之营造物及财产之处分并其他之条件、手续等,于实行交还之先,日本国政府与中国政府应行协定。

相应照复,即希查照。须至照复者。

中华民国四年五月二十五日

日本国公使　中华民国外交总长

《政府公报》第1110号,1915年6月10日

陆徵祥会晤日置益问答

1915年5月27日

日置公使云:前日贵总长谓此次所订之新条约,拟早日发表云云,本公使已电告敝国政府。但照敝国向例,凡条约未经批准以前,未便宣布。批准地点,现拟在东京,请贵政府速委任驻日陆公使全权,以便早日在东京交换批准书,即可早日发表。

总长云:陆公使来电,亦称拟早日交换,并请发委任状。凡交换批准书,是否要更换全权委任状。

日置公使云:似必要委任状。

总长云:查向来似只有训令,并无此项委任状。惟于交换后,彼此立一字据。

日置公使云：此事本公使亦不甚了了，不过以鄙意揣之，交换批准书乃一重大事件，似应有全权委任状。从前中日所订条约如何办法，必有旧例可援，本公使当为调查后再奉告。

总长云：本部亦再将前清办法，详细调查。

日置公使云：昨接敝国政府来电，以中国报馆业将此次条约登载，是否由贵国政府所发表。本公使以此次各报馆所登载想系泄漏之故，并非由贵国政府正式发表云云电复矣。然观报馆所载者，详细无遗，实与正式发表无异，决非寻常泄漏可比。此或系贵国政府对内关系，出于万不得已之苦衷，本公使亦不斤斤较量。但前曾面告贵总长，将来如发表此项条约时，彼此当同时发表，一面并将对贵总长业已说明一层，报告外务大臣。近贵国报馆忽将全文登出，故敝国外务大臣深怪本公使，以本公使当时未曾说明，致有此事，本公使实无以对外务大臣。但往者不可追，将来如有彼此说明之事，务望照说明方法办理，万勿令本公使为难。

总长云：敝国政府并未正式发表。当时贵公使说明彼此同时发表，故敝国即照此办法，俟将来批准后，拟在政府公报上登出，决不至有失信之事。此次报馆何以泄漏，当再调查，然因此令贵公使为难，实抱不安之至。

日置公使云：敝国外务大臣前特别训令本公使转告贵总长，请将该条约同时发表，其中必有深意。大约因现在系议院开会中，反对党或以此为攻击政府之武器，故对于议会发表此项条约，颇有关系，必须慎重其事，所以特令本公使说明。今报馆忽即登载，恐外务大臣必疑本公使未曾说明，不但令本公使为难，或致令外务大臣亦处于为难地位。且此次交涉，敝国人大抵反对，攻击政府不遗余力。并议及本公使，或谓本公使人地不宜，或谓本公使常使中国政府蔑视等语。今适有此事发生，本公使愈授人以口实，外务大臣亦受政界上攻击，事虽不大，而影响甚重。

总长云：此事甚为抱歉。各国办事，皆有为难之处，适才贵公使谓此次报馆登载,或系对内关系云云,本总长以个人意见揣度,或有此意,亦不可知。因近来各处土匪乱党时有蠢动之虞,政府常接有电报,或者因此泄漏。然于未正式发表以前,致有此等泄漏,令贵公使为难,本总长实在抱歉。

日置公使云:本公使日前电复敝国政府后,未接到何等训令,将来如何回电,尚不可知。如能就此不提,最为盼望耳。

总长云:本部亦当转达内务总长,请其转饬各报馆,格外注意。

《中日关系史料——二十一条交涉》(上),第339—340页

恢复青岛海关办法

1915 年 8 月 6 日

关于恢复青岛中国海关并日德战争结果现在日本军政管理下之德国租借地内执行事务之办法:

一、约定中国海关得在青岛再行开办。

二、一千八百九十九年四月十七日中德两国代表在北京签字之青岛设关征税办法,及一千九百〇五年十二月一日中德两国代表在北京签字之青岛设关征税修正办法,在本办法主义上必要之处,有"德国"字样者易以"日本"字样。关于青岛中国海关之再开,并其规则手续,于中日两国政府间俱行有效。

三、原属总税务司所管之中国海关簿籍海关公款及其他一切海关所属财产,于日军占领时被日军押收者,仍交还于总税务司。

四、日本国政府宜将日本占领青岛海关以迄该海关恢复日本官宪所征收之税款,按照一千九百零五年中德修正办法,扣除纯收入税额之二成,其余额则移交于总税务司。

日本国特命全权公使日置益

中国总税务司安格联

一千九百十五年八月六日签于北京

《六十年来中国与日本》第六卷,第308—309页

（七）袁世凯称帝与中外交涉

说明：中日交涉结束，久萌异志的袁世凯决定恢复帝制。除德、奥全力支持，其它列强均以改制不导致政治混乱以致影响其在华利益为条件，日本则寻找机会进一步扩大对华侵略。因此，英、日、俄、法、意五国曾一致劝导袁世凯延缓帝制。袁世凯看到列强没有坚决反对帝制，遂宣布恢复帝制，改元"洪宪"。袁世凯的倒行逆施遭到举国反对，随着各地护国军讨袁的节节胜利，列强始反对中国改制，袁世凯的复辟丑剧终于落幕。

陆宗舆致北京外交部电

1915 年 9 月 4 日

某机关报谓中国改帝，必酿大乱，保护东亚平和之日本，当援美对墨国有干涉权之例，须求中政府与以保证，并先开协议为妥云云。舆，四日。

《六十年来中国与日本》第七卷，第 2 页

陆宗舆致北京外交部电

1915 年 9 月 6 日

顷见大隈总理，谈及帝制，渠言：中国民主君主，本非日本所问，惟万勿因此致乱，有妨邻国商务。余深佩大总统实有统治之能力，但只望中国有实力之政府以图治，现正渐见治安，似不须于名义多所更换。答以大总统决无为帝之意思及事实，舆可深信断言，请贵大臣勿信浮言。且大总统只求外睦内安，此次订结条约，即为亲日起见；惟改良空气，诚意亲善，大总统与政府切望贵大臣互相尽力，顷特面达。渠言此可以一言奉答，现日本对中国并不欲政治上增加权力，只求经济协同两利之策，日本欲脱西方压迫，西人每深嫉妒。在中国者虽不乏佳士，而生事

者亦多,英人亦然。德人多所煽动,尤日本所不许。大总统有经验之人,想不致轻为所动。答以大总统以本国为本位,既亲日亦为己国起见,决不致轻听人言,自妨国计。

《六十年来中国与日本》第七卷,第2—3页

陆宗舆致北京外交部电
1912年9月10日

伊集院密告:帝制尚非其时,即欲改制,亦以取法尧舜,示人无家天下之心,为佳。至承继事,非法律所能奏效。答以大总统并无此意。及日报载有运动将宣统帝封藩满蒙。此次帝政论起,中外摇动,辩言乱政,尚祈速加取缔,妨生枝节,乞代呈。舆,十日。

《六十年来中国与日本》第七卷,第3页

后藤新平致章宗祥照会
1915年9月24日

敬启者:帝国政府顾念贵我两国间所存善邻之谊,本和衷协调之旨意,将关于山东省诸问题照左列各项处理,认为妥当,兹将此事特向贵国政府提议:(一)胶济铁路沿线之日本国军队,除济南留一部队外,全部均调集于青岛;(二)胶济铁路之警备,可由中国政府组成巡警队任之;(三)右列巡警队之经费,由胶济铁路提供相当之金额充之;(四)右列巡警队本部及枢要驿并巡警养成所内,应聘用日本国人;(五)胶济铁路从业员中应采用中国人;(六)胶济铁路所属确定以后,归中日两国合办经营;(七)现在施行之民政撤废之。

贵国政府对于右列之提议,其意向若何,敬希示复,为荷。敬具。

大正七年九月二十四日

日本帝国外务大臣男爵后藤新平印

中华民国特命全权公使章宗祥阁下

《外交公报》1921年12月,第6期

章宗祥复后藤新平照会
1915 年 9 月 24 日

敬启者:接奉贵翰内称,贵国政府顾念贵我两国间所存善邻之谊,本和衷协调之意旨起见,提议关于山东省诸问题,照左记各项处理等因,业已阅悉:(一)胶济铁路沿钱之日本国军队,除济南留一部队外,全部均调集于青岛;(二)胶济钱路之警备,可由中国政府组成巡警队任之;(三)右列巡警队之经费,由胶济铁路提供相当之金额充之;(四)右列巡警队本部及枢要驿并巡警养成所内,应聘用日本国人;(五)胶济铁路从业员中应采用中国人;(六)胶济铁路所属确定以后,归中日两国合办经营;(七)现在施行之民政撤废之。

中国政府对于日本国政府右列之提议,欣然同意。特此奉复,谨具。

中华民国七年九月二十四日

中华民国特命全权公使章宗祥印

外务大臣男爵后藤新平阁下

《外交公报》1921 年 12 月,第 6 期

朱尔典与袁世凯就帝制问题的晤谈纪要
1915 年 10 月 2 日

朱使问曰:君主立宪问题实行之日当不远矣。

大总统答曰:近二年来,各省将军、巡按使暨文武行政各官,或面陈,或电陈,皆言非君主立宪不能巩固国基,维持大局。近数月以来,各省商会、民团亦频频来电,主张其事,甚至少年军官、革命伟人,提倡以强力解决。而所谓老成之政治家,因墨国乱事,亦以为强行共和非永久之计,所以至于今日,全国赞成君主立宪,且主急速进行。余费尽心力对付各方,令其不必多事,然各人主意甚坚,倘以力制之,或有别出情形,则又不得不将此问题取决于民意,乃得正当办法。若全国仍以共和为然,则可以安然照旧办事;若决定君主立宪,则实行其事,现在恐亦非

其时也。

朱曰:若国中无内乱,则随时可以实行,此中国内政,他人不能干涉也。

大总统曰:内乱可决其无。至于放炸弹、谋暗杀等事,于共和时代既无时无之,则君主立宪,想亦势所不免,然无关大局。各省将军、巡按使已早来电,不论局面如何,皆可担保治安之责任。故于对内,可以放心。余之所谓非其时者,乃对外问题也。

朱曰:英国对于此事极为欢迎。盖中国现时政府,一人之政,仅系于大总统一身。大总统即时离任,无有能继续其事者,中国大局不堪设想,似此局面岂能长久。现行之共和,系世界所无之政体,既非共和,又非专制,又非君主立宪,此种特别政体,断难永久维持。若早日议决正当君主立宪政体,则于中国人民思想习惯丝毫不背。故三年前在英之中国研究会,有秘密要件呈英外交部,请英国设法巩固中国政体,免有不测,藉以保护英国旅华人民性命财产。此秘密要件文稿,曾由英外部发交使馆存案,随时研究,今日中国讨论君主立宪问题,正合驻英中国研究会之意。所以英国不但欢迎,且绝无反对之意;又不但英国欢迎,凡英国联盟诸国,亦无损害中国之意也。

大总统曰:不知东邻有如何举动。中国内地治安,已得各将军、巡按使切实担任,惟于东三省、东蒙古实难预料。该处日人甚多,倘有日人被杀,不论华人为首犯、日人为首犯,即可藉此造出机会,此不能不虑者也。故余以为对内无问题,对外不可不察也。

朱曰:未闻日本有半点反对之意及乘时取利或有损害中国之阴谋。

大总统曰:大隈伯对我驻日陆公使言,关于君主立宪事,请袁大总统放心去做,日本甚愿帮助一切。由此观之,即于表面,日本似不再行渔人之政策。

朱曰:大隈之言如此,想系表示美意也。

大总统曰:德使于数日前,请孙宝琦晚饭时,曾言现在实非实行君主立宪之时,以为东邻必又趁此有所要求也,故德国颇有反对之意。

朱曰:德使之言如此,不过行其离间之术,日本反对或藉此取利之说,实无所闻。德国反对,亦无能力,其水陆交通断绝,岂能反对乎。

大总统曰:余于受正式大总统时,曾发誓维持共和政体,若变为君主立宪,岂不失信于天下乎。

朱曰:国民议决共和政体,选举大总统为大总统,则当然发誓维持共和政体。若国民又议决君主立宪政体,恭举大总统为新帝国之大皇帝,则又当本国民之意,发誓维持君主立宪之政体。此顺民意而为之,于信用毫无损失也。

大总统曰:如长行共和政体,则我将来满任时可以休息养老,若改为君主,则责任太重,非我一人所能为也。

朱曰:大总统推辞之故,非责任太重或不肯放松现在权力。查现在各国不论君主民主,无有如大总统之权之重且大者,英皇之权无论矣,即德皇、日皇、美国大总统之权皆不及也。大总统可放弃现有之责任,而就君主立宪之政,以救中国,若仍专制共和,则将来休息实无时日。倘行君主立宪,则现在之政权,可以分于各部行政长官,而大总统即时时可以休息,而从容办事矣。

大总统曰:贵公使此论颇合情理,余处现时地位,百分责任自担八十分,而各部共担二十分。按理而论,余当担二十分,而各部担八十分,乃为公允。

朱曰:若他人担如此重任,眠食俱废矣。

大总统曰:若行君主立宪,须另请宣统为皇帝乃可。

朱曰:再选满人为皇帝,各国必不承认,若大总统肯顺民意担此责任,英国必大欢迎。因大总统名誉在英国十分满足也。

大总统曰:余为皇帝不过数十年,惟于我子孙甚有关系,中国历代以来,王子王孙,年深日久,无有不弱之理,是亦不可不虑也。

朱曰:儿孙自有儿孙福,何必虑及数百年后之事,若能善立家法,令其多得学问阅历,则王子亦兴,平民子弟亦兴。若弃家法废学问,则又何从而兴乎。

大总统曰:此次君主立宪问题风从而起,竟如拳匪之狂,革命之速,势不可禁。故此问题必移归各省被选人员议决,方合正轨,若取决于武力,则有背民意,设使用武,余必以力制之。

朱曰:取决民意乃为正当办法,于各国信用必有加无减,稍涉武力,是以势胁夺,而于信用有关矣。

大总统曰:当时提倡共和者,不知共和为何物;今日主张君主者,亦不知君主为何物。多数人民不过有汉唐明清之专制君主印于其脑,或百中有一,只知日本二千年来之君主;人或百中有一,只知德国联邦大君主,至于特色立宪君主,未尝梦到也。

朱曰:共和政体性质,华人实未研究,君主立宪政体或稍知之。

大总统曰:宪法二字,不独普通华人,即华官亦未得其详。凡文明之国有三大机关,立法、司法、行政是也。立法、行政两机关必有约略均平之势,彼此切磋讨论,方得真理,若稍偏重,是失宪法之精神矣。

朱曰:此问题何时可以解决?

大总统曰:须俟各省代表,在其本省聚会,方能议决,或于十一月间可以行之。

朱曰:若对内对外无甚难题,即可以不动声色,陆续进行。至于各国承认一节,可不必另派专使,即以驻京各公使为庆贺专使,此单简便利办法,无丝毫难处。行君主立宪政体,是中国不能逃避之举,且系根本解决之法。当时华民醉于共和,非共和不可,是推翻满清之得力口号。是时大总统以为君主立宪,近于中国人民理想习惯,迩典与美使嘉乐恒亦曾主张君主立宪,前驻京美使柔克义,亦屡言之。南北讨论之时,唐绍仪因一时之感动,未察国家万年之计,主持共和,不可谓非失策矣。尔典与大总统有三十余年之交谊,无日不盼中国富强,将来大总统为新帝国大皇帝,虽有私交,除召见离三丈远,行三鞠躬礼外,不敢来府谈话,独此一端,尔典稍失利益也。今日直白之词,请大总统不见责也。

大总统曰:贵公使直言相告,感甚! 感甚! 余以为无论国体如何解决,礼不可太繁,凡跪拜与夫限于下情上达之礼皆可废。

朱曰:然。恭辞而退。

《中华民国史事纪要》,第 764—767 页

关于反对中国帝制之劝告

1915 年 10 月 27 日

电送第三四三$\frac{四}{五}$号。

大正四年(1915 年)十月二十七日下午一时二十分发

石井大臣致驻华小幡代理公使

第五九五号加急

对于英国政府,已经以往电第五八一号提出建议,对此,英国政府已经同意暂时由日英两国向中国提出劝告。因此,贵官与英国驻华公使进行适当磋商之后,应尽可能迅速地面见中国政府当局,以恳谈方式提出上述劝告。至于下述内容,只要大体符合与英国驻华公使磋商之结果,则可以有所变更。另,在日本国内,本大臣亦会对中国公使提出同样内容之劝告。对于俄、法、美三国政府,日英两国已经开展交涉,兹补充如下:

贵国推行帝制之计划,正在迅速进行。对于上述计划之背后反对情绪则意外炽烈,暗流汹涌,形势危急。因此,现在如果打算强行推行帝制,则在什么时间爆发什么事变,是难以预料的。方今欧洲正值多事之秋,任何将对整个和平局面产生不良影响之事件,都应避免之。若中国形势果然如上述情形,则帝国政府不胜牵挂和不安。如果中国国内发生动乱,则友邦中国将陷于不幸,而各国在中国业已存在之利益,亦将受到影响。中国政府是否确信,顺利实现帝制而绝对不会发生任何异变? 据我方所见,各地之实际情况,特别是上海及长江地区并南方形势,实在不堪忧虑。袁大总统就任以来,在过去的四年时间里,逐渐恢复中国之秩序,帝国常庆之。袁大总统如果继续致力于维持现状,则不必担心中国国内发生任何动乱。然今日却欲急遽变更国体,导致上述不安之形势。为中国计,不得不惋惜之。因此,帝国政府殷切劝告:希

望大总统顾全大局,暂缓推行帝制之计划,采取最为明智之措施,以防祸于未然,以巩固远东和平之根基。毫无疑问,帝国政府绝无干涉中国内政之意,之所以提出上述劝告,实出于维护东洋和平之一片衷心。(终)

十月二十八日小幡代理公使致中国外交总长关于延缓帝制之劝告:

贵国推行帝制之计划,正在迅速进行。对于上述计划之背后反对情绪则意外炽烈,暗流汹涌,形势危急。因此,现在如果打算强行推行帝制,则在什么时间爆发什么事变,是难以预料的。方今欧洲正值多事之秋,任何将对整个和平局面产生不良影响之事件,都应避免之。若中国形势果然如上述情形,则帝国政府不胜牵挂和不安。如果中国国内发生动乱,则友邦中国将陷于不幸,而各国在中国业已存在之利益,亦将受到影响。中国政府是否确信,顺利实现帝制而绝对不会发生任何异变?据我方所见,各地之实际情况,特别是上海及长江地区并南方形势,实在不堪忧虑。袁大总统就任以来,在过去的四年时间里,逐渐恢复中国之秩序,帝国常庆之。袁大总统如果继续致力于维持现状,则不必担心中国国内发生任何动乱。然今日却欲急遽变更国体,导致上述不安之形势。为中国计,不得不惋惜之。因此,帝国政府殷切劝告:希望大总统顾全大局,暂缓推行帝制计划,采取最为明智之措施,以防祸于未然,以巩固远东和平之根基。毫无疑问,帝国政府绝无干涉中国内政之意,之所以提出上述劝告,实出于维护东洋和平之一片衷心。

《日本外交年表并主要文书》(1840—1921)(上),第416页

北京政府外交部致陆宗舆电
1915 年 10 月 27 日

闻日本有通告英俄法美拟联合劝阻帝制问题之说,未知确否。今日发该四国驻使,嘱向该外部密告,特电接洽,电文如下:中国国民因本国幅员广大,五族异俗,而民情浮动,教育浅薄,按共和国体,元首常易,

必生绝大乱端,不但本国人命财产,恐多危险,即如友邦侨民事业,亦难稳固。我民国成立,已有四年,而富户巨商不肯投资人民营业,官吏行政亦乏长久之计划。人心不定,治理困难。因思废弃共和,恢复帝国,暗潮结合,为时已久,政府意在维持国体,特加驳拒。近来风潮愈烈,结合愈众,有实力者多数在内,政府如专力遏止,恐于治安大生妨碍,实不敢负此重责,惟有尊重民意,公布立法院议决之法律案,组织国民代表大会,同议决国体问题。近接各省官吏电信,民情极为欢迎,一般情形,大约主张君主立宪者必居多数,届时政府亦无权违拂民意;因民国约法主权本于国民,自不得不听从国民之公意。此次改变,出于全国人民一致之意愿,政府顺从民意,秩序必不至扰乱。据各省交武官吏文电,均谓体察地方情形,必可维持治安,全国人民期望,不过为长治久安之利乐,想各友邦侨民,亦必同此期望,各友邦政府更必乐闻此举。我两国友睦素笃,特于未经决定宣布之前,以实情密告,以免误会。希将以上情形,即日面晤外部面告,如何答复,即电复。再此项密告已通知俄英法矣,特接洽。外交部,二十七日。

《六十年来中国与日本》第七卷,第 5—6 页

日英俄驻京公使就恢复帝制事向北京外交部口述三国之劝告
1915 年 10 月 28 日

中国变更国体之计划,近来着着进步,今似有急遽发展实行,迫于目前之势。顾欧洲大战尚未平定,一般之不安犹多,苟有妨害和平安宁之事情务宜避其实现,以期不再增加新的不安状态。今观各地之情势,外观虽似各地对于帝制之实现反对不甚激烈,实则反对之威情广为酝酿,不安之形势弥漫于各地。回顾袁大总统过去四年间之施设,已使国内秩序渐复,地方不安之状态亦逐日消灭;大总统若维持现状,无改已采之方针,则秩序全行恢复,各地归于安宁之日,盖不甚远。然今大总统如有突建帝制之举,则上述反对之形势或将立成,惹起意外之扰乱,使已形平静之各地再成危险不安之域。在世界形势有如上述之今日,

目睹中国将发生此种危险之情况,帝国政府鉴于世界大局之利害,不胜忧虑。中国如果一旦发生扰乱,中国之不幸莫过于此者,自不待言。即与中国有深切关系之各国及与中国有特殊关系之日本,所蒙直接间接之影响真有不可计者,东洋之和平亦不无因是陷于危殆之虞。

事态既如上述,是以帝国政府本防祸未然维持东洋和平之衷心,兹对中国政府先告以中国今日之情况最堪忧虑,敢问果自信不致发生异变而得平稳实现帝制耶?帝国政府既已坦率披沥其所见,决以友谊劝告大总统善顾大局,延缓其变更国体之计划,以防祸未然,而固远东和平之基础。此乃最为贤明之措置。现已对小幡代理公使发出必要之训令,帝国政府决非欲依此种措置而干涉中国之内政,不外欲尽其邻邦所应尽之友谊耳。

《六十年来中国与日本》第七卷,第6—7页

陆宗舆致北京外交部电
1915年10月28日

午电计达,顷石井大臣面告,此次中政府密告各情已经奏明日皇。日政府对于中政府密告厚意,甚深感悦。惟日政府所得报告,中国北方虽较平静,南方却多浮言。日政府固深佩大总统平治中国之能力,不能必谓以后有如何扰乱,惟现在既以共和而见治安,若因大总统欲改帝政而反有不安,则责任归于一人。日政府以友谊的见解,深为大总统不取;况在欧战时代,东亚尤宜力保平和,深望大总统将改制延期,如何?此正日政府友谊诚挚的忠告,并非意存干涉,更无乘机图利之野心。除昨训令小幡照达外,并请将此意转达贵政府云云。舆答以南方浮言,系上海革党报纸所造,并力将南北均甚平静各情辩解,又将今日来电详告。渠言照日政府见解,大总统任期正长,似无于此时速改帝政之必要;但皆政府好意之忠告,幸勿误会云云。照此口气,似已与他国接洽矣。舆,二十八日。

《六十年来中国与日本》第七卷,第7—8页

陆宗舆致北京外交部电

1915 年 10 月 31 日

二十九、三十电均悉。大隈前有中国不乱日本不干涉之宣言,词气本系两靠,而各界已纷纷攻击。至席间密谈,系谓中国若相依赖,则日本无事不可帮。今若欲向大隈根究此言,彼必问我如何依赖。稍一不审,后累无穷。况前此本有不可与商之电训。惟此次顿来劝告,半因中国改制进行过速,如在其大体前后实行,浪人及反对党必乘机起哄。迩来日政府于诸事警戒甚严,各界之警告亦切。其对外原因,则深恐英俄先表赞成,故趁英俄软弱之际,挟作同调。惟既协同劝告,日亦不能单独行动,自由伸缩。今日反对报颇攻击政府,不知乘时将军政同盟等重要问题解决,坐失机宜,为恨。今我如以欧战及商务注重立言,重以三友邦劝告,暂时延期,对内对外,亦似冠冕。则在欧战期内,日本再不能更有破坏之举。否则,必欲速成,此时遽与日本再商,不但要价必大,且石井声明并无乘机图利之野心,说亦难得转圜。现内阁久暂莫卜,至速亦须待明春三月闭会后,诸事尚可从长计议。此间情形不过如此,尚乞钧裁。舆,三十一日。

《六十年来中国与日本》第七卷,第 8 页

北京政府对日、英、俄三国公使的劝告之口头答复

1915 年 11 月 1 日

对于贵代理公使十月二十八日口头所述之贵国政府劝告,本总长(陆徵祥)业已了解。惟此事全系中国之内政,然既承贵国政府友谊的劝告,特将详细情形奉复如下:

主张帝制者已非一日,本国政府为维持现在国体,无不随时予以辩驳。然近来国民之主张变更国体者,日益增加,国内有实力者亦多数附和,因是结合益固,风潮益激。若专以力压制,不仅违反民意,且有妨害治安之虞,政府何敢负如斯重大责任。故唯有尊重民意,公布代行立法院所通过之法律案,组织国民代表大会,俾共同议决此根本问题。当各

省人民向立法院请愿变更国体时，大总统于九月六日向立法院宣示意见，嘱其慎重讨论，对于蒙回王公及文武官员关于国体变更之呈文，十月十日曾以大总统申令，告以轻率变更，必致误事，并告诫各省选举监督，遵从法律，慎重从事。又于十月十二日通令各省选举监督，务依法律，切实奉行，不得流于急遽粗躁。可见本国政府对于国体变更并不进而赞成，亦决无急遽措置之意志。但本国约法，主权在民，凡事之待国民公决，乃自然之理也。际此困难，政府正向各方面努力调停，希望一方尊重法律，他方俯从民意，以保大局之和平。当国体讨论甚形猛烈之际，政府恐因是发生事端，深为忧虑，再三电询各省文武官员，能否保持地方秩序，各省复电，每谓苟从民意解决国体问题，则各省皆可负地方治安之责。然则实行改革，断不致发生事端。外国人之调查，不如本国之详细正确。各省官长之报告，今已一致担保治安，所谓里面反对炽烈，上海长江及南方形势可虑云云，并无此项报告，政府不得不以本国官长之报告为根据。若夫本国国民之所以必主张帝制，因我国幅员广大，五族异俗，而且教育浅薄，民心易变，共和元首时有更代，每有大开祸端之事。我国可以他国之近事为殷鉴，不然不仅本国人之生命财产颇多危险，各友邦侨民之事业亦难期安固。民国成立四载，而殷户巨商踌躇投资于各项事业，官吏之行政，人民之营业，皆不能有长远之计划。且人心不定，治理困难，盖主张国体之理由实即在此。现大多数国民认共和制度不适于中国，此问题既付国民代表大会公决，此时国体业经动摇，各国人心怀观望，政治即受影响，商务已形停滞。闲人乘机捏造谣言，以是更易惊扰人心。若因国体迁延不决，酿成事端，本国人固难免受害，友邦侨民亦难免恐慌。国体问题一日不定，人心一日不安，即有一日之危险，是甚显著易睹之事。况贵国政府劝告时，各省决定君主立宪者已有五省。总之，在国民期望长治久安，在政府并期望各友邦侨民均得安心发达事业，维持东方和平之意，正与各友邦政府之苦心同出一辙。至本国之少数乱徒，遁逃外国或其他中国法权所不及之地，无论既往将来，共和君主，若辈无日不怀破坏之心，而逞酿成祸端之行为。虽然,彼等仅能捏造谣言,煽动人心,而毫无实力。年来虽有小乱,均经扑灭,于大局曾无何等影响。今各省特别注意,十分防范,断无可虑之事。其本国法权不到之处,尚望各友邦政府协力取缔,如斯则亦无造乱之余地。此次贵国政府为友谊的劝告,并声明决不干涉中国内政,厚意为本国政府所重视。贵国政府之有此劝告,完全为维持东方之和平,既与本国政府之意见相同,为达此目的,本国政府自应尽力,希望贵国政府深信。以上各节,即请转达贵国政府。

《六十年来中国与日本》第七卷,第 9—11 页

向日英俄法四国公使发表延缓帝制的声明(节录)

1915 年 11 月 11 日

中政府对于变更国体问题,绝无欲速或急就之意。但就各省已定之选举票数而观,赞成者业逾全体之半,是国体变更,早决于多数国民之志愿,即此可为明证。惟政府与各枢部,及庶政各机关商酌后,金谓变更之案,一经国民议决,应行筹备之事,既杂且多,非宽假时日,恐仪节难臻完美,似宜另定相当日期,举行大典。是以延期之举,揆诸民意虽非其所乐闻,而在政府实有不能不缓之理由。

《中华民国外交史资料选编》(1911—1919)(一),第 251 页

袁世凯承认帝位之申令

1915 年 12 月 12 日

据全国国民代表大会总代表代行立法院奏称:窃总代表前以众论金同,合词劝进,吁请早登大宝;奉谕推戴一举,无任惶骇等因,仰见盛德渊衷,巍巍无与之至意,钦仰莫名。惟当此国情万急之秋,人民归向之诚,既已坌涌沸腾,不可抑遏,我皇帝倘仍固执谦退,辞而不居,全国生民,实有若坠深渊之惧。盖大位久悬,则万几丛脞,岂宜拘牵小节,致国本于阽危?且明谕以为天生民而立之君,惟有功德者足以居之,而自谓功业道德信义诸端,皆有问心未安之处,此则我皇帝之虚怀若谷,而

不自知其扰冲逾量者也。总代表具有耳目，敢昧识知，请先就功烈言之：当有清之末造，武备废弛，师徒屡熸，国威不振久矣。我皇帝创练陆军，一授以文明国最精之兵法，划除宿弊，壁垒一新，手订教条，洪纤毕备，募材选俊，纪律严明，魁奇杰特之才，多出于部下，不数年遂布满寰区，成效大彰，声威丕著，当时外人之莅观者，莫不啧啧称叹，而全国陆军之制，由此权舆。厥后戡定四方，屡平大难，实利赖之，此功在经武者一也。

及巡抚山东，值拳匪煽乱，联军内侵，乘舆播迁，大局糜烂，惟我皇帝，坐镇中原，屹若长城之独峙，乱匪为之慑伏，客兵相戒不犯，东南半壁，赖以保障，以一省之治安，砥柱中流，故虽首都沦陷，海宇骚然，卒得转危为安，金瓯无缺。当斯时，搆难虽由乱民，而纵恶实由亲贵，不惩祸始，无从媾和，强邻有压境之师，客军无返旆之日，瓜分豆剖，祸迫眉睫，而元恶当国，莫敢发言。我皇帝密上弹章，请诛首罪，顽凶伏法，中外翕然，和局始克告成，河山得免分裂，此功在匡国者二也。

寻授北洋大臣，其时风鹤犹惊，人心未靖，乃扫荡会匪，萑苻绝迹，廓清积案，民教相安，收京津于浩劫之余，返銮舆于故宫之内，遂复高掌远蹠，厉行文明诸新政，无不体大思精，兼营并举，规模式廓，气象万千。论者谓我皇帝为中国进化之先河，文明之渊海，洵符事实，非等虚词，此功在开化者三也。

革命事起，风潮剧烈，不数月间，四方瓦解，王室动摇，天意厌清，人心思乱，清孝定景皇后知大势之已去，满族之孤危，痛哭临朝，几不知税驾之何所。斯时我皇帝即改玉改步，为应天顺人之举，躬自践祚，以安四海，夫谁得而议之者？乃犹恪恭臣节，艰难支柱，委曲维持，以一身当大难之冲，几遭炸弹而不恤。孝定景皇后乃举组织共和政府之全权，与夫保全皇室之微意，悉挈而付托我皇帝，始有南北议和，优待皇室之条件，人知清廷逊位之易，结局之良，而不知我皇帝之苦心调剂，固几竭其旋乾转坤之力也。于是南北复归于统一，清室方保其安全，四万万之生灵，弗陷于涂炭，二万里之疆域，得完其版图，于风雨漂摇之中，而镇慑奠安,卒成此共和四年之政局,国家得与人民休养生息,不至沦胥以尽,此功在靖难者四也。

民国初建,暴民狭徒,攘臂四出,叫嚣乎政党议会,歴突乎官署戎行,挑拨感情,牵掣行政,我皇帝海涵天覆,一以大度容之。彼辈野心弗戢,卒有赣、宁之暴动,东南各省,再见沉沦,幸赖神算早操,三军致果,未及旬月,而逆氛尽扫,如拉枯朽,遂得正式礼成,大业克跻,列邦交誉。彼辈毒无可逭,犹复勾结狼匪,肆其跳梁,大兵一临,渠魁授首,神州重奠,戈甲载橐,卒使间阎安堵,区宇粈宁,以臻此雍洽和熙之治。自庚子拳匪之乱,辛亥革命之变,癸丑六省之扰,皆足以倾覆我中国,非我皇帝,孰能保持镇抚,使我四千年神明之裔,食息兹土,不致沦亡,此则我皇帝之大有造于我中国,而我蒸黎子姓所共戴而永矢弗谖也,此功在定乱者五也。

溯自海通以来,外交之失策,不可胜计,国际之声誉,几无可言,以积弱衰疲之国,孤立于群雄角逐之间,托势之危,莫此为甚,而意外变局,又往往无先例之可援,措置偶一失宜,后患辄不堪设想。惟我皇帝睿智渊深,英谋霆奋,遇有困难之交涉,一运以精密之谟猷,靡不立解纠纷,排除障碍,卒得有从容转圜之余地,而远人之服膺威望,钦迟风采者,亦莫不输诚结纳,帖然交欢,弭祸衅于樽俎之间,缔盟好于敦槃之际,此功在交邻者六也。

凡此六者,皆国家命脉之所存,万姓安危之所系。若乃其余政教之殷繁,悉由宵旰勤劳之指导,则虽更仆数之,有不能尽。我皇帝之功烈,所以迈越百王也。

请再就德行言之,我皇帝神功所推暨,何莫非盛德所滂流,荡荡巍巍,原无二致。至于一身行谊,则矩动天随,亦有非浅识所能测者。即如今兹创业,踵迹先朝,不无更姓改物之嫌,似有新旧乘除之感,明谕引此为惭德,尤见我皇帝慈祥忠厚之深衷,而不自觉其虑之过也。

夫廿载以来,往事历历可征,我皇帝之尽瘁先朝,其于臣节,可谓至矣。无如清政不纲,晚季尤多督乱,庚子之难,一二童骏,召侮启戎,成千古未有之笑柄，覆宗灭社，指顾可期。非赖我皇帝障蔽狂流，逆挽滔天之祸，则清社之屋，早在斯时。迨我皇帝位望益隆，所以为清室策治安者，益忠且挚，患满族之孱弱也，则首练旗兵，患贵胄之阉昧也，则请遣游历，患秕政之棼扰也，则厘定官制，患旧俗之锢蔽也，则议立宪章。凡兹空前之伟画，壹皆谋国之良图；乃元辅见疏，忠说不用，宗支干政，横揽大权，黩货玩戎，斫丧元气，自皇帝退休三载，而朝局益不可为矣。

及武昌难作，被命于仓皇之际，受任于危乱之秋，犹殷殷以扶持衰祚为念。讵意财才殚耗，叛乱纷乘，兵械两竭于供，海陆尽失其险，都城以外，烽燧时惊，蒙、藏边藩，相继告警，而十九条宣誓之文，已自将君上之大权，尽行摧剥而不顾，谁实为之，固非我皇帝所及料也。后虽入居内阁，而祸深患迫，已有岌岌莫保之虞，老成忧国之衷，至于废寝忘餐拊膺流涕。然而战守俱困，险象环伏，卒苦于挽救之无术。向使冲人嗣统之初，不为谗言所入，举国政朝纲之大，一委诸元老之经营，将见纲举目张，百废具振，治平有象，乱萌不生，又何至有辛亥之事哉？至万不得已，仅以特别条件，保其宗庙陵寝于祚命已坠之余，此中盖有天命，非人力所能施。而我皇帝之所为极意绸缪者，其始终对于清廷，洵属仁至而义尽矣。若夫历数迁移，非关人事，曩则清室鉴于大势，推其政权于民国，今则国民出于公意，戴我神圣之新君，时代两更，星霜四易，爱新觉罗之政权早失，自无故宫禾黍之悲。中华民国之首出有人，复睹汉官威仪之盛，废兴各有其运，绝续并不相蒙，况有虞宾恩礼之隆，弥见兴朝覆育之量，千古鼎革之际，未有如是之光明正大者；而我皇帝尚兢兢以惭德为言。其实文王之三分事殷，亦无以加此，而成汤之恐贻口实，固远不逮兹，此我皇帝之德行，所以为复绝古初也。然则明谕所谓无功薄德云云，诚为谦抑之过言，而究未可以遏抑人民之殷望也。至于前次之宣誓，有发扬共和之愿言，此特民国元首循例之词，仅属当时就职仪文之一；盖当日之誓词，根于元首之地位，而元首之地位，根于民国之国体，国体实定于国民之意向，元首当视乎民意为从违，民意共和，则誓词随国体为有效，民意君宪，则誓词亦随国体为变迁。今日者，国民厌弃共和,趋向君宪,则是民意已改,国体已变,民国元首之地位,已不复保存,民国元首之誓词,当然消灭。凡此皆国民之所自为,固于皇帝渺不相涉者也。我皇帝惟知以国家为前提,以民意为准的,初无趋避之成见,有何嫌疑之可言?奚必硁硁然守仪文之信誓也哉!要之我皇帝功崇德茂,威信素孚,中国一人,责无旁贷,昊苍眷佑,亿兆归心,天命不可以久稽,人民不可以无主,伏冀抑哀勉抑,渊鉴早回,毋循礼让之虚仪,久旷上天之宝命,亟颁明诏,宣示天下,正位登报,以慰薄海臣民喁喁之渴望,以巩固我中华帝国万年有道丕丕之鸿基!总代表不胜欢欣鼓舞,恳款迫切之至。除将明令发还本国民代表大会总代表推戴书,及各省区国民代表推戴书等件,仍行赍呈外,谨具折上陈,伏乞睿鉴施行!等情。

据此,天下兴亡,匹夫有责,予之爱国,讵在人后?但亿兆推戴,责任重大,应如何厚利民生?应如何振兴国势?应如何刷新政治?跻进文明?种种措置,岂予薄德鲜能所克负荷?前次掬诚陈述,本非故为谦让,实因惴惕交萦,有不能自已者也。乃国民责备愈严,期望愈切,竟使予无以自解,并无可诿避!第创造弘基,事体繁重,洵不可急遽举行,致涉疏率,应饬各部院就本管事务会同详细筹备,一俟筹备完竣,再行呈请施行。凡我国民,各宜安心营业,共谋利福,切勿再存疑虑,防阻职务。各文武官吏,尤当靖供尔位,力保治安,用副本大总统轸念民生之至意!除将国民代表大会总代表推戴书,及各省区国民代表推戴书发交政事堂,并咨复全国国民代表大会总代表代行立法院外,合行宣示,俾众周知!此令。

《申报》1915 年 12 月 16 日

黄兴为劝阻美国赞成袁世凯称帝致美驻华公使电

1915 年 12 月 14 日

袁世凯废共和,行帝制,中国必立起革命,声讨其罪。此时吾定返中国,再执干戈,随革命军同事疆场,竭尽吾最后之气力,驱逐国贼,另举贤能,保全国民,使吾国人民得共享自由共和政体之益。中国五千年来,至今乃得改为共和政体,国民始得享自由幸福,吾国民断不能坐视袁氏任意复行帝制。

《中华民国外交史资料选编》(1911—1919)(一),第256页

北京政府外交部就日英俄法意五国
再次劝阻恢复帝制事致陆宗舆电
1915年12月15日

十四日酉电计达,今日日置偕英俄法义四使来部,口头用日语,继译英语,称:前中国政府既已通知五国政府,允将恢复帝制政策暂行延搁,并屡次声明担任在中国境内维持治安、保守秩序之完全责任,今五国政府对于将来形势如何转移,仍旧持其静观厥后之态度等语。答以中国帝制问题,前已向各公使详细说明,现国民投票表决,业已完竣,惟政府以尚须有筹办,尚未正式宣布实行,本总长甚盼望各友邦政府仍持其本来之宗旨及其宣言,注意于尊重中国之独立及主权。日本公使即声明:日本决无干涉中国之独立主权,各使亦同样声明。特闻。外交部,十五日酉。

《六十年来中国与日本》第七卷,第19页

陆宗舆致北京外交部电
1916年1月21日

昨大隈首相、陆外大臣与元老,以宫宴之便,开御前会议,专为对华问题。石井报称:英日向有维持东亚平和之约,日本有维持东亚平和之举,英国当然赞同;法怕安南有乱,驻兵甚少,亦望日本维持;俄则惟日本之命。外交既已妥洽,当再严词警告中政府,延缓帝制;如不听,则出自由行动,派兵驻中国要地。一面认云南为交战团体,一面宣告中国现政府妨害东亚平和云云。大隈并言:局势既已如此,愿日本内部消除意见,一致进行。陆军大臣首陈同意,山松两老亦首肯而退。按此乃可信报告,颇确。今日各报已有将派广东赤冢领事为外交代表,认云南为交

战团体之说。舆,二十一日戍。

陆宗舆致北京外交部电

1916 年 1 月 21 日

顷石井外务特约会晤云:接日置电称,曹次长面询二月初实行帝制一事,曾经陆公使面询石井外务意见何如,以迄今未复,今特以日政府资格,面告贵使:原来贵政府欲改帝制,本系保证无乱。今明明云南有乱,竟于此时断行帝制,无视友邦劝告,则中政府之责任甚大,日政府当然不能承认。以今日二国国交存在之际,尚多疏隔之点,若至国交中止,殊为二国前途忧虑。为大总统计,亦非得策,请电告贵政府云。舆询以阁下今日所复,是否专限于二月初期限而言? 渠云:何时为宜,今日难得说定,但当以真正平定云南为先决云。舆,二十一日。

袁世凯被迫延缓登皇位令

1916 年 2 月 23 日

政事堂奉申令:近据各文武官吏、国民代表以及各项团体、个人名义吁请早正大位,文电络绎,无日无之。在爱国者,亟为久安长治之谋,而当局者,应负度势审时之责。现值滇、黔倡乱,扰惊闾阎,湘西、川南一带,因寇至而荡析离居者,耳不忍闻。痛念吾民,难安寝馈! 加以奸人造言,无奇不有,以予救民救国之初心,转资争利争权之藉口,遽正大位,何以自安? 予意已决,必须从缓办理。凡我爱国之官吏士庶,当能相谅。此后凡有吁请早正大位各文电,均不许呈递,将此通谕知之。此令。

帝国对于中国目前时局之政策

1916 年(大正五年)3 月 7 日于总理官邸

各大臣画押

一、观察中国之现状,则袁氏权威之失坠、民心之离反及国内之不安,日渐明显,中国前途已经发展到不可预测之地步。此际帝国所应采取之方针,即在于在中国确立优势地位,使中国国民认识到帝国之威力,以奠定日中亲善之基础。

二、袁氏继续统治中国,难免成为帝国实现上述目的之障碍。为此,为执行上述方针,须使袁氏脱离中国权力范围。对于帝国来说,无论何人取代袁氏,都远比袁氏居于统治地位更为有利。

三、欲使袁氏脱离中国权力范围,须使中国本身形成一种形势,方为上策。中国之将来,必须根据中国民心之所向而决定。帝国须察其趋势,乘机处理。若帝国自行决定中国之将来,则一定是烦劳多而功效少。

四、如若不然,为排除袁氏,帝国政府从正面迫近袁氏,要求其中止帝制或迫其退位,则反而会给正在进退维谷之袁氏打开一条生路,而帝国政府将自然地负起责任,为袁氏下台后进行善后处理。如此一来,帝国政府救袁氏于穷途,却代替袁氏而自陷于穷途。帝国政府将尽可能在不破坏与同盟国进行协调这一范围之内,执行所期之政策,方为上策。帝国政府判断,欧美各国对本方案对于中国内政之明白无误且直截了当的干涉,是不会表示赞成的。

五、根据上述理由,对于目前时局之具体手段,就是在适当情况下,承认南军为交战团体。中国政府已经声明,对于外国人赴中国南部某些地区旅行,拒绝发给护照,拒绝承担保护之责;南军却反其道而行之,自愿在其占领区域内负起保护之责。今后南军将有相当之发展,而帝国承认其为交战团体,则是按照国际惯例行事,可谓正当之行为。

六、一些帝国民间有志之士,同情并资助以驱除袁氏为目的之中国人之活动,帝国政府对此不公开鼓励,但同时默认这种行为,这是符合上述政策的。

七、以上各项对华方针一经确定,则由外务省具体执行之,务必严防行动上的不统一。

在内阁会议上,尾崎法相将数项要求开列于纸上并提交会议讨论,其中引人注目者:

(一)在中国问题上,不要因为各国之间需要协调而被束缚。

(二)对于袁氏拒绝我国劝告而出现的事态,有人说应该追究责任,留下证据。对于上述意见,本人认为:帝国政府为表明并没有一味地盲从各国,可以指出第四项中有"尽可能"一句之存在;同时须说明,努力与各国保持步调一致这一历来方针并没有发生变化。接着须说明,追究袁氏责任,其时机自会到来。今日之内阁会议,在于讨论并决定:目前对袁氏不宜采取直接进攻之办法,而应断然采取承认南军这一间接办法。

《日本外交年表并主要文书》(1840—1921)(上),第 418 页

袁世凯被迫撤销帝制令
1916 年 3 月 22 日

政事堂奉申令:民国肇建,变故纷乘,薄德如予,躬膺艰巨,忧国之士,怵于祸至之无日,多主恢复帝制,以绝争端,而策久安。癸丑以来,言不绝耳。予屡加呵斥,至为严峻。自上年时异势殊,几不可遏,佥谓中国国体,非实行君主立宪,决不足以图存,倘有墨、葡之争,必为越、缅之续,遂有多数人主张恢复帝制,言之成理,将吏士庶,同此悃忱,文电纷陈,迫切呼吁。予以原有之地位,应有维持国体之责,一再宣言,人不之谅。嗣经代行立法院议定由国民代表大会解决国体,各省区国民代表一致赞成君主立宪,并合词推戴。中国主权本于国民全体,既经国民代表大会全体表决,予更无讨论之余地。然终以骤跻大位,背弃誓词,道德信义,无以自解,掬诚辞让,以表素怀。乃该院坚谓元首誓词,根于地位,当随民意为从违,责备弥严,已至无可诿避,始以筹备为词,藉塞

众望,并未实行。及滇、黔变故,明令决计从缓,凡劝进之文,均不许呈递。旋即提前召集立法院,以期早日开会,征求意见,以俟转圜。予忧患余生,无心问世,遁迹洹上,理乱不知。辛亥事起,谬为众论所推,勉出维持,力支危局,但知救国,不知其他。中国数千年来史册所载,帝王子孙之祸,历历可征,予独何心,贪恋高位? 乃国民代表既不谅其辞让之诚,而一部分之人心,又疑为权利思想,性情隔阂,酿为厉阶。诚不足以感人,明不足以烛物,予实不德,于人何尤? 苦我生灵,劳我将士,以致群情惶惑,商业凋零,抚衷内省,良用蹙然,屈己从人,予何惜焉。代行立法院转陈推戴事件,予仍认为不合事宜,著将上年十二月十一日承认帝位之案,即行撤销,由政事堂将各省区推戴书,一律发还参政院代行立法院,转发销毁。所有筹备事宜,立即停止,庶希古人罪己之诚,以洽上天好生之德,洗心涤虑,息事宁人。盖在主张帝制者,本图巩固国基,然爱国非其道,转足以害国;其反对帝制者,亦为发抒政见,然断不至矫枉过正,危及国家,务各激发天良,捐除意见,同心协力,共济时艰,使我神州华裔,免同室操戈之祸,化乖戾为祥和。总之,万方有罪,在予一人! 今承认之案,业已撤销,如有扰乱地方,自贻口实,则祸福皆由自召,本大总统本有统治全国之责,亦不能坐视沦胥而不顾也。方今闾阎困苦,纲纪凌夷,吏治不修,真才未进,言念及此,中夜以兴。长此因循,将何以国? 嗣后文武百官,务当痛除积习,黾勉图功。凡应兴应革诸大端,各尽职守,实力进行,毋托空言,毋存私见。予惟以综核名实,信赏必罚,为制治之大纲,我将吏军民尚其共体兹意! 此令。

国务卿徐世昌

《政府公报》第77号,1916年3月23日

袁世凯被迫废止"洪宪"年号令

1916年3月23日

政事堂奉告令:前据大典筹备处奏请建元,现在承认帝位一案业已撤销,筹备亦经停办,所有洪宪年号应即废止,仍以本年为中华民国五

年。此令。

《政府公报》第78号,1916年3月24日

袁世凯宣布帝制议案始末令

1916年5月29日

大总统告令:据海军总长刘冠雄巡洋回京面称,帝制议案撤销后,群言淆乱,谣诼繁兴,好事者借端煽惑,庞杂支离,请将关于帝制议案始末,明白宣布,以释群疑等语。本大总统前于本年三月二十一日特发明令,将上年十二月十一日承认帝位之案,即行撤销,并以菲躬薄德,诚不足以感人,明不足以烛物,引咎自责,不欲多言。乃近来反对之徒,往往造言离奇,全昧事实,在污蔑一人名誉颠倒是非之害小,而鼓动全国风潮,妨害安宁之害大,不得不将事实始末,明白叙述,宣布全国,以息谣煽,而维治安。

查上年各省区公民及满、蒙、回、藏公民王公等,先后赴参政院代行立法院请愿改革国体,以本大总统之权限,虽不当向国民及立法院有所主张表示,然于维持共和国体,实为当尽之职分。是以特派政事堂右丞杨士琦代莅立法院宣言,以为改革国体,不合事宜,至国民请愿,不外巩固国基,振兴国势,民国宪法,正在起草,衡量国情,详晰讨论,当有适用之良规,是本大总统于国民之请愿,实欲纳诸宪法范围以内。制定宪法程序,既根于民国《约法》,则国体自在维持之中。旋经立法院据各省区公民及满、蒙、回、藏公民王公等请愿书,建议政府,或提前召集国民会议,或另筹征求民意妥善办法,以为根本解决,本大总统咨复,以决定宪法为国民会议职权,俟复选报竣,召集开会,以征正确民意;盖犹是以民国宪法为范围之本意也。立法院复据全国请愿联合会、全国公民代表团等再行请愿,开会议决,按《约法》第一章第八条中华民国主权本之国民全体,定以国民代表大会决定国体,并议定《组织法》,咨请公布施行。查立法院原咨称:本大总统咨复,办法已定,不敢轻易变更,特以尊重民意,重付院议,金谓民心之向背,为国体取舍之根本,该院议决投

票,标题赞成或反对,各代表本有自由之权,是立法院为尊重民意而建立此项法案,本大总统自当如议公布,其时满、蒙各王公及各省区文武官吏等,仍请速定君主立宪,情词挚切,迫不及待。本大总统又以改革国体,事端重大,轻率更张,殊非事宜,但《约法》所载,中华民国主权本之国民全体,解决国体,自应听之国民,惟令以督饬所属,维持秩序,静候国民之最后解决。是本大总统不肯轻听急迫之请求,而兢兢以正确民意为从违,尊重国民主权之心,固可大白于天下。且迭有明令电谕,严诫各省区国民代表大会选举监督等遵照法案,慎重将事,勿得急遽潦草,致生流弊,并特派大理院院长董康,肃政史蔡宝善、夏寅官、傅增湘、麦秩严稽查国民代表选举不合法格者,更正取消。本大总统尊重民意,务求正确,杜渐防微,尤无所不至。迨国民代表大会报送决定国体票数,全体主张君主立宪,又由各国民代表全体推戴本大总统以帝位,并委托立法院为总代表,吁请正位前来。本大总统以《约法》内民国主权本于国民全体,既经国民代表大会全体表决,在国体自无讨论之余地,惟于推戴一举,自问功业本无足述,道德不能无惭;又以民国初建,本大总统曾向参议院宣誓竭力发扬共和,今若帝制自为,则是背弃誓词,于信义无可自解,特将推戴书送还,并令熟筹审虑,另行推戴,以固国基。而在本大总统则仍以原有之名义,及现行之各职权,维持全国之现状,此不愿以帝位自居之心,昭然可见。

国民代表大会总代表等不谅鄙诚,迫谓无功薄德,为谦抑之过言,又谓当日誓词,根于元首地位,而元首之地位,根于民国之国体,国体实定于国民之意向,元首当视乎民意为从违,民意共和,则誓词随国体为有效,民意君宪,则誓词亦随国体而变迁,迫切吁请,使本大总统无可诿避,只得以创造宏基,事体繁重,不可急遽进行,致涉疏率,饬令各部院详细筹备,筹备完竣,再请施行。本大总统所以藉词筹备,不即正位者;盖始终于辞让初衷,未尝稍变也。本大总统以诚待物,凡各官吏之推戴,容有不出于本衷,各党派之主张,容不免于偏执,及各监督之办理选举,各代表之投票解决,容有未臻妥善完备之处,然在当时惟见情词敦挚,众口同词,本大总统既不敢预存逆忆之心,实亦无从洞察其他意。即今之反对帝制者,当日亦多在赞成之列,尤非本大总统之所能料及。此则不明不智,无可讳饰者也。

滇黔兵起,本大总统内疚不遑,虽参政院议决用兵,而国军但守川、湘,未尝穷兵以逞,且悯念人民,寝馈难安,何堪以救国救民之初心,竟资争利争权之藉口?而吁请正位,文电纷驰,特降令不许呈递,并令提前召集立法院,冀早日开会,征求意见,以期转圜。继念万方有罪,在予一人,苦我生灵,劳我将士,群情惶惑,商业凋零,抚衷内省,良用震然,是以毅然明令宣示将承认帝制之案,即行取销,筹备事宜,立即停止。事实本末,略具于斯,原案具存,可以复按。除将各省区军民长官迭请改变国体暨先后推戴并请早登大位各文电另行刊布外,特此宣布,咸共闻知!此令。

国务卿段祺瑞

《中华民国外交史资料选编》(1911—1919)(一),第 260—262 页

袁世凯之遗令

1916 年 6 月 6 日

民国成立,五载于兹。本大总统忝膺国民付托之重,徒以德薄能鲜,心余力拙,于救国救民之素愿,愧未能发擿万一。溯自就任以来,昼作夜息,殚勤擘画,虽国基未固,民困未苏,应革应兴,万端待理;而赖我官吏将士之力,得使各省秩序,粗就安宁,列强邦交,克臻辑治,抚衷稍慰,怀疚仍多。方期及时引退,得以休养林泉,遂我初服,不意感疾,寝至弥留。顾念国事至重,寄托必须得人,依《约法》第二十九条,大总统因故去职,或不能视事时,副总统代行其职权。本大总统遵照《约法》,宣告以副总统黎元洪代行中华民国大总统职权。副总统忠厚仁明,必能宏济时艰,奠安大局,以补本大总统阙失,而慰全国人民之望。所有京外文武官吏,以及军警士民,尤当共念国步艰难,维持秩序,力保治安,专以国家为重。昔人有言:"惟生者能自强,则死者为不死。"本大总统犹此志也。

《中华民国外交史资料选编》(1911—1919)(一),第 263 页

七、日本加强在华影响

说明:趁列强忙于欧战,日本加大对华侵略力度。但日本的在华侵略利益必须得到列强的支持才能变成事实。为此,日本对列强展开积极的外交行动,逐步与英、俄、意、法等国取得相互谅解,签署了系列"密约";又与美国签署了《蓝辛—石井协定》,取得了美国的谅解。与此同时,日本国内资本过剩,为了平息中国的反日情绪,日本寺内内阁采取"中日亲善"政策,组织银行团,投资中国,转而从经济上让中国殖民地化。而媚日的皖系北洋军阀政府也决定采取睦日政策,双方一拍即合,终于促成了"西原借款"。1917 年 8 月,中国对德宣战,日本为了稳固自己在中国山东的权益,用贷款引诱北洋政府与日本政府互换《山东问题换文》、《济顺高徐二铁路借款合同》等,中国承认了日本在山东所获得的权益,埋下了巴黎和会中国外交失败的祸根。

本章主要资料来源:

王芸生编著:《六十年来中国与日本》第五、七卷,三联书店,1980 年

邹念之等译:《日本外交文书选译——关于辛亥革命》,中国社会科学出版社,1980 年

沈云龙主编:《近代中国史料丛刊二编》第十六辑,张一志编《山东问题汇刊》(上),台北文海出版社,1921 年

王铁崖编:《中外旧约章汇编》第 2 册,三联书店,1982 年

[日]樋口弘著、北京编译所译:《日本对华投资》,商务印书馆,1959 年

四次日俄密约日文资料,蔡凤林译、陈春华校(其中英法文由刘存宽译):日本外务省编:《日本外交文书》第四十卷第一册;第四十三卷第一册;第四十五卷第一册;大正五年第一册。昭和三十九年

陈春华、郭兴仁译:《第三次日俄密约——俄国外交文书选译》,《中国边疆史地研究》1996年第2期

程道德等编:《中华民国外交史资料选编》(1911—1919)(一),北京大学出版社,1988年

徐义生编:《中国近代外债史统计资料》,中华书局,1962年。

(一)日俄密约

说明:基于欧洲局势,日俄两国在日俄战争之后,就在远东进行外交合作,先后于1907年、1910年、1912年、1916年签署了一系列《日俄协定》和《日俄密约》,互相承认其在远东尤其是中国的侵略利益。此节所选资料,未标明出处的,均出自蔡凤林译、陈春华校《日本外交文书》第四十卷第一册;第四十三卷第一册;第四十五卷第一册;大正五年第一册。

1. 第一次日俄密约

本野①致林②电[97]
1907年1月19日

第5号。

报告英国驻俄大使就俄国政府关于英俄协商
以及对日意见发表谈话并请示日方方针

1月18日,本职拜访英国大使时,该大使就英俄协商发表了如下

---

① 本野一郎:男爵,日本外交官,时任日本驻俄国公使,代表日本政府同俄国政府进行了长达半年的谈判,于1907年7月30日,与俄国政府代表伊兹沃尔斯基签订了第一次日俄协约和日俄密约。

② 林董(1850—1913):1906年5月19日至1908年7月,任日本外务大臣。1911年8月,再度出任外务大臣,于同年10月卸任。

绝密谈话：

关于西藏问题，基本上已达成协议，不久的将来行将签约①。关于阿富汗问题，虽然尚未提出议案，但不会那样麻烦。关于波斯问题，英国的提案是：不划分南北势力范围，而要缔结关于在接近印度的某一地区英俄双方概不出让铁路、邮政、电信等方面权益的协约。"尽管英国大使屡次催促此事，俄国外交大臣②迄今仍未作出明确答复。根据该大使的意见，缔结这种协约，俄国将得不偿失，故不宜达成协议。另外，据该大使说，俄国外交大臣往往以日俄谈判尚无结果为由，认为，对于日俄关系的未来而言，如果不缔结令人满意的以完全实现和平为目的的条约，与英国协商亦无裨益，表露出了一切待日俄谈判结束之后再行协商之意。不言而喻，对帝国政府的态度，俄国没有正当理由感到恐惧，而本职在当地却屡有耳闻。此外，据此次在法国闻知，俄国举国上下对不久的将来日本再次进攻俄国心存疑虑，这似乎是事实。本职前往巴黎的当日，伊兹沃尔斯基对本职说，将来如能确保日俄间的和平，他可以做出更多的让步。这在一定程度上表达了他的上述想法。关于上述情况，或许俄国为了维护东亚的和平，将提出一些建议。望您预先考虑到此事。按照本职的看法，日本当务之急在于充分积蓄国力，以真正维护远东和平。如果俄国以适当条件提出议案，则日本有必要怀着善意予以研究。如果帝国政府认为延缓上述谈判为上策，则应采取间

---

① 指 1907 年 8 月 31 日英俄两国为在亚洲划分势力范围而签订的协约。该协约包括关于波斯、阿富汗和中国西藏问题的三个协定。关于波斯的协定，规定波斯南部属英国势力范围，北部属俄国势力范围，中部为中立地带。关于阿富汗的协定，主要内容是俄国承认英国在阿富汗的特权。关于西藏的协定是英俄两国背着清政府签订的，把所谓的"宗主权"的概念塞进了该协定，英俄两国只承认中国对西藏的宗主权，而不承认中国对西藏的主权，其真正目的是妄图根本改变西藏地方同中国中央政府的性质，将主权国变成"宗主国"，归根到底妄图否定中国对西藏的主权。

② 指伊兹沃尔斯基·亚历山大·彼得罗维奇（Извольский Александр Петрович），1899—1903 年曾任沙俄驻日本公使，1906—1910 年任俄国外交大臣。1907 年 1 月至 7 月，伊兹沃尔斯基代表俄国政府同日本驻俄公使本野一郎进行了长达半年的谈判并签订了第一次日俄协约和日俄密约。

接手段防止此事发生。本职望聆听阁下的意见，以得要领。

林致本野电[98]
1907 年 2 月 2 日

第 9 号。

回电指示日方对日俄协商所持态度

尊电第 5 号敬悉。帝国政府当然无意对俄国采取任何侵略行动。不仅如此，为保障东亚永久和平，迫切希望增进与俄国的友谊。俄国出于之友好目的，一旦提出议案，则帝国政府应欣然予以考虑，望您知悉。此外，俄国外交大臣对您说，如能保证日俄将来的和平，云云，其所谓"保证"，系指何意，望您作为个人去询问该大臣，并电告结果。

本野致林电[99]
1907 年 2 月 6 日

第 18 号。

就日俄友好的基础及方针与俄外相交换意见

2 月 4 日，为磋商宽城子问题，本职拜访了俄国外交大臣，打算先向他询问尊电第 9 号所提问题。但刚谈完宽城子问题，该大臣就把话题转到了通商条约方面，说："俄国尽量对日本的提案表示同意，尽量采取使日本满意的方针。"他还说："本大臣之目的，不仅希望圆满地缔结各项条约，以解决悬而未决的问题，而且还要与日本确立将来能够保证实现永久、真正和睦关系的基础；满洲撤兵的日期提前，也是本大臣推行和平政策的一个表现；如同在贵国，在俄国也难免存在或多或少'显示国力'的想法。因此，并非没有不喜欢本大臣和平政策的人。但本大臣确信，俄国的长久之计，一方面巩固与日本的友好关系，另一方面圆满地与英国达成妥协，以维护世界和平，专心致力于休养生息，将帝国外交政策的中心转移到欧洲本土。幸好，近日此种意见得到内阁同僚的赞成，并得到皇帝陛下的许可。满洲撤兵日期提前之目的之一，是希望探知舆论对本大臣的政策的倾向,除少数人提出异议外,社会舆论是欢迎的。据此,未尝不可认为本大臣的政策基本上已为俄国朝野所接受。本大臣内心担忧的是,日本能否真诚地采取对俄国友好的政策,云云。"

对此,本职回答说:"本公使理解阁下对日俄未来关系的意见,亦相信日俄将来愈加亲善对维护远东和平及日俄共同利益是必不可少的。如最近屡次指出,俄国无任何理由怀疑日本包藏祸心,这是本公使所不能理解的。自战后至今,日本对俄国从未表露出丝毫的恶意。"然后本职援引 12 月 29 日俄国外交大臣对本职所讲的话,问道:"如果俄国得到某种保证,是否能够放心,本公使想完全了解外交大臣的真正意图。"他回答说:"希望俄国将来能维护今日在远东拥有的地位,此外,别无它图。详言之,俄国现在能保证在远东地区已得到的'萨哈林'岛的一半及太平洋沿岸的领土不受侵略,则完全承认日本在此次战争中获得的一切胜利果实,而且俄国毫不犹豫地保证将来决不与日本争夺这一果实。当然,如何形成协约,属于别的问题。重要的是,真诚地希望与日本缔结基于以上旨趣的协约。如能圆满地缔结此项协约,确立日俄永久和平的基础,本大臣任何时候卸任,亦在所不惜。"对此,本职回答说:"如果日俄两国政府能在协商的精神方面取得一致意见,将其付诸文字并不难。本公使想了解您是如何考虑使以上想法成为现实的明确条款的,本公使对此认真研究之后,将根据情况转达日本政府。"俄国外交大臣对本职的这番话表示非常满意,说:"本大臣现在听到阁下所言,极大地增强了意志,要认真考虑,如果阁下有何妙想,希供本大臣参考。"谈话即将结束时,俄国外交大臣把另电第 19 号的内容出示给本职,说:"此意趣如能符合日本政府之意,他将高举双手,欣然签字。"

小村致林电[103]
1907 年 2 月 15 日

第 12 号。

就俄国政府提议日俄协商方案事禀陈意见

本野公使转来的关于日俄协商的电文阅悉。据本职观察,让俄国提出日俄协约草案,基于如下理由:

一、从现状看,今后数十年内俄国毕竟没有能力将其势力伸展到远东,因此,除放弃原有侵略政策与我国保持友好关系外,别无他策。

二、俄国的混乱还要持续下去。鉴于此种形势,俄国政府为收揽人心,采取外交活动的策略,以历史及宗教原因为由,今后势必伺机再次挑起东欧(即土耳其)问题。值此之际,俄国政府将会把全部力量集中到这方面。出于此种需要,为解除远东地区后顾之忧,要求同我国保持友好关系。

如果以上观察的确正确,为维护远东和平,与俄国缔约未必没有必要。借此机会,与俄国缔约,相信我们能享有以下利益:

一、将来不受俄国猜忌,就能为我国在北满和黑龙江地区奠定发展基础创造方便条件。在这些地区打下发展的基础,无疑对将来维护日俄友好关系(或不是这种情形下)大有裨益。

二、如前所述,俄国开始挑起东欧问题,德、奥等欧洲国家将加强外交活动,将无暇顾及其他方面,从而我国乘机介入所享利益必定很多。

因此,本职认为,现在日俄两国缔约是为上策。谨陈拙见,以供参考。

在确定与俄国推进交涉后,有必要在适当时机将这一问题内部告知英国政府,至于何时告知,请训示。

本野致林电[105]

1907 年 2 月 21 日

第 41 号。

报告俄国外交大臣所提日俄协约案并禀陈意见

本职接到俄国外交大臣要求就日俄协商举行内部会谈的通知后,2月 18 日拜访了该大臣。他再次讲述了最近出示给本职的大致方案(本职已电告阁下)，并以最严肃的口气说，确信日俄两国间有必要缔结真诚而实有长效的协约。该大臣目前能采取的政策是，保证俄国不抱有任何私心杂念，完全放弃扩张领土的念头，因此，声明说，他要彻底改变俄国的远东政策。另外，伊兹沃尔斯基还补充说，鉴于俄国目前的国内形势，俄国绝对有必要采取根据他的提案并得到皇帝陛下圣裁的上述政策。此时，该大臣说，对于本协约的形式，他做了反复斟酌，并向本职出示了他亲自起草的一份草案。他说该草案尚未呈俄国皇帝陛下圣裁，2月19日拜谒皇帝陛下后将通知本职。2月20日，伊兹沃尔斯基大臣作为机密文件将上述交给本职，将以第42号电转告阁下。

　　在最初出示给本职的草案中有一条规定：对俄日两国间缔结的各协约的解释问题上发生争议时，只要不关系到两缔约国的名誉或重大利益，将其移交海牙国际法庭裁决。

　　本职对此提出意见说，与其在此次正在考虑缔结的政治性协约中做出这一规定，不如利用特殊仲裁条约予以解决。结果俄国外交大臣未把此条加进本草案。该大臣以后会重新提出仲裁条约问题，希望阁下从现在开始对此予以慎重考虑。依本职之见，我国与俄国在一般关系上达成妥协，则作为向全世界证明我们具有实现和平的诚意的手段，像英法两国那样，日俄两国亦缔结仲裁条约，是为上策。

　　关于俄国外交大臣伊兹沃尔斯基送交的上述协约案，本职在此向阁下禀陈拙见。

　　第一，伊兹沃尔斯基的草案充分表明了他先前所陈述的思想，而且，对此我们并非不可以表示同意。但草案仅此两条是不够的。在缔结本协约时，日俄两国绝对有必要就实现远东地区永久和平的必要性，真诚地达成一致意见。

　　两国中，任何一方都不应欺骗另一方。缔结本协约时，为了防止将来发生任何误解或纷争，现在双方有必要就远东地区事务事先交换意见。交换意见的结果，随后可以载入秘密议定书或特殊的秘密协约。为了维护远东永久和平，双方仅仅相互保证领土完整还不够，也有必要约定,俄国对危害清国领土完整,尤其是从蒙古方面侵略清国不得抱有丝毫想法。如果俄国从蒙古方面对清国采取侵略行动,此即意味着挑起牵动全局的清国问题,搅乱世界和平。日本当然不能袖手旁观。因此,首先要明确提出俄国对蒙古有何想法,而且在保证清国领土,尤其在保证蒙古领土完整方面,有必要尽量让俄国做出正式保证。另一方面,如能得到俄国这种保证,我们在蒙古问题上当然也避免采取使俄国产生猜忌的行动。只要俄国在蒙古方面的行动不违背自己的宣言,则我们也不采取直接或间接干涉该地区事务的方针。根据2月18日本职与伊兹沃尔斯基的会谈内容,只要日本保证不在蒙古地区活动,不干涉该地区事务,则得到俄国的上述保证并不艰难。

第二,关于韩国未来的地位,《朴次茅斯和约》丝毫没有做出明文规定。但我全权代表让俄国承认该协约第二条规定,绝非将来要恢复韩国的独立,这一精神是明确的。我们应该循序渐进地加快合并韩国的步伐。要使韩国形势稳定,除非把该国并入我国。

因此,预想应使韩国的未来形势如此发展并有必要使俄国完全承认这种发展。上述事态变化并非眼下就能迅速实现。针对这一目的,还应考虑到整个世界的形势。本职素来知悉此点,为了将来能乘有利时机实现这一目标,必须做好应付任何形势的准备工作。从而一旦遇事,至少不受俄国方面的妨害。为此,有必要从现在开始使俄国内部了解这种事态。根据伊兹沃尔斯基主动透露的语气,如果日俄间达成一般的妥协关系,确信俄国会竭诚明确承认上述事态。

第三,关于满洲问题,《朴次茅斯和约》也存在模糊之处。两国政府就此也有必要交换意见。尽管日俄两国间订立了友好协约,但如果不消除双方相互间对满洲问题的猜忌心,两国政府间难免经常发生纷争。依本职之见,日俄双方在满洲共同尊重门户开放原则和清国名义上的主权,同时在该地区明确划定日俄两国各自的势力范围,相互承认在各自势力范围内的行动自由,这更有利于双方。如果日本以门户开放和机会均等为借口,侵入北满,与俄国势力对抗,这永远是引起两国纷争的起因。俄国在南满采取同样的行动,也会出现同样的结果。依本职之见,两国应处之淡然,且坦诚地承认作为本协约着眼点的主要精神,否则毋宁放弃两国友好协商的政策。在这种情况下,本职不得不向阁下询问有关松花江航行权问题的考虑。该问题必须在上述协约签署之前得到最终解决。关于该问题,迄今尚无迹象表明俄国外交大臣要接受我方的请求,不仅如此,还表现出最为强硬的反对态度。但两国坦诚交换意见后,伊兹沃尔斯基或许能做出让步。关于如何解决本问题,希望将您的意见内部通知本职。

上述拙见,仅供参考,望尽快下达必要的训令。

(另电)2 月 21 日本野致林电

第 42 号。

俄国外交大臣提出的日俄协约案

俄国皇帝陛下暨日本天皇陛下迫切希望巩固两国间幸已恢复的和平、睦邻关系,为消除今后两帝国关系中发生误会的一切根源,兹决定订立专约,并为此任命:

俄国皇帝陛下的……

日本天皇陛下的……

为全权代表,两代表互相出示全权证书合格无误后,就如下条款达成协议:

第一条

高级缔约双方互相保证,就此事有赖于双方而言,双方之现行领土完整及和平享有源于双方和中国之间有效的各条约、各协定、各合同(自然是在此等条约、协定、合同未被废除或未经后来的协定所修改的范围内),源于俄历 1905 年 8 月 23 日(公历 1905 年 9 月 5 日)在朴次茅斯签订的和约以及俄日之间缔结的各项专约所赋予的一切权利。

第二条

高级缔约双方保证不仅尊重前一条所规定之互惠地位,而且尽量以和平手段相互援助对方,以维持及合法行使上述权利。

本野

元老会议决定[108]
1907 年 3 月 3 日

绝密

日本政府对俄国政府的日俄协约案提出对案

明治四十年3月3日　元老会议决定

日本国皇帝陛下及俄国皇帝陛下迫切希望巩固有幸在两国间恢复的和平和友好邻邦关系,并消除将来给两帝国关系招致误会的一切原由,为此目的,决定缔结专约。为此,日本皇帝陛下任命……为全权委员,俄国皇帝任命……为全权委员,二人互相核阅全权证书,认为妥善后,协定以下条款:

第一条

缔约国一方尊重另一方的领土完整;另一方通过与清国缔结条约及契约(两缔约国间交换其副本),以及 1905 年 9 月 5 日(公历)在朴次茅斯签署的协约所得权利,只要不违反机会均等 8 月 23 日(俄历)原则,一律受到尊重。

第二条

两缔约国承认保全清帝国的独立和领土完整,以及各国在该国的商工业机会均等的原则,并采用一切和平手段,维护、支持这种事态和原则。

第三条

鉴于日本国在满洲的政治、经济利益以及活动集中的自然趋势,并避免因竞争而产生的纷争,不为本国或日本国民或其他人,要求……以北的满洲地区的任何铁路、电信的让与权;另外,不直接或间接妨碍俄国政府在该地区请求得到这些权利。基于同一和平目的,俄国政府也不为本国和俄国国民或其他人,要求……以南的满洲地区的任何铁路、电信的让与权,同时不直接或间接妨碍日本政府在该地区请求得到这些权利。

第四条

俄国承认日本国和韩国 1904 年及 1905 年签订日韩条约及协定(日本政府已向俄国政府递交其副本者)而产生的政治上的共同的利害关系,并且不妨碍或不干涉此种关系在今后的发展。另外,针对俄国在韩国的领事官员、侨民及其商工业和航海业,在签订专约之前,日本国对一切事宜给予最惠国待遇。

林致本野电[109]
1907 年 3 月 5 日

第 32 号。

　　电告关于日俄协约的我方对案及其说明

尊电第 41 号及第 42 号敬悉。关于俄国外交大臣的提案以及我公使的意见,政府经慎重考虑,决定采用另电第 33 号案。希望我公使尽快会晤俄国外交大臣,提出我国对案,尽全力征得俄方同意。另外,对我国对案的要点做如下说明:

第一条,采用原案第一条,但要明确协约类型,以完全消除他日引起误解的根源。为此,须附上其副本,且以不违反机会均等原则为条件,尊重由这些协约所产生的权利。从日英协约的规定来看,亦应附加以上条件,此为帝国政府应尽义务。

第二条,为不使本协约与日英协约相抵触,并不引起列强疑虑,有必要加入这一条。同时,如您所提,要俄国正式保证对蒙古不存野心,这是很难的。莫如笼统地规定:保全清帝国的独立及其领土完整。

俄国提案第二条,有引起日俄双方与其同盟国发生利害冲突之虞,因此,希望不要把该条写入协约,但在不和同盟国发生冲突的范围内,相互给予援助是帝国政府义不容辞的责任。如果有必要以外交文件交换相互的保证,我对此不存异议。

　　第三条,关于消极地规定双方在满洲的活动范围,与我公使意见一致。但是,积极地规定活动范围,即在该范围内承认各自自由行动之权,清国自不必待言,列强也不会欢迎的。因此约定自律。自律范围限于铁路和电信两方面,这是因为在众多企业中只有这两项业务与政治有关,而对纯粹的商工业没有必要相互限制。另外,本条约中的分界线迅速做出决定后,随后电告。

　　第四条,与我公使的意见相同。如果俄国不愿将这一内容载入本协约,则可作为另件或以外交文件形式决定该内容。

　　关于松花江航行权问题,尽量现在予以解决。我公使应就此问题说明以下看法,以使俄国外交大臣了解,即过去北满不向别国开放时,本问题只限于国境毗连的俄清两国之间,可是现在北满的要地已向各国商工业开放,或已约定开放(现在松花江沿岸的吉林、哈尔滨业已开放,三姓也要开放),因此,不能不认为,现在依旧受瑷珲条约的限制,流经清国境内的松花江的航行权专属俄清两国国民是极不合理的。尤其是清国在内河航行章程中规定,在设置海关的地方,即在内地水路沿岸开有市场的任何地方,均允许外国船舶航行,并将此章程内容加进《追加日清通商条约》①中。加之,通过该通商条约第九条,清国政府在航海漕运方面绝对地给予日本以最惠国待遇。因此和俄国人一样,在不流经俄国领土的松花江流域,我国人当然享有该条约所规定的从事航运的权利,这不需要俄国的同意。只是为避免俄国万一产生误解,在通商条约谈判时希望做一规定。今天日俄两国相互开诚布公地进行协商,消除将来引起误解的根源,帝国政府希望我公使特意将此意告诉俄国外交大臣,使他充分了解帝国并非在侵害俄国的权利。

---

　　①　原文如此。查王铁崖先生编的《中外旧约章汇编》,本文中的《日清通商条约》,似应指 1903 年 10 月 8 日,光绪二十九年八月十八日,明治三十六年十月八日大清国与日本国在上海签署的《通商行船续约》。

最后,因为本条约可以公开发表,所以在措辞上应予充分注意,又因我方迟早要把谈判经过内部通知给英国政府,因此尽力避免做出与日英同盟条约相抵触的规定,希望俄国外交大臣充分理解这一点。

希望将本电和另电第 33 号抄转小村大使,使其了解内情。

(另电)3 月 5 日林致本野电

第 33 号。

日俄协约的我方对案

第一条

高级缔约双方保证尊重对方现行领土的完整,并保证不损害机会均等原则,保证尊重对方所享有的源于与中国之间现在有效的条约、协定、合同(文本已经缔约双方互换者),源于 1905 年 8 月 23 日[9 月 5 日]在朴次茅斯签订的和约以及日本和俄国签订的各项专约赋予的一切权利。

第二条

高级缔约双方承认中华帝国之领土完整和各国在华之工商业机会均等原则并保证以一切和平手段拥护和支持此等国家的原则。

第三条

鉴于满洲政治、经济利益及活动的自然趋向,并切望避免竞争势将引起的复杂局面,日本保证不为其自身或代表日本国民及他人在满洲向北寻求铁路或电报的任何让与权……,亦不直接间接妨碍得到俄国政府支持的该地区此等让与权的申请。

俄国方面受到同一和平动机的鼓舞,也保证不为其自身或代表俄国国民或他人,在满洲向南寻求任何铁路电报让与权……,并且不直接或间接妨碍该地区受日本政府支持的此等让与权的申请。

第四条

俄国承认日本与韩国因 1904 年及 1905 年日韩条约及协定(文本已经由日本政府通知俄国政府)而存在的政治上的一致关系,保证不妨害或干预此等关系进一步之发展，日本方面则保证于签订最终条约以前，给予在韩国的俄国政府官员、领事馆官员、国民和工商业以全面的最惠国待遇。

本野致林电［113］
1907 年 3 月 12 日

第 63 号。

　　报告就日俄协约日方对案与俄国外相会谈的情况

　　遵照尊电第 32 号，3 月 11 日，我将我方修正草案交给了俄国外交大臣，我在口头说明修改俄方草案的理由之后，为避免发生任何误会，递交了两份备忘录，一份是说明我们修改的动机，另一份是尊电第 32 号所指示的关于松花江航行权问题。

　　伊兹沃尔斯基先生接到我的修正草案后，表示非常满意，他发现两国政府正在拟定的协约案基本观点完全一致。他说，初步看来，他丝毫也不反对帝国政府所作的修改，只是某几处应写得更准确一些，也许把一些问题载入一项秘密协约会更好一些。关于松花江问题，他看完我的备忘录后，表示对此点有保留意见，但态度不像上次那样强硬，他说他会慎重研究这个问题的。

　　通过此次谈话，我感觉到俄国外交大臣似乎准备接受我们的建议，但他希望更加明确以下诸点：

　　第一，关于蒙古，他似乎准备以秘密照会正式宣布：俄国对该地区并无侵略意图，作为回应，他希望日本宣布对此问题保持中立。

　　第二，关于划分满洲势力范围，俄国外交大臣对我说，他不反对议案中的第三条，但将这一问题写入一项秘密协约会更好一些。

　　他还说，希望就协约第七条中"战略铁路工程"一语的含义和我们一起商定，如果以太严格的意义解释此语，则俄国驻扎滨海省或阿穆尔省的军队将不得不经由海路调运，这实际上必将对调动军队带来严重不便。他希望日本解释上述行文时约束性小一些。

第三,关于韩国问题,俄国外交大臣希望知道"进一步之发展"一词的准确含义。想必从我们 2 月 18 日的谈话中,他已注意到该怎样理解该词。我想,他提出这个问题,目的在于使我们正式宣布合并韩国后,以便今后要求得到补偿,即希望我们在蒙古问题上持克制态度。我模糊地回答说,韩国的局势不能保持目前状况,即使在司法管辖权上也必须作出进一步的改变;同时,鉴于可能发生的事变,日本希望俄国从现在开始保证坚持与俄国外交大臣宣布的意见相一致的政策,即果断承认我国在朝鲜的地位。对此,俄国外交大臣说,他原则上并不反对,但在做出明确表态之前,他愿意研究这个问题。

俄国外交大臣承诺,谒见俄国皇帝以后,尽快答复我。

本野

林致本野电 [117]
1907 年 3 月 25 日

第 49 号。

关于日俄在满洲的势力范围分界线的训令

关于前电第 32 号所述日俄两国在满洲的势力范围的分界线,政府对双方利害关系认真考虑之后,决定采用下述方案:

第一方案,自第二松花江铁路桥以东画一条线,沿松花江而行至秀水站(位于松花江向南弯曲、流向吉林方向的地方),自秀水站至必尔滕湖(位于宁古塔西南)北端,由此至珲春,自珲春至俄韩接壤的西北端,以此条直线为界,西部以松花江、嫩江及洮儿河(发源于大兴安岭,流经伯都讷西北,注入嫩江)为界。

第二方案,自大兴安岭山脉至东经 129 度,以北纬 44 度半为界,以东是同经纬度之交叉点至珲春,自珲春至俄韩接壤的西北端的直线为界。

上述方案中,帝国政府认为第一方案最为适当,因为该线大部分是根据自然分界线而定,而且穿过应归我国经营的吉长铁路和东清铁路的正中央。如果俄国原则上同意按照我方提案划分势力范围,则我公使应提出第一方案,并尽力征得同意。如果第一方案很难达成妥协,则希望按照第二方案商定。无论如何,日本自当承认俄国在该线以南依旧拥有铁路(即哈尔滨至长春的一段铁路)经营权。

将分界线西端延至大兴安岭地区,是因为该山脉东部虽曾属于内蒙古,但现在已被划入盛京省,即该山脉以东,现属于满洲。因此,在满洲划分势力范围时,有必要将分界线达到该山脉。另外,政府希望将来把吉长铁路延至会宁,此事仅供您个人知悉。为慎重起见,随后电告关于上述分界线的两个方案的英文本。

本野致林电[123]
1907 年 4 月 3 日

第 92 号。

　　俄国外交大臣就日俄协约日本提案提出对案

4 月 3 日,俄国外交大臣亲手递交了俄国对案。

照原样接受了我方原案第一条、第二条,也同意接受我方原案第三条、第四条,但要求将这两条作为秘密条约第一条和第二条。此外,提出将另电第 93 号所述条文作为秘密条约第三条。

俄国外交大臣提出对案时,说,以上表达了俄国政府的愿望,希望尽快知道日本政府对俄国对案的意见。本公使说,将迅速把此事报告阁下。

从俄国外交大臣的口气观察,很明显,俄国当然不指望日本政府原封不动地接受原案。本职对该对案的看法如下:

第一,秘密条约第三条完全是单方面承担义务,所以要求将其改为双方承担义务的形式。有必要承认俄国在蒙古的政治利益,但作为这种承认的补偿,按照保全清国领土完整的原则,俄国有必要允诺尤其不得侵害蒙古这个“整体”。

第二,日本承认俄国在蒙古的政治利益,同时要俄国在商工业方面遵守机会均等原则,并且有必要删除该对案的最后一项。

想按照以上旨趣,以另电第 94 号所示旨意提出公文,请火速训示。

（另电一）同日本野致林电

第 93 号。

俄国提出的秘密条约第三条条文
第三条

日本承认俄国在蒙古和满洲以外的边疆地区享有优势利益,保证不从事任何可能损害此等利益之行为。为防止任何可能之误会,日本保证不为本国或日本人民或他国人民之利益,谋取任何铁路、电报、矿业等事项之让与权。日本亦保证不向上述地方派遣科学或商业考察队及传教士、军官、教官等使者。

本野

（另电二）4 月 4 日本野致林电

第 94 号。

关于俄国提出的秘密条约第三条本野作出的修正

日本承认俄国在外蒙古之优势利益,保证不从事可能给此等利益带来损害之行为,俄方则保证与本协约(本日签订者)第二条规定的原则相一致,不在中国本地区从事任何可能损害其主权和领土完整之行为。为了防止任何可能之误会,日本保证不为其自身利益或代表日本国民或他人在上述地方谋取铁路、电报、矿业等事项之让与权,俄方则保证不妨害日本国民享用经由缔约及日本和中国之间所缔结的协约而获得的权利。

本野

内阁决定①[129]
1907 年 4 月 16 日

第 68 号。

就日俄协约俄国对案给驻俄本野公使的训令

尊电第 92 号、第 93 号和第 94 号敬悉。关于日俄协商的要点，两国政府意见如此一致，本大臣表示满意。

第一，将关于满洲问题的我方对案第三条载入秘密协约，帝国政府不存异议。

第二，关于韩国问题的条款，具有防止韩国人试图施展阴谋以得到外国同情和援助的效力。因此，帝国政府希望将该条载入将要公布的协约中。当对俄国政府同意公布该条款不抱有希望时，我公使可以答应将该条载入秘密协约。另外，关于尊电第 95 号所述意见，在对案中所提"未来之发展"一语，应以外交文件形式明确其含义，帝国政府认为，在确信得到俄国政府同意之前，提出这种意见并非上策。俄国政府即使有决心承认将来日本合并韩国，但现在或许忌讳直接正式承认。不管俄国拒绝承认此问题的动机如何，因我们一旦提议而导致协约不能成立，将严重妨碍我们将来的对韩政策。因此，在帝国政府给我公使下达明确训令之前，希望我公使报告俄国外交大臣对该问题许诺到什么程度，另外，我公使所提方案是否有确切把握得到该大臣的同意，希望我公使报告自己的意见（关于尊电第 95 号所述意见，现在还不宜向任何一个国家通报帝国政府最后要合并韩国的意图，无须明确我方对案中"未来之发展"一语的含义）。

第三，俄国提案中所提蒙古地区及满洲以外的清国边境地区，不属

---

① 本决定和内阁会议最初提出对案，有以下三点不同：

1. 从"另外，……在对案中所提……"到"……望报告我公使的意见"系为附加。

2. 删除自"关于尊电第 95 号禀陈的意见"到"无需明确……含义"（括弧内）的句子。

3. 删除自"俄罗斯帝国政府"到"也完全适用于外蒙古"（括弧内）的句子。

日俄两国相互间产生利益冲突的范围,因此没有理由预想两国会在这些地区发生纷争。而此次日俄协商之目的,是消除引起两国间产生纠纷的隐患。因此该问题当然不在本协约规定的范围之内。确信象两国无需就清国其他领土缔约那样,也无需就这些地区进行任何协商。我公使向俄国外交大臣说明这一主旨时,尽力让俄国删除本提案。如果俄国政府执意将该问题列入协约,则我公使在圆满解决满洲势力范围问题之后,可向俄国提案提出以下修正案:

"俄罗斯帝国政府承认,本日签署的协约第二条规定,像适用于清国其他地区一样,也完全适用于外蒙古,日本帝国政府不违反本日签订的条约第二条规定,不妨碍、不干涉俄国在外蒙古的和平活动。"

第四,关于协约序文,体现了本协约的主旨,帝国政府非常满意,并予承认。但本协约本来具有体现两国亲密关系的性质,因此帝国政府认为,尽量减少参与人员,简化形式,缔结协约时不以全权委任,而只以特别委任的形式进行。从而可以不做出批准协约或批准交换协约文本的规定。为此,有必要对协约序文作如下修正:"日本国皇帝陛下"改为"日本国皇帝陛下之政府","俄罗斯皇帝陛下"改为"俄罗斯皇帝陛下之政府","日本国及俄罗斯国"改为"两国",删除"要求消除一切原因"以下的句子,而以"协定以下条款"词句代之。协约的末句应如下述:"下列署名人员各奉政府委任,签字盖印为凭。"然后附上缔约地点及日期。帝国政府信赖我公使,希望能迅速圆满地结束本协约的交涉。

林致本野电[130]
1907 年 4 月 18 日

第 68 号。

关于日俄密约俄国对案的电令

关于您的第 92 号、第 93 号、第 94 号电,得悉两国政府在拟议中的协约各基本点如此紧密一致,对此我表示诚挚的感谢。

一、关于我们就满洲问题的反提案第三条,日本政府不反对将其载入秘密协约。

二、关于韩国的条款，日本政府宁可将其列入将予公布的协约，因为该条款可能对那些施展阴谋诡计期望获得外国列强同情和支持的韩国人产生影响。不过，万一您发现在这方面不能征得俄国政府的同意，您可以赞成将此问题纳入秘密协约。关于您的第 95 号电建议通过外交照会明确我方反提案中"未来之发展"一语的含义，日本政府认为，直到可以完全确信俄国政府将乐于接受以前，不宜于提出这种建议。俄国政府可能在准备承认日本最后吞并韩国这个事实时，发现他们现阶段在此问题上不能予以直接和正式的承认。不管俄国不予承认的动机如何，此项建议一旦提出后，而未能做出安排，将留下一个严重妨碍我国今后对韩政策的记录。因此，日本政府在给予您明确指示之前，希望您告知该俄国外交大臣对此问题做出了多大程度的承诺，以及他能否对您提出的安排重新保证予以支持。

三、至于俄国方案提出的蒙古和满洲以外的中国边疆地区，处于两大国利益交汇的范围之外，我们看不出日俄两国关系会因此而出现麻烦。因此，日本政府深信，该问题其实不属拟议中的协约的范围，本协约意在消除两国关系可能复杂化的根源，我们认为，对此等地区，犹如对中华帝国其他地区一样，两国完全没有必要做出特殊安排。您应当就上述问题向俄国外交大臣进行解释，一定要制止俄国提出关于上述问题的方案。不过，如果俄国政府对您强调将此条列入协约的重要性，您可以就调整满洲利益范围使之令人满意，直至对其方案提出如下修正：

"日本帝国保证不反对或不干预俄国在外蒙古的不违反今日签订之协约第二条规定的和平行动。"

四、关于拟议中的协约序文，日本政府甚为满意地接受所述缔约的动机，但日本政府考虑到协约的友好性质，认为似可不必过分正式，安排专门负责当局签字。不必要求全权，也不必规定对其批准和互换批准书。这一变化包含对序文作如下修改。在"日本天皇陛下"和"俄国皇帝陛下"一词之后加上"之政府"字样。以"日本与俄国"代替"他们的国家"。将"两个帝国"以后的文字全部删去,加上"已经同意下述规定"。协约结束时的文字应为:"为确保上述各节,签字人……各受自政府委任,签字、盖印为凭。"然后是签订的地点与日期。

日本政府有赖于您迅速而圆满地结束此项谈判。

林

林致本野电 [133]

1907 年 4 月 22 日

关于合并韩国及蒙古问题的训令(一)

第 74 号。

关于尊电第 102 号,政府在进一步考虑合并韩国问题和蒙古问题之后,将迅速下达相关训令。在此之前就应提出前电第 68 号所述第三项末段关于外蒙古的我方修正案。

关于合并韩国及蒙古问题的训令(二)

第 75 号。

尊电第 102 号敬悉。如果在适当条件下确实能够得到合并韩国的保证,则能永久、彻底解决韩国问题,这是帝国政府的夙愿。但如前电所述,这是一个极为微妙的问题,交涉时应非常慎重。希我公使作为个人意见告知俄国外交大臣,如前电所述,帝国政府虽然认为没有必要就蒙古问题进行协商,但以往伊兹沃尔斯基与我公使私下交谈时曾言明,对日本合并韩国保证不存异议。如果伊兹沃尔斯基依然抱有这样的想法,俄国政府的意见依然如故,则日本方面亦应对蒙古问题作相应的保证;并告知俄国外交大臣,我公使将把上述宗旨报告给日本政府。请电告其结果。如果俄国外交大臣对此表示同意,则关于蒙古问题的相互保障,对方对前电第 68 号第三项末段语句是否满意,包括我公使对此问题的预测,一并电告。

本野致林电［134］

1907 年 4 月 22 日

报告关于韩国及蒙古问题与俄国外相交涉的情况

第 108 号（第一部分）。

4 月 22 日午前,接到尊电第 74 号,此前业已约定于是日午后二时就协约问题会见俄国外交大臣。总之,我已将尊电第 68 号所述训令旨趣写成"备忘录",亲自交给该大臣,同时又提交了关于满洲势力范围分界线的第一方案。关于协约形式变更问题以及分界线事宜,该大臣并未提出意见,只是说,待研究之后再予明确答复。他对日本完全拒绝俄国关于蒙古问题的提案,大失所望。他说:"俄国政府之所以全盘承认日本的提案,是为了得到日本关于蒙古的保证。如果日本完全拒绝俄国提案,对俄国的让步不作任何回报,本协约的签订将极为困难。如果日本政府认为俄国提案中的要求过当,则希望提出认为与俄国让步对等的对案。"

本职考虑到尊电第 74 号所述,回答说,帝国政府的意见如上述"备忘录"所述,本职认真考虑后,如能提出妥当的对案,再深入协商。

4 月 23 日,凌晨 1 时 59 分俄京发出。

4 月 24 日,零点 10 分本省收到。

第 108 号（第二部分）。

随后谈及合并韩国问题。本职事先特意向该大臣说明,现在所述完全是本职一己之见。本职说:"本公使的个人意见是,相信将韩国合并到日本的时机最后一定会到来,但有必要从现在起公开和俄国政府交换意见,弄清俄国外交大臣明确讲过的如下事实:日本将来合并韩国,俄国没有异议。"当本职问俄国外交大臣是否依然持有同样意见时,伊兹沃尔斯基认为:"本问题极为重要,也关系到列强,应改日再议。如果俄国承认日本合并韩国,日本也必须做相应的'补偿'。"他反问:"日本政府是否的确有作相应'补偿'之意?"本职回答说:"本公使还不了解日本政府是何意见。如果俄国政府的确有意交换意见,本公使将毫不犹豫地电告日本政府。"本职说:"如果日本政府做出'补偿',俄国有何要求,如能告知,提供参考,本公使将感到荣幸。"该大臣以不便明说为由,并未表明意向。据此观察,由于日本政府在蒙古问题上持坚决反对的态度,所以不愿明确表示其意向。伊兹沃尔斯基曾向本职透露,俄国并无占领蒙古之意,如果日本政府承认把蒙古置于俄国势力范围之内,俄国对日本合并韩国没有异议。总之,俄国政府对日本合并韩国问题没有异议,但给予承认不能没有回报。其回报无疑就是蒙古。如果按照尊电第 68 号所述第三项的措辞,毕竟不能得到俄国政府的同意。前已谈及,依本职之见,在蒙古问题上现在果断地给予俄国相当的满足,彻底解决韩国问题,是为上策。从阁下的电报内容和俄国外交大臣的口气观之,帝国政府和俄国政府在蒙古问题上的让步程度,看来意见是一致的。目前根据尊电第 68 号所述第三项末段的修正案,以先完成本协约为宜。近两日内有答复俄国外交大臣的机会,请尽快下达相关训令。

林致本野电 [139]
1907 年 4 月 26 日

第 81 号。

　　根据我方修正案达成日俄协约的训令

尊电第 108 号敬悉。从俄国外交大臣的语气看,如果让俄国保证对日本合并韩国没有异议,则我方对蒙古问题的让步应超过俄方的要求。即不把蒙古置于与韩国同等的地位,显然是不可能的。倘若如此,则和日英协约的规定相抵触。因此,希望按照上述尊电末段所述,迅速缔结本协约。即便如此,也不能不怀疑俄国政府确实对我修正案感到满意。我方做出更大的让步几乎是不可能的。希望我公使尽力斡旋,按此意使俄方同意我修正案。另外,关于合并韩国问题的意见,历来是以我公使个人名义发表的,但放弃这一观点时,应充分注意切勿给帝国未来对韩政策留下丝毫麻烦。

本野致林电 [147]
1907 年 5 月 11 日

第 126 号。

报告就日俄协约与俄国外交大臣会谈的内容

5 月 11 日,我与俄国外交大臣就我们提议的一般协约进行了长时间会谈,其要点如下:

一、遵照尊电第 92 号,我以备忘录形式将我们的修订草案交给他,并作了必要的说明。他询问我们对外蒙古是如何理解的,我回答说,这是英文地图上被称作"外蒙古"的一大块中国地方。他询问日本政府何以坚持不把中国西部边疆地区纳入协约,我回答说,那样不仅无益,而且我方所作让步,同俄方通过拟议中的协约给与我们的东西相比就不成比例了。关于加进"并非不一致"一语,伊兹沃尔斯基先生表示强烈反对并予以删除。我回答说,因为我们与英国订有条约,删除是根本不可能的,并补充说,如果他从形式上着眼要删除的话,他就必须向我递交外交照会,保证这个文本的规定丝毫不违背协约第二条规定。于是,他请求我在他给我明确回答以前再考虑考虑。今天的谈话给我的印象是,他终将接受我们的建议。

二、关于我们的满洲分界线草案,伊兹沃尔斯基说,日本的草案侵犯了因俄国修筑长春铁路应该留在俄国势力范围内的地方,因此分界线应当退至北纬 44 度。我回答说,正常地说,我们应以将满洲一分为二的铁路线作为划分我们势力范围的分界线。从哈尔滨起的整个南部应在我们的影响之下。尽管如此,我们为俄国利益着想,仍然确定了我们在草案中所说的分界线。我还说,如果俄国政府要求将该分界线再向南移,我们将不得不拒绝草案中那条分界线了,因为日本决心把哈尔滨以南的整个满洲纳入自己的势力范围。我们将更喜欢不在整个分界线安顿下来,按政策行事,因为必须明确指出,要是不确定这条分界线,我们便可随便行动和根据我们对北京施加影响的程度而自由行动了。于是日俄之间必有一场争夺影响力的斗争,我认为这场斗争并非是完全必要的。伊兹沃尔斯基先生显然被我的争辩深深地触动了。他并不坚持自己的主张,他只是说,他希望在给我明确答复以前,将重新考虑这一问题。他补充说,最好将分界线的终点确定下来。我回答说,假如他在这件事上向我提出建议,我很愿意去研究这个问题。根据这次会谈的情况,我相信他希望把我们势力范围的划分限定在正确意义上的满洲和最近已经纳入满洲管辖的那部分内蒙古。

三、伊兹沃尔斯先生还请我说准,按照俄国和中国的条约,在和平时期俄国政府是否有权运送一定数量的军队和附属品。我回答说,如果俄国接受我们关于分界线的建议,则我将尽我所能以确保接受俄方的解释,尽管我坚信,根据和约俄国并不享有此项权利。我要求您告诉我,我可否正式宣布上述内容(待续)。

　　　　　　　　　　　　　　　　　　　　　　　本野

第 126 号(续)。

四、关于松花江问题,俄国外交大臣送交我一份日期注明为 5 月 4 日的书面答复,在向您报告此事以前,我希望和他谈一谈。按照我即将通过信使送交您的书面答复,俄国政府没有接受我们的观点,理由有三:(1)根据国际法准则,国际河流之航行权应由沿河各国保留。俄国政府的意见是,松花江是一条国际河流,中国不能单独予以处置。因此俄国照会提及支持许多国际法著作者的这一论点;(2)中国后来与一个大国签订的条约不能取消其与另一大国先前签订的条约。因此,1881 年《圣彼得堡条约》所确认的《瑷珲条约》,不能被中国和日本后来签订的条约所废止;(3)在朴次茅斯不曾涉及松花江问题。因此,和约未就此问题作出规定。

我在同伊兹沃尔斯基谈话时,对他说,无论从国际法准则的观点和从和约解释的观点出发,我都不能接受俄国的论点,对于我来说,没有比批驳俄国论点更容易的事了,但我认为在这个问题上无休止地交换信件于事无补,必须加以实际解决。伊兹沃尔斯基先生回答说,他也是这个意见,但他看不出有何办法能实际解决这一问题,因为俄国的重大利益不容许他国的船只在松花江航行。他问我,日本政府是否不愿意将河流与铁路同等对待,并决定两国政府对松花江特殊对待,都不要求各自的船只航行。如果日本政府怀有此种想法,俄国政府在原则上可以同意取消《瑷珲条约》赋予它的特权。我回答说,我不知道我国政府的观点,我不能发表任何意见。他问我,我能否正式询问帝国政府的意见,我回答说,我可以询问。总之,根据迄今为止我与该外交大臣关于松花江问题会谈的情况,目前似乎不可能找到使我们满意的解决办法。没有别的办法,要么使此问题成为悬案,目前不予以明确的解决,等待有利时机,予以最终解决,要么接受俄国外交大臣的解决办法,或让中国通告废除《瑷珲条约》和1881年的《圣彼得堡条约》。基于《朴次茅斯和约》的论点,对我来说,似乎不够有力,在任何情况下要使俄国接受这个意见对我们来说都将是困难的。因此我要求在这个问题上给我明确的指示。由于我应该同伊兹沃尔斯基先生进行另一次谈话,我要求您尽快给我指示。最后,遵照您92号电最后一部分所包含的指示,在我与伊兹沃尔斯基先生的谈话中,我并未涉及《朴次茅斯和约》中"控制"一语作何解释,我们对"进一步之发展"一语的理解可以比对"控制"一语的理解更宽泛一些。因此根本用不着像您的第92号电报那样,把这两个词语解释成是"控制"的同义语。

本野

本野致林电 [154]

1907年6月1日

第146号。

报告关于日俄协约案中蒙古等悬案与俄国外相交涉的情况

应伊兹沃尔斯基先生的邀请,我于5月22日前往俄国外交部,就我们关于一般协约的反提案问题同他进行了长时间谈话,要点如下:

伊兹沃尔斯基先生对我们的措词提出了两点反对意见:

一、他不明白日本为什么顽固坚持将其保证限制在外蒙古。俄国对内蒙古与对外蒙古采取日本不反对的和平行动是同样关注的。如果日本的保证仅限于外蒙古,则俄国就不能反对日本旨在对抗俄国和平行动的对内蒙古事务的干涉了。因此,俄国政府希望日本将其保证扩大到整个蒙古。我回答说,照伊兹沃尔斯基先生声明的本身说,俄国尤为关注的是日本不干涉紧靠俄国边界的蒙古的事务,因此日本政府以为他们有关外蒙古的保证会使俄国完全满意。我补充说,将日本的保证扩大到内蒙古,同俄国通过本协约给与日本的让步就不对等了。于是伊兹沃尔斯基先生回答说,俄国政府在韩国问题上对日本做出的让步,将使日本方面所得到的比日方草案中所述让步更大。且不谈对《朴次茅斯和约》的解释,很明显,俄国在接受有关"进一步之发展"的秘密条款第二条所包含的保证时,对日本所作的让步,较《朴次茅斯和约》所包含的让步要大得多,因为"进一步之发展"一语意味着许多事情,因此日本应该给俄国相对等的补偿,而且,由于日本说它无意反对俄国在蒙古的和平行动,为什么又不将其写入协约呢? 我回答说,我并不低估俄国在韩国问题上给予日本的让步的价值,但是照我看,这个让步其实并不如想象的那样大,因为这是战争所造成的事态的自然结果,而正在讨论的草案所给予俄国的让步,肯定是至少同俄国所作的让步一样大,因为日本在蒙古的大部分地区的行动自由受到严格限制,而且这是一次全新的让步。伊兹沃尔斯基先生于是对我说,如果日本政府不愿在这一点上使俄国政府得到满足,也许从拟议的协约中删去有关韩国和蒙古的条款要更好一些。我对他说,如果两国政府不能完全达成一致,也许事情只能如此,但对我而言,我将对我们在这几点上未能达成一个圆满的解决办法而感到遗憾,因为,倘若如此,我认为该协约是个不完善的协约。

二、伊兹沃尔斯基先生的第二条反对意见与"并非不一致"几个字有关。他说他不理解第二条中的正式规定要在草案中予以重复,他认为这是很没用处的。我对他说,在这一点上会产生一些怀疑,即我们的草案是否损害了第二条所定下的原则,因此,为了避免在这一点上发生任何误会,必须加上这几个字。由于伊兹沃尔斯基先生仍然坚持要删去这几个字,说在这样做的时候,没有理由害怕该条款被解释成损害第二条的意思。我认为在这件事情上需要俄方以书面形式表明自己的观点,因此我请他向我递交书面照会,详细阐述此点的理由。他答应了此事。

伊兹沃尔斯基先生对于我提出的划界草案问题回答说,他还不能给我明确的答复,而且他看不出在让我们取得一致方面会有什么严重困难。(待续)

本野

第 146 号(续)。

伊兹沃尔斯基先生按照他的许诺,于 5 月 29 日送交我一份有关我国涉及蒙古问题的建议的备忘录。备忘录前言对于日本政府坦率地表明他们有关蒙古和中国西部边疆的观点表示诚挚的感谢,并满意地注意到日本政府无意反对俄国在此等地区的和平行动,然后他宣布准备把"中国西部边疆"一语从协约中删除,但他坚持我们的保证应当扩大到整个蒙古,同时我们应该删去"并非不一致"一语,理由如下:

虽然俄国外交大臣对毗邻俄国边界的蒙古地区特别关注,但他发现,因为"外蒙古"一词含义模糊,所包括的地方与内蒙古或其他只在历史上存在的地方难以划出一条明确的分割线,将协约局限于外蒙古严重不便。此外日本政府将所谓的内蒙古排除在协约之外,如果意在不将他们不做违反俄国利益之事的保证扩大到这一地区的话,则本协约对俄国政府来说必将丧失其全部价值,因为在内蒙古采取某一措施可以立即在本地区以外的地方引起相反的突然行动。另一方面,俄国政府觉得,日本政府在其草案中将维持现状和机会均等原则保留在俄国和日本提出的协约的这一部分中,是不能承认其是有益的。这个可以公开的协约的第一和第二条已经包括了此两项原则及其适用于全中国的原则性声明。在特别有关蒙古的一条中再次重申此事,不仅是多余的,而且显示出对俄国的不信任,似乎俄国要使本协约丧失其性质,即旨在消除两国间出现过失的一切原因。

俄国外交大臣在他的备忘录中还附有一个反提案,行文如下:

"日本帝国政府承认俄国在蒙古的特殊利益,保证绝不从事有损于此等利益的干涉行为。"

5月30日,我又见到伊兹沃尔斯基先生,我按照尊电126号的指示,力言他应该全部接受我们的反提案。在向他再一次重申我们对此问题的观点后,我把对他的备忘录的下述意见交给了他。

一、日本政府认为,日本在外蒙古问题上的让步,作为俄国在韩国问题上的让步的对应物,已够充分了。至于担心日本会利用其在内蒙古的行动自由同俄国的利益相抗衡,是毫无根据的。正如我已宣布过的,我一时宣布了协议,协议就已经成立,日本不只想尊重协约的字意,也尊重协约的精神。因此,只要俄国的行动是和平的,日本无意加以反对。此外,我们在内蒙古,尤其是其毗连满洲及北直隶湾的那一部分,有和俄国同样多的利益,我们不能认为中国所有那些地方只使俄国发生兴趣。我们对内蒙古不作保证这件事,并不意味着我们将实行与俄国利益相反的政策。由于我们协议总的精神是相互消除一切磨擦的原因,我们相信我们可以在内蒙古和中国其他地方和睦相处。我补充说,如果"外蒙古"一词不够清楚的话,我们可以尽可能清楚地共同一致确定我们所说的内蒙古和外蒙古的界限。(待续)

本野

第146号(第三部分)。

二、关于"并非不一致"几个字,我再次重申了我们的观点,并补充说,我不理解,当我们对问题的实际情况获得完全一致看法之时,俄国何以有如此多的抵触情绪。我最后说,根据您的正式指示,我认为不可能对我们最后建议的内容做明显的改动。我问伊兹沃尔斯基先生,他是否真的不能接受我们目前的建议。外交大臣回答我说,由于他不准确了解外蒙古和内蒙古的分界线,他不能给我明确的答复。关于涉及现状和机会均等的一节,他立即请求我去说服您满足于备忘录中所作的解释。于是我们讨论了松花江问题。尽管我在不同的时候已向伊兹沃尔斯基先生表明了尊电第 126 号所述我方观点，我还是长时间地详细叙述了日本政府对这个问题的观点。俄国外交大臣也向我重申了我们已经知道的观点，而且他不承认《朴次茅斯和约》已经废除了《瑗珲条约》和 1881 年的条约，也不承认其后日本和中国之间的条约可以损害俄国以上述条约得来的权利。这是伊兹沃尔斯基先生为了反对俄国①的要求而制造出的虚假论点，不过根据我们 5 月 30 日的谈话，其中有个外交大臣个人的威望问题。他不喜欢在他的同胞面前显出已经对日本的命令让步的样子，而在《朴次茅斯和约》中也没有关于此点的正式条款。当他宣布，他看不出日本人和中国人成立混合航运公司有何不便，在此情况下俄国无权加以反对，因为俄国政府不能阻止成立英中或中英航运公司，但是只要《瑗珲条约》仍然有效，俄国绝对不会允许外国船只挂着国旗在松花江上航行。他还说，俄国在中国给予外国列强内河航行权之际，已经在松花江问题上对中国作了最明白的保留。最后，他要求我让您特别知道他必须在他的同胞面前保持他们威信不受损害，以便使他为之奋斗至今的对日友好谅解的政策取得肯定的胜利。

我将在我今后的电报中就一切要事向您请示。

本野

林致本野电 [163]
1907 年 6 月 20 日

第 123 号。

就日俄协约案中蒙古及松花江问题交涉方针下达训令

关于尊电第 146 号及第 147 号所述问题，政府经慎重考虑，决定采取下述方针：

---

① 原文为"反对俄国"，疑为"反对日本"之误——译者。

一、将内蒙古划入俄国势力范围,彼此间的让步明显不对等。不仅如此,内蒙古不与俄国毗邻,而与中国本土接壤,若把内蒙古划入俄国势力范围,则将会破坏东亚均势,也与日英同盟的精神相悖。因此绝对不能同意。

二、鉴于外蒙古与满洲存在分界线,按经纬度确定外蒙古区域不令人满意。如果把外蒙古的范围定为漠北蒙古,即喀尔喀蒙古,则也可以把乌梁海地方划入外蒙古。俄国还希望把科布多纳入外蒙古。但和新疆伊犁等地一样,这些地区属于清国西北部地区,因此,不能把这些地区列入协商范围为妥。

三、只要不违反协约第二条原则等条件,在迫不得已的情况下,可以将外蒙古问题从条文中删除,另以外交文件载明有关外蒙古的条款,并未超出协约第二条规定(尊电第 146 号所述伊兹沃尔斯基意见书并非正式外交文件。不仅如此,抑制我方意见,在外蒙古以外的地区也存在令我们不愉快的事情。因此,要求通过其他外交文件得到关于外蒙古的正式保证)。

四、关于松花江问题,只保留我方权利。望我公使尽全力遵照上述方针迅速完成本协商。有关协约谈判的程序,完全委托我公使定夺,但如若导致本协商失败,则极为失策。在保证协约成功的范围内,采取尽可能采取的措施。另外,为避免对方产生误会,可将我方意见写成备忘录。有关将来束缚我方的事情,尽量事先以口头形式同对方交涉。为慎重起见,作如上补充。

本野致林电 [166]
1907 年 7 月 4 日

第 184 号。

报告就日俄协约案与俄国外相会谈的结果并请求训示

7 月 3 日,本职会晤俄国外交大臣,他如下表示:

(一)同意序文和结束语均按我方修正案行文。

（二）关于韩国、满洲、蒙古问题的条款均载入秘密协约。

（三）关于蒙古，最终同意我方只限于外蒙古的保证。但是关于第二条维持现状以及机会均等等问题，看来毕竟不能同意交换外交文件。谈判的结果，俄国外交大臣认为，由本职递交附有日本政府表示同意删除有关"维持现状"和"机会均等"词语的理由的信函，只让对方出具收据，则不存异议。本职希望按照另电第185号所述，写成书面材料，接受俄方的收据，以结束本问题。如果按照上面意思处理，断不会出现将密约第二条解释成超出上述协约第二条内容的情况。望允准以上方案。

（四）关于满洲分界线问题，7月4日，做出了书面答复。其意大体承认我方提案，但主张分界线终点应定在洮儿河上游与东经122度线的交叉点上。而且和从前一样，希望对在日本势力范围内的东清铁路保留经营权。对分界线终点的确定虽不令人十分满意，如大同小异，则希望按以上精神完成协商，请速电示。

（五）关于俄国通报的俄清间的条约、文件，如另电第186号所示。依本职之见，双方的确已采用官报或其他公开方式公布的条约，只示其标题和所在文件。尚未公布的部分，则相互实际通告，这样处理方便。

可否按照以上意思交涉，望回电指示。

尊电第129号所示各项条约中的邮政协约（明治三十八年5月18日）、交收营口条款（明治三十九年12月5日）、福建不割让来往照会（明治三十一年4月）、关于福建省内的铁路合同（同年5月），本公使馆内没有副本，希望尽快让附近的大使馆、公使馆寄来，或准备好通知该国政府时所需参考材料或电报全文。另外，关于居留地的决定，是否可以承认关于明治三十四年9月24日重庆居住地的决定，以后不复存在。

本野

本野致林电［167］
1907 年 7 月 5 日

第 188 号。

俄国政府就日俄协约中满洲分界线问题所作答复

7 月 4 日夜里，接到前电第 184 号第四项中所提文案。关于其要领，提出如下众多理由：

第一，满洲分界线绝不能超越归流河及洮儿河的汇合点，即（格林威治）东经 122 度。

第二，根据《朴次茅斯和约》所定原则，分界线以长春、吉林一线最为适当。但为了表示互让精神，可加上上述第一条，并承认日本的提议。

至于此分界线以南的东清铁路，因与清国有约在先，要求保留东清铁路享有的一切权利和特权。对此，补充了对案，即把根据尊电第 33 号所提我方协约案第三条中的"……以北"改为"本条约附加条款中专门规定的那条线以北"。把同条中的"……以南"改为"上述那条线以南"，并在同条中加入以下一项。

众所周知，根据 1896 年 8 月 16 日和 1898 年 6 月 13 日建筑本铁路的合同，属于东清铁路的一切权利和特权及其自由贸易活动的权利，对位于附加条款所指出的分界线以南的该铁路支线，将继续有效。

作为附加条款欲加进以下一条（在本对案中，从开头到"洮儿河口"的部分，是本职根据尊电第 51 号前段内容所提出，对此，俄国予以全部承认）：

附加条款

目前协约第六条所提北满与南满之分界线确定如下：

自俄韩边界之西北点起依次划一条直线，此线行经珲春、镜泊湖北端至秀水甸，然后沿松花江至嫩江口，再溯此河而上至洮儿河。从此点起，此线沿此河至其与格林威治东经 122 度相交处为止。

本野致林电［182］
1907 年 7 月 30 日

第 239 号。

关于已签署日俄协约及其附加条款

7 月 30 日午后二时,本公使和俄国外交大臣签署了日俄协约及其附加条款,正本已寄往在哈尔滨的重野博士。

附件:日俄协约、秘密协约、附加条款、互换文件

日俄协约:

日本国皇帝陛下政府和全俄罗斯国皇帝陛下政府,为巩固有幸得以恢复的日本国及俄罗斯国之和平和友好关系,并希望消除将来在两帝国之间引起一切误解之根源,协定以下条款:

第一条

两缔约国约定:缔约国相互尊重对方现实领土的完整,尊重两缔约国与清国缔结的、且已交换副本的所有现行条约和契约产生的一切权利(只限于不违反机会均等原则者),以及日俄两国于 1905 年 9 月 5 日(即俄历 8 月 23 日)在朴次茅斯签订的和约及两国所订各项专约产生的一切权利。

第二条

两缔约国承认清帝国的独立和领土完整以及各国在华商工业机会均等原则,并相约各自用尽一切和平办法,以维护现状之持续及上述原则之确立。

下列署名人员,各奉政府委任,签字盖印为凭。

明治四十年 7 月 30 日 俄历 1907 年 7 月 17 日(公历 7 月 30 日)于彼得堡

本野一郎 伊兹沃尔斯基

秘密协约:

日本国皇帝陛下政府和全俄罗斯国皇帝陛下政府,为消除关于满洲、韩国及蒙古的一切纷争或误解的根源,协定如下条款:

第一条

鉴于在满洲的政治和经济利益以及活动日益频繁的自然趋势,并欲避免因竞争而产生的纷争,日本担任不在本协约附加条款所定分界线以北的满洲地区,为本国和本国国民或他人拥有铁路、电信的出让权;而且不直接或间接妨碍俄国政府请求得到其在该地区拥有的这一权利。基于同一和平旨意,俄罗斯国也不要求在该分界线以南的满洲地区为本国、本国国民或为其他人出让铁路或电信的权利,并且不直接或间接妨碍日本政府请求在该地区得到自己拥有此项权利。

根据公历 1896 年 8 月 28 日,即俄历 8 月 16 日,以及公历 1898 年 6 月 25 日,即俄历 6 月 13 日,所订东清铁路敷设契约,属于东清铁路公司的一切权利和特权,对附加条款所规定之分界线以南地区的该铁路部分,仍然有效。

第二条

俄国承认日本国和韩国之间基于现行诸条约和协约(由日本国向俄国政府交付其副本)而存在的政治上的共同利害关系。当这一关系进一步发展时,俄国不妨碍、不干涉。俄国在韩国的政府机构、领事馆、国民以及工商业和航海业,在缔结有关此方面的条约之前,日本给予俄国一切最惠国待遇。

第三条

日本帝国政府承认俄国在外蒙古享有特殊利益,并对此种利益不加任何损害或干涉。

第四条

两缔约国对本约严守秘密。

下列署名人员,各受政府相当委任,签字盖印为凭。

明治四十年 7 月 30 日　俄历 1907 年 7 月 1 日　于圣彼得堡

　　　　　　　　　　　　本野一郎　伊兹沃尔斯基

附加条款:

本协约第一条所提北满洲和南满洲之分界线如下:

从俄韩边界西北端划一直线,经珲春、必尔滕湖(即镜泊湖)极北端,至秀水甸子,然后沿松花江至嫩江口,再溯嫩江至嫩江与洮儿河交汇点,再由此点沿洮儿河至此河与东经一百二十二度线交汇处止。

　　　　　　　　　　　　　　　本野一郎　伊兹沃尔斯基

互换文件:

　　日本驻俄特命全权公使就维持清国在外蒙古的现状
　　　　及保证其领土完整之事致俄国外交大臣的信

　　阁下表明俄国政府希望从秘密条款中删除有关维持蒙古现状及机会均等原则的内容。其理由是,此等条款在公开协约第一条和第二条中已明确记述,故在秘密条款中再做出这种规定完全属于赘言。观察起来,有关蒙古的秘密条款第三条之规定没有超出公开协约第一条和第二条规定的维持蒙古现状以及机会均等原则,两国意见已达成一致,故帝国政府对删除秘密条款中的上述内容没有异议。本公使在此荣幸地将此事通告阁下。

2. 第二次日俄密约

小村致本野[①](现在东京) 函[8]
1910 年 3 月 19 日

机密号外

　　关于维护在满特殊利益的日俄协约的协商办法发出训令

　　日俄战争后,日本帝国政府认为,加强与俄国的友谊是为上策,首先应与该国缔结协约。鉴于日俄两国在南北满洲拥有特殊地位,帝国政府认为,现在两国有必要完成协商,以进一步增进两国固有的关系。正如附件甲号所示,政府业已做出决定,望我大使返回俄国京城后,领会以上旨意,速与俄国政府交换意见。

---

　　① 即本野一郎,1908 年 5 月出任日本驻俄大使。

关于协商本问题的方法，本大臣在私下已做详细阐述，尤其希望我大使注意以下两点：

第一，和帝国政府一样，俄国政府也的确希望进一步增进两国固有的政治关系。但使两国关系达到何等程度，尚不十分清楚。我大使与俄国政府进行内部谈话时，希望先不要表明日本政府所决定的重要事项，而要努力查明对方对该问题的热情程度是否和我们接近。何时将日本政府决定的重要事项明示给对方，望请示我们后，再做决定。

第二，当该问题交涉到相当的程度时，帝国政府有必要将此事内部通报给我们的盟国英国，望我大使深刻领会此意，至于何时内部通告英国最佳，也望我大使提出意见，以便我们做出决定。

另外，附件乙号所述日俄新协约案是根据政府讨论决定的旨意修订而成的，并非原来已确定的内容。谨附上述意见，以供参考。本大臣迫切希望我大使圆满地推进该问题的交涉，以贯彻政府业已决定的宗旨。敬具。

小村致本野(现在东京)电

1910 年 3 月 19 日

机密号外

关于维护在满特殊利益的日俄协约的协商办法发出的训令

日俄战争后，日本帝国政府认为，加强与俄国的友谊是为上策，首先应与该国缔结协约。鉴于日俄两国在南北满洲拥有特殊地位，帝国政府认为，现在两国有必要完成协商，以进一步增进两国固有的关系。正如附件甲号所示，政府业已做出决定，望我大使返回俄国京城后，领会以上旨意，速与俄国政府交换意见。

关于协商本问题的方法，本大臣在私下已做详细阐述，尤其希望我大使注意以下两点：

第一，和帝国政府一样，俄国政府也的确希望进一步增进两国固有的政治关系。但使两国关系达到何等程度,尚不十分清楚。我大使与俄国政府进行内部谈话时,希望先不要表明日本政府所决定的重要事项,而要努力查明对方对该问题的热情程度是否和我们接近。何时将日本政府决定的重要事项明示给对方,望请示我们后,再做决定。

第二,当该问题交涉到相当的程度时,帝国政府有必要将此事内部通报给我们的盟国英国,望我大使深刻领会此意,至于何时内部通告英国最佳,也望我大使提出意见,以便我们做出决定。

另外,附件乙号所述日俄新协约案是根据政府讨论决定的旨意修订而成的,并非原来已确定的内容。谨附上述意见,以供参考。本大臣迫切希望我大使圆满地推进该问题的交涉,以贯彻政府业已决定的宗旨。敬具。

附属文件一:1910年(明治四十三年)3月政府关于签署第二次日俄协约的决定

(甲号)政府就日俄新协约的谈判方式做出的决定

日俄战争的结果,日本帝国实已掌握了韩国的主权,并在南满洲拥有了特殊利益。尽管日本帝国在韩国的地位现已确立,但在满洲的地位仍很薄弱。日俄两国在南北满洲拥有特殊利益,已是无可争辩的事实。但两国尚未明确商定势力范围,难保两国将来因利害关系而不发生冲突。至于其他列强,他们尚未充分认识到日本在满洲的特殊利益。他们动辄无视满洲现状,经常挑起违背日本利益的事件。加之中国尚未确立政治核心,政府方针经常朝令夕改,在满洲问题上将来对日本持何态度,现在尚难预料。毋庸置疑,其大体政策是以收回满洲利权为目的。此等诸多因素交织在一起,导致满洲事态不稳。有迹象表明,这将削弱帝国在满洲的未来地位,满洲现状就是如此。

谨慎而持久地维持满洲现状,奠定帝国未来发展的基础,乃是帝国政府的既定方针。为了贯彻这一方针,当务之急,一方面要加强日本帝国对满洲的经营,巩固日本在满洲的根基;另一方面,要讲究策略,使列强承认日本在满洲的特殊地位。要做到这一点,首先要与在满洲拥有最大利害关系的俄国完成协商,日俄两国相互确认各自在满洲的特殊地位,将两国间的利害冲突消灭在萌芽之中。与此同时,由两国最大限度地决定满洲事务,是为上策。英国是日本的盟国,法国是俄国的盟国。基于这种关系,如果协约成立,两国必将承认因缔结该协约而出现的新事态,这不仅能加强和巩固日本帝国在满洲的地位,而且还能阻止列强在满洲问题上联合起来,以使列强逐步承认日本在满洲的特殊地位。中国也因这一新事态,而意识到应使满洲事态顺其自然。本大臣认为,这在实现我国既定方针方面会产生非常好的效果。

再观察俄国的政策。该国战败后,把国力倾注于西方,而无意对远东采取冒险行动。最近东欧的事变促使俄国深感有必要将力量集中于此。美国关于满洲铁道的提议和敷设锦瑷铁路的计划,使俄国愈发认识到有必要加强与日本的友好关系,以保护共同利益。现在,俄国政府有意与日本帝国政府协商有关满洲的事项,且已向本大臣表露了此意。如上所述,关于对满洲的政策,日本帝国政府有必要与俄国政府进行协商。俄国政府既有此意,日本帝国政府决定大体应按以下方针完成与俄国政府的协商。

一、日俄两国承认、尊重并维持满洲现状。

二、日俄两国在南北满洲明确划定各自势力范围,两国在各自势力范围内拥有行动自由。

三、为发展国际商务和交往,改进日俄两国各自在满洲所筑铁路,完成这些铁路的衔接,且避免有害两国利益的不正当竞争。

四、日俄两国共同采取措施维护在满洲的利益,必要时相互给予援助。

政府若按上述方针做出决定,为进一步确认俄国政府的意图,有必要采取措施查明俄国政府的意向,希望您根据上述方针与俄国政府开议,以达到我们的目的。

协约要点:

一、日俄两国确认日俄协约①的规定。

二、日俄两国承认根据《朴次茅斯和约》以及两国与中国所签诸条约确立的满洲现状,并尊重、维护此现状。

承认、尊重并维持根据日俄两国所签《朴次茅斯和约》以及两国与中国所签一切条约所发生的满洲现状。

三、为列强商务及交往之便,日俄两国改进各自在满洲所筑铁路,并计划完成两国铁路衔接业务。

四、依照友好合作的宗旨,日俄两国管理各自在满洲所筑铁路,避免有害的不正当竞争。

五、侵害满洲现状的事件发生时,日俄两国应相互协商,以商定有益的措施。

秘密条款之要点:

一、日俄两国确认日俄协约秘密条款的规定,同意承认按照以上附属条款所规定的南北满洲分界线划定两国特殊利益的地域。

二、日俄两国相互承认、尊重上述特殊利益,并承认两国各自在维护、防卫该利益时拥有采取一切措施的权利。

三、日俄两国中任何一方在将来增进、确保各自在南北满洲的特殊利益时,双方不得相互妨碍。

四、日俄两国不得在各自对方的特殊利益区域内,为本国及其臣民要求具有独占性质的任何让与权或特权;而且另一方不应反对对方国家及其国民在本区域拥有具有独占性质的让与权或特权。

五、与日俄两国在南北满洲的特殊利益具有共同关系的一切事项,两国应坦诚协商。

六、上述特殊利益遭受危机时,两国应坦诚地交换意见,以维护、保卫被侵犯的利益而采取最适当的措施。必要时,两国协商以后采取共同的措施或相互间给予必要的援助。

———————

① 指第一次日俄协约。

附属文件二：日俄新协约案

（乙号）

一、日俄两国全面确认 1907 年 7 月 30 日［17 日］签订的圣彼得堡协约①；

二、两国保证承认、尊重并维持由《朴次茅斯和约》及两国与中国的现存条约、协约与安排所确立的满洲现状。所有此等条约、协约，及安排之副本，凡属上述圣彼得堡协约以来所签订者，均须于本协约签字以前相互通知对方；

三、为促进并利于各国之商务与交通，两国需着手改进并完善各自在满洲之铁路，尤须提高此等铁路有关业务之效率；

1. 为了一切有关之最大利益，两国保证尽可能友好合作地经营两国在满洲之铁路，避免一切不公平及有害之竞争；

2. 如发生威胁到上述现状之任何事件，两国必须保证互相通告，以便就其认为有用之措施达成一项谅解。

四、日俄两国全面确认 1907 年 7 月 30 日［17 日］之圣彼得堡协约，并同意该协约附加条款所规定南满与北满之分界线，应视之为规定双方各自在满洲特殊利益范围之界限；

五、两国互相承认并尊重日本在南满及俄国在北满所享有之上述特殊利益，并承认两国均有权采取一切必要措施，以保卫此等特殊利益；

六、日本保证不反对或妨碍俄国进一步发展及巩固其在北满之特殊利益，与此相应，俄国方面则保证不反对或妨碍日本进一步发展及巩固其在南满之特殊利益；

七、日本同意不为本国及日本臣民或他人在北满谋求任何排他性的让与权或特权，并同意不反对俄国本国或代表俄国臣民在该地区所保持之此等让与权或特权，与此相应，俄国在南满方面同样做出有利于

---

① 指第一次日俄协约。

日本的自我克制的保证；

八、日本与俄国保证就共同影响各自在南满及北满之特殊利益之所有事件彼此自由地交换意见；

九、日本与俄国保证，一旦其上述特殊利益受到威胁，应就捍卫及保卫此等受威胁之特殊利益之最恰当措施，充分而坦率地交换意见，如属必要，则经过磋商，可采取共同行动，或互相给以必要之支持。

本野致小村电[9]

1910 年 4 月 11 日

第 35 号。

关于日俄新协约与俄国总理、外交、财政大臣之会谈内容

4 月 5 日、7 日、10 日，本职分别会见了俄国外交、财政和总理大臣，就日俄协商一事进行了交谈，其要点如下：

俄国外交大臣讲述了他不在时发生的事件后，谈及协商一事。他说，他本人完全希望进行本次协商。他问我是否带来了具体方案，本职回答说："两国从现在着手缔结协约使两国关系更为密切，是日本政府所希望的；本大使在接到日本政府训令之前，要与阁下交换意见，在了解了阁下对该问题的大体意见后，日本政府才能给本大使下达训令。"接着本职反问该大臣："阁下对两国今后之协商持何意见？"他回答说："此次协商应和 1907 年的协商一样，分公开宣布的条款和秘密条款两部分。公开宣布的协约是向全世界宣告的条款。关于满洲铁路问题，日俄两国完全有必要进行协商。"关于秘密条款，该大臣并未表示明确意见，或不愿发表意见，总之，他没有发表自己的意见，却询问本职有何意见。本职回答说："依本大使之见，鉴于中国目前局势混乱，应进一步推进 1907 年协约，多多少少预想将来的事情，在密约中应加入前几年的协约所确定的两国在各自势力范围内维护各自权益的条款。"该大臣对此并无异议。但他问到："关于中国整体问题，是否有必要在两国协商中加入某些条款？"对此，本职回答说："依本大使之见，两国首

先应就两国均具有共同利害关系的问题完成圆满协商。关于中国整体问题，现在尚无必要急于缔结协定。因为两国已就满洲问题缔结协定，万一在中国问题上发生什么事件，双方很容易采取步调一致的协同政策。"该大臣大体上根据本职所述，对缔结比 1907 年协约更为关系密切的协约无任何异议。另外，本职离开东京前，曾满怀热忱且态度明确地向阁下禀报，如果俄国外交大臣的确谈及韩国问题，日本又将采取措施改变韩国现状，则本职对此次行将进行的日俄协商的前途将不胜担忧。举例说，波斯尼亚和黑山的合并，曾引起俄国对奥国政府的激愤和仇视。如果实行改变韩国现状的策略，也会激起俄国对日本的极大愤慨，对此本职极为忧虑。关于这一问题，本职认为有必要唤起日本政府高度谨慎和最大关注。关于帝国政府对韩国未来的方针，本职一无所知。依本职个人之见，如上次本职回国前在当地所言，韩国问题通过前几年的战争和 1907 年的协约已经解决，在该协约中所谓"今后之发展"一语，即指日本国合并韩国，除此之外，别无他意。

此外，日本政府当局有人提出迟早要合并韩国，日本国民决不容忍与之相反的解决方法。本职也曾阐明，在协商使两国关系更加密切的协议时，不应隐瞒上述事实，并且希望能查明俄国外交大臣对该问题重视到何等程度。当本职问，韩国问题是否确已成为缔结新协约的障碍，是否把该问题当作着手一切交涉的先决条件时，该大臣热心地回答说，不想把该问题当成缔结新协约的障碍或先决条件，只是担心该问题引起俄国群情激愤，结果迫使他失去现在的地位，并对迄今俄国政府所奉行的亲日政策产生重大影响，因此，对该问题极其重视。本职告辞时，俄国外交大臣说，从现在起有三四周时间到国外度假，在此之前能会见本大使甚感满意，希望回国后将继续谈论这一话题，并说会见本职时的谈话要点将立刻上奏俄皇。该大臣反复强调，希望本职不要把他关于韩国的意见理解为缔结使日俄关系更加密切的协约的障碍和先决条件。随后，4 月 7 日，俄国财政大臣拜访了本职，特别就满洲铁路问题及满洲的未来事态进行了交谈。本职首先问到，是否知道本大使与俄国外交大臣的谈话内容时,他回答说,知道,并谈及满洲铁路问题。关于锦瑷铁路,他说,俄国政府完全反对这一计划,俄国将采取一切手段阻止这一计划的实施。无论付出怎样代价,俄国都不会放弃东清铁路。关于满洲的未来,该大臣确信,如果他日该地方不属于别国,则必将属于日俄两国,两国应考虑将来的变化,缔结新的协约,以进一步明确和巩固1907年协约。他又说,中国屡屡违反约定,给俄国造成很多困难,俄国对中国如此违反条约感到不快,已经厌烦,只好采用一切办法施加压力(俄国外交大臣也阐述了同样意见)。同月10日,本职会见俄国总理大臣,当谈及协商一事时,该大臣也和前两位大臣一样,说迫切希望能缔结比1907年协约更加促使日俄关系亲密的新协约,现在切不可失去时机,应极迅速地实施这一计划。即使从过去和现在俄国在满洲所拥有的权益观察,现在俄国也不能退出满洲。关于满洲铁路及满洲的未来,能和日本交换意见,缔结更为亲密的协约,确实是两国的幸事。如同俄国外交大臣所言,俄国总理大臣说韩国问题使俄国政府深感焦虑。对此,本职完全以对俄国外交大臣所说的那样,向他解释了将来必须合并韩国的理由。该总理大臣说:"日本将来合并韩国当然是万不得已的事情,俄国没有理由和权利提出异议,但烦劳日本政府认真考虑,何时合并最佳,希望尽量不要搞突然袭击。"对此,本职说:"本大使不了解日本现内阁对该问题是如何考虑的,但无论现内阁,还是将来的内阁,必将寻找时机处理该问题,且应事先告知本大使。但何时处理,尚难预料。"如同俄国外交、财政大臣所言,该总理大臣也认为,目前俄日两国关系已完全陷入困境。

　　根据上述三位大臣的谈话,本职认为,俄国相当热切地希望与日本缔结新协约,已是确凿的事实。俄国希望从中国那里得到进一步的行动自由。俄国似乎认为,若不和日本缔结使关系更加密切的协约,则很难能实现这一目的。本职认为,现在为了与俄国缔结新协约,迅速进入谈判阶段的时机已成熟。依本职之见,不要等待俄国方面提出议案,我方应主动提出我们的议案。假如俄国方面提出对案,但因我方先提出了议案,他们更容易接受我们的意见。如果阁下没有异议,则本职想等俄国外交大臣回国后,同他会晤,并将3月19日机密号外附属文件甲号和乙号所列要点,作为本职个人意见提交对方。4月7日,俄国外交大臣将起程前往国外度假,大约三周后回国继续处理公务。在此之前,望能接到阁下的训令。关于俄国驻日大使向阁下递交备忘录,俄国外交大臣稍事谈及,似乎并未予特别重视。阁下对该问题有何意见,望电告,以便本职完全了解实情。

小村致本野电[14]
1910年4月19日

第31号。

通报俄国驻日大使关于日俄新协约案的备忘
录中出现的谬误及如何对待这些谬误

关于尊电第35号末段内容。俄国大使备忘录前段所记协约要点,无任何误解。但对本大臣所宣布的要求事项本身存有误解,且所做解释也有不少失当之处。

第一,所谓“维持现状”,不仅具有保护日俄两国铁路之意,而且意味着永远维持《朴次茅斯和约》所确立的,继而由日俄协约以及日俄两国与清国所订各条约确认的满洲现状。至于商业权利,除了由这些条约特意保障的以外,帝国政府始终希望遵守机会均等的原则。

第二,本大臣未曾特别提出过在铁路附属地内要采取共同措施,但因日俄两国在南北满洲的铁路始终具有共同的利害关系,两国对铁路附属地内的事务应随时协商。根据情况,还应对其他国家采取共同措施。但就此问题尚无专门制订暂行章程的想法。

第三,关于维护领土权利及保卫势力范围的问题。两国在远东的领土完整,在日俄协约中已有明确保障,因此无须再把该问题列入此次协商中,保卫势力范围固然是必要的。作为“维持现状”的事例,本大臣提出了上述几点。

第四,所谓扩大东清、南满两铁路之间的业务,如我大使所知,也包括长春至哈尔滨的铁路的使用方法,而并不只意味着日俄两国船只、车辆联营的专门事项。

阐述如上,望我大使了解。如有必要向对方做出解释,望参照 3 月 19 日机密号外附属文件甲、乙号,给予适当解释。另外,日前本大臣向俄国大使谈到,随后我大使和俄国外交大臣就上述备忘录中的事项交换意见,在此我不阐述意见了。该大使也予以谅解。望我大使知悉。

附件:俄国大使向小村提出的备忘录译文

最近,日本外务大臣和俄国驻东京大使就 1907 年政治协约的将来的发展进行了数次内部谈话。经确认,很幸运,关于缔结补充 1907 年协约的新协约,双方政府均有意事先交换意见。两国政府维持、巩固满洲现状,彻底划定两国在满洲的特殊利益范围,并针对别国不正当干涉,相互共同维护这一特殊利益等,将构成新协约的内容。很显然,两国在这些方面已达成一致意见。

小村伯爵为了详细说明上述前提,大体宣布了与日本政府意见一致的数个要求事项。特别指出,在维持满洲现状,在铁路附属地内采取针对列国的共同措施,维护领土权利以及为保卫两国在满洲的势力范围的完整方面要相互支持,并扩大东清、南满两铁路的业务。俄罗斯帝国政府也会赞同这一愿望,因此希望知悉先已宣布的上述原则的真实价值。相信俄国政府能按下述内容理解以上原则。

所谓"维持现状",是指共同反对在满洲敷设损害俄国或日本铁路利益的任何铁路,双方相互有义务通力合作、维护两国在满洲的商业权利。所谓在铁路附属地内采取共同措施,是指商定一项暂行措施,针对清国及其他具有利害关系的国家,两国共同实施这一措施。

所谓保护领土权利和势力范围,是指两国相互间有义务维护俄国和日本在远东的领土完整,以及两国根据与中国订立的条约所获得的权利。

关于扩大东清和南满铁路间的业务问题,俄京方面正在研究,日本专员亦将不远万里赴俄京,故无须作特别说明。

俄罗斯帝国政府希望知道日本帝国政府是否同意上述解释。

本野致小村电[21]

1910 年 5 月 15 日

第 50 号。绝密

报告就日俄新协约内容及其起草问题与俄国外相协商

接到俄国外交大臣 5 月 7 日回国的通知后,就协约问题同他会见了两次,其要点如下:

作为初步交换意见,俄国外交大臣首先提出,他想听到本职关于俄国驻日大使向阁下提出的备忘录的意见。于是本职根据尊电第 31 号所示训令作了详细说明。俄国外交大臣对阁下的意见毫无异议。关于备忘录所述各种问题,可按照本职所作的解释进行处理。进一步将这些内容写成协约条文时,在思想上尚未确定哪些应作为秘密条文,而哪些应作为公开条文。俄国外交大臣问本职是否有标准。本职当即回答说:"确定公开条约部分并不难,即首先确认 1907 年协约,并加进两三条关于改良满洲铁路以及与此有关的新条款足矣。关于秘密协约部分,依本大使之见,应全面规定满洲未来。为作出这种规定,首先要预知俄国政府对该问题的真实想法。"当本职询问俄国外交大臣,如何处理满洲的未来时,他回答说:"目前还不能作为俄国政府的意见进行宣布。但作为本大臣一己之见,如贵大使所知,本大臣已明确阐述过,如果满洲将来一定归某国所有,当然是日俄两国。"对此,本职回答说:"本大使也持完全相同的意见。如果这一意见确实为日俄两国政府共同的意见,则不必如此直白地表述,也很容易找到意义相同的适当词语。比如,应这样规定:承认 1907 年秘密协约所规定的日俄两国势力范围分界线为已确定的分界线;两国在各自的势力范围内有充分的行动自由,两国不得妨碍彼此的行动自由。或许这样规定就足够了。"本职反问俄国外交大臣意见如何,伊兹沃尔斯基氏说:"作为个人意见,毫无异议,只因该问题至关重要,待上奏皇帝陛下后,再行磋商。当然,据本大臣目前所知,皇帝陛下恐怕也不会有异议。在即将到来的17日拜谒并上奏皇帝陛下,得到裁决后,再进一步协商。"另外,他还问及,协约案是不是一定要他来起草?本职回答说:"不一定要阁下起草协约案,如果双方在实质性问题上意见一致,本大使亦可起草。"俄国外交大臣说:"本大臣也应充分考虑协约案的词句,希望贵大使也起草一份案文;本大臣拜谒皇帝陛下后,再与贵大使交换意见、协商,最后我们共同制定出一份协约案。"对此,本职表示同意。

如上所述,可以认为,俄国外交大臣与总理大臣、财政大臣意见相同,关于如何处理满洲的问题,也与帝国政府的意见完全一致,确信在此基础上可以迅速提出我方协约案了。希望将机密号外另纸乙号稍作修改,形成协约条文,在最近会见俄国外交大臣时交给他,据此完成协商。本职预料,俄国外交大臣对我方提案的大体内容,恐怕不会有异议。下次会见定在18、19日。望速电示。

本野致小村电[23]
1910年5月26日

第54号。

电告与俄国外相协商起草的日俄新协约草约(英译文)

如前电第50号所述,本职会见了俄国外交大臣,对帝国政府所希望的要点详加说明。该大臣以本职的说明为基础拟定了一份草案,并于本月17日谒见皇帝陛下,得到圣裁后,于同月18日将草案出示给本职。该草案的主旨与我们的希望大体一致,但也有许多不足之处。故本职根据帝国政府的决定,对该草案作了修改,于本月20日带着草案与俄国外交大臣作了进一步协商。俄国外交大臣对本职所提修正案的主旨并无异议,仅对词句作了些修改。当日,对本职提出的修正案作了以上充分说明后就告辞了。俄国外交大臣对本职所提修正案的词句作了进一步修改后,于本月24日上奏皇帝陛下,得到了圣裁。5月25日

将该修正案交给了本职。如前所述,俄国外交大臣只对修正案的词句作了修改,在实质上与我方提案实并无太大分歧,其英译文如下:

俄日公开协约草约

俄罗斯帝国政府暨日本帝国政府恪守 1907 年 7 月 30 日[17 日]日俄两国缔结的政治协约所确定之原则,并渴望该协约发挥效力,为巩固远东和平计,已就下列条款达成一致意见,以完成上述协商:

第一条

为便利交通和发展各国商业计,缔约双方相互保证与对方友好合作,以改进各自在满洲的铁路线,改善上述铁路的衔接业务,并避免从事一切有害于实现本目标的竞争。

第二条

缔约各方保证保持并尊重迄今所缔结的一切条约、协约或其他协定所产生的满洲现状,无论其系俄国与日本缔结者,或是此两国与中国缔结者。上述协定的副本,业经俄国与日本交换。

第三条

若发生危及上述现状的任何事件,缔约双方应随时互相通告,以便就两国认为为维持上述现状所需要采取的措施达成谅解。

俄日秘密协约草案

俄罗斯帝国政府暨日本帝国政府渴望巩固并发扬 1907 年 7 月 30 日[17 日]于圣彼得堡缔结的秘密协约之规定,同意缔结下列诸条款:

第一条

以俄国与日本 1907 年密约附加条款所划定的分界线为两国在满特殊利益的分界线。

第二条

缔约双方保证相互尊重上述范围内两国的特殊利益。两国彼此承认有权于各自的势力范围内自由采取一切保卫此等利益所必要的措施。

第三条

缔约双方保证绝不妨碍今后对方在上述范围内进一步巩固与发展其特殊利益。

第四条

俄国宣布不在满洲之日本范围内为本国或本国臣民或他人谋取任何排他性特权或任何让与权,且绝不在上述范围内从事任何政治或经济活动。俄国并保证不反对日本在其势力范围内自由行使所获得之优先权,并不直接或间接妨碍日本政府为自由行使该性质之特权或让与权所采取之步骤。日本政府宣布不在俄国利益范围内谋求任何排他性优先权或任何让与权,无论为其本国或代表日本国臣民或他人,日本并绝不在上述范围内采取任何经济或政治行动。日本并保证不反对俄国在其势力范围内自由行使所获得之优先权,并不直接或间接妨碍俄国政府为其本国或其臣民或他人在上述范围内行使该性质之特权或让与权所采取之步骤。

第五条

为确保两国相互之良好执行,缔约双方应就共同影响两国在满洲特殊利益之有关事务随时坦诚地交换意见。若该等特殊利益受到威胁,缔约双方应相互协力,采取措施,为保卫该等利益而共同行动或彼此给予支援。

内阁决定的议案中提出,尤其要承认1907年7月30日签定的协约,因以上修正案在序文部分中充分表达了此意,故没有将其列为条文。另外,公开条约第二条没有特意记述要交换1907年7月30日以后缔结的条约,之所以说迄今为止缔结的条约,是因为自1907年以后俄清两国之间再也没有缔结过条约或作出过什么决定。关于哈尔滨的行政权问题,虽有一项决定,但尚未实施。根据俄国政府的意见,此项决定估计要取消,由此看法,解释没有必要将此通报给日本政府。本大使也认为可以采用俄国外交大臣的修正案。虽然对秘密协约的字句也作些改动,但在根本问题上完全体现出了我方提案的意义。依本大使之见,就这样可以签字了。如果需要法译文,则可用假名拼缀后电告。另外,日清两国所缔结的条约或所作决定,若有必要通知俄国政府,则在当地只递交目录,正文的副本,望在您处交给俄国大使。

关于以上诸点,望速训示。

本野致小村电[24]
1910 年 5 月 28 日

第 56 号。

电告与俄国外交大臣协商草拟的日俄新协约案(法译文)

俄日公开协约草案

俄罗斯帝国政府与日本帝国政府恪守 1907 年 7 月 30 日[17 日]缔结之政治协约所定原则,并渴望此协约发挥效力,为巩固远东和平及完善上述安排计,已约定下列各条:

第一条

为使交通便捷并开展各国之商业,缔约双方保证互相提供友好合作,以改进各自在满洲之铁路线,完善上述铁路之衔接业务,避免一切有害于实现本目标之竞争。

第二条

缔约各方保证维持并尊重迄今缔结之一切条约、协约或其他安排所形成之满洲现状,无论系俄国与日本缔结者,或是此两国与中国缔结者,业经俄国与日本国交换。

第三条

若发生威胁上述现状性质之事件,缔约双方应随时相互通告,以便就两国认为为维持上述现状当采取之必要措施达成谅解。

俄日秘密协约草案

俄罗斯帝国政府暨日本帝国政府为巩固并发扬 1907 年 7 月 30 日[17 日]签订之圣彼得堡秘密协约之条款,约定下列各条:

第一条

俄国与日本确认以 1907 年秘密协约附加条款所确定之分界线为划分两国各自在满洲特殊利益之分界线。

第二条

缔约双方保证彼此尊重两国在满洲之特殊利益。为此,两国确认有权于各自范围内自由采取一切为保卫及捍卫此等利益之必要措施。

第三条

缔约双方保证不以任何方式妨碍对方今后发展及巩固对方在上述范围内之特殊利益。

第四条

俄国宣布不在满洲之日本利益范围内为本国或为俄国臣民或他人谋求任何排他性特权或让与权,且不以任何方式在上述范围内从事一切政治或经济活动。俄国并保证不反对日本在其范围内自由行使所获得之优先权,并保证不直接或间接妨碍日本政府为本国、本国臣民或他人在上述范围内为行使该性质之特权所采取之步骤。

日本宣布不在满洲之俄国利益范围内为本国、日本臣民或他人谋求任何排他性特权或让与权,且不以任何方式在上述范围内从事一切政治或经济活动。日本并保证不反对俄国在其范围内自由行使所获得之优先权,并保证不直接或间接妨碍俄国政府为本国、本国臣民或他人在上述范围内为行使该性质之特权所采取之步骤。

第五条

为保证两国相互之保证良好执行,缔约双方应就共同影响两国在满洲特殊利益之有关事务随时坦诚地交换意见。如该等特殊利益受到威胁,缔约双方应协力采取措施,为保护该等利益而共同行动或彼此给予支持。

本野致小村电[33]

1910 年 6 月 9 日

第 65 号。

收到俄国外相的日俄协约修正案并报告其内容和请示今后如何处理
（第 65 号第 1 部分）

6 月 9 日接到俄国外交大臣的协约修正案，完全同意删除公开条约序文中的"政治性"文字。但因财政大臣对公开条约第二条中的"条约、协定及其它安排"（treaties，conventions and other arrangements）等文字提出了意见，他希望特意说明以上文字关系到东清铁路，包括 1896年 8 月 16 日［28 日］及 1898 年 6 月 13 日［25 日］中国政府与东清铁路公司缔结的两个契约，并要求按照以下意见交换外交文书：

照会草稿

签字人俄国外交大臣按照帝国政府之命令，荣幸地宣布，众所周知，1896 年 8 月 28 日［16 日］及 1898 年 6 月 25 日［13 日］东清铁路公司与中国政府所订合同（副本已送交日本政府），业已载入俄国与日本今日签订的协约第二款的安排中。为此，本签字人借此机会请求日本大使阁下确认日本政府对此事的支持。

对此，本大使说，以上两个契约早在 1907 年缔结条约时，即已收入俄国政府通告日本政府的文件。日本政府当然承认俄中两国间缔结的条约，因此，现在似无必要再交换一次。俄国外交大臣认为，虽说交换文件无用，日本政府对财政大臣所提要求若无异议，还是希望交换文件。依我之见，虽说此乃多此一举，但为使对方放心，即使承认它也并非不妥。如无异议，望一切按照对方要求，承认以上文件。

（第 65 号第 2 部分）

关于秘密条约，要求如下修改第四条：

第四条

缔约双方保证不在满洲对方特殊利益范围内从事任何政治活动。双方并认为，俄国将不在日本之范围内，日本将不在俄国之范围内，谋求任何足以损害相互特殊利益之特权或让与权，同时俄国及日本双方政府尊重对方由条约、协约或今日之公开协约第二条所提及之其他安排在其范围内所获得之一切权利。

第四条

缔约双方保证不在满洲对方特殊利益范围内从事任何政治活动。此外并商定,俄国不在日本之范围内,日本不在俄国范围内谋求性质有损于相互特殊利益之任何特权及任何让与权,俄日两国政府并尊重对方据今日公开协约第二条所述之条约、协约或其他安排所获得之一切权利。

以上修正案的要点是,将"排他性"("of exclusive nature")改为"有损于相互特殊利益之"("of nature to bring prejudice to their reciprocal special interests")。这也是根据大藏大臣的提醒而提出的修正。据俄国外交大臣的解释,只有"?"("exclusive nature"),即使损害双方特殊利益的性质的"特权或让与权"("privilege or concession"),也未必是"排他性"("exclusive nature")。为慎重起见,作了以上修正。相信不一定会反对的。

(第 65 号第 3 部分)

修正案第四条末段只有"所获得之权利"("rights acquired")字样,而删去了"优先的"("preferential")字样。因此,对日俄两国在各自势力范围内现有的特殊权利或多或少产生了疑问,事先是否有必要就"优先权"("preferential rights")交换解释性文件。对此,本大使回答说,既然有"一切据条约所获得之权利,等等"("all the rights acquired by treaties etc"),则应包括日俄两国现在拥有的所有权利,没有必要特别就"优先权"("preferential rights")交换文件。对此,俄国外交大臣回答说,按照俄国的看法,松花江"排他性航行权"("right of exclusive navigation"),实属既得权利,希望将来不要因此而发生纷争。现在希望了解日本政府的明确意见。本大使回答说,该问题一直是两国间的悬案,现在很难发表意见,总之,在确认帝国政府的意见后,再作答复。

此次似乎可以将外交大臣提出的第四条修正案出示给英法两国。在此方面并无不妥之处,希望能全部采纳。所谓的既得权利,并无必要交换文件。关于俄国对松花江的特权,可以解释为包含在"一切据条约所获得之权利,等等"("all the rights acquired by treaties etc")之内,以结束交涉。关于松花江问题,以1907年缔结的协约,保留我方权利。保持原样,很难具有绝对充分的理由加以议论。为了向俄国政府表示好意,现在采取某种手段,结束本问题是为上策。待帝国政府的意见确定之后,再向您电告。

关于对第五条的修正,俄国外交大臣的说明是,不仅在满洲的共同利益方面,在第三条事项上双方也有必要明确交换意见。在"communication"和"upon"之间加入"就两国认为照本协约第三条规定有必要在各自范围内采取的措施交换意见"(法文"就两国任何一方认为照本协约第三条规定在其范围内有必要采取的措施,以及")这一文字。既然日俄两国今日如此亲善,因此有必要避免相互间产生怀疑。相信可以同意俄国修正案。日俄共同协定缔结条约之前,向英法两国出示我国确定的修正案。关于解释性文字,日俄两国间也有必要进行协商。为了同俄国政府进行协商,望帝国政府电告如何向英法两国做出解释的文稿。望速回电指示。

本野致小村电[40]
1910年6月16日

第70号。

接到俄国外相的日俄协约最后修正案并电告其全文

关于前电第69号所述内容,6月16日接到俄国外交大臣递交的两协约案的最后修正案。该修正案完全按照我国最后修正案,一句也未改。此外,他还送来了日俄间应交换的外交文件。以上情况,业以前电第65号告知。两协约修正案全文如下(以下是法文):

日俄公开协约草约

日本帝国政府暨俄罗斯帝国政府恪守1907年7月30日[17日]两国所订协约之原则,为巩固远东和平计,渴望发挥本协约之效力,已就下列诸条达成一致意见,以完成上述安排。

第一条

为便利交通发展各国经济,缔约双方保证互相给予友好合作,以改进各自在满洲之铁路线,改善上述铁路之衔接业务,并避免一切有害于实现本目标之竞争。

第二条

缔约各方保证保持并尊重迄今已缔结之一切条约、协约或其他安排所产生之满洲现状,无论系日本与俄国缔结者,抑或此两国与中国缔约者。

上述安排之副本已由日本与俄国互换完毕。

第三条

若发生危及上述现状性质之任何事件,缔约双方应随时互相通告,以便就两国认为维持上述现状需采取之措施达成谅解。

日俄秘密协约草约

日本帝国政府暨俄罗斯帝国政府渴望巩固并发扬1907年7月30日[17日]以圣彼得堡缔结之秘密协约条款,业已商妥下列诸条:

第一条

日本与俄国确认1907年秘密协约附加条款所确定之分界线为两国各自在满洲特殊利益之分界线。

第二条

缔约双方互相尊重两国在上述范围内之特殊利益。据此,两国确认任何一方有权于各自之范围内自由采取保卫此等利益之一切必要措施。

第三条

缔约双方保证不以任何方式妨碍对方今后在上述范围内进一步巩固与发展其特殊利益。

第四条

缔约双方保证不在满洲对方特殊利益范围内从事一切政治活动。双方并认为,日本不在俄国之范围内,俄国不在日本之范围内谋求其性质足以损害相互特殊利益之特权或让与权,日本及俄国两国政府并尊重两国任何一方根据条约、协约或本日公开协约第二条所提及之其他安排在其范围内所获得之一切权利。

第五条

为确保两国相互保证之良好执行,缔约双方应就共同涉及两国在满洲特殊利益之有关事务随时坦诚协商。

若此等特殊利益受到威胁,缔约双方应相互协力,采取措施为保卫此等利益而共同行动或彼此给予支援。

本野致小村电[67]
1910 年 7 月 4 日

第 80 号。

日俄协约签字结束以及就其宣布日期与俄国外相磋商

按照预定计划,7 月 4 日午后 2 时 30 分完成签字。因对方不便,来不及在 7 月 8 日宣布公开协约,俄国外交大臣要求在 7 月 13 日宣布。在宣布前一二日,即 7 月 11 日或 7 月 12 日,与日俄驻六国代表磋商之后,再向各自的驻在国发出通知。本职答应了此项要求。

关于尊电第 63 号,按阁下所训示的三项内容的顺序另行电告。

(另电)同日本野致小村电

第 81 号。

已签字的日俄协约末尾文字及签字时交换的全部文件

本野、伊兹沃尔斯基于明治四十三年 7 月 4 日,即 1910 年 7 月 4 日[6 月 21 日]签订于圣彼得堡。

签字人俄国外交大臣奉帝国政府之命,荣幸地确认,现已商妥将 1896 年 8 月 28 日[16 日]华俄道胜银行与中国政府签订的合同和 1898 年 6 月 25 日[13 日]东清铁路公司与中国签订的合同(抄本已交日本政府)明文载入俄国与日本今日所订协约第二条之有关安排中。

签字人恳请日本大使先生确认日本政府同意上述事情,并借此机会向阁下重申我的崇高敬意。

伊兹沃尔斯基

签字人日本大使荣幸地通知俄国外交大臣阁下,已收妥今日发出之照会,其中按照俄国帝国政府之命令,确认1896年8月28日[16日]华俄道胜银行与中国政府签订之合同及1898年6月25日[13日]东清铁路公司与中国政府签订之合同(抄本已交日本帝国政府),现已商妥明文载入日本与俄国今日签订之协约第二条之有关安排中。

签字人奉日本帝国政府之命确认同意上述事情,同时借此机会向阁下、俄国外交大臣重申余之崇高敬意。

本野

大臣先生:

据今日日本国与俄国签订之协约第二条,为完成其抄本已于1907年7月30日[17日]交与俄国政府之众多条约、协约及其他安排,我荣幸地通知阁下,有关间岛与涉及满洲之其他五案已于1909年9月4日在北京签字。

上述安排之抄本将由帝国政府交与俄国驻东京大使。

恳求将收妥此函一事通知本人,并借此机会向大臣先生重申余之崇高敬意。

本野

大使先生:

荣幸地通知阁下,已收到今日之照会,据今日俄国与日本订立之协约第二条,为了完成日本与中国订立之众多条约、协约及其他五个关于满洲问题之两项安排(副本已于1909年7月17日[30日]交与俄国政府),该照会通知余关于间岛问题及其他五个关于满洲问题之两项安排以于1909年9月4日在北京签字,此两项安排之副本将由日本帝国政府交与俄国驻东京大使。

大使先生,借此机会向您重申余之崇高敬意。

伊兹沃尔斯基

大使先生:

据今日俄国与日本签订之协约第二条规定,为完成已于 1907 年 7 月 17 日[30 日]将副本交与日本政府之众多条约、协约及其他安排,我荣幸地将 1899 年总理衙门 5 月 20 日[6 月 1 日]致俄国驻北京大使之照会文本转致阁下。

恳请于接件后将此事通知余,大使先生,我借此机会向您重申我的崇高敬意。

伊兹沃尔斯基

大臣先生:

我荣幸地通知阁下,阁下今日之照会业已收妥,该照会按照今日日本与俄国所订协约第二条,为了完成俄国与中国订立之众多条约、协约及其他安排(副本已于 1907 年 7 月 20 日[1][17 日]交与日本政府),将 1899 年 6 月 1 日[5 月 20 日]总理衙门致俄国驻北京公使之照会原文转致与我。[2]

本野

附件一:日俄协约日译文

公开协约

日本帝国政府及俄罗斯帝国政府,真诚维护 1907 年 7 月 30 日即俄历 17 日所订协约规定之原则,且为确保远东和平,希望扩大该协约之效果,经商定,以下列条款补充该协约:

第一条

两缔约国为了使各国通交方便,促进其商业,相约互相友好合作,改善各自在满洲之铁路及完成该铁路协作经营,并且不从事妨害此目

---

① 原文如此,有误,应为 7 月 30 日。
② 该电系用法文写成,中译文由刘存宽译出——译者。

的实现的一切竞争。

第二条

两缔约国相约维持尊重迄今日本国与俄国，或两国与清国所订一切条约或其他协定所发生之满洲现状。

上述各协定之抄本，业经日本国与俄国交换。

第三条

如有侵害上述现状性质之事件发生时，两缔约国应随时相互商定为维持该现状之必要措施。

下列署名人员，受各自政府正当委任，签字盖印于本协约，以资为证。

明治四十三年 7 月 4 日，即俄历 1910 年 6 月 21 日［公历 7 月 4 日］于彼得堡制作本文件。

本野一郎

伊兹沃尔斯基

载明治四十三年 7 月 13 日官报号外"专题"栏目

秘密协约

俄罗斯帝国政府与日本国政府，为确认并扩大 1907 年 7 月 30 日即俄历 17 日在彼得堡所签秘密协约的条款，协定下列诸条：

第一条

日本国及俄罗斯国承认 1907 年秘密协约附属条款所定分界线划定两国在满洲之特殊利益范围。

第二条

两缔约国约定，相互尊重各自在上述范围内之特殊利益。因此两缔约国相互承认各自在其地域内拥有为维护、保卫该利益而自由采取一切必要措施之权利。

第三条

两缔约国约定，无论哪一方在上述地域范围内之特殊利益将来愈加得以确保、增进时，相互间不作任何妨碍。

第四条

两缔约国约定,任何一方均不得在对方特殊利益地区内从事任何政治活动。并且日俄两缔约国无论哪一方均不得在对方特殊利益地域内寻求带有损害对方特殊利益性质的任何特权和让与。日本国政府及俄罗斯国政府均要尊重对方根据今日签字的公开协约第二条条款或其他约定而获得的一切权利。

第五条

为圆满执行相互之约定,两缔约国对于一切与两国在满洲之特殊利益有共同关系之事,应随时坦诚商议。

上述特殊利益如遭受侵害时,为维护、保卫该利益,两缔约国要采取共同行动或协商采取措施,以达相互援助之目的。

第六条

两缔约国对本协约严守秘密。

下列署名人员,各受自政府正当委任,签字盖印于本约,以资为证。

明治四十三年 7 月 4 日,即俄历 1910 年 6 月 21 于彼得堡制作本文件。

本野一郎

伊兹沃尔斯基

附件二:1899 年 6 月 1 日清国外交部致驻华俄国公使公文(日译文)①

允许俄国在满洲建造铁路的优先权

为照会事:关于日前面晤贵大臣要求建造由东三省至北京之铁路一事,本爵大臣当告以中国政府碍难允许,并嗣后概不允准他国铁路至北京。本爵大臣兹愿再为声明,中国政府认为将来如添造由北京向北或向东北俄界方向,除中国款项及华员自行造路不计外,设或有托他国商办造路之意,必应将此意先与俄政府或公司商议承造,而断不允他国

---

① 本文件为俄国外交大臣交付本野大使的公文的日译文。

公司承造之。用特备文,请贵大臣转报贵国外部可也。须至照会者。
敬具。

清国	候补三品京堂	联
	二品衔光禄寺卿	袁
	吏部左侍郎	徐
	刑部尚书步军统领	崇
	军机大臣礼部尚书	王
	和硕	庆亲王
	军机大臣礼部尚书	盛
	刑部尚书	赵
	工部左侍郎	许
	二品衔候补三品京堂	桂
	二品衔太仆寺卿	裕

光绪二十五年四月二十三日

西历 1899 年 6 月 1 日［俄历 5 月 20 日］①

伊集院致小村电［79］

1910 年 7 月 11 日

第 169 号。

报告向清国政府内部通告日俄协约

关于尊电第 153 号②所述问题,与俄国公使磋商附协约中译文后,今日我们各自前往清国外务部。本职会见了署理尚书邹嘉来,向他说明了尊电第 154 号训示的旨意,同时,就日俄两国关系补充说,近年来社会上各种谣传甚嚣尘上,甚至说日俄两国即将开战。为避免给两国带来不尽的麻烦,应在近期内完成安奉铁路改造工程,同时要整顿与列

---

① 本文件为清朝外交部致驻华俄国公使公文之原件。
② 原文如此,似有误,疑为第 194 号。

强之间的交通设施。要做到此点,有必要更迅速地促进满洲各铁路间的衔接,并以此为契机,规定与此相关的原则,明确两国的立场。之后,向他递交了协约本文。此前,清国外务部已接到俄国公使送交的协约本文,似乎内部正在研究。邹嘉来首先问到日俄两国所交换的条约及决定的种类;其次就协约所言"现状"之含义提出质问。他说,本来日清两国缔约时清国已声明要在满洲施行德政,以保护外国人生命财产为目的,着手改善施政,而后逐步在推进此项工作,但尚未达到最佳状态。但我们有决心在不久的将来一定能达到目的。将彼时的"现状"和缔结本协约时的"现状"相比较,应作何解释? 最后,邹嘉来问到,所谓具有侵害"现状"性质的事件,指何种事件? 对这些问题,本职解释说,对于第一个问题,不详细了解两国交换的协约及决定。对于第二个问题,所谓"现状"是指广义的现状,并非能够特别指定的事态。所谓侵害"现状",不能举出具体事例,总之,不是指细小事体,而是指关涉全局、违反协约原则的事件,基本上应如此看待侵害"现状"之意。总之,忠告清国,日俄两国的主旨当然不是无视清国而恣意妄为,最终目的无非是使日俄清三国关系更加密切,以确保东亚和平。因此,希望不要产生误解。

邹嘉来发牢骚说,总之,政府在认真研究本协约之后,或许发表某些声明;虽现在已成事实,但日本鉴于日清两国友谊,在本协约公布之前告知,清国对此深表谢意。由此观之,清国官方意见大体如此。本日会见情形,禀报如上,以供参考①。

伊集院致小村电[92]

1910 年 7 月 21 日

第 173 号。

转达清国政府就日俄协约对日本政府的声明

关于清国政府对日俄协约的意见,众说纷纭,不容易了解真相。据

---

① 以上内容已电告驻美大使,并由该大使电告驻欧洲大使——原注。

可靠消息,比起协约本身,清国政府更怀疑协约背后有密约存在。同时,虽然日本的满洲政策不会超越目前的程度,但令人担心的是,很难预料俄国今后不会向内外蒙古一带扩张。因此,为防止此等情况发生,清国定将采取加深中日感情、利用日本势力的方针。据说,清国政府对这一意见已达成一致。故对协约不会提出无端的抗议。今日清国外务部左侍郎曹汝霖奉那桐之命,访问本职,递交了另电所示的体现清国政府声明主旨的公文,希望将其转达帝国政府。本职立刻予以答应。考虑到在国内外的面子,清国政府碍难默许日俄协约,尽管态度很平和,但无非是想慎重行事而已。另外,今日清国政府通过胡惟德向俄国代办送交了同样的声明。俄国代办访问本职时说,清国方面的意见估计大体如此。当然,对这些消息严加保密。望通过下述另电了解内情。其后当地中文报纸所发表的评论,措辞超乎想象地温和。其中一些报纸载文称,清国应以此为契机觉醒起来。补充如上,仅供参考。

(另电)清国政府声明要点

如若此次日俄协约约定重视日清、日俄以及清俄间的条约,则清国政府认为,日俄协约完全符合由日俄和约所承认的清国在东三省的主权及各国机会均等原则,以及根据光绪三十一年缔结的日俄协约所定东三省开放原则。清国政府据此遵行根据日俄和约宗旨所确定的日俄协约原则。清国政府并理解为,该协约进一步确认了清国主权和各国机会均等原则,以及与东三省工商实业发展相关的所有事项。期待该协约能更加切实地维护此等事项,以利大局,望将上述声明转达贵国政府。

伊集院致小村函[93]
1910 年 7 月 22 日

机密　第 99 号。

清国外务部就日俄协约递交照会以及伊集院公使的复照

外务大臣小村寿太郎伯爵阁下:

　　清国外务部就通报日俄协约一事发来照会,本月21日业以前电第173号报告照会要点。照会全文如另纸(甲号)所示。本公使按乙号所示复照。望阁下阅悉。特此报闻。敬具。

　　随后,清国外务部照会由该外务部送交清国驻各国公使,命令各公使必要时通告各驻在国政府。谨补充如上,以供参考。

驻清国特命全权公使　伊集院公使

明治四十三年七月二十二日

附属文件一:甲号:清国外务部照会第21号

　　钦命全权大臣便宜行事军机大臣总理外务部事务和硕庆亲王为照会事:前准贵大臣面交一千九百十年七月四日所立之日俄协约,本部详加披阅,深悉此次协约。贵国与俄国既相约重视中日、中俄、日俄各项条约,则于一千九百零五年日俄和约所承认中国在东三省主权,暨顾全列国机会均等并赞同中国设法振兴东三省工商实业各节,及光绪三十一年中日议定东三省条约开放东三省主义均相符合,且更加确定中国政府自应按照日俄和约之宗旨,实行中日条约之主义。凡关于中国主权内之行动,各国之机会均等及开发东三省之工商实业等事,益当切实维持,期于大局均有裨益,相应照会。贵大臣转达贵国政府可也。须至照会者。

　　右照会:大日本国钦差全权大臣伊集院

宣统二年六月十五日

附属文件二:乙号:伊集院的复照第27号

总理外务部事务庆亲王殿下:

　　敬启者:对先前奉帝国政府之命,向贵外务部尚书面交1910年7月4日所立之日俄协约,贵国政府于贵国历法宣统二年六月十五日致照会表示理解。照会旨意阅悉后,已立即转达帝国政府,望殿下知悉。谨此复照。敬具。

伊集院公使

明治四十三年七月二十二日

伊集院致小村函[106]
1910 年 8 月 3 日（8 月 15 日收到）

第 109 号。机密

报告袁世凯对日俄协约的看法

外务大臣小村寿太郎伯爵阁下：

上月 28 日，当地各中文报纸登载了驻欧洲记者关于日俄密约的来电，本公使馆对此作了调查。如阁下所知，业以第 179 号电、第 181 号电及另电报告了所查情况。可以断定，该报道源于奉天亲美派，或者德国玩弄的伎俩。同时以此为契机，国会请愿代表与各报社串通一气，以此作为攻击政府外交失败的口实，并援引这一报道，竭力煽动舆论。据某位在民间颇有影响的人士私下透露以及各报纸的评论，此事不容置疑。据请愿速开国会运动的过程及其代表们的手段，这种情况不足为奇。此时最有必要注意请愿代表幕后操纵者袁世凯的态度。据探查，协约公布后，即上月 20 日前后，请愿代表中有位驻京干事（赵秉钧担任民政部侍郎时，他为赵的部下），曾秘密前往卫辉会见袁世凯，同他磋商某事后，立即赴天津会晤赵秉钧。随后又赴奉天、吉林，数日前返京。此行为何事，详情不得而知。当问及袁世凯对日俄协约持何态度时，他说：

"根据两国对东三省的立场，此次日俄两国再次缔约是自然之事，不足为奇。总之，事已至此，只能说是清国外交的失败，不胜慨叹。仔细考虑日俄两国关系，可以认为，缔结第一次日俄协约是出于避免两国冲突、维护远东和平的善意，而缔结第二次协约并非如此，即两国通过此次协约，明确划定了势力范围，相互援助，防止第三国侵害。因此，机会均等、门户开放，不过是幌子而已，清国随后将逐渐丧失主权自不待言。与此同时，广西、云南边境地区的前景片刻不容大意。政府当局却完全是隔岸观火，国民的舆论也格外冷漠。总之，清国缺乏人才，其前景危如累卵。"

袁世凯神情峻严，对时局的发展颇感忧虑。他当着一位请愿代表的面痛骂政府无能,可以认为恰恰彻底表露了他的野心。请愿代表们的此次运动或许也是袁世凯策划的。最近一两日,有人以各省学界、商界名义上书军机处和外务部,以日俄协约攻击政府。政府方面正秘密调查其来源,这些人尚不属于请愿代表的系统。形势今后如何发展,袁世凯如何动作,应竭力予以注意。谨此报闻,以供参考。敬具。

驻清国特命全权公使 伊集院彦吉
明治四十三年八月三日

本野致小村电[110]
1910 年 8 月 22 日

第 96 号。

询问俄国驻清公使关于伊集院公使日俄清三国协定构想所提报告

今日与俄国外交副大臣谈话时,他说,据俄国驻清国代表报告:"日本驻清国公使就日俄协商同他曾进行数次谈话:为缓和清国之感情,应采取一些变通措施,让清国也加入日俄协约,使协约成为日俄清三国的协约。"伊兹沃尔斯基嘱托本职确认帝国政府是否有此意向。对此,本职答称,迄今尚未接到任何训令。如果伊集院公使请示过该问题,为慎重起见,望来电告知。落合发来的关于日俄协约之发展等问题的第 94 号电①内容,即如上所述。

伊集院致小村函②[113]
1910 年 8 月 25 日(9 月 6 日收到)

第 127 号。机密

---

① 本野来电第 96 号末尾所述第 94 号电内容,从略。8 月 23 日,将发往清国伊集院公使的第 191 号电转发外务大臣小村。

② 为供参考,送付外务大臣 9 月 10 日以机密第 48 号电致驻俄本野大使的本函抄件。

关于日俄协约缔结后俄国对清国的态度发表意见

外务大臣小村寿太郎伯爵阁下：

关于昨日尊电第191号转告本野大使来电内容（即本职在当地与俄国代办内部谈话的内容），如拙电第190号所述，当时该代办屡访本职，发表种种内部谈话，对清国方面攻击、猜测日俄协约，非常介意。如已电告阁下（参见第106号文件。——译者），本职在内部交谈时，作为我个人意见提及此事仅此一次。如果俄国代办的确认为这是某种具体暗示，则纯属误解。本职想像，该代办或许也持同样意见，为了使本国政府支持自己的意见，呈报本国政府时偶然援引了本职的内部谈话内容而已。对此姑且不论。拙电刚发出，就接到尊电第192号所转本野大使第95号电。对此，本职素持己见，略陈如下，仅供参考。

上述本野大使来电所谓通商航海条约，大概指明年将要修订的《清俄改订陆路通商章程》。关于该章程，素有种种传闻，且曾得到该章程。经询问川上总领事，进一步查明，其内容即哈尔滨商会所起草的《俄清改订通商条约案》。根据种种情况判断，俄国政府通过缔结日俄新协约，一方面或许能保障俄国的安全，同时对清国会采取非常强硬的态度。老实说，俄国以通过日俄协约所获得的地位严酷地对待清国，对此，本职很担忧。如已电告阁下，本职对俄国代办说，之所以有必要缓和清国的情绪，也出于这一原因。现在，俄国政府是否完全采纳前述哈尔滨商会所起草的《俄清通商改订条约案》，另当别论。但如阁下所知，本条约与现行的《清俄改订陆路通商章程》相比，使俄国获得了更广泛的特权。缔结现行章程时，相关地区的交通设施等与现在相比，犹如天壤之别。暂且不论在目前情况下提出这种提案是否稳妥，只从现在清国对外关系的发展趋势来看，清国政府甚至不会轻易同意现行章程继续存在。更何况要扩充该章程内容，清国政府决不会答应，这是不难想象的。俄国要贯彻其主张，势必不惜武力威胁清国。俄国政府预想交涉艰难，必要时会下决心以某种形式明确表态。从商议松花江通航通商问题的先例以及本野大使这次来电的内容观察，俄国定会如此行事。从日本帝国对清国的立场观之，我们是否希望上述事态发生，本职深感忧虑。本职曾多次说明，不仅清国一般人士，而且政府要员，均怀疑最近缔结的新协约背后还附有对清国有重大利害关系的密约，而感到有些恐惧；又适逢日本断然合并韩国，显然，这将使他们更加惶恐不安。过去商议松花江问题时，俄国就已表露出一些胁迫的迹象。最近俄国在商议改订通商章程时，曾提出不适当的要求，继而又采取高压手段，使全体清国人对日俄协约的内容感到极度不安和恐惧。对俄国自不必待言，对我国的所谓"祸心"也必定进行种种猜测。其最终结果或许是策划投靠第三国，以免遭他们臆想和恐惧的亡国命运。何况使美国和德国更抱有疑心，同时也使他们乘虚而入，获得拉拢清国的绝好时机。如前所述，有明显迹象表明，日俄新协约的缔结，甚至已促使清国中央政府官员人事变动。仅从这一事实观察，俄国采取所谓强硬政策，终将促使清国跑到其对立面。也许本职多虑，如不幸，一旦发生此种情况，不言而喻，日本帝国在清国的处境将极其困难。即使不出现此种事态，只使清国上下和美、德两国增加疑心，也会使日本在各方面陷入颇为艰难的境地。一方面，如最近在安东县附近发生争端时帝国政府做出让步一样，另一方面我们对清国不采取安抚策略，当俄国实行强硬政策时，我们还消极地给予声援，这种态度对缓和清国情绪恐怕不会收到任何效果。坦率地说，这两种政策相互矛盾，而后者会极度淡化安抚的效果。现在从俄国方面观察，不引起前述事态发生，对俄国未必没有益处。从目前情况观察，现在没有必要急于以强硬手段再次扩大在清国的利益。确信绝无必要甚至采取高压手段如此行事。关于通商章程的改订亦应如此。与其现在采取强硬措施，不如保持温和态度，使之限于绝对安全的限度之内，以等待时机，此为上策。总之，作为本职一己之见，想说明：重要的是，不仅关于通商规则的改订，希望日俄两国目前对清国采取的所有措施，应作为长久政策，持之以恒，从容不迫，一丝不苟，慎重行事，另一方面采取安抚清国的策略，逐渐消除其对日俄两国的疑心，以防第三国乘虚而入。当然尤其要做好准备，为使此项政策在日俄两国全部行动举措中贯彻始终,断不允许与此政策相矛盾相悖离的因素出现。如若在这一根本原则上有幸能与阁下高见一致,则本职认为,日俄新协约所引发的不安和疑惧的阴云尚未散尽时,现在又要断然合并韩国,俄国恰在此时又一味地对清国施以强硬政策,从日本帝国的立场观之,应避免如此行事。俄国为自身计,也不应如此行事。如果能向俄国政府提出要求,则希望俄国政府至少现在暂收锋芒,努力以和平的心态观望时局变化,若能如此,不仅对日本帝国有益。

上述情况,谅阁下早有考虑,为供参考,胆敢上陈拙见,望阁下审阅,若有幸与阁下高见相符一二,本职甚感荣幸。谨此报闻。敬具。

驻清国特命全权公使　伊集院彦吉

明治四十三年八月二十五日

3. 第三次日俄密约

伊集院致内田电

1912 年 1 月 10 日

第 23 号。

因获悉俄国方面已就蒙古问题向清国政府提出要求,遂派高尾前往密访曹汝霖,向其探询真相。曹氏透露:去年 12 月下旬(据奥尔对水野所谈,为去年 12 月 27 日),俄国代理公使曾向胡惟德谈及蒙古问题,口头提出若干要求。当时外务部表示:此等要求,应以书面交来,俄使遂于日后(据奥尔对水野所谈,为同月 28 日)以备忘录(用英文写成)提交外务部。据曹汝霖记忆,该备忘录之要点如下:

(一)授与俄国在外蒙古以敷设铁路之权;

(二)清国政府不向外蒙古派兵;

(三)清国政府不干涉外蒙古内政(但不排除派驻办事大臣);

(四)今后清国政府如对外蒙古有何设施,须先商得俄国同意。

(据奥尔谈称,尚有禁止清国人移居外蒙一项,但曹谓其本人无此记忆。)

关于此项交涉,俄国代理公使自谈判之初即要求外务部绝对保守秘密,外务部已予谅解,且亦秘而不宣。最初消息泄露时,清、俄双方似均为之颇感困恼,刻下俄国代理公使仍对外界矢口否认。数日前英国公使与俄国公使会晤时,曾经问及此事,俄使只简单予以敷衍,略谓:不过向清国政府提出一项警告,说明清国政府如向外蒙出兵,则非维持和平之妥善办法,云云。尽管如此,事实已经无法掩盖。另据曹汝霖对高尾言称:此项要求并非正式提出,且其所交之备忘录系用英文写成,由此两点看来,此项备忘录之提出,究系根据俄国政府训令抑或仅系俄国代理公使与该国驻西伯利亚地方高级官员商谈后所采取之行动,外务部对此抱有怀疑,故迄今为止尚未采取任何措施。又据其后英国公使对本职谈称:美国公使亦曾秘密向其透露:所谓之铁路敷设权,似系指自恰克图至伏尔加一线①而言。水野自英、美新闻记者方面所获消息,亦与此说相吻合。

《日本外交文书选译——关于辛亥革命》,第 129—130 页

日本政府关于开始第三次日俄密约谈判的内阁会议决议②
1912 年 1 月 16 日③

关于延长南北满洲分界线并在内蒙古划定两国势力范围问题,指令本野大使与俄国政府开始交涉。

帝国政府与俄国政府之间,先前已在南北满洲划定两国势力范围,并以第一次《日俄秘密协约》附加条款定明双方分界线。但该分界线仅止于托罗河与东经一百二十二度交叉点处,尚未及于其以西地区。方今帝国势力正在逐步向其以西地区扩展,如不及早同俄国政府就上

---

① 原文如此。

② 此件,原系内田外务大臣提交内阁会议的书面提案,经讨论通过后即作为内阁会议的决议——原编译者。

③ 此件,于翌日(1 月 17 日)由内田外务大臣晋谒天皇启奏。

述交叉点以西地区之分界线问题预行商订,将来难保不在两国间惹起意外纷争。又,帝国政府根据第一次《日俄秘密协约》第三条之规定,虽已承认俄国在外蒙古享有特殊利益,然而关于内蒙古问题则尚未缔结任何协约。本大臣认为,内蒙古与我国势力范围之南满洲关系至为密切,日俄两国在适当时机就此问题签订协定,不仅对于帝国将来之发展以及永远敦睦两国邦交有利;且在当前清国因此次事变而使蒙古问题即将展现一新局面之际,日俄两国就内蒙古问题签订某种协定,实为最得机宜。基于此种考虑,日前本大臣已向本野驻俄大使发出电训,征询意见,详如附件甲号①,该大使已有复电到来,陈明所见,详如附件乙号②。

另一方面,关于蒙古问题,在上述电训发出后,愈益引起世间注意,俄国政府亦于数日前正式发表《公报》,详如附件丙号③。俄国政府在上述《公报》中主张俄国对蒙古保有特殊关系,而其所主张之特殊关系,仿佛并不限定于外蒙古范围以内。对此,帝国政府若默然放过,即有恣纵俄国不顾《日俄秘密协约》第三条之规定而将其特殊关系向蒙古全域扩张之虞。因此,本大臣认为:帝国政府有必要即时就俄国政府上述《公报》中所述"蒙古"一词之含义向该国政府提出质问,并借此机会由本野大使非正式提出关于延长南北满洲分界线以及商订内蒙古协约问题,向俄国政府探询意见,以为将来解决此两问题打下基础,较为适宜。在提出上述问题时,俄国政府难保不如本野大使所预料,就如何根本解决满洲问题刺探我国政府有何决心。关于解决满洲问题,我国政府之方针早已确定,遇到适当时机即应适当加以解决。故可视本野大使与俄国政府交涉结果如何,如需表明我方决心,即可着该大使秘密告知俄国政府:遇有适当时机,适当解决满洲问题,帝国政府并无异议。

---

① 即1月10日内田外务大臣致本野驻俄大使第5号绝密电——原编译者。

② 即1月13日本野大使得内田外务大臣第8号绝密电——原编译者。

③ 即1月11日本野大使致内田外务大臣第4号电——原编译者。

同时向其说明:关于具体解决办法以及何时着手解决等问题,尚须慎重考虑,因此,日俄两国政府尚待进一步仔细磋商,等等。当然,就上述延长分界线以及商定内蒙古协约问题与俄国政府开始谈判时,俄国政府究竟能否表示同意,尚难预料,但本大臣认为,纵令我方目的不能实现,亦可通过此次商谈而使俄国政府了解帝国政府之意图,从而为将来造成极有利之结果。基于上述情况,建议内阁会议做出决定:乘此次向俄国政府就其《公报》措词提出质问之机,着本野大使根据上述旨趣就上述两项问题在最秘密中向俄国政府探索意向。

《日本外交文书选译——关于辛亥革命》,第 149—151 页

本野致内田电

1912 年 1 月 19 日

第 16 号。

就满洲变乱时我方承担保护关外铁路以及日俄在内蒙古的势力范围及如何处理满洲问题与俄国外相会谈尊电第 10 号敬悉。1 月 18 日,本职会晤了俄国外交大臣,对阁下的电令旨趣作了详细说明。外交大臣回答说,对帝国政府独自承担保护关外铁路一事不存异议。该大臣称,根据日俄协约,南满属于日本国势力范围,因此,迫不得已时,日本国政府将占领关外铁路,维持该地区秩序,且承担与北京保持联系的任务,对此,俄国政府不设障碍。当无此必要时,增派的军队应立即撤出,对日本政府的这一声明,本大臣表示理解。另外,当日本国政府最后要增兵或实行占领时,望事先通报俄国政府。俄国政府公布上述通报,是为了防止给国内造成俄国政府被日本国政府捷足先登的印象。此外,外交大臣谈及日俄在内蒙古划分势力范围的协约,申明,俄国任何时候都遵守协议。关于如何处理满洲问题,外交大臣认为,事关重大,须交付内阁商议,在上奏皇帝陛下后,才能发表俄国政府的意见。外交大臣表示,俄国政府希望尽量避免以武力解决这一问题。

《日本外交文书》第四十五卷第一册,第 49 号文件

本野致内田电
1912 年 1 月 19 日

第 18 号。绝密

关于满洲及日俄在内蒙古的势力分界线问题与俄国外相会谈

关于尊电第 11 号所述问题,遵照您的训令,本职和外交大臣会晤时,以个人意见,同他一并商议了延长南北满洲分界线问题和划定内蒙古势力范围分界线问题,但没有提出任何具体议案。此外,关于外蒙古问题,因业已签署协约,故当然没有任何提议。根据俄国外交大臣的谈话态度,本职亦赞同您的意见,此时应将上述两个问题与解决满洲问题分开,迅即完成协商。关于本问题,望先由帝国政府向俄国政府提出议案,并由此进行协商。另外,1 月 19 日,在宫廷宴会上会晤俄国总理大臣时,他特意向本职内部透露:关于昨日(18 日)商议之事,已与外交大臣进行了初步协商,外交大臣与他的意见大致相同,希望先就划分势力范围分界线问题开议,然后逐步涉及其他问题。

根据上述情况,好像在进行划分势力范围分界线的谈判,或许自然有必要就满洲问题进行协商。帝国政府意见确定后,希即电告,以使本职有所遵循。

《日本外交文书》第四十五卷第一册,第 52 号文件

内田致本野电
1912 年 1 月 21 日

第 14 号。

来电第 14 号至第 18 号均已阅悉。

关于满洲及蒙古问题,经我大使屡次交涉之结果,大体上已判明俄国政府意向所在,尤其得知俄国政府对于两国间签订协定以延长南北满洲分界线并划分内蒙古势力范围问题不持异议,帝国政府对此深为满意。迄今为止,我大使在屡次交涉中,表面上均以个人意见为基础进行商谈,现在帝国政府已决定乘此时机同俄国政府开始正式谈判,

希我大使尽快与俄国当局会晤,向对方言明:近日来双方屡次交谈情况,俱已详细报告本国政府,帝国政府由此得知俄国政府意向所在,已有公函到来,表示深为满意。然后再作为帝国政府之训令告知对方下列各点:

"关于本野大使根据其个人意见就延长南北满洲分界线以及划分内蒙古势力范围问题与俄国政府当局秘密交谈各点,帝国政府表示完全承认。帝国政府认为,日俄两国政府就上述两项问题缔订协约,实为两国永久敦睦邦交所极端需要,因而殷切希望上述协约能够及早签订。基此,特向俄国政府提议,两国政府就此问题开始商谈。帝国政府又认为,为使两国商谈能够取得进展,事先需要有一基础方案(将于明日即22日以另电发出),希望两国政府以此方案为基础开始商谈。

满洲问题之解决,关系极为重大,必须慎重考虑,目前帝国政府尚不能提出任何方案。然而清国事态,变幻莫测,将来如何演变,几不能按常规予以估计。因此,帝国政府认为,自现在起,日俄两国政府即应根据本国立场就如何解决满洲问题各自预先加以考虑,以备他日事态发生时,两国之间可以推心置腹,随时交换意见。"

希我大使按上述旨趣预作说明后,即将另电所开我方提案手交对方,随后即以我方提案为基础开始谈判。此项提案,为我方希望之最小限度,不容讨价还价。希我大使善体此意,努力贯彻我国意图。勿庸赘言,此次谈判必须秘密进行。应按前例,在两国交涉达成协议、并可以向英法两国政府发出秘密通告以前,谈判双方均须绝对保守秘密。此点,须向对方郑重言明。

关于满洲问题之解决,目前阶段仅止于在两国间分别加以考虑,如果对方提出解决方案,自当别论;否则,我方准备暂观时局演变,只要不发生必须立即加以解决之事态,拟暂缓提出具体性意见。同此附闻,即希知照。

（另电）内田致本野电
1912 年 1 月 22 日

第 15 号。

第一，明治四十年 7 月 30 日《日俄秘密协约》①附加条款所定分界线应该加以延长：托罗河与本初子午线东经 120°交叉点以西地区之分界线，由该交叉点起沿乌珑楚尔河②及木什画河③至木什画河与哈尔达台河分水点之处④；由此地点起，再沿黑龙江省与内蒙古境界线以至于内外蒙古境界线。

第二，以张家口至库伦间之大道为界，划内蒙古为东、西两部。以此为界，日本国政府承认俄国对该分界线以西部分之内蒙古享有特殊利益；俄国政府承认日本国对该分界线以东部分之内蒙古享有特殊利益。两缔结国约定，互不进行任何可能损伤对方特殊利益之干涉行动。

第三，对此协约，两缔约国双方均严格保守秘密。

《日本外交文书选译——关于辛亥革命》，第 156—158 页

本野致内田电
1912 年 1 月 24 日

第 23 号。

已向俄国外相亲手递交关于日俄在满蒙的势力范围
分界线的协约案并就分界线及满洲问题交换意见

关于尊电第 14 号所述问题，1 月 24 日，本职会晤俄国外交大臣时，先就南北满洲分界线及在内蒙古划分势力范围问题，详细阐述了阁下的训令的旨意。之后，将根据尊电第 15 号所述提案确定的协约法文

---

① 即 1907 年第一次《日俄秘密协约》——原编译者。
② 中国沿用的名称为交流河。下同。
③ 中国沿用的名称为归流河。下同。
④ "分水点"，原书如此。"点"应为线字之误——原编译者。

本草案亲手交给了外交大臣。该大臣阅后,言称:本大臣谙于满蒙地理,认真研究之后,将予以答复。不过,作为对案虽说尚不成熟,但依本大臣之见,日俄两国在内蒙古划分势力范围时,应在两国势力范围之间设一中立地带。

对此,本职答称:"依本大使之见,设中立地带是否得策,尚存疑问。不过俄国政府若作为对案提出上述问题,帝国政府将予以充分研究,并作出答复。"根据上述情况,预想外交大臣的意见可能作为对案提出,希望从即日开始研究上述问题。其次,关于解决满洲问题,据外交大臣内部透露,他已将本职和该大臣有关本问题的谈话内容上奏皇帝陛下。该大臣以个人意见向皇帝陛下奏称,现在日俄两国有必要就重大问题交换意见。对此,皇帝陛下表示赞许,并谕令可着手与日本国政府交换意见。皇帝陛下还谈及,目前日俄两国关系友好,是解决满洲问题的最佳时机。对此,本职称:"前已述及,帝国政府希望在充分研究之后,坦诚地交换意见。"本职反问外交大臣,他对此事有何想法?外交大臣答称:"尚未形成成熟的议案。不过,据清国目前情势,看来近日将成立共和政府。无论如何,新政府成立后必将前来要求承认。此时,日俄两国以承认共和政府为条件,要求进一步巩固在满洲的权利,将会如何? 比如,日本国政府要求延长关东州租借地年限,俄国要求共和政府约定不将北满铁路敷设权让与俄国以外的国家,附以上述条件如何? 当然,这不过是举一两个例子而已。日本国政府若大体同意,或发现除此之外的能提出的条件,则不应隐瞒。不知尊意如何?"对此,本职答称,上述无疑是日俄两国为进一步巩固在满洲的既得权利而采取的一种手段。不过,是否符合当前局势,尚需研究。外交大臣称,上述不过是坦诚地阐述了本大臣所想到的点滴想法。要推进此话题,需了解日本国政府的意向,希望把本大臣今日谈话的要旨转达贵国政府,并希望确认日本国政府的意见。本职告诉外交大臣,立刻电告东京。随后分手。

本职从外交大臣谈话的语气中得到下述印象,俄国政府大有继续推行迄今在满洲所奉行的政策之意。但能察觉到,鉴于欧洲目前的情势,俄国政府试图尽量以温和手段逐步达到目的。据本职浅见,欧洲形势的确甚是不稳,列强将充分地把注意力……①远东事变。坚信此时的确是采取果断措施的时候了。关于帝国政府向俄国政府发表意见的时机,随时和该国当局商定,帝国政府在决定此问题的方针之后,望尽快密示。

《日本外交文書》第四十五卷第一册,第 57 号文件

日本驻彼得堡大使馆致俄国外交大臣照会②

1912 年 1 月 11 日[24 日]

绝密

日俄密约草案

日本帝国政府及俄罗斯帝国政府,恳切希望消除日后对两国政府在满洲及内蒙之特殊利益造成误解之一切原因,决定延长 1907 年 7 月 30 日[17 日]协约附属条款所规定之分界线并确定两国在内蒙古之利益范围,故两国政府议定如下:

第一条

从托罗河与东经 122°线交叉点起,上述分界线应沿乌珑楚尔河与木什匣河而行,直至木什匣河与哈尔达苏台河之分水岭;分界线由此沿黑龙江省与内蒙古之分界线而行,直至内外蒙之境界终点止。

第二条

内蒙古分为两部:张家口城至库伦城之道路以东为一部,该道路以西为一部。

日本帝国政府保证承认并尊重俄国在内蒙古西部之特殊利益,而俄罗斯帝国政府保证承认并尊重日本在内蒙古东部之特殊利益。

---

① 省略之处原文有脱漏。

② 本照会原件用法文写成,中译文由刘存宽译出——译者。

缔约任何一方俱保证,杜绝任何可能损害另一方上述特殊利益之行动。

第三条

两缔约国对本约须严守秘密。

为确认所签内容,两国政府代表应在该约上签字盖印。

明治四十五年即 1912 年　　月　　日于圣彼得堡

《中国边疆史地研究》1996 年第 2 期

本野致内田电

1912 年 2 月 5 日

第 27 号。绝密

关于解决满洲问题向俄国外交大臣探听意见

关于尊电第 20 号所述问题,2 月 4 日,本职会晤外交大臣时,遵照阁下训令之旨意,详细阐述了有必要把承认中华民国政府问题和满洲问题分开考虑的旨趣。之后,本职作为一己之见,问道:"即使按照外交大臣的意见,作为承认民国政府的条件提出某种要求,如遭拒绝,又将如何?"外交大臣稍显难色,答称:"此时日俄两国只好进一步妥商。"对此,本职反问:"如果各国政府不承认中华民国政府,则另当别论;如果各国政府都承认中华民国政府,惟有日俄两国政府以中国政府不接受自己的条件为由,拒绝承认民国政府,能否永远拒绝承认?况且一旦提出某一条件,就要下定决心采取一切手段,定要使中国政府接受。若无这种决心,我方提出的条件因遭到中国政府拒绝而撤回,将严重损伤日俄两国尊严,俄国政府是否有决心不惜一切手段迫使中国接受所提条件?"外交大臣称:"是否以武力贯彻我方要求,需要考虑。"数日后再次会晤外交大臣,他依然回答说:"希望尽量以和平手段解决满洲问题。"外交大臣究竟能在多大程度上坚持和平原则,俄国政府又在哪些问题上有意与我方一致行动? 为尽量借此机会明确查明对方意向,在与帝国政府无关的前提下,进一步展开话题,向外交大臣作了如下阐述：

"依本大使一己之见，为日俄两国利益计，完全以和平手段解决满洲问题，其希望毕竟很渺茫。因此，为达到协商之目的，两国政府只好抓住时机，实现目标。重要的是，如何看待这一时机。中国的现状表明，时机已到。如失去此机会，不知何时再有良机。本大使尚不知帝国政府解决满洲问题之意图如何。阁下也未把俄国政府的意见告知本大使。本大使虽深表理解，但日俄两国彼此均未发表意见，甚至尚无迹象表明要发表意见，在这种情况下，毕竟没有理由交换意见。如若不希望作为阁下意见将此意通告帝国政府，则本大使希望不与阁下无关的前提下，只作为本大使与阁下会谈后的'印象'，内部报告给内田子爵。"当我追问外交大臣"阁下是否想借此机会解决满洲问题，希望得知阁下意见"时，外交大臣思考片刻后称："该问题事关重大，不和阁僚充分协商，本大臣不便发表个人意见。一方面，如您所述，失去此次机会将甚感遗憾，另一方面，鉴于欧洲目前情势，并考虑到俄国国内政情，只好希望尽量使远东地区始终保持和平。日前，本大臣因事有机会在议会上与议员们多次交换意见。俄国舆论不仅认为俄国不希望在远东地区酿成事端，而且可以认为，甚至有人担心俄国是否会被日本拉入事端。据上述情由，对日本国在其势力范围内自由行动，俄国自然不会提出异议，也没有理由提出异议。总之，希望尽量避免诉诸武力。当然，日后中国局势将如何发展，甚为忧虑，因此，还应认真考虑、研究。"

总之，根据上述谈话以及迄今的报告，不难判明俄国政府对满洲问题的态度。今后决定意向时，也有必要采取策略：首先要确定帝国政府的意见，明确表示我方的希望，征得俄国的同意，非此难以使俄国政府行动起来。希理解此意，并据此制定方案。

另外，目前俄国政府正在研究延长分界线和划定势力范围问题。据外交大臣同本职谈话的口气观察，俄国军方似乎非常反对以张家口——库伦大道为内蒙古的分界线。

《日本外交文书》第四十五卷第一册，第59号文件

本野致内田电

1912 年 2 月 16 日

第 32 号。

美国就中国时局提出各国协调原则时为维护
满蒙特殊权益建议日俄协作

依本职之见,目前德国说服美国建议各国协调行动,是因为德国鉴于欧洲形势,难以插手远东;稍有不慎,别国就会在中国抢占上风,剥夺德国的利权。德国存在着如此的弱点和危险,于是主张与本国利害关系相同的美国共同防止别国夺取他们的利权。尤其是美德两国标榜保护共同利益,不难推测,其实是试图束缚日俄两国在满洲的行动,妨碍日俄两国确保其特殊利益。如果美德两国的真实意图的确如此,则确信日俄两国政府的当务之急是采取下述方针:乘今日之机,务必采取对抗政策,让各国完全承认,只要关涉满洲地方,日俄两国有权单独行动。在我们特殊利益存在的地方,绝不容许第三国置喙。

关于日俄在满洲的政策,如阁下所知,俄国政府完全希望采取和日本国协作的方针。日前,2 月 14 日,本职会晤了外交大臣,他在谈及美德两国政府就中国时局进行协商的情况时,言称,只要关涉属于日俄两国特殊利益范围的满蒙问题,俄国政府就不希望将其纳入各国共同采取措施的范围;为维护两国利益,希望与日本国政府进行认真协商。

根据上述情况,尤其是俄国政府要求与帝国政府商议如何答复美国政府时,本职确信,当务之急是采取适当措施,使日俄两国进一步协商日俄两国在满蒙的特殊利益,两国应尽量采取步调一致的措施。本职的上述意见如有幸得到阁下同意,在会晤外交大臣时,将尊电第 25号所述文案照原样内部出示给他,就其旨趣交换意见,并要求俄国政府也对驻外使节……(原档有脱字)此方针,使日俄驻外使节在言行上不致产生抵牾。另外,依本职之见,应开诚布公地向俄国当局说明就这一问题内部训示驻德大使及驻美临时代理大使的情况,事先商定让俄国政府也采取同样的方针。希考量此意,速回电训示。

《日本外交文書》第四十五卷第一册,第 63 号文件

俄国外交部致本野口头照会

1912 年 2 月 7 日[20 日]

第 102 号。

日本帝国政府希望消除对两国在华利益范围产生误解的一切原因,俄罗斯帝国政府对此表示完全赞同。基于此种愿望,帝国政府对日本大使馆交来的协约草案立刻作了最认真的研究。

此次研究之结果,帝国政府提出了下述意见:

该协约草案前言部分指出,制定该协约之目的,是以延长 1907 年 7 月 30 日[17 日]协约附属条款所定分界线,进而划分俄日两国在满洲及内蒙古的特殊利益范围。然而,1907 年协约并未提及特殊利益范围。该协约所谈系指划分俄日双方互不要求铁路及电讯让与权的地区。只是在 1907 年 7 月 21 日[1]协约中始出现"特殊利益"一词,缔约双方才互相承认各自在 1907 年协约规定范围内发展和巩固其特殊利益的权利。因此,俄罗斯帝国政府希望知悉:日本帝国政府对目前两国正在谈判的协约草案,尤其对该协约签署后,俄日两国在该文件所规定之范围内是否有权采取措施巩固及发展各自特殊利益一节也作同样解释。

在 1907 年协约签署以前的谈判期间,帝国政府认为有必要指出,俄国在蒙古及中国西部享有以条约为根据之特殊利益。此等条约使俄国在上述地区之贸易在关税方面享有特殊待遇。日本帝国政府对此等权利并未提出异议,并且表示,日本对俄国在蒙古及中国西部之非敌对活动并无任何反对之意,亦无丝毫理由对与日本切身利益并无任何关系之问题加以干涉;同时指出:此等地区处于俄日两国利益可能接触的地域范围之外,没有任何理由预料总有一天两国会因此产生麻烦。

---

　①　原文如此。应为"1910 年 7 月 4 日[6 月 21 日]"——译者。

　　看来,日本政府对问题的意见自那里起已有若干变化。虽然直隶省以北的内蒙古现状并无任何变化,但日本政府竟然宣称:该地区已全部列入日本政府之特殊利益范围,并预见到,为消除同俄国发生误解之一切原因,有必要划定该范围之界线。

　　从俄国利益观之,连接库伦、张家口、北京与天津之道路所经过之地是内蒙古最重要之地方。俄国商队由此路通过;俄国亦沿此路与中国内地通邮。为俄国陆路贸易而开放的、供俄国臣民居住的张家口城正好位于此路穿过长城的地点。在此种情况下,帝国政府不能承认日本在提交的草案中所指定之范围内享有特殊利益,亦不能放弃根据俄中条约俄国在最重要之地点应占有之地位。

　　迄今为止,帝国政府在长城以北之内蒙古并未进行任何政治活动。帝国政府满足于此等地区之现状,仅限于保护俄国在当地之贸易。然而,既然日本政府认为,俄日两国在内蒙古划分势力范围之时机已到,帝国政府认为必须坚持:此次划分势力范围,应按两国政府自中国目前危机开始以来在对华政策中所坚持之思想,即两国平行行动之思想进行。俄国政府诚心满足日本政府之愿望,不反对日本在满洲范围内,向对南满铁路有天然依赖性之内蒙古部分地区扩展。但这样一来,日本范围便与直隶省连接了。在此种情况下,根据上述平行原则,俄国范围亦扩展到中国首都所在之直隶省界。

　　近两个世纪以来,俄国在直隶省保有最重要的实际利益。而日本草案封锁了俄国进入该省的任何通道。该草案还最终将把俄国同样关注的(如果不说更关注的话)内蒙古部分地区划入日本范围。因此,帝国政府认为,该草案如不按上述意见加以修改,便不能达到协调两国政府见解之目的。

　　同意。

1912 年 2 月 20 日[7 日]于皇村①

---

　　①　系沙皇的批示——译者。

本野致内田电

1912 年 2 月 22 日

第 37 号。绝密

2 月 20 日,本职往访俄国外务大臣,该大臣亲手交来长篇备忘录一件,其内容,就帝国政府关于在内蒙古划分势力范围问题所提方案陈述俄国政府意见。待本职通读一遍后,该大臣又附加说明如下:关于清国问题,俄国政府早已屡次言明,愿与日本国政府充分协商,采取协同政策,尽可能调和俄日两国利益,以免将来在两国间发生任何误解,故对两国在满洲及蒙古划定势力范围问题一向不持异议。但对此次阁下所提协约方案,俄国政府在提出相对方案之前,尚有几点应请贵国政府稍加说明,俄国政府亦愿就若干问题陈明所见。第一点,阁下此次所提协约方案中,仅仅提到 1907 年秘密协约中关于分界线之规定,而对于 1910 年之协约,则只字未曾提及。不知日本国政府是否认为今后在此次协约中行将规定之分界线以内采取行动时,仅以 1907 年协约为依据? 抑或对于 1910 年协约,尤其是该秘密协约第三条规定①之涵义亦有遵循之意? 此间情况究竟如何,为求慎重,应请确切说明。第二点,在 1907 年两国协约谈判期间,俄国政府曾经表明过要将蒙古全域保留在自国势力范围以内的意向,当时日本国政府作为获得在韩国自由行动的交换条件,已经承认俄国在外蒙古可以自由行动;对于内蒙古,则仅认为应与清国其它部分同等看待,并未曾向俄国政府表明日本国曾在内蒙古方面享有何种特殊利益。但据此次所提协约草案观之,日本国政府的意见已有若干改变,似乎打算进一步将内蒙古之一部分纳入其本国势力范围之内。鉴于日本国已在南满洲享有特殊利益,进而又

---

① 查 1910 年第二次《日俄协约》,共分前后两大部分:其前一部分,似系通则性质,共分三条,并未附加"秘密"字样;其后一部分,则定名为《秘密协约》,共六条,其第三条条文为:"两国约定,对于缔约国双方之任何一方,将来在前记地域界限内进一步确保或增进其特殊利益时,他方不加任何妨害。"(见《日本外交年表并主要文书》上卷,第 337 页)——原编译者

想将其势力范围扩展到内蒙古之一部,俄国政府虽不愿表示异议,但如向俄国数百年来早已享有特殊利益之方面扩张其势力范围,则不免令人万难同意。俄国政府从维护本国利益之立场考虑,内蒙古全域,惟有天津——北京——张家口——库伦一线沿路地区至为重要,其它任何部分均不能与此地带相比拟。如果按照日本国政府此次所提方案划定分界线,无异于迫使俄国放弃其以往根据条约而对清国所享有之地位,此乃俄国政府无论如何不能同意之原因所在。迄今为止,俄国在内蒙古极力避免从政治方面采取行动,仅止于在贸易方面保护自国利益。如果日本国政府认为俄日两国在内蒙古划定势力范围之时机业已到来,俄国政府当然不持任何异议。关于此次清国事变,俄日两国向来所采取之政策在于谋求两国在各自势力范围内保持行动上之均衡。既如此,两国政府在内蒙古划定分界线时,亦应根据同一原则进行商定。二十年来,直隶省对于俄国具有最重大之利害关系,若按日本国政府此次提案划界,俄国今后即不得向该方面接触。如此做法,实为上述原则所不容,不免令人遗憾。既然日本国已经从内蒙古方面直接向直隶省方面接触,则在划定两国势力范围时,就必须使俄国亦能直接向该方面接触,方为适宜。此点,对于俄国说来,至关重要。对此,日本国政府如不表示同意,俄国政府即无法对日本国此次提案提出修正方案。以上两点,亟盼尽速得知日本国政府意向所在,等等。

对该大臣以上所述各点,本职已按下列意趣予以回答:

第一点,帝国政府此次提案之所以单纯引用 1907 年协约,乃因日俄两国在满洲之势力范围,系以该协约为依据而划定双方分界线,别无它意。至于日俄两国在各自势力范围内之行动程度问题,则因 1910 年协约已对 1907 年协约有所修正。因此,本使相信,日俄两国今后在此次协约所定各自势力范围内采取行动时,其程度,当然具有遵循 1907 年《秘密协约》第三条规定之涵义。此点,相信帝国政府亦必与本使意见一致。关于第二点,如不经过仔细研究,本使颇难陈述所见。帝国政府之所以建议按此次提案第二款划定两国势力范围分界线,乃系从内蒙古全域着眼而在日俄两国间进行最公正之划分,帝国政府确信俄国政府不致有何异议。不料在分界线划定方法上两国间竟然存在如此根本性分歧,本使深感遗憾。关于内蒙古问题,帝国政府既已希望根本杜绝日俄两国今后发生争论,故对贵大臣今日所提意见,帝国政府必能根据协调精神加以充分考虑,本使对此确信无疑。不管怎样,本问题既已发生,即须采取步骤进行磋商,以期尽快达成协议。本使相信,如此办理,最为必要。对于帝国政府此次提案,贵国方面有何难于同意之点,总望能提出符合于贵国愿望之修正方案,以便于两国政府根据双方提案考虑协调,谋求一致,不知阁下以为如何? 对于本职上述反问,该大臣答称:此次日本国政府提案中所述分界线,若就面积而言,似亦无何不可。但俄国所希望者并不在于土地面积之广狭,而在于其实际价值之大小。若按日本国提案划定分界线,则属于俄国势力范围地域,概系不毛之地,对于俄国毫无实际价值,而连结北京——库伦间交通要道沿线地域,对于俄国最为重要。故以此通道为界划分两国势力范围,俄国方面无论如何不能同意。此事已与总理大臣及陆军大臣经过商谈,并已向皇帝陛下奏明有案,俱与本大臣意见一致,故望日本国政府斟酌上述情况,给予令人满意之回答,云云。

谈话至此,本职认为继续辩论已无何益,遂即答称:贵大臣所述各点,本使必报请本国政府考虑,一有结果,必即奉答。言毕即行辞去。

根据俄国外务大臣今日谈话口气以及俄清两国以往之关系加以推察,本职认为:以连结北京——库伦间之通道为分界线,俄国政府万难同意。帝国政府既然希望此次谈判能够达成协议,即需做出相当让步,诚属事非得已。按本职浅见,既已开始谈判,若就此半途而废,甚为无趣,纵令做出若干让步,亦应力求尽快达成协议,方为得策。上述情况,务望阁下深加核夺,究应如何处理,极盼火速电示。

俄国政府备忘录,不仅篇幅冗长,且其要点已为外务大臣上述谈话所概括无遗,故不另行电禀,当于最近日内附邮呈阅。

附记：俄国政府备忘录①

关于延长南北满洲分界线以及划分内蒙古势力范围

问题，俄国政府对于日本国1月24日提案的回答②

日本帝国政府希望消除俄日两国将来在中国之利益地域问题上可能发生误解的一切原因，俄罗斯帝国政府对此表示完全同意。基于此种希望，帝国政府对于日本国大使馆交来之协约草案，已以最大的注意力加以考虑。考虑的结果，使俄罗斯帝国政府形成如下见解：

协约草案前文，系以延长1907年秘密协约附加条款所定之分界线，并进而在满洲及内蒙古划定俄日两国特殊利益地域为目的。然而1907年协约并未规定两国特殊利益地域，仅就俄日双方互不要求〔清国〕出让关于铁路及电讯利权的地域做出规定③。直到1910年协约，方始使用"特殊利益"一词，相互承认两缔约国在1907年协约所定地域内享有确保或增进各自特殊利益的权利。因此，俄罗斯帝国政府深望明确知悉：日本帝国政府是否认为当前两国正在交涉中的协约草案之措词与1910年协约具有同一意义，尤其此次协约签订后，在协约所定地域内，俄日两国是否具有为确保或增进各自特殊利益而采取措施的权利。

---

① 此件为1月20日俄国外务大臣手交日本本野驻俄大使之备忘录——原注。

② 此件之原件系用法文写成，《日本外交文书》（第四十五卷，第一册）中只有日译件而无法文原件——原编译者。

③ 1907年日俄秘密协约第一条规定："日本国为顾念在满洲的政治、经济利益以及活动集中的自然趋势，并为避免在竞争中可能发生的争议，兹约定，在本协约附加条款中所定分界线以北之满洲地区内，不为本国、本国臣民或其它理由而要求〔清国〕出让任何关于铁路或电讯方面的权利，并对俄国政府在上述地域内所扶植之关于出让上述权利的要求，亦不加直接或间接之妨碍。俄国亦同样根据和平愿望，约定：在上述分界线以南之满洲地域内，不为本国、本国臣民或其它理由而要求〔清国〕出让任何关于铁路或电讯方面的权利，并对日本国政府在上述地域内所扶植之关于出让该项权利之要求，亦不加直接或间接之妨碍。"两处〔清国〕字样为译者所加（见《日本外交年表并主要文书》上卷，第280页）——原编译者。

在 1907 年协约签署前的谈判过程中,俄国政府认为有必要提请〔日本国政府〕注意:俄国在蒙古及清国西部享有以条约为根据的特殊利益——即根据条约规定,俄国在上述地区内的商业活动享有关税上的特殊待遇。当时日本国方面对于此等权利并未否认,而且曾经言明,日本国政府对于俄国在蒙古及中国西部的和平活动并无任何反对之意,亦无丝毫理由对于与日本国本身利益并无关系的问题加以干涉,从而确认了上述地区处于俄日两国利益可能接触的地域范围以外,同时没有任何理由可以预见到将来两国该地区内可能发生纠纷。

关于上述问题,日本国政府意见其后似已发生若干变化,这就是:尽管位于直隶省北部的内蒙古现状并无任何改变,而日本国政府竟然声明该地区已全部形成日本国的特殊利益地域,并且预见到为消除将来同俄国发生误解的一切原因而有必要在该地区划定界限。从俄国利益观点考虑,内蒙古全域,只有连结库伦——张家口——北京——天津的交通要道所经之地最为重要,俄国商队往来必经的是这条道路,俄国与清国内地的邮政、交通所赖以维持的也是这条道路;而且,在陆路上向俄国贸易开放的张家口市街即位于这条道路穿过长城的地点。如果俄国政府承认日本国在其所提协约草案中指定的分界线内享有特殊利益,势必造成这样的结果——即俄国必须放弃其同清国根据条约所享地位中之最重要的部分。

迄今为止,在长城以北的内蒙古,俄罗斯帝国政府极力避免从事任何政治活动,而是满足于该地现状,仅着力于保护俄国在该地区的贸易活动。然而日本国政府却认为俄日两国在该地区划分特殊利益地域的时机业已到来。既然如此,俄罗斯帝国政府认为有必要提出如下的主张:即此次划分,应以俄日两国自此次清国危机发生以来双方在对清政策上所持原则,尤其是两国行动对等的原则为基础。对于日本帝国政府的希望,俄罗斯帝国政府具有坦率响应的意愿。因此,对于日本国将其在满洲的特殊利益地域向内蒙古境内将来可能自然趋向于南满洲铁路的部分扩展，并不持何异议，但其结果，必使日本地域逐渐向直隶省境界方面接触。因此，俄国方面亦有必要根据上述行动对等原则而将本国地域扩张到清国首都所在地之直隶省境界为止。

日本国所提协约草案，对于俄国来说，实际上切断了俄国向两个世纪以来即保有最重要利益的直隶省方面联接的途径。其结果，将使内蒙古境内俄国与日本国至少应享有同等程度之利害关系的部分，编入日本国的势力范围。

基于上述情况，俄罗斯帝国政府认为：日本国所提协约草案如不按上述旨趣加以修改，即不能达到协调两国见解的目的。

《日本外交文书选译——关于辛亥革命》，第159—165页

本野复内田电

1912 年 3 月 20 日

第68号。绝密

尊电第69号敬悉。

关于内蒙古分界线问题，俄国政府究竟有何腹案，虽尚难于判明，但日前柯萨科夫①曾向小田透露：渠拟向外务大臣建议以通过北京之经度为分界线。依此推测，俄国政府对于我方此次所拟之新分界线，仍难免继续提出异议。但本职认为不论将来结果如何，暂时不妨作为我方之修正方案提出交涉。

至于阁下所问帝国政府之诺言问题，根据本馆所存记录，可以认定俄国政府备忘录中所述情况属实。

此外，依本职浅见，此项交涉刻下以暂缓进行较为有利。附此禀闻，以供参考。

---

① 柯萨科夫（其俄文原文为 Г. А. Козаков，现在通常译作科扎科夫），时任俄国外交部远东司司长，为当时俄国对华政策主要策划人之一。

日本国政府对俄国政府关于在满洲、蒙古划定两国特殊利益地域问题所提备忘录的复文（草案）①

1912 年 4 月 2 日

以日俄两国在西部满洲及内蒙古划定双方特殊利益地域范围为目的，日本国驻圣彼得堡大使曾向俄国外务大臣建议双方签订秘密协约，并已提出秘密协约草案。对此，俄罗斯帝国政府已交来备忘录陈明见解。日本帝国政府已经根据互谅互让精神，对于俄国政府在备忘录中所述意见进行了周密的考虑。

关于俄国政府在备忘录中所述第一点意见，日本帝国政府在此宣明：对于本野男爵本年 2 月 20 日向沙查诺夫阁下所述各点意见予以确认；并言明，1910 年日俄秘密协约所订各条款对于此次在满洲新划定的地域充分适用。帝国政府已经预想到此种结果必因此次特殊利益地域之扩张而自然发生。因此，如果俄国政府认为以明文将此点写进此次协约草案是必要的和有益的，帝国政府并不持任何异议。

关于内蒙古问题，帝国政府愿意在此确实言明：帝国政府在协约草案中提出现已引起疑虑的分界线时，丝毫无意于妨害现时库伦——张家口间通商要道之自由与安全，或者损伤俄国根据条约所享有的权利。内蒙古完全不包括在 1907 年及 1910 年两次协约所定范围之内，此乃确属事实。根据上述两次协约，内蒙古与日俄两国任何一方的利益地域全然无关，而与中国其它部分完全处于同等地位。就上述两次协约所订事项而言，帝国政府认为：内蒙古实际上处于日本利益地域与俄国利益地域互相接触的部位而形成一个中立地带。

然而随同自然发展趋势与地理位置的相互接近，最近以来日本国已在东部内蒙古获得特殊的权利、利益，致使今日之内蒙古已成为日俄两国利益相互接触的地域。情况既已如此，帝国政府经常热切希望讲

---

① 此件原系：1912 年 4 月 2 日内田外务大臣致本野驻俄大使号外绝密函之附件。原函言明："此案正在研究中，尚未成为最后定案。"

求适当方法,以消除两国间一切可能发生误解的根源,并认为当前是两国政府为解决此问题而签订协约的良好时机,从而提出此次协约草案,将内蒙古划分为二,并含有双方在此次划定的两部分内共同适用 1907年秘密协约第三条规定①的旨趣。帝国政府希望,日俄两国以指导1907 年及 1910 年两次协约谈判的利益均等原则为基础进行商谈,并将此次商谈局限于西部满洲及内蒙古范围以内。经过上述说明,俄罗斯帝国政府如仍认为我方提议之内蒙古分界线对于俄国商路有害或违反利益均等原则,则日本帝国政府为避免发生日本利益地域侵害上述俄国商路之嫌,愿意另行提议将内蒙古分界线设定于上述通商要路以东之地。经过如此变更以后,那些认为此次分界线之划定,与日俄两国在有关地域内各自开展活动或增进特殊利益时一向确实遵守的利益均等原则相背谬之类的看法,以及由此类看法所产生的各种非难,必将为之消除。

帝国政府认为,不论为照应目前形势或适应未来的局势演变,划定此次商谈中的分界线,均属必要。因此,帝国政府希望,俄国政府在对日本国政府此次所提修正方案表示同意时,将不会感到丝毫困难。

(原注:此件原件用英文写成,毁于战火,现仅存日译稿本,附记于此。)

《日本外交文书选译——关于辛亥革命》,第 166—168 页

内田致本野函

1912 年 4 月 2 日

绝密号外

---

① 1907 年第一次日俄秘密协约第三条规定:"日本帝国政府承认俄罗斯帝国在外蒙古享有特殊利益,并约定对此种特殊利益不加任何损害或干涉。"(见《日本外交年表并主要文书》上卷第 281 页)——原编译者。

送交关于日俄在满蒙划定特殊利益范围
事答复俄国备忘录之草案

俄国政府关于延长南北满洲分界线及在内蒙古划定特殊利益范围问题的备忘录抄件,今年2月21日,以机密第5号函送达,现已阅悉。另纸所示内容暂作为帝国政府的对案,目前仍在考虑当中,俟确定后,随即电告,此前望作为未定案予以审阅。

另外,如往电第69号所述,鉴于俄国政府的意见,帝国政府希望提议以东部四盟和西部二盟之分界线作为内蒙古新的分界线。经查阅地图,这条分界线似乎不那么明晰。据地图所示,该分界线位于库伦至张家口大道以西,因此,即便向俄国政府提议以此线为内蒙古分界线,但得到同意的希望不大。在另纸对案中建议,推迟提出以此分界线作为新的分界线。不过一旦发现该分界线位于库伦至张家口大道以东的确凿证据,则希望尽量提议以该线为分界线。此时对另纸对案第五节中的内容以"帝国政府愿意把边界向东扩展到足够的长度,以形成一条符合内蒙古东部四盟和西部二盟之间现有分界线的路线。那条分界线被认为是成功划定了的,而且远离商队之路"①取代,直接接上"to prevent"。希领会上述旨意,利用合适的地图,查看上述分界线所在位置。经我方和您查阅,如不能发现上述分界线位于库伦至张家口大道以东的确凿证据,则应大体按照另纸所示内容答复俄国政府。

在上述情况下,帝国政府方面不会提出关于分界线的新提案,希望尽量让俄国政府提出。如尊电第68号所述,在此紧要关头,俄国政府或许提出以北京经线作为分界线的议案。本问题目前正在研究。另外,根据尊电第69号及第71号指示,该问题暂缓交涉。当然,尽快完成本问题的协商为上策。希我大使领会此意,认为再行交涉时机成熟时,来电告之,我方即刻就另纸对案发表最后意见。谨此电告。敬具。

---

① 引号内这段话原文用英文写成,中译文由陈开科译出——译者。

附记：关于日俄在满蒙划定特殊利益范围答复俄国备忘录之草案①

俄国政府就日本驻俄大使所提以在满洲西部及内蒙古划定日俄两国各自特殊利益范围为目的的秘密协约案，递交了备忘录。日本帝国政府本着互让精神，对备忘录所述见解已予以周密的考虑。

关于上述备忘录所述第一条意见，帝国政府已认可今年2月20日本野男爵向沙查诺夫所提看法，声明1910年秘密协约所作规定全部适用于在满洲划定的新势力范围。帝国政府认为，这是现有利益范围扩大的自然结果。因此，俄国政府认为将相关内容明文载入现在的草案是必要的，或有益的，对此，帝国政府不存在任何异议。

关于内蒙古问题，帝国政府想明确说明，提出草案所载已成当前问题焦点的分界线，毫无妨害库伦至张家口现有商路的自由及安全，或损害条约明文规定的俄国所享权利之意。事实上内蒙古问题完全在1907年及1910年两协约范围之外。只要关涉上述两个协约，内蒙古地方与日俄两国的利益范围无关，内蒙古和中国其他领土，地位完全相同。根据上述两个协约，内蒙古实属与日俄两国毗连的中立地带。

但因自然趋势和地域毗邻，最近日本在东部内蒙古获得了特殊权益，于是现在内蒙古已成为日俄两国利益相互接触的地域。事已至此，帝国政府迫切希望采取适当措施，彻底消除一切误解的根源。帝国政府认为现在是就此问题缔结协约的最佳时机。因此，帝国政府根据主导1907协约年及1910年协约的利益均等原则，希望目前的协商完全限定在满洲西部及内蒙古，兹提出了与1907年秘密协约第三条规定相适应的将内蒙古划分为东西两部分的草案。当然，俄国政府不顾上述说明，坚持认为我方所提内蒙古分界线有害于俄国商路，或违反利益均等原则，帝国政府为避免该交通线路划入日本势力范围，再次提议将分界线从上述商路再行东移。有人认为，此次划定分界线，日本无视日俄

---

① 另纸所示对案（英文）已烧失，故附日文对案。

两国真诚恪守的利益均等原则,在相关地域扩大了活动范围,增进了特殊利益,则上述变更足以消除由这种意见产生的诸多指责。

帝国政府认为,即使从当前形势观察,或考虑到时局发展,也有必要划定目前所考虑的分界线。希望俄国政府对日本修正案毫不犹豫地表示同意。

《日本外交文書》第四十五卷第一册,第69号文件

日本外务省致俄国外交大臣节略①

1912 年 4 月 7 日［20 日］②

绝密

日本驻圣彼得堡大使曾向俄国外交大臣递交一份旨在划分日俄两国在西满及内蒙古特殊利益范围的密约草案。为协调利益起见,日本帝国政府本着和解精神,对俄罗斯帝国政府备忘录中关于密约草案问题之意见作了认真研究。

为答复该备忘录提及的第一点,帝国政府迫切声明:确认本野男爵2 月 20 日［7 日］向沙查诺夫先生表示的看法;日本政府打算将 1910 年密约之各项规定充分运用于重新划分的满洲地区。帝国政府认为这是扩大现有范围之自然结果。因此,倘俄国政府认为有必要或愿意将有关该问题之一项特别规定列入现有方案,则目前帝国政府无任何异议。

至于内蒙古问题,帝国政府希望俄国政府相信,帝国政府在提出目前正在研究之方案中所规定之界线时,并不打算或希望对库伦——张家口现有商道之通商自由与安全,或条约所规定之俄国各项权利带来任何损害。的确,整个内蒙古处于 1907 年协约及 1910 年协约所规定有效范围之外,根据此等协约,该地区与不涉及俄日两国势力范围之中

---

① 本节略原件用英文写成,其中译文据俄译文译出——译者。

② 该节略未注明日期,此件与 4 月 20 日［7 日］备忘录已由日本驻圣彼得堡大使一并交与外交大臣。

国其他地区处于同等地位。从上述协约观之,内蒙古确系使日俄两国范围保持若干距离之中立地带。

但由于本来倾向及相互毗邻,近年来日本在内蒙古东部地区已获得特殊权利和利益。因此,可以说,内蒙古已成为日俄两国利益相关之地区。鉴于此种情形,帝国政府一向力求采取适当措施,消除可能导致误解之一切原因,认为刻下最好就该问题签署一项协定。1907 年协约及 1910 年协约谈判过程中曾遵循利益均沾原则,根据该原则,帝国政府现在希望仅就西满及内蒙古问题进行磋商,故提出此等建议。按照此等建议,内蒙古应予划分,而且两个地区均可彼此利用 1907 年密约第 3 条规定。

尽管有上述情形,倘俄罗斯帝国政府依然认为:所提内蒙古分界线可能影响前已提及的商道并违背利益均沾原则,则帝国政府愿在该商道以东,足以防止日方对该交通线进行任何干扰之地方划界。此外,按原方案划界,两个利害攸关之国家在上述地区开展活动及发展各自特殊利益时认真遵守之特权均沾原则可能被忽视;按上述修改方案划界,因上述情形而产生之种种不同意见将会得到满足。

按照帝国政府之意见,鉴于目前形势,为应付事态发展进程,确定目前可行之界线。因此,帝国政府希望俄罗斯帝国政府对接受日本修改之建议不会遇到困难。

《中国边疆史地研究》1996 年第 2 期

俄国外交部致本野备忘录

1912 年 4 月 18 日[5 月 1 日]

第 390 号。绝密

俄罗斯帝国政府对日本大使馆 4 月 20 日[7 日]转告的有关密约草案之意见,已作悉心研究。俄国政府十分满意地获悉,该文件业已表示:日本政府愿在内蒙古划一分界线,将张家口至库伦大道划在日本范围以外,并愿考虑俄国关于以平等原则作为在该区划分势力范围基础之愿望。

俄国政府曾在 1912 年 2 月 20 日[7 日]备忘录中指出,按俄国政府之意见,运用上述原则在内蒙古划分势力范围,其结果必将在直隶省以及在位于该省内的中国首都为俄日两国造成同样有利之地位。根据此种观点,俄国政府认为,沿北京经线所划分界线最符合上述平等原则及两国合法利益和要求,如此划界,则内蒙古对南满铁路有依赖的整个地区将划入日本范围;而张家口与库伦间各条道路将划入俄国范围。诚然,如此划界以后,俄国商队所经由张家口和多伦诺尔通往外贝加尔的道路将划入日本范围。然而,为表明自己的和解态度,俄国政府将不坚持本国之特殊利益范围向分界线以东扩展。

日本政府在 4 月 20 日[7 日]备忘录中表示,1910 年 7 月 4 日[6 月 21 日]通过的关于满洲的政治协约各项规定将适用于俄日两国在内蒙古之范围。俄国政府因此提出一项意见:在协约草案开头部分应指明,本协约预定用以补充和明确 1907 年及 1910 年两协约之各项规定。因为两国政府对互相承认的在当地的权利及利益之性质问题已取得一致意见。

在签署 1907 年政治协约前的谈判中,俄国政府曾认为应向日本政府指出,在与俄国交界之中国西部地区俄国享有特殊利益。自那时起,俄国在中国西部利益问题之意义只会越来越大。由于中国爆发总危机,最近在当地也发生了事件,这些事件迫使俄国政府声明:为保卫此等利益,俄国保留采取任何必要措施之自由。俄国政府认为,为消除可能导致今后发生误解之任何原因,在协约草案中写明日本承认中国西部地区是俄国享有特殊利益之范围是有益的。

帝国外交部谨向日本大使馆递交一份根据上述意见修改的密约草案。

俄国政府希望,日本政府对赞成该修改草案不会有异议。

同意。

1912 年 5 月 5 日[4 月 2 日]于里瓦几亚

附件:密约草案①

为明确和补充 1907 年 7 月 30 日[17 日]及 1910 年 7 月 4 日[6 月 21 日]政治协约各项规定,以免两国在满蒙特殊利益方面发生任何误解,俄罗斯帝国政府和日本帝国政府决定延长上述 1907 年 7 月 30 日[17 日]协约补充条款所定之分界线,并议定下列各款:

一

从托罗河与东经 122°线之交点起,上述分界线沿乌珑楚尔河及木什匣河行至木什匣河与哈尔达苏台河之分水岭,从此沿黑龙江省与内蒙古之分界线行至内外蒙古之境界终点为止。

二

内蒙古分为两部分:北京经线(东经 116°27′)以东之部及以西之部。

俄罗斯帝国政府保证承认并尊重日本在内蒙古上述经线以东之部享有之特殊利益;日本帝国政府保证承认并尊重俄国在内蒙古上述经线以西之部及该区境外之中国领土上享有之特殊利益。

三

两缔约国对本约须严守秘密。

下列署名人员各受本国政府委任,签字盖印于本约,以昭信守。

同意。

1912 年 5 月 5 日[4 月 22 日]于里瓦几亚

《中国边疆史地研究》1996 年第 2 期

本野致内田第 111 号电

日本国政府反对在协约条文中写明俄国对中国西部
享有特殊利益的不署名备忘录(草稿)

俄罗斯帝国政府在秘密协约第二条末段插入"其以远之中国领

---

① 系原件标题。

土"一语,表露出希望借此取得日本帝国政府承认其在西部中国享有特殊权利及利益之意。日本帝国政府认为,此次商谈之协约,其适用范围应限定于满洲及内蒙古两地区。倘若俄国政府坚欲维持上述条文,则日本帝国政府亦不得不提出日本在中国其它地区如福建省等地所享有之权利及利益,要求俄国政府予以承认。如此结果,即等于在时机尚未到来之前开始商谈中国全面问题,而日本帝国政府则认为目前还不是讨论此等问题之时机。基于此种见地,日本帝国政府希望俄罗斯帝国政府不要固执于维持上述条文。

《日本外交文书选译——关于辛亥革命》,第 174—175 页

内田致本野电
1912 年 5 月 24 日

第 111 号。

回电指示关于俄国在中国西部特殊
利益规定表示反对的日本口头对案

尊电第 110 号敬悉。

可以提出口头对案。但考虑到对方备忘录的文字,希望删除尊电第 111 号开头的文字"权利与"(les droits et),在"中国西部"(l'ouest chinois)①之下,追加"边境的"(limitrophe)的文字。另外,希望删除后段中的文字"过早的"(prématurément),在"中国问题"(la question chinoise)之下的及"帝国政府"(et le Gouvernement Impérial)以下至"一个同样的问题"(une pareille question),改为"这是帝国政府所未预见之点"(qui n'est point prévue par le Gouvernement Impérial)后再提出。对俄国对案的修正意见,讨论之后从速电告。

《日本外交文書》第四十五卷第一册,第 78 号文件

---

①　该文件中的法文,由刘存宽译成中文——译者。

内田致本野电

1912 年 5 月 29 日

第 115 号。

日方关于俄国在满蒙划定日俄特殊利益范围的协约对案的意见

5 月 3 日尊函机密第 15 号敬悉。帝国政府对俄国对案的意见如下：

（一）根据 1910 年的秘密条约的先例，序文中的"政治协约"改为"秘密协约"。另外，在"商妥"之前，插入我原案中的"并确定他们的特殊利益范围"（原案中无 spéciaux 一字）。以上插入与条约内容一致，具有使序文意义更加明了之效果。

（二）在第一条中，保留对方删除的文字，会使意义更加明确，因此尽量予以保留。

（三）同意第二条以通过北京的经线为分界线，本条末尾的"在该地区那边的中国领土"，已交涉结束，当然予以删除。

（四）关于第三条，根据尊电第 24 号，我方提案与 1910 年秘密协约第六条相同，但俄国对案末尾脱落了"高级缔约双方"[①]的文字。如若以上脱字别无他意，希按上次协约，加上脱漏的文字。

（五）使 1910 年秘密协约之规定适用于在内蒙古的各特殊利益范围，按本电所述我方意见修改序文时，无需作出明文规定，对此完全不存异议。

希望按上述意见与对方进行交涉。另外，当协约案臻于成熟时，按上次协约的先例，签署之前有必要将其内部通告英法两国政府。内部通告的方法，当电训与对方措施。谨此电告。

《日本外交文书》第四十五卷第一册，第 79 号文件

---

① 该文件中双引号" "的中文，由刘存宽据法文译出——译者。

沙查诺夫上沙皇尼古拉二世奏
1912年5月22日[6月4日]

我认为应随4月22日[5月5日]在里瓦几亚所呈奏折,将俄日两国在内蒙古划分俄日两国势力范围之俄日政府密约草案附呈御览。该草案与东京内阁就此问题所提建议之主要区别有二:

一、我们曾提议不以库伦——张家口驿道,而以北京经线作为俄日两国在内蒙古势力范围之分界线;

二、我们曾表示希望日本政府顺便答应承认俄国在内蒙古以西之中国西部地区之特殊利益。

我曾就后一个问题同日本大使进行一系列会谈。本野男爵告诉我,不能把承认俄国在中国西部地区的利益一事同目前进行之磋商联系起来,因为日本不可能由于此种承认而得到同等利益。据他说,日本政府无意干预我国同中国在伊宁、塔城及喀什噶尔之关系。不过,倘若日本政府能预先得到承认中国福建省为日本利益范围,则日本政府可以承认上述地方为俄国利益范围。我说帝国政府在承认方面当然不会遇到障碍,因为俄国极少关心与台湾岛相对的大陆福建省。大使说,日本须通知英国政府,英国是日本的盟国,两国签有协约。而英国对中国本部领土抱有只许自己独占,而不许他人染指的态度,故不会赞同其盟国就在中国本部划分势力范围一事缔结国际协约。

我同日本大使会谈的结果,是经日本政府许可向我递交了那份附呈御览的备忘录。内中提到俄国在西部地区之特殊利益,密约本文并未提及此点。原因是不可能同时提到日本在福建省之特殊利益。斗胆奏陈,在目前情势下,日本政府这项声明可能使人感到满意,因为它符合我们所提保持在中国西部地区行动自由之宗旨,倘若那里需要采取措施捍卫我国利益的话。

至于划分俄日两国在内蒙古利益范围之界线,日本政府在该问题方面已完全迎合我国愿望,并同意以北京经线作为分界线。因此,我们使上述分界线向东移了两个经度,这是使皇帝陛下感到满意的日本人最大限度之让步。

在奏陈上述情况之同时,斗胆将本野男爵与我最后商定之俄日密约草案①随奏折恭呈御览,并恳请陛下批复,以便签订上述密约。

　　　　　　　　　　　　　　　　　　沙查诺夫

同意。

　　　　　　　　　1912 年 6 月 7 日[5 月 25 日]于里瓦几亚

内田致本野函
1912 年 6 月 20 日

机密

　　指示就日俄协约签署前内部通告英法政府与俄国政府协商
关于日俄协约

关于本问题,尊电第 124 号业已指出,我们计划,俟俄国政府对我方修正意见作出明确答复,协约文案成熟后,按既定方针,承袭前例,与俄国政府商议在新协约签署前内部通告英法政府事宜。但尚未接到对方对我方修正意见作出公开答复的信息。因此,关于内部通告时如何说明,我方将按另纸所示作出内部决定。预想按新协约成熟的议案达成一致意见,兹将关于协约旨趣的书面说明寄送我大使。当协约最终确定下来,接到我大使电告后,本大臣将进一步发出电令。因此,希按另纸所示与俄国政府协商。即内部通告新协约时,帝国政府的意见是:大体和内部通告上次协约时的旨趣相同,按另纸甲号向英国政府说明;向法国政府说明时,希将另纸甲号末端符号※以下的文字改为另纸乙号的文字。我大使接到本大臣电令后向俄国政府明确提出:按照先例,帝国政府认为,新条约签署之前,日俄两国各自内部通告英法政府较为

---

　　①　在随奏折附呈的密约草案上,有尼古拉二世的批示:"同意。"并注明 1912 年 5 月 25 日[6 月 7 日]于里瓦几亚。密约草案与 6 月 25 日[7 月 8 日]所签密约本文一致。

妥当,帝国政府希望按另纸甲号的旨趣向英国政府作出说明。对法国政府的说明,希告知只对末端文字作必要的变更,并就主旨完成协商。既然基本宗旨一致,俄国政府给英法各政府的书面说明,无需和帝国政府相同。希领会上述意思,接到电令后速完成协商,并回电告知。另外,对方给英法的书面说明决定后,希望得到该书面说明,并电告我处。另外,至于内部通告的日期,日俄无需同日,但日期以尽量靠近为宜。协商时希望按此意商定大致的日期,并电告。关于签署协约的日期,上述内部通告结束后,本大臣将另行电训,此前延缓签署。

另外,用于内部通告的书面说明协商结束后,我大使馆速将新协约抄件及上述书面说明转发驻法及驻英各大使。关于另纸书面说明,希我大使馆事先准备好,将送交英法政府的部分,分别译成密码,必要时可迅速和新条约一并电告上述大使馆。或根据情况,向上述各使馆打电报商议后,由我大使馆派遣特使迅速送达。

关于本问题,必要时,当由我处电令驻英及驻法各大使。为慎重计,特此附闻。

希收到本函后迅速电告。

(注:另纸甲号和乙号原档无存,仅有甲号译文存档,故作为附件载于此。)

附件:日俄协约签署前内部通告英国政府之信函译文(绝密)

小村秘书译

阿部局长阅

1907年7月30日签署的日俄密约附加条款所定日俄两国在满洲的势力范围的分界线,止于洮儿河和本初子午线东经一百二十二度之交叉点。此交叉点以西地区不在当时的协约范围之内。另外,根据上述秘密协约第三条,虽承认俄国在外蒙古之特殊利益,但应注意的是,并未就日俄两国在一面与满洲毗连,另一面与外蒙古接壤的内蒙古地区,相互承认彼此之利益作出任何规定。

考虑到上述事实,并鉴于两国利益相互接触的内蒙古地区政治经济趋势(虽现行条约对该地区未作任何规定),近来,两国政府就完成各自在该地区的利益范围的协商,防止产生疑惧和误解,确保两帝国间彻底安宁和相互信赖,以推进远东和平愈加巩固,一直在交换意见。

鉴于日本国政府及俄国政府履行 1907 年 7 月 30 日及 1910 年 7 月 4 日所签协约以来取得的良好结果,补充这些协约内容,即为了实现两国政府关于该问题的愿望,在此点上两国政府意见一致。

所幸者,两国政府已就此问题达成协议,拟定了在该地区划定各自利益范围的新秘密协约。和先前的协约一样,新协约之目的是为了补充先前的协约,巩固两缔约国间的睦邻关系,进而有助于确保全局的和平与安宁。

帝国政府确信,与先前的协约和 1905 年所签日英协约之间的关系一样,新协约不含有危害 1911 年日英协约宗旨的任何事项。考虑到日英同盟国间最为友好的情谊,并承袭先例,当帝国政府将新协约案内部通告英国政府时,坚信英国政府会承认本协约会进一步保障世界永久安宁和稳定。

《日本外交文书》第四十五卷第一册,第 82 号文件

俄日协约①②

1912 年 6 月 25 日[7 月 8 日]

俄罗斯帝国政府与日本国政府,为确定并补充两国于 1907 年 7 月 30 日[17 日]及 1910 年 7 月 4 日[6 月 21 日]所订密约之条款,以消除双方在满洲及蒙古各自特殊利益方面可能发生误解之一切原因,决定延长上述 1907 年 7 月 30 日[17 日]协约补充条款所定分界线,并在内蒙古划定双方特殊利益范围,兹商订各款如下:

第一条

上述分界线,从托罗河与东经 122° 之交会处起,沿乌珑楚尔河及

---

① 原件用法文写成,本协约中译文据俄译文转译——译者。

② 系原标题。载 *Сборник договор и документов по истории международных отношений на Дальнем Востоке*,Москва,1927г,стр180。

木什匣河行至木什匣河与哈尔达苏台河之分水岭，从此沿黑龙江省与内蒙古之分界线行至内外蒙古之境界线终端止。

第二条

内蒙古分为两部分：北京经线（东经116°27′）以东之部及以西之部。

俄罗斯帝国政府承认并尊重日本在内蒙古上述经线以东之部所享特殊利益；而日本帝国政府承认并尊重俄国在内蒙古上述经线以西之部所享特殊利益。

第三条

两缔约国对本约须严守秘密。

下列署名人员各受本国政府委任，签字盖印于本约，以昭信守。

俄历1912年6月25日［公历7月8日］，即明治四十五年7月8日订于圣彼得堡①。

沙查诺夫

本野一郎

《中国边疆史地研究》1996年第2期

4. 第四次日俄密约

马列夫斯基致沙查诺夫紧急报告②
1915年7月2日［15日］

第51号。机密

谢尔盖·德米特里耶维奇先生阁下：

---

① 马列夫斯基于7月22日［9日］以第142号电向尼拉托夫报称："日本报界一直在报道俄日两国于〔公历〕7月8日签署了关于蒙古的秘密补充协约的消息。东京外务省的驳斥并不坚决，使人有理由认为上述消息是可靠的。某些报纸赋予新协约防御进攻同盟的意义。看来消息是来自《泰晤士报》驻彼得堡记者的电讯。"

② 载 *Константинополь и Проливы*, 1, стр. 384, No. 198（《君士坦丁堡与海峡》第1辑，第384页，第198号文件。

　　后藤男爵①业将元老会议讨论缔结俄日同盟的情况秘密通报给我，我认为应以 7 月 5 日［6 月 22 日］第 213 号电②将秘密通报的要点报告阁下。

　　尊敬的阁下从我的历次报告中业已知悉，近几个月来日本报界从未停止对该问题的讨论，并且非常赞成结盟。6 月份，即在日本四元老东京会议召开之前，对俄日结盟的议论已沸沸扬扬。据传，元老们打算立刻解决这一问题，尽管这与日本外交部门首脑的意见相左。反对派报刊指责日本外交部门过于迷恋于俄日同盟，且不想搞清楚 1902—1905 年协定为什么现已毫无意义。报界并未说加藤男爵③反对俄日同盟，但说他坚持要把新的同盟问题留待战后确实查明各交战国的政治情况时再议。但这一计划未得到日本社会舆论的同情，从中可以看出英国对日本外交的间接影响，鉴于我们离开加里西亚以后给这里留下一种印象：我们准备与德国单独媾和，并可轻易将其变成同盟条约。害怕德国进行报复的心理对此间的情绪产生了明显的影响。

　　秘密来访的后藤男爵向我通报了以下情况：山县公爵④和井上侯爵⑤这些元老对日本外交政策的施行及日本外交的首脑不满。他们所担心者，日本外交不关心保障日本日后的地位。他们早就坚持实现已故伊藤公爵期望俄日结盟并把俄日同盟视为远东和平之保证的思想。

---

　　①　指后藤新平：1906 年至 1908 年任南满铁路总裁；1908 年至 1911 年、1912 年至 1913 年 2 月任日本通产省大臣；在第三届桂太郎内阁内任内政和外务大臣。

　　②　马列夫斯基以该电向沙查诺夫转述了后藤男爵"秘密通知"中的内容，并补充说："看来，同我们结盟的思想此间已完全成熟，但内务省对办理此事却犹豫不决。"

　　③　加藤男爵（1860—1926）：出身于尾张藩（今爱知县）。东京帝国大学法学部第一届毕业生。1887 年进入外务省工作；1894 年出任驻英公使，主张英日同盟；1906 年任第一次西园寺内阁外相；1913 年任第三次桂太郎内阁外相；1914 年任第二次大隈内阁外相，向中国提出"二十一条要求"——译者。

　　④　山县有朋（1838—1922）：元帅、长州阀头目。曾两度组阁，日本军国主义的狂热推行者。时虽在野，但居元老地位，有隐然左右政局之权势。1909 年起任枢密院议长（元老）。

　　⑤　即井上胜之助（Иноуэ）：1906—1908 年曾任驻德国大使；1913 年 6 月至 1916 年期间任日本驻英国大使。

今年 1 月,格雷与井上在伦敦曾举行过会判,未取得任何结果。时光在流逝,政局在变化,良机可能已错过。因此,"元老们",主要是山县公爵和井上侯爵决定在会议上并在大偎伯爵与会的情况下讨论俄日同盟问题,并要求大隈将该问题提交内阁。后藤男爵还补充说,倘若内阁有不同意见,山县公爵打算掌管一切。

后藤男爵来访后的第二天,各报均发布消息说,对俄日结盟问题的讨论是由本野男爵致井上侯爵的信引起的。本野在信中指出,在目前对日本最有利的情势下,可利用目前情势同需要武器的俄国达成协议。当时各报还援引了俄国报纸发表的欢迎日本的友好情谊和日本准备与俄国结盟的文章。

谅尊敬的阁下从我的第 213 号电中已经得悉,我试图促使加藤男爵开诚布公地谈谈"元老"会议的情况,但没有成功。不过,随后我以日常事务为借口会见了外务次官,把他的话题引向了俄日结盟的传闻。

松井①首先概括地说,在这个问题上,同在中国抵制日货问题上一样,反对派正在寻找借口反对内阁的外交活动,尤其是反对为某些党派所不喜欢的加藤男爵本人。他还指出,日本报界不够了解外交政策问题,因此,对某些问题的论述常常是不完全正确的。据他说,因不知何故此间担心俄国企图与德国单独媾和,以便随后与德国结盟,报界才如此坚持对俄日同盟之必要性进行讨论。当然,他(松井)并不相信这些传闻,另一方面,他也注意到,俄国一些报纸指出俄国结盟的动机是期望把日本军队派往战场,如《俄罗斯言论报》说,可把日本陆战队派往达达尼尔海峡;其他报纸(松井说不出名字)暗示说,似乎可把日本陆战队派往高加索前线,甚至加里西亚。不过,由于有不可克服的困难和危险,无论如何日本政府决不会决心派兵参战。无论哪个方面切勿指望日本的这种援助,他个人认为,战争结束前制订任何新的政治计划都是不合时宜的。日本受到日英协约和日俄协约的约束,毫无疑问,日本

---

① 即松井庆四郎,日本外务次官。

是信守这些协约的,而经验表明,书面议定书其实可轻易变成"废纸"。

我对松井答称,我未接到任何训令就俄日结盟问题发表意见,我只能发表个人的意见,如果俄国报纸确实表示期望将日本军队派往俄国战场,而俄国报纸这种表示未必符合俄国政府的意图。

好像为了证实外务次官所言,近来报界在讨论俄日结盟问题时比较审慎,一些报纸载文说,战争期间俄日两国结盟具有片面性,不会给日本带来好处。一位叫新田增太郎的"法学博士"在前天的《大和新闻》上甚至谈到:"倘若日本感到需要缔结攻守同盟,则缔结德日同盟比缔结俄日同盟更好。"

致诚挚的敬意

马列夫斯基

МОЭИ, Сер. 3, Т. 8, No. 320

安达公使手记(一)[84]
1916 年 1 月 7 日

远东司司长科扎科夫与安达公使①谈话,
希望就日俄重要事件与寺内总督会谈

1 月 7 日,安达公使迎接大公殿下一行,自安东前往釜山途中,俄国远东司司长科扎科夫询问安达是否知晓关系到日俄两国未来命运的日俄协商事件,并说:"寺内伯爵是日本的元勋,无论在朝或在野,他的意见定为日本天皇所重视。因此,我热切希望寺内伯爵能充分了解俄国的想法。沙查诺夫尤重视该问题,特意派我辅佐殿下完成任务的同时,私下命令我就该问题与日本政治家充分交换意见。"

《日本外交文書》大正五年第一册,第 84 号文件

---

① 米哈伊洛维奇大公访日时,安达公使受命为陪同人员而前往安东迎接大公一行的;远东司司长科扎科夫是大公的随员。

安达公使手记（二）[85]

1916 年 1 月 10 日

俄国远东司司长科扎科夫就俄国外交大臣
希望缔结日俄协约一事发表谈话

1 月 10 日午后五时，当鹿岛号和敷岛号军舰在小豆岛海面临时停泊时，本公使在鹿岛拜访了俄国远东司司长科扎科夫。科氏虽感冒发烧而卧床，但忍受病痛商洽了诸事。他还问到，寺内伯爵是否对日俄之间的高层政策感兴趣，并谈及：

"欧洲大战爆发前夜，德皇前往列瓦尔海面访问了俄皇。二人在军舰上长谈数次。其主要话题之一就是日俄关系。德皇力劝俄皇要以日本为不可和解的仇敌，并发表极端言论称，俄国必须联合中国，排挤、打击日本。俄皇似有所动，其后一直关注德皇的对华行动，发现德皇频频说服袁世凯要以日俄两国为敌，中国欲图独立，惟有联合德国，牵制、排斥和打击日俄两国。德皇俨然采取与对付土耳其一样的作法，发现其用意实质上在于将中国变成德国的属国。俄皇为德皇言行不一而感到惊讶，最后拒绝了德皇的劝告。

其后不久，欧洲大战爆发，德国对中国的行动变本加厉。为此，俄国政府通过英国外相委婉地探询日本政府，日俄两国是否就中国问题缔结协议时，却丝毫不得要领。去年夏天，沙查诺夫直截了当地向本野男爵透露了俄国对该问题的意见，表达了在某种特定条件下两国缔结协约的愿望。但当时的日本外相加藤男爵认为大战结束之前应严格维持现状，因此，该问题未取得任何进展。

然而，现在德奥军队压向巴尔干，企图迫近君士坦丁堡，俄英法意四国作出内部决议，决定于四月采取全面攻势，击退德奥军队。俄国一方面防止君士坦丁堡落入德奥之手，另一方面威慑柏林方面，因此，可以说任务非常艰巨且困难重重。自开战以来，日本向俄国提供了物资和其他方面的援助，对此，俄国国民不胜感激。但由于四月份的总攻将决定大战的命运，因此，热切希望日本对总攻的准备工作给予加倍的援助。

如上所述，四月份发起总攻的日期已迫近。为了能专注于此事，俄国认为，与日本缔结某种协约，约束德国在中国的行动，解除后顾之忧，甚为紧要；而且相信对日本国也至关重要。因此，沙查诺夫此次特命我就该问题探询日本政治家的意见，期待能有幸达到目的。"

《日本外交文书》大正五年第一册，第85号文件

安达公使手记（三）[86]
1916年1月11日

俄国远东司司长科扎科夫就缔结日俄新
协约事与朝鲜总督寺内①伯爵举行会谈

1月11日，科扎科夫中途下车造访寺内伯爵寓所，与他会谈数刻钟②。此后据寺内伯爵和科扎科夫说，科扎科夫阐述：一、此前，当俄英法诸国试图把中国拉入协约国一方，挫败德国对中国毒辣行径时，日本国未表同意，对此俄国政府不能理解；二、由于日本率先劝告袁世凯暂缓恢复帝制，减少了对中国的同情，无意中使德国有机可乘，对此表示遗憾；三、不应过分苛待中国；四、现在适宜进一步推进目前的日俄协商，双方就重大利益交换意见，缔结一个新协约，且决不和日英同盟相抵触。

对此，寺内发表意见说，一、有必要牵制德国在中国的行动，但协约国采取过分请求中国的态度，会助长中国倨傲的心理，切不可如此；二、日本劝告袁世凯暂缓恢复帝制是失策，但通过今后的一些做法，并非不可改变袁世凯对日本的想法；三、完全有同感；四、推进日俄协商，不仅与日英同盟不相抵触，而且会产生有助于日英同盟的效果。

---

① 寺内正毅（1852—1919）：日本陆军元帅。日本吞并朝鲜后，任朝鲜总督，实行残暴统治。1916年10月至1918年9月，任日本第18任首相。

② 1月11日午后5时，俄国大公米哈伊洛维奇乘列车自神户前往东京，朝鲜总督寺内陪同大公也从安东前来。

　　科扎科夫发表意见说：新协约的基础，应包含将满洲铁路的一部分让与日本，日本国向俄国政府出售大战所需兵器及军需品等内容。

　　是日晚餐后，科扎科夫与安达会谈时，对上述诸点做了深入地说明，缔结新协约时，新协约应对日俄两国与东亚有关诸问题作出规定。首先，要明确规定日俄两国对中国的态度，相互间要给予外交上的援助。其次，日本国要相当充足地向俄国出售在欧战中所需兵器及军需品等。作为报偿，俄国将满洲铁路的一部分（在日本势力范围内的部分，即松花江以南部分）以出售名义出让给日本，出售价格要与日本所提供的军需品的价格相抵（当问及出售范围能否达到松花江以北哈尔滨附近时，既未回绝，也未作明确回答）。另外，还要解决关税等问题，该问题作为一条款，应写进协约。

《日本外交文書》大正五年第一册，第 86 号文件

安达公使手记(四)[87]
1916 年 1 月 13 日

俄国米哈伊洛维奇大公访问山县公爵并表示希望
日本援助俄国山县公爵访问纪（安达记录）

　　1 月 13 日，午后五时半，大公在目白①的官邸拜访了山县公爵。安达、白井少将、科扎科夫同行。

　　山县公爵到大门口迎接大公，把他请到会客室。大公殿下落座后，又站起，亲手将一枚嵌有钻石的圣亚历山大·涅夫斯基大勋章授予公爵，说：

　　"我现在奉我国皇帝陛下之特命，拜访阁下私邸，能以我国皇帝之名义将这枚高贵的特殊勋章亲手授予阁下，不胜欣喜和荣幸。该勋章代表着我国皇帝平时对阁下的尊敬和理解，并对阁下为我国尽心尽力表示谢意，希望阁下笑纳。"

---

　　①　东京都丰岛区地名——译者。

　　山县公爵接受勋章之后,对大公殿下来访表示感谢,并嘱托大公向俄皇陛下转达深深的谢意和诚挚的敬意。大公殿下愉快地接受这一请求后,大致转达了俄皇的如下口信:

　　"正如昨夜我对日本天皇陛下的祝酒辞表示答谢时所讲过的那样,前些年俄国受德国教唆,与日本发生过冲突。所幸的是,嗣后两国关系不仅恢复到昔日的状态,而且进一步在增强友好关系。前年夏天,突然爆发欧洲大战。由于德国从十几年前就开始秘密准备这场战争,战争意外地拖延下去,开战之初俄国拥有的四百万枝步枪不久便不能满足俄国的需要了。尽管俄国各工厂夜以继日地抓紧生产兵器和军需品(为养护机器,每天只停产两个小时),但甚感不能满足大战需要。日本国了解以上情况后,尽力向俄军提供兵器及军需品,对俄军的行动给予重大援助。对此,俄皇及其一般臣民不胜感谢。俄皇特命我向日本天皇陛下和阁下转达深深的谢意。俄皇热切希望日本将来一如既往地援助俄国,由衷地希望阁下对我们实现这一目标更加尽力,以迅速夺取协约国的最终胜利。"

　　山县元帅对俄皇口信的旨趣深表谢意,并称,有关兵器事宜,平时就已详细了解,将来会不遗余力,不过事先须向日本当局阐明。大公殿下深深理解了这一厚意。

《日本外交文书》大正五年第一册,第 87 号文件

科扎科夫与石井[①]的会谈[88]

1916 年 1 月 14 日

　　关于日俄结盟向日本政府转达沙查诺夫外相的意见

　　大正五年 1 月 14 日午前十时半,科扎科夫来访,其谈话要点如下。

---

　　① 石井菊次郎(1866—1945):日本大正、昭和时期的外交官。1890 年 8 月入外务省;1891 年 11 月赴任日本驻巴黎公使馆;1897 年任驻华公使;1915 年 10 月—1916 年 10 月期间任日本外务大臣。

科扎科夫："当我被任命为大公殿下随员离开俄京时,我的上司沙查诺夫指示我说,抵达东京后,向贵国要员,尤其是向阁下,转达他关于俄国远东政策的肺腑之言,尽量探知日本政府的意向并报告给他。

欧洲政治军事局势分成两大领域。引起国际关系发生纷争的欧洲事态现今突然影响到远东,俄国的远东战略毕竟不能背离欧洲战略。此次战争之后,东西两大世界之间会形成难以逾越的鸿沟。这一鸿沟短期内不会填平。对于有此种考虑的俄国而言,固然要与法国修好,今后也有必要与英国保持友好关系,另外日俄之间也有必要建立友好关系。对于英国来说,亦有必要与俄国保持友好关系,犹如日英之间保持友好关系那样。

过去,俄德两国皇帝在列瓦尔会晤时,德皇曾对外交大臣沙查诺夫说,欲使俄国的远东战略圆满成功,不如和中国结盟;俄德两国巩固中国的军事和财政,使中国针对日本,就能轻易地挫败日本,因此,援助中国,击退日本,是俄德两国共同利益之所在。

对此,沙查诺夫答称,确信俄国的远东战略在于维持和加强与日本的友好关系,我不能以陛下(德皇)所言奉劝我国皇帝。此次战争爆发以来,亚美尼亚的志愿团体访问柏林时,德国一名政务官员奉外交副大臣琴蔑尔曼(据日文音译。——译者)之命,对亚美尼亚人一行说,将来德奥和土耳其提携,抵抗协约国三国,尤其抵抗俄国,极为有利。另外,读其全文,能明显看出德国计划通过土耳其、波斯、印度和中国形成一个长条形地带,以此遏制俄国。

有迹象表明,德国欲染指中国,试图将中国变成第二个土耳其。以上只是列举了最为明显的几个实例。对德国这种深谋远虑的计划,日本自不必说,英俄法三国均应采取对抗策略。

相信日俄结盟,是最有效的对抗策略之一。俄国丝毫也不希望削弱现有的日英同盟,不仅如此,相信巩固日英同盟有利于日俄同盟牢不可破。因此,最近当感到日英同盟多少有些冷却之时,一方面由衷希望进一步密切日俄关系,另一方面切望日英同盟的基础更加巩固。日俄愈接近,俄国愈能解除后顾之忧,驰骋西欧。因而,对此,法英自当表示欢迎。日俄接近,没有必要向英法隐瞒。不仅如此,主动促使英法参加此协商不失为一种办法。

最近成为问题的中国事件(指参加协约国与德奥为敌),可以看作毕竟是预感日俄要接近后才产生的一种现象。因此,俄国外交大臣对日本政府不同意中国加入协约国极为失望。这是妨碍日俄接近的原因所在。

日俄接近时,俄国并不期待日本在目前的战争中出兵援助俄国。日本政府对把兵力投到遥远的欧洲旷野也犹豫不决,对此俄国表示十分理解。俄国所希望的是,如日本过去向俄国表达的深情厚谊,果断地供给俄国更充足的武器。日本政府慷慨地供给俄国所需武器,当然俄国在思想上已有准备,不会使日本的深情厚谊付诸东流。比如,去年提出供给武器问题时,俄国方面甚至有人在御前会议上提议应把长春以北至松花江的铁路出让,以酬谢日本的好意。

不过,此次俄国提出得到武器的要求,在程序上应由日本政府拟定和提出所希望的条件,而不应由俄方主动提出。总之,关于日俄提携、决定对华战略、提携的结果、表示谢意的手段,即贵国供应武器,俄国提供报酬,是相关的同一问题。"

以上是沙查诺夫口信的要点。

石井大臣:"我深深理解沙查诺夫阁下坦诚的口信,希望贵司长向沙查诺夫阁下转达本大臣对他的深深谢意。另外,贵司长动身回国之前,本大臣还想对沙查诺夫阁下充满深情厚谊的意见表白自己的肺腑之言,烦劳贵司长向沙查诺夫阁下转达我的口信。首先我想确认,俄国外交大臣阁下是否期望日俄接近,或打算让英国或英法两国也参加进来,形成三国或四国同盟。"

科扎科夫:"照沙查诺夫的意见,希望日英俄或日英俄法均接近,但我认为当务之急是日俄协商。"

石井大臣:"刚才您谈及的事项,如提供武器问题等,我本人很难做出决断,须与陆军大臣及其他同僚商议。关于其他问题,希望在深思熟虑之后,在贵司长出发之前,再次与贵司长会谈。"

科扎科夫:"当然,我的使命是向阁下转达沙查诺夫的意见,如果阁下想对此表达意见,我将转告我的上司。若有必要就该问题进行交涉,则应在本野男爵和沙查诺夫之间进行,这已超出我的使命。"

关于本问题的谈话,到此结束。

《日本外交文書》大正五年第一册,第 88 号文件

大正五年二月十四日内阁决定[90]
1916 年 2 月 14 日

关于向俄国提供武器、让与东清铁路南段
以及建立同盟关系等问题

第一,巩固日俄两国友好关系,促进两国接近,以维护东亚和平。

第二,日俄讲和条约①签订后,就满蒙问题接连缔结了三次协约,也是出于这一方针。欧洲大战爆发后,帝国政府向俄国提供了大量军需品,也与此项方针的趣旨相一致。在情况允许的范围内,今后继续坚持此项方针。

第三,何况俄国政府认识到日本帝国自开战以来表现出的深情厚意,有意将东清铁路支线出让给我们,向日本帝国表明实实在在酬谢的态度。鉴于国际关系的现状,帝国政府在不违反国防宗旨的前提下,努力满足俄国政府得到武器的愿望。

第四,在第三种情况下,俄国以适当价格让与长春至哈尔滨的一段铁路,而日本也以适当价格出售武器。

第五,如果日俄两国友好关系发展到这一程度,则应更进一步推进其发展,干脆在两国间建立同盟关系,以防战后俄国与德国等为侵略政

---

① 指日俄战后日俄两国于 1905 年 9 月 5 日,在美国朴次茅斯签订的和约,即《朴次茅斯和约》。

策所驱使的国家接近。

第六,建立第五项所述同盟关系基本上应根据下述准则:

甲,日俄两国为维护领土权利及特殊利益,根据需要,将以和平手段相互给予友好援助。

乙,日俄两国相互约定,两国中的任何一方不得加入对另一方抱有敌对目的和倾向的条约或协定。

丙,日俄两国相互约定:当中国在政治上受第三国控制,两国相互认为各自的主要利益受到侵害时,两国可随时就防止此种事态发生的方法进行协商;根据以上协商,当其中一方采取措施后不得不与第三国交战时,另一方应给予同盟国援助(包括军事援助)。

《日本外交文書》大正五年第一册,第90号文件

石井致本野电[91]
1916 年 2 月 14 日

第90号。

通报政府关于对俄提供武器以及缔结日俄新协约的方针

通过科扎科夫,了解到俄国外交大臣表明了两点意见:第一,关于军需品,俄国认识到帝国政府已尽到的好意。根据情况,俄国似乎有意将东清铁路支线让与日本。第二,似乎俄国已探知德国计划将触角伸至土耳其、波斯和中国一线,扼制俄国咽喉,对此感到恐惧。前电第56号发出后,帝国政府根据上述两点意见,并回顾俄国政府以往关于日俄两国接近的提议,考虑到日本帝国在战后的利益,决定如下:

第一,俄国表示以适当价格将长春至哈尔滨间的铁路让与日本,日本政府也通过大公殿下表示,关于提供武器问题,即便忍受国防方面的困难,也决心在一定程度上满足对方的希望。

第二,关于日俄两国将来的政策,不允许德国控制中国这样危害日俄两国利益及安全的事态发生。作为防止此种危险发生的基础,缔结秘密同盟协约和向外界表明两国特殊友好关系的公开协约的时机业已

成熟。拟于 2 月 15 日得到圣裁后,电告我大使。望届时了解详情。关于让与东清铁路支线一事,不要留下因我方提出请求对方才决心让与的印象。不等我方提出请求,由对方自由决定,将给帝国舆论界留下更好的印象,进而使我国陆军当局在提供武器方面容易作出决定。希望我大使费心,尽量让对方主动提出建议。

《日本外交文書》大正五年第一册,第 91 号文件

石井致本野电①

1916 年 2 月 1 日[14 日]

秘密

俄国外交部通过科扎科夫所表达的看法如下:第一,倘帝国政府在军用物资问题上态度特别殷勤,则俄国似乎打算将东省铁路支线出让给我们;第二,俄国业已得悉关于德国攫取从土耳其、波斯到中国这一整个地区的计划,因此,……使俄国感到很担心。

我的第 56 号电发出后,帝国政府考虑到俄国政府就俄日两国交好提出的建议,对战后日本的政策进行了研讨,这为讨论上述两点看法奠定了基础。

一、倘若俄国要求将长春至哈尔滨的一段铁路转让日本,日本得付最高酬金,则帝国政府亦可答应俄国通过大公殿下提出的关于提供武器及……的要求。

二、关于俄日两国未来的政策问题,应当指出,两国的利益和安宁不允许中国受德国控制,为防止此种危险发生,签署公开协约,表明俄日两国特别友好的问题刻下已经成熟。

我打算在 2 月 15 日接到天皇批准后,再将此事电告您,届时您可得悉详细情况。

请注意:在出让东省铁路问题上,给人留下因我们提出请求才做出

---

① 该电已由俄国外交部破译,中译文据俄译文译出——译者。

此种决定的印象,这并非所愿。因此,倘在我们提出请求之前,俄国主动提出建议,则会进一步加强日本社会舆论的友好感情,这样一来,由我们军事当局提供武器的问题便易于解决。请想方设法尽可能让俄国提出这一建议。

МОЭИ, Сер. 3, Т. 10, No. 203

石井致本野电[94]

1916 年 2 月 15 日

第 91 号。

就向俄提供武器、出让东清铁路南段
以及缔结日俄新协约诸问题下达训令

俄皇钦差大臣访问我国皇室,促进了日俄两国关系更加友好亲善。自战争开始以来,帝国政府(第一)为保障俄国远东领土的安全,使俄国从远东完全撤出防御力量,把军备转移到西欧;(第二)在军需品问题上不顾国防原则,甚至把自己必不可少的武器也让给了俄国;(第三)在财政方面牺牲自己的利益,日本财界史无前例地购买俄国证券。此外,帝国政府还表示了许多好意。对此,俄国政府迄今未表示任何实际的表示。相反,俄国政府最近改变关税,对我国商品的打击尤其严重。对沿海州渔业加以苛刻的限制,给我国渔业人员带来了不少痛苦。帝国政府担心这些行为会损害两国外交关系,不仅如此,甚至社会舆论也对此逐渐产生疑虑。在此之际,大公访日,使两国感情大为融洽,不胜欣喜。两国友好应基于相互理解,因此,现在俄国政府进一步表示善意,推进两国的感情,其影响极大。

日后帝国政府将一如既往尽力向俄国提供方便。尤其鉴于俄国外交大臣通过远东司司长向本大臣表示好意,本大臣也虚心、坦诚地披露了帝国政府的意见,希望俄国政府予以考虑。

对于横贯满洲的东清铁路而言,长春至哈尔滨的一段是一条不协调的支线。同时,我国南满铁路线以位于中途的长春为终点,也不自然,可谓一种不痛不痒的限制。大公访日对两国关系产生了良好影响。以此为契机,如果俄国政府进一步采取行动,就上述关税和渔业两个问题满足我国渔民的要求,并以适当价格把东清铁路不协调的支线让与日本帝国政府,则帝国朝野以此为具体的凭据,认为日本以往的厚意和援助,得到了俄国政府的充分理解,对此当然表示欢迎。本大臣坚信,如果事情发展到这一程度,则上述民间的疑虑也将冰释,帝国议会的苦衷也会自然消失,从而我国陆军当局也能找到途径在一定程度上满足大公殿下所提供应武器的要求(关于供应军需品的内部决定情况,另电告知)。

另外,关于战后如何长期保持两国友好关系的问题,自战争开始以来俄国当局频繁地与我们内部谈话。如前所述,帝国政府也在考虑,为进一步巩固两国友好关系,采取非常果断的行动,甚至可向俄国出让我国军队必备的武器,不辞辛苦,进一步与俄国缔结新协约,而新协约的缔结未必要等到战后。

照帝国政府的意见,应按另电甲号和乙号所示,分别就公开协约和秘密协约进行协商。但鉴于谈判的性质,希望我大使作为得到帝国政府大体认可的个人议案,出示给俄国外交大臣,以此为基础交换意见。

我大使如对另电所示协约案有疑问或意见,望在进入谈判阶段之前电告。同时,除协约以外的上述各种问题,无需和缔结协约问题同时提出。可先就上述各种问题开议。上述两个问题,均出于促进日俄接近的动机,在性质上不应割裂开。因此,希望首先审议以上问题时,我大使告知对方,自己已收到日本政府有关缔结同盟的秘密训令,以使对方知晓这两个问题彼此相关。

(另电一)2月15日石井致本野电

第92号,甲号。

公开协约案

第一条

两缔约国声明,为保全两缔约国在远东地区之领土权利和特殊利益,必要时,随时采取其权限范围内之一切和平手段,相互友好援助与合作。

第二条

约定两缔约国中之任何一方不得加入对另一方具有侵略目的之任何协定或联盟。

(另电二)二月十五日石井致本野电

第93号,乙号。

秘密协约案

第一条

当发生中国落入对于缔约国一方或双方具有侵略倾向的第三国政治掌控之事态时,缔约国认为这是对各自切身利益之侵害。

第二条

为防止中国发生前一条所述事态,根据需要两缔约国随时坦诚地交换意见,共同考虑双方应采取的措施。

第三条

根据第二条规定,在双方意见一致之基础上,缔约国一方采取措施,导致与第一条所述第三国交战时,根据请求,另一方应给予其同盟国援助。此时,不经缔约国双方一致同意,不得媾和。

第四条

根据第三条规定,两缔约国之一方给予另一方军事援助之条件及援助方法,应由两缔约国有关官员协商决定。

第五条

本协约自签署日起生效,ＸＸ年内有效。

第六条

两缔约国对本协约严守秘密。

《日本外交文書》大正五年第一册,第94号文件

日本驻彼得格勒大使馆致俄国外交大臣备忘录①
1916 年 2 月 5 日［18 日］

自欧战爆发以来,帝国政府已不止一次表明对俄国怀有真诚的同情:一、帝国政府在保障俄国远东领土的同时,让俄国政府在亚洲的边界不设防并将全部兵力集中在亚洲;二、即使削弱国家防御力量,帝国政府亦把武器弹药出售给俄国;三、帝国政府同意发行俄国国库债券②,这在日本财界并无先例,且有损于日本的自身利益。

平心而论,鉴于上述情形,日本政府可对俄国的真诚友好态度抱以希望。但俄国在关税方面的若干措施以及在涉及日本在俄国海域捕鱼权利的规章方面若干限制性新措施,已使日本商人及渔业主遭受重大损失。俄国这种不符合日本情感的措施,使帝国政府不安,且已激起日本社会舆论的不满。

俄国皇帝陛下的代表格奥尔吉·米哈伊洛维奇大公殿下的出访是最荣幸的事件,结果使全体日本人对日俄两国的未来关系恢复了信任和希望。既然两国友好关系的确立,应以双方真诚友好的感情为基础,帝国政府希望俄国政府顺应情势,对日本表现出友好的感情。

鉴于上述情由,已授命日本大使,坦率地向俄国外交大臣阁下阐述,帝国政府对科扎科夫先生以沙查诺夫先生阁下名义表达如此友好感情的看法。

帝国政府认为,首先应该请求俄国政府在海关税率及在俄国海域捕鱼权利这两个问题方面在某种程度上能满足日本的利益。

---

① 原备忘录系用法文写成,本文据俄译文译出——译者。

② 马列夫斯基在 1 月 28 日［15 日］以第 25 号通知沙查诺夫,近来同日本银行家的谈判表明:"在国家银行协助下,财团同意于公历 2 月 5 日签订 5000 万贷款合同,并办完签字手续,于 2 月 10 日前分摊完毕。"马列夫斯基继而指出,银行家断然拒绝增加借款数额,并补充说,他们"于 6 月将根据当时情况着手讨论 2000 万至 2500 万新贷款"。马列夫斯基在 2 月 7 日［1 月 25 日］以第 48 号电通知称,是日签署了合同,"正金银行"代表日本财团签了字。巴尔克在 2 月 9 日［1 月 27 日］致财政委员的报告中称,起初银行家坚持交付日本 3000 万日元的黄金,但遭到俄国财政部方面断然拒绝,银行家已同意取消这个条件。

在同石井男爵会谈时，科扎科夫先生对在某种情况下可能讨论出售哈尔滨——长春铁路支线问题抱有希望。将上述铁路支线留在东省铁路公司内是谈判出售南满铁路时决定的，当然，这不合常规，此种情况迟早要改变，因为这条支线大部分在日本势力范围内。因此，倘俄国政府能在适当条件下将铁路出售给日本，则帝国政府将会看到俄国政府对帝国政府所表达的友好感情及迄今不断给予俄国帮助所作赞许的明证。日本外务大臣确信，该问题若能圆满解决，日本人民对俄国的不信任则会完全消除。国会再也没有理由谴责日本政府对俄国的立场，军事当局亦会在格奥尔吉·米哈伊洛维奇大公殿下逗留期间重新提出的向俄国提供武器问题方面，设法在某种程度上满足俄国的愿望①。

俄国政府若能答应上述请求，日本帝国政府十分愿意同俄国讨论并缔结同盟条约，俄国政府亦经常提及这一意思。

日本政府已授权日本大使就上述问题同俄国政府进行谈判，外交大臣阁下如能向本野男爵介绍俄国政府对该问题的看法，他将不胜感激。

МОЭИ, Сер. 3, Т. 10, No. 217

俄国外交部致本野备忘录②
1916 年 2 月 12 日［25 日］

第 153 号。

俄国外交大臣接到日本大使阁下本月 18 日［5 日］照会后，立即作了悉心研究，并认为应对友好地阐述日本政府的意图深表谢意。

沙查诺夫先生认为首先必须指出，倘若日本政府把在俄国远东边

---

① 石井在 2 月 17 日［4 日］电（该电被俄国外交部破译，并由日文译成俄文）中告知本野以下情况：＂倘若我国确实会答应出售长春——哈尔滨铁路，则除不久前向大公表示同意提供的 2000 万发子弹外，我们军事当局还准备由武库提供 12 万支步枪……及 6000 万发子弹……在俄国答应出售铁路之后，您可以向俄国当局宣布上述帝国政府关于出售军事物资之决定。＂

② 备忘录原件用法文写成，中译文据俄文译出——译者。

境实行新海关税则及公布太平洋捕鱼新条例,说成旨在反对日本臣民的利益,则是错误的。采取此等措施,一方面是国库的意见,因为俄国政府认为必须利用所有财源抵补目前这场战争的巨额开支,另一方面,必须详细规定太平洋捕鱼地段的利用办法,因为过分捕捞对保护鱼群有害。鉴于两国关系最为密切,在纯属内部制度这类问题上,应为两国政府保留行动自由,这不会影响两国友好关系。不过,倘若这里系指帮助日本以抵补日本帮助俄国而所遭受的损失,则我国政府考虑到日本利益,将毫不犹豫地修改在这两个问题上的法令。

沙查诺夫先生借此机会再次向日本政府保证,日本政府给予俄国的帮助将受到俄国政府和人民高度珍视。格奥尔吉·米哈伊洛维奇大公殿下之使命可以证明这一点。

从石井男爵对科扎科夫所言,从本野男爵本月18日[5日]的照会中,俄国政府特别满意地得悉,日本政府赞同俄国政府关于德国政府在中国的危险活动及力图在中国扮演主角的看法。正是为消除此种危险,俄国政府才竭力把俄日两国力量联合起来。一旦结为同盟,结果即将显现出来。此刻,正当德国在欧洲处境孤立,且与远东失去联系之时,在中国领土上打击德国特别有利,这将阻止德国在战时把中国领土变成实施阴谋的据点,并将阻止德国在缔结和约之后确立其在中国的影响。应当吁请中国政府与日尔曼国家断交,并彻底站在协约国一边。俄国政府可以向日本政府保证,俄国提出此种行动方式,决无鼓励中国人在目前这场战争中要求交战国的权利及和谈时发言权之意。俄国政府意识到俄日两国政府此种要求可能产生不良后果。俄国作为日本的忠实盟国,不会卖力干危害日本在华利益的活动,亦不会阻止日本政府在俄国政府承认属日本特殊利益范围的中国地区内巩固其地位。

俄罗斯帝国政府方面,与日本结盟之目的,是阻止德国的活动,并希望在对德作战中能得到日本更有效的支持。为此目的,日本政府可向俄国提供武器弹药,其提供武器弹药的数量可与日军消耗量相当,如果日军亦能积极参加对我们共同敌人的作战,俄国政府方面可以给予日本政府相应的帮助,比如,东省铁路南段支线,即位于满洲日本势力范围内从宽城子至松花江一段支线,可按规定价格出让给日本政府。俄国这段铁路因在日本地区内所带来种种困难便可消除,日本向俄国提供武器亦可得到补偿。

　　沙查诺夫先生在阐述本国政府观点时,特别希望消除在如此重大问题上可能产生的一切误解,并想询问日本政府,是否亦想如此对待此等重大问题。

МОЭИ,Cep. 3,T. 10,No. 254

本野致日本石井电①
1916 年 2 月 15 日［28 日］

　　秘密

　　2 月 26 日,外交大臣请我到彼处,就他对条约问题所作答复举行了会谈,我们会谈的内容如下:

　　一、关于提供武器问题,正如所料,外交大臣所作答复并未涉及细节,显然他实际上依然坚持这样一种观点:若需要多少武器,日本便提供多少武器,方能满意。我认为提供的数量可以商妥。

　　二、在出让铁路问题上,我在第 134 号电中业已报告,他们依然坚持下述观点:长春至蔡家沟一段支线可以出让,但蔡家沟以北一段支线决不出让。我当时指出,帝国政府从阁下与科扎科夫先生谈话中得出一种信念,即俄国政府并不反对出让到哈尔滨的这段支线,外交大臣断然表示,这完全是误解②。我认为,根本不可能出让俄国势力范围内的铁路。

　　三、在使中国参战问题上,外交大臣一再坚持自己的观点,并且表

----

　　① 该电为俄国外交部破译,并据日文译成俄文。

　　② 科扎科夫在 3 月 10 日［2 月 26 日］函中,请求安立帮助解除在向日本政府出让东三省铁路南段支线问题上的一个"小误会":本野根据所接训令认为,科扎科夫与安立谈判期间业已谈及出售从哈尔滨至宽城子那段全部支线,但实际上,他当时只谈及地处日本范围内的那段支线,即从宽城子至松花江那段支线。

示：倘在目前这场战争中不给予德国尽可能强有力的打击，则日后将给日俄两国带来巨大危害；而要消除这种危险性，没有比战争时期更好的机会了。德国在工商业方面拥有实力，必须给予德国工商业相当强有力的打击。正是为此目的，俄国政府与英法两国〔政府〕打算采取经济措施对付德国。据最近报道，德国经济处境非常困难，倘若此种处境继续下去，勿庸置疑，这将成为尽快媾和的原因。因为德国把中国视为附庸，削弱德国在华势力对德国将是强有力的打击。因此，俄国政府同英法两国政府一样，希望一定借目前时机清除德国在华经济势力。日本政府亦十分清楚日后德国有何等危险，因此最好俄日两国结为同盟以对付此种危险，而立即采取措施清除德国在华势力更为至关重要。

我对此表示，帝国政府已阐述对使中国参战问题的态度，且已知照英法俄政府，我认为改变这个决定十分困难。我个人认为，最好将这个问题与结盟问题分开。

外交大臣表示，他并无反对就上述两个问题分别进行谈判之意，但最好俄日两国对该问题一旦达成协议，即行结盟。

总之，虽说在结盟问题解决之前，他们不想解决使中国参战问题，但仍认为该问题具有重要意义。我请求对此予以严重注意。我从外交大臣所言中已经看出，俄国政府似乎亦难于弄清楚，为何日本政府对目前清除德国在华经济势力不表示同意①。

МОЭИ, Сер. 3, Т. 10, No. 275

---

①　石井在3月4日[2月20日]电中（该电为俄国外交部破译，并据日文译成俄文）称，俄国政府2月25日[12日]的答复使他感到有些失望，遂请本野向沙皇诺夫作下述"必要的"解释："帝国政府关于使中国参战问题之观点，于去年11月中旬业已知照有关各国政府，自那时起，帝国政府之观点并未改变，正如您所知，中国之情况愈来愈坏，目前愈来愈难于使中国站在协约国军队一边。随后谈及提供武器问题，帝国政府关于供给俄国武器，主要是出于对俄国之友情，我们决不认为这是出于同盟。"

石井在3月10日[2月26日]电中（该电为俄国外交部破译，并据日文译成俄文）告知本野，出让蔡家沟至长春一段支线"不符合帝国政府之观点，帝国政府从一开始就认为从哈尔滨至长春这段铁路是特殊支线，此外，我们担心，这样一来，不能使我国社会舆论感到满意"。石井责令本野将此事告知沙查诺夫，并请他重新考虑这一问题。

俄国外交部致本野备忘录①

1916 年 3 月 5 日［18 日］

秘密

倘若德国同俄日两国发生武装冲突,则俄日两国势必在并无协约国军事援助的情况下坚持过于艰苦的斗争。故拟定俄日同盟方针时,使俄日两国接近以现行条约为基础的政治体系,并考虑因目前这场战争而形成的国家集团是完全必要的。无论俄法协约,或是英俄协约,均未把同第三国追求对华政治控制的斗争视作履约要件。故在协约国保证给予军事援助的情况下,要俄日两国政府完全承担彼此给予军事协助的义务须更加审慎。

出于上述考虑,俄日密约期限应与英日同盟期限相同。为防止违反或废止密约,缔约国应保留要求修改两国所订密约,使密约有与因结同盟而形成的政治新形势保持一致之权。

依日本政府之意,所拟公开协约应直言不讳地提及俄日两国在相互协助、保护领土权利及特殊利益的情况下,所采取手段的和平性质。在此种情况下,俄日两国将来在捍卫对华政策方面可能给予军事协助一事,在外交上是并无先例的。这可能博得那些有仇视俄日两国、蔑视俄日两国在华利益倾向的那些国家的好感,而不利于和平实现两国拟通过签订密约所达到之目的。为防止此种危险,最好将"两国运用一切和平手段"一语载入条文,并使该款成为密约的一款。

倘若秘密协约中未提及不测事件,则秘密协约的结果最好能有保障。故让俄日两国政府相互通告其拟就在华特殊利益缔结的国际协约,有关中国本部的国际协约只有预先征得同意再缔结才适宜。有关条款可以列入公开协约②及秘密协约③。

---

① 本备忘录及附件均用法文写成,中译文据俄译文译出——译者。
② 见附件一。
③ 见附件二。

1907年、1910年及1912年秘密协约,已成为俄日两国最友好的关系的基础,显然应继续有效。为避免在这方面发生任何误解,在秘密协约的某一款中提及这一事实有好处。

维护远东和平对在世界这一地区拥有领地的国家具有非常重大的意义。看来,须要求中国中央政府切勿落入任何外国控制之下。在公开协约中公开宣布这一原则尤其有益。这可减轻俄日同盟在中国及欧美国家可能引起的不安。公开协约前言部分,可以包括确认缔约双方决定尊重中国独立及保持外国对中国政府影响的均势一语。

附件一:公开协约草案①(秘密)

俄国政府及日本政府决心协力维持远东永久和平,认为,为此目的必须尊重中国独立,任何国家不得力图利用在华占优势政治影响,兹协定以下条款:

第一条

俄国将不加入对抗日本之任何协约或政治联合。

日本将不加入对抗俄国之任何协约或政治联合。

第二条

缔约国之一方在远东之领土权利或特殊利益,为另一方所承认者,若遇危害时,俄日两国将协商应采取之办法,相互支援或协助,以保护彼此之权利与利益。

第三条

缔约双方允诺,在通知另一方之先,不同第三国就上述条款所规定之问题进行任何协商。

附件二:秘密协约草案②(秘密)

俄国政府及日本协定下列各条款:

---

① 原件注明:"于1916年3月21日[8日]交与日本大使。"
② 原件注明:"于1916年3月21日[8日]交与日本大使。"

第一条

两缔约国认为双方重要利益需要中国切勿落入对俄国或日本怀有敌意之任何第三国政治控制之下,倘该第三国在中国军事、行政及财政机构中取得优势地位,则上述情势必将发生,每当情况需要时,须开诚交换意见,并协定须采取之办法,以阻止上述情势进一步发展。

第二条

若因上条所举共同协定之办法,缔约国之一方与上条所指第三国宣战时,则另一方应自己盟国之请求,即须给予援助,在此种情形下,两缔约国允诺未得彼此同意之先,不得单独媾和。

第三条

上条所规定缔约任何一方给予另一方军事援助之条件及方法,应由缔约双方主管官员制定之。

第四条

但应明确规定,两缔约国之一若不能获得自己之盟国予以与危险冲突之严重性相应之援助,则没有义务给另一缔约国本约第二条所规定之军事援助。

同时规定,两缔约国之一没有义务给另一缔约国公开协约第二条所规定之另一种方式,即和平方式之支持及协助。

第五条

两缔约国之一未得另一缔约国同意之先,不得与第三国就中国本部缔结条约、协约或政治协约。

第六条

1907 年 7 月 30 日[16 日]、1910 年 7 月 4 日[6 月 21 日]及 1912 年 7 月 8 日[6 月 25 日]各密约继续有效。

第七条

自本约签字之日起发生效力,继续至 1921 年 7 月 14 日[7 月 1 日]为止。如缔约国之任何一方,在本约期满前十二个月,未以不愿续约之意通知对方,则本约继续有效,直至缔约国之任何一方通知废止协约之日起满一年为止。

第八条

两缔约国须严守本约之秘密。

МОЭИ,Cep.3,Т.10,No.380

石井致本野电[107]

1916年3月20日

第180号。绝密

关于俄国若不承诺让与松花江以北的铁路则就

新的补偿提案与俄国外交大臣进行洽谈的训令

尊电第187号敬悉。俄国政府未能欣然允诺帝国政府要求让与哈尔滨至长春间铁路的提案,帝国政府对此深感遗憾。帝国政府为取代原案重新向俄国政府提出下述提案:

(一)松花江以南(即陶赖昭站以南)的铁路让与日本。

(二)以适当条件将松花江至哈尔滨间铁路的管理权和经营权全部委托给日本(此项要求的主旨无非是,在日本管理期间改变铁轨宽度,以便乘客转乘和货物转运)。

(三)俄国政府承认日本船舶在松花江的航行权。

希望我大使就以上提议与俄国外交大臣洽谈后电告其结果。另外,如您所知,1905年日清交涉满洲问题、1906年缔结日俄通商航海条约,以及1910年缔结第二次日俄协约时,上述松花江航行权问题也是讨论的内容。为慎重起见,予以补充。

附件:关于俄国应让与的铁路的最北端车站的研究

关于接受俄国让与的东清铁路一段时其最北端应在何处的研究

判　决

至少要以陶赖昭为最北端。

理　由

倘若只让与东清铁路第二松花江以南的支线,则经营此段铁路几乎无利可图。因为所让与的铁路最北端是车站,只要在该河左岸,作为该铁路利益源泉的第二松花江和哈尔滨之间的丰富的物资依然要北上。因此,要割让的铁路获到经营利益,一直到第二松花江右岸的双城堡应归我所有,以吸收该地区的物资。如果因不可避免的事情而实在不能达到这一愿望,则至少要拥有吉林伯都讷市街与铁路交叉点的陶赖昭,以得到靠第二松花江集中起来的货物以及在该河右岸地区生产的物资的一部分。与此相关联,此时俄国向我们让与在第二松花江拥有的利权,更为重要。

《日本外交文书》大正五年第一册,第107号文件

日本驻彼得格勒大使馆致俄国外交大臣备忘录①

1916年3月20日[4月2日]

秘密

帝国政府对俄罗斯帝国政府未能同意关于出售长春至哈尔滨一段铁路的建议感到无比遗憾。不过日本政府仍希望圆满解决两国政府间的这一问题,考虑到俄国政府的愿望,欲将下述建议提供俄国政府研究:

一、出售长春至松花江(即至陶赖昭)一段铁路。

二、为保障货物运输起见,以适当条件将松花江至哈尔滨一段铁路让日本政府经营管理。

三、俄国政府承认日本船只在松花江的航行权。该问题已不止一次成为俄日两国政府谈判的主题。

日本大使期望上述建议将受到俄国政府的赞许,并荣幸地请求外

---

① 本备忘录用法文写成,中译文据俄译文译出——译者。

交大臣阁下务必将俄国政府对该问题的答复尽快通知于他。①

МОЭИ, Сер. 3, Т. 10, No. 450

俄国外交部致本野备忘录②

1916 年 3 月 23 日[4 月 5 日]

秘密

俄国政府开始与日本政府谈判同盟条约时,已预见到互相帮助的可能性,盟国认为互相帮助是可能的。俄国政府从一开始就表示希望得到日本军队提供的大批武器弹药。现在,日本大使馆在 4 月 2 日[3 月 20 日]备忘录中业已表示日本政府的下述愿望:一、俄国政府出售长春至松花江一段铁路;二、松花江至哈尔滨一段铁路让日本政府经营管理;三、俄国政府承认日本船只在松花江的航行权。根据互惠原则,日本政府欲出售给俄国武器弹药的数量根本未提及。

俄国政府认为有必要即刻表明自己的看法,在讨论此等相互让与问题时,应当遵循 1907 年及 1910 年俄日协约所定原则。根据前一协约,日本允诺不在满洲俄国势力范围的铁路地区谋求任何让与权。以松花江作为俄日两国势力范围的分界线,将哈尔滨至松花江一段铁路让日本政府经营管理,与该条精神与字义并不矛盾。

日本在 1910 年公开协约中允诺尊重北满现状,这是俄日两国缔结的全部条约、专约及其他协约所规定的。确定俄国在该区地位的文件,其中包括 1858 年及 1881 年俄中条约,业已知照日本政府。根据此等协约,宣布松花江仅对俄中两国航船开放,而其他国家不在此列。因此俄国取得了松花江航行权,而与中国缔约的其他国家并未享有这一特权。

1910 年密约的内容包括日本政府允诺尊重俄国在满洲势力范围

---

① 此件据打字件刊印。

② 本备忘录原件用法文写成,中译文据俄译文译出——译者。

的特殊利益,不阻止此等特殊利益的巩固与发展,不在俄国势力范围内谋求能给俄国特殊利益带来损害的任何特权、让与权,并尊重俄国根据业已通知日本政府的条约、密约及其他协约在其势力范围内所取得的一切权利。在签订本协约时,日本已承认俄国在松花江的航行特权,并允诺尊重此种权利和不反对发展此种权利。因此,日本在松花江航行问题不再是 1910 年谈判的主题。该问题已为是年 7 月 4 日〔6 月 21 日〕所签协约中更全面的规定所解决。

日本政府在提出这一问题和要求将俄国势力范围内的铁路经营管理让与〔日本〕时,回避了 1907 年及 1910 年谈判协约时所遵循的原则。

此等原则已成为俄日两国友好关系的坚实基础。俄日两国政府相互尊重彼此获得的权利,在遇到削弱此等权利的危险情况下,彼此给予忠实的支持,才能顺利得到迄今为止他们只能感到满意的结果。俄日两国实现拟议的结盟之后,必定受到此种思想的鼓舞。

为证明对 1907 年及 1910 年协约所宣布原则的忠诚,帝国政府声明,愿于必要时作相应规定的条件下,将东省铁路长春至松花江一段出售给日本政府,愿放弃俄国航船在松花江流经日本势力范围内那一段的航行,倘中国政府拒不准许日本船只在这一段松花江航行,将不支持中国政府。俄国政府认为,俄国政府在作此等让步的同时,又在迄今所走过的道路上,即更全面划分俄日两国利益范围的道路上,迈进了一大步。俄国政府坚信,这里有一条使俄日两国达到完全一致的最正确的道路。

МОЭИ,Сер.3,Т.10,No.460

石井致本野电[112]
1916 年 4 月 18 日

第 232 号。绝密

电告帝国政府对俄方所提日俄同盟条约案对案的意见

尊电第 218 号及第 220 号业经认真考虑。关于俄国对案中公开协约的序文,帝国政府历来认为,此次公开协约只规定日俄两国间和衷互信的关系,关于对华政策问题尽量不谈,是为上策。但是如俄国外交大臣在其备忘录中所述,为了消除因缔结日俄同盟而在中国及欧美各国引起的疑虑和恐惧,在条约序文中做某些明文规定是妥当的。希望将"确认"(reconnaissent)以下至"占优势"(prépondérante)的文字修改为"及……地区"(and declaring themselves to be entirely uninfluenced by any aggressive tendencies in such regions)(参照第一次日英同盟协约第一条;日俄两国尊重中国独立的原则,已在1907年的公开协约第二条中做出明文规定)。

其次,关于日俄两国维护各自领土权利及特殊利益的问题,协约正文第三条中规定:当与第三国订立协约时,两国须预先相互知照。其实这一规定并无必要,也不适合划定特殊利益范围的宗旨,希望删除此条。秘密协约第一条中自"这并缺少"(Ce qui ne manquerait pas)至"这些国家"(de ce pays)的一句,是前一句的解释,不是特别必要的条文。而且像英国这样的国家现在对中国关税行政机构拥有的权利,本不能称之为"政治统治"(domination politique),但或许可以解释为"优势地位"(situation prépondérante)。当然,英国对日俄两国并没有所谓的侵略倾向,因此不符合本条文的规定。如前所述,只要不存在特殊需要,希望删除这些繁杂的解释性规定。

第五条之目的在于保障日俄两国不与第三国缔结对对方的权利和利益带来损害的条约。但是与第三国缔结条约之前,日俄两国间每次都要达成协议,其实很麻烦,甚至因此而失去时机。此外,在实际运用本条时,难免对条约范围产生诸多疑义。总之,与其把义务写在条约上,勿宁信赖两国间的善意。其实,每当发生具体问题时,可根据各自的判断来决定两国是否事先进行协商,因此帝国政府希望删除该条。

秘密协约第六条,不论有无明文规定,对现行秘密协约继续有效不会产生任何误解。从而并无需特意做出明文规定。如若俄国外交大臣坚持此点,我大使不妨同意。不言而喻,如果完成铁路让与协定,1907

年的秘密协约第一条末项内容当然要废止。关于此点,希望在制定上述第六条明文规定时,作为例外的条文加以规定。

除以上各点外,帝国政府对俄国政府的对案各条不存异议,希望按以上旨趣继续与俄国外交大臣协商。

(栏外注释:"4 月 15 日、4 月 16 日,石井外务大臣亲自分别向大隈首相、大山公爵作出解释;币原次官已向松方侯爵解释铁路及武器问题。已托付田中参谋次长向山县公爵作出解释。4 月 17 日上奏。")

《日本外交文書》大正五年第一册,第 112 号文件

本野致石井电[118]
1916 年 4 月 30 日

第 356 号。

电告与俄国外相数次协商日俄同盟协约案的结果并请示训示

尊电 232 号敬悉。尊电所示旨意业以备忘录递交给俄国外交大臣,并做了充分说明。之后又进行了数次会晤,结果是达成如下协议,望审议后来电训示:

(一)删除公开协约序文中自"确认"(reconnaissent)至"优势的及"(prépondérante et)的字句,不加入其他文字。

(二)删除第三条。

(三)删除秘密协约第一条"其"(ce qui……)至"该国等"(cc pays)字句。将"持反俄或反日侵略观点"(ayant des vues agressives contre la Russie ou le japon)改为"与俄国或日本为敌"(hostile à la Russie ou au japon);将"发展"(le développement)以下改为"产生同样局面"(que une pareille situation se produise)。

(四)关于删除第五条,本大使竭力坚持我们的主张,但俄国外交大臣坚持说,坦率地说,俄国政府承认日本在中国拥有"优势地位"(situation prépondérante),尤其在福建和山东,俄国不存在丝毫利害关系。日本就这些地区缔结何种协约,俄国政府不存任何异议。但在俄

国政府不知情的情况下,日本就中国中央政府所在的华中以及毗邻俄国国境的地区缔结政治协约,俄国政府是不能容忍的。因此,无论如何,俄国政府希望将本条宗旨保留在协约中。为了准确表明以上意思,提议将本条规定为"缔约国任何一方保证未经缔约国另一方事先同意,不得与第三国签订任何有关华中的政治制度或行政、军事组织的条约、协定或协议"①。

关于"华中",在送交我方的备忘录中阐述如下:

"华中一词指介于北方的长城和南方的长江之间的地区,山东省不在其范围之内。"②

依我之见,只要事关中国中央政府,不同俄国协商,很难缔结任何政治协约。另外,俄国就新疆等地缔结政治协约时,预先通知帝国政府有益而无害,因此,帝国政府无妨允许俄国政府的提议。

(五)保留第六条,能够明确两国对华政策的根本,虽然俄国希望保留该条,但在协约序文中谈及现存秘密协约时,可删除该条。根据俄国外交大臣这一意见,我要求将本条序文写成……(此处原文缺失。——原注者)时,俄国外交大臣同意了这一要求。

决定铁路问题时,虽然没有必要将 1907 年秘密协约第一条最后一项废止的问题写入条约,如果要求务必以某种形式加以说明,交换公文足矣。

如果帝国政府对上述内容不存异议,希望尽快签字。但在签字以前,先解决铁路问题是为上策。关于前电第 335 号,希望尽快回电指示帝国政府的意向。当然,如果在协约签署前难以完成有关让与铁路细节问题的协商,至少要定出让与条件的纲要。

《日本外交文书》大正五年第一册,第 118 号文件

---

① 引号内的文字原文用法文写成,中译文由刘存宽译出——译者。
② 此段文字原文法文写成,中译文由刘存宽译出——译者。

石井致本野电［122］
1916 年 5 月 10 日

第 279 号。绝密

日本当然不与第三国缔结损害俄国在华权益的协约，

故坚持删除俄国所提秘密协约案第五条

尊电第 356 号敬悉。俄国外交大臣坚持保留秘密协约第五条。其理由是，俄国政府不能容忍在自己不知情的情况下缔结有关华中及与俄国毗邻的中国边境地区的政治协约。

第一，对俄国权利和利益并不带来什么损害的协约，显然，俄国政府无须一一详细检查，并经其同意。相信这也不是俄国政府的本意。看来俄国外交大臣担心日本直接或间接与第三国缔结损害俄国权益的协约。帝国政府当然不会背信弃义，牺牲同盟国的利益，以增进本国的利益。无论缔结什么协约，帝国政府会注意维护同盟国的正当权益。俄国政府可以充分相信此点。

第二，缔结此次秘密协约，是基于此前俄国外交大臣担心中国屈从于德国的政治权威，该大臣通过科扎科夫将自己的意见告知了本大臣。帝国政府提议缔结本协约之目的，也完全出于对俄国外交大臣的意见的重视，为了日俄两国共同防止在中国发生上述事态。因与该目的无关的事项，两国相互束缚对方行动，不符合本来的旨趣。当然，帝国政府丝毫没有违反原有的同盟和协定并怀有野心，且在目前局势下，也不情愿缔结这种束缚自己的协约。

望我大使向俄国外交大臣反复说明上述旨意，坚决主张删除本条。

《日本外交文书》大正五年第一册，第 122 号文件

本野致石井电［125］
1916 年 5 月 14 日

第 415 号。绝密

俄国外交大臣提出日俄秘密协约案第五条的修正案

尊电第 279 号敬悉。5 月 11 日，会晤了俄国外交大臣，递交了该电法文译文，竭力主张删除第五条。该大臣说，日本帝国声明不应牺牲同盟国的利益，以谋求本国的利益，无论缔结什么协约，时刻注意切勿造成危及同盟国正当权益的后果，对此，俄国政府深感满意，希望将这一旨趣作为第五条写入协约。对此，本大使虽再三申明要相信帝国政府的诚意，没有必要将其写进协约，但该大臣说，同僚中有人对此表示担心，因此希望以某种形式表示这一旨趣。总之，他希望给点时间予以认真考虑。5 月 13 日，该大臣邀请本大使造访，但他坚持原来的意见，向本大使递交了备忘录，建议对第五条做如下修改：

"缔约国任何一方与在华中有所行动的第三国签订任何条约、公约或协议时，缔约国任何一方应保证缔约国另一方享有同等权利与利益。"①

沙查诺夫提出上述建议后，补充说，俄国政府与日本以外的政府缔结同盟条约时，虽对本案条文不能感到放心，但因完全相信日本政府的诚意，故只对本条文表示满意，希望日本国政府无论如何允诺本条文。

经过考虑，上述提议丝毫不会束缚帝国政府的自由行动，为了使俄国政府完全满意，如不存异议，希望接受上述提议，以结束本问题，望来电训示。

《日本外交文書》大正五年第一册，第 125 号文件

本野致石井电［129］

1916 年 6 月 3 日

第 481 号。绝密

建议只要不危害日本利益，可以承认俄方
所提新秘密协约案第五条

尊电第 331 号敬悉。俄国外交大臣因病暂缓到大本营办理公务，

---

① 此段原文用法文写成，中译文由刘存宽译出——译者。

故俄国政府关于铁路问题的答复要推迟一段时间。关于秘密协约第五条，我认为，无论对俄国新提案做何解释，毫无不利日本之处。关于俄国外交大臣的立场，如前电第 415 号所述，极有必要与阁僚商议。关于此点，只要对帝国政府无害，保全俄国外交大臣的面子，对各方均有益而无害。另外，阁下说俄国外交大臣抓住本职所作一段解释不放，试图将其写进条约，这一做法令人不快。本大使不过是将阁下在尊电第279 号所示训令原封不动地予以陈述而已。本职坚信，俄国外交大臣不会把我的解释作为帝国政府的许诺，而乘机写成第五条新提案。依我之见，沙查诺夫确实因相信帝国政府的说明而让步提出此次新提案。只重申尊电第 331 号末段所述理由，不仅不能使对方心悦诚服，而且帝国政府也很难提出理由反对新提案。因此，只要不存在删除本条的其他重大理由，希望接受新提案，望您重新予以考虑。

下周初本大使将会见俄国外交大臣。

《日本外交文書》大正五年第一册，第 129 号文件

本野致石井电 [132]

1916 年 6 月 12 日（6 月 14 日收到）

第 519 号。绝密

俄国外交大臣发表谈话：关于删除秘密协约案
第五条及让与松花江以南铁路已得到圣裁

关于缔约问题，6 月 12 日，会晤俄国外交大臣时，该大臣就上奏皇帝陛下的结果陈述如下：

关于删除第五条，皇帝陛下在听取日本政府的说明后，认为可以信赖日本政府的说明，同意删除第五条。皇帝陛下亲手抹掉了第五条。关于铁路问题，如同御前会议原则上已做出的决定，得到皇帝陛下的圣裁。但其补偿问题，须与财政大臣商议后再作出决定。关于日本政府供给枪支弹药问题（上次会晤时，已将我们的预定数额内部告知俄国外交大臣），皇帝陛下不希望讨价还价，完全信赖日本政府的诚意。他

说,朕当然期待日本政府务必尽到最大的努力。看来,无论能尽到多大努力……(此处原电文有脱漏),希望做出以上让与。如果日本政府或多或少能增加武器供应量,甚是幸运。尤其是步枪子弹的补给问题,皇帝陛下希望今后继续得到日本政府的援助,烦劳日本政府予以进一步考虑。

如上所述,协约案按照帝国政府的愿望得以通过,让与铁路的问题也可以认为早已决定。希望尽快签署条约。加之俄国外交大臣要到另一个地方疗养,大概何时能完成签字,即希回电示知。

《日本外交文书》大正五年第一册,第132号文件

石井致本野电[142]

1916年6月29日

第380号。绝密

关于签署日俄协约的训令

6月29日,得到天皇圣裁,我大使应同时签署公开协约和秘密协约。望签署结束后,立刻电告我和驻法、驻英两大使。

附件一:经天皇圣裁的日俄协约案

公开协约

日本帝国政府及俄罗斯帝国政府,为维护远东永久和平,决定通力合作,特约定以下条款:

第一条

日本国不与别国缔结对抗俄罗斯国之任何政治协定或联盟。

俄罗斯国不与别国缔结对抗日本国之任何政治协定或联盟。

第二条

两缔约国之一方所承认另一方在远东之领土权利或特殊利益,如受到侵害,为维护、保卫此等权利和利益,日本国和俄罗斯国将协商应采取之措施,以相互支持或协助。下列人员受各自政府正当委任,在协约上署名盖印,以资为证。

秘密协约

日本帝国政府及俄罗斯帝国政府,希望进一步巩固1907年7月30日［俄历17日］、1910年7月4日［俄历6月21日］及1912年7月8日［俄历6月25日］各日俄秘密协约所规定两国间真诚之友好关系,作为上述协约之补充,兹协定以下条款:

第一条

考虑到两缔约国的切实利益,认为使中国免受与日本国或俄罗斯国敌对的第三国的政治控制为紧要之事。必要时,两国应随时开诚布公地交换意见,协商采取之措施,以防止上述事态发生。

第二条

根据前条规定,经双方同意而采取措施后,两缔约国之一方与上述第三国宣战时,根据缔约国另一方的请求,应援助其同盟国。此时,两缔约国无论何方未经另一方同意不得与交战国讲和。

第三条

根据前条规定,两缔约国之一方向另一方提供军事援助的条件和方法,由两缔约国有关部门商定。

第四条

两缔约国之一方如得不到同盟国与战争日益迫近的严重形势相适应的援助的保障,则没有义务向另一方提供第二条所规定的军事援助。

第五条

本协约自签署之日始即刻生效,有效期限至1921年7月14日［俄历1日］。

在上述期限结束前十二个月,两缔约国之任何一方均不得宣告废弃本协约;两缔约国之某一方宣告废止本协约时,从当日起,本协约一年之内继续有效。

第六条

两缔约国对本协约严守秘密。

下列署名人员受各自政府正当委任,在本协约上签字盖印,以资为证。

附件二：上奏日俄协约案及向枢密院咨询的经过

绝密

将上奏日俄协约及向枢密院咨询的经过记录在案，以供参考。

大正五年6月28日（星期三）

午前十时，总理大臣大隈、外务大臣石井入宫参见并上奏天皇。

是日午后五时，外务次官币原在枢密院事务局对本协约做了说明。枢密院秘书长有松，以及枢密院两位秘书二上、入江列席会议（其后枢密院清水秘书也参加了会议）。秘书长有松撰写了报告。

是日晚九时，天皇陛下将本协约案下达枢密院咨询。

是日夜，枢密院事务局向枢密院各顾问发出29日召开枢密院会议的通知，直到深夜才结束。

（备考）如上所述，到28日晚9时，协约案一直在天皇陛下手里，这是特意安排的。这样做是为了最大限度地缩短与翌日早晨召开枢密院会议的时间，以防此间泄露机密。

6月29日（星期四）

从午前十时开始召开枢密院会议。天皇陛下出席了会议。总理大臣大隈、外务大臣石井和外务次官币原列席了会议，对协约案做了说明，全场一致通过了本协约案。

正午过后散会。

（备考）上述上奏陛下的协约案为日文本（公开及秘密两部分）。

29日召开枢密院会议时，石井外务大臣把所带协约案（包括公开和秘密两部分）日文本和法文本分发给各位顾问。会议结束时，石井大臣又将其全部收回带回（有一两份公开协约案留在顾问手里）。

又28日夜，币原外务次官在枢密院事务局说明时所带协约案（包括公开和秘密两部分）日文本和法文本，在有松秘书长手里各留了一份。

《日本外交文书》大正五年第一册，第142号文件

小幡致石井电[153]
1916 年 8 月 1 日

第 698 号。

请示如何回答中国外交总长对日俄协约的质疑

7 月 31 日,中国外交部参事伍朝枢访问本职,奉中国外交总长之命非正式地提出:关于最近签署的日俄协约,希望了解日本政府对以下几点有何看法:

"(一)协约第二条规定,两缔约国之一方所承认另一方在远东之领土权利或特殊利益受到侵害时云云。远东当然也包括中国,两缔约国之一方所承认另一方在中国的领土权利或特殊利益,是何所指?

(二)协约第二条后段称,为维护、保卫此等权利和利益,日本国及俄罗斯国以相互支持或协助为目的,协商应采取的措施。例如日俄在中国某一地区拥有专属居住地,倘若这是本条所规定的两缔约国相互承认的权利或利益,则此居住地被某第三国侵略时,日俄两国将随时协商应采取的措施。即使如此,此时中国本身也有维护和保卫这些居住地免受他国侵略的权利和义务。协约第二条后段之规定如何与这一权利和义务相协调,换言之,关于上述中国的权利,第二条应做何解释(理解为伍氏委婉地陈述中国的权利和第二条相抵触)。

(三)为供参考,中国政府希望了解新协约缔结后 1907 年日俄协约是否依然有效(伍氏补充说,尽管 1907 年协约第二条承认中国的独立及其领土完整以及机会均等,但在新协约中全无这种规定。如因新协约的缔结,1907 年协约自然失效,则新协约中为何没有特意做出尊重中国独立及其领土完整的规定,这是根据怎样的理由)。

(四)大阪等地的日本报纸报道说,还缔结了有关松花江航行权及让与东清铁路的一段等问题的秘密协约。这种密约果真存在吗?"

本职回答说："关于以上四点，须向帝国政府询问，接到答复后再予回答。"同时，作为本职的个人意见，我还表示："关于问题（二）和（三），相信 1907 年协约依然有效。关于问题（四），我阐述说："据本领事所知，不存在什么密约，只知道目前两国正在商议松花江航行权和让与东清铁路一段的问题。有关上述问题的协商一经完成，与中国政府相关的事项，一定要办理征得中国政府同意的手续。"此外，伍氏回答本职的问题，说："关于该问题，准备向俄国公使提出同样的质问。"如何答复中国政府的上述质问，望迅速回电告知。

《日本外交文書》大正五年第一册，第 153 号文件

石井致本野电［156］

1916 年 8 月 5 日

第 453 号。

关于如何答复中国对日俄协约的质问一事，

指示确认俄国政府是否存有异议

关于前电第 451 号所述中国政府的质问，可按下述旨意作出答复。望我大使立即会晤俄国外交大臣，确认俄国政府对此是否存有异议，并电告其结果。

（一）"远东"一词当然包括中国。第二条所谓领土权利或特殊利益中与中国有关的内容，从日本方面而言，比如，是指对租借地、南满铁路和专属居住地的权益。就此不能一一类举。

（二）日俄两国丝毫不排除中国行使其所享正当权利。日俄两国协商维护本国权利和利益的手段，与中国的权利并无任何抵触。

（三）第一次协约第二条依然有效，不受第二次协约及新协约的任何影响。加之尊重中国独立及领土完整并在该国机会均等的原则，在现行的日英协约中也有规定，并非帝国政府对这些原则已改变固有方针。

（四）关于松花江航行权及让与东清铁路一段等问题，报纸报道说

另有密约,这纯属谣传。他日日俄两国缔结协约,认为有必要让中国政府知悉者,自应通知中国政府(须补充说明的是,帝国政府决定以上两个问题时,通知中国政府已足矣,并不认为全要征得中国政府的同意。此点要让驻华代理公使知悉)。

《日本外交文书》大正五年第一册,第 156 号文件

本野致石井电[158]

1916 年 8 月 9 日

第 662 号。

报告俄国政府答复中国就日俄协约所提质问的备忘录要点

关于前电第 647 号。8 月 12 日,接到俄国外交部的答复,其要点如下:

俄国政府对日本政府的答复不存异议。但俄国驻华公使作为个人意见就该问题向中国政府阐明了下述意思:

(一)日俄两国政府所订协约与中国政府的权利和义务并不抵触,不过是对中国政府已向日俄两国"保证"(guarntee)承认的权利与义务的补充而已。

(二)1907 年日俄协约并未规定期限,因此,即使在新协约中未载明 1907 年协约中关于保全中国独立及领土完整的条款,旧协约依然有效。

(三)日俄缔结协约,与中国在满洲的权利有关者,要通告中国政府。

俄国政府认可了驻华公使的以上建议。另外,已电令驻华公使,倘若中国政府今后再次质问新协约中的所谓特殊利益,则回答说:这是俄中条约和其他一切协定所规定的内容,中国政府业已知悉。

《日本外交文书》大正五年第一册,第 158 号文件

石井致小幡电［159］

1916 年 8 月 14 日

第 316 号。

关于如何答复中国政府对日俄协约的质问的训令

关于尊电第 698 号所述中国政府的质问，已与俄国政府磋商，望我公使按以下旨意做出答复：

（一）"远东"一词当然包括中国。第二条所谓领土权利或特殊利益中与中国有关的内容，从日本方面而言，比如，是指对租借地、南满铁路和专属居住地的权利义务。这里不能一一列举。

（二）日俄两国丝毫不排除中国行使其所享正当权利。日俄两国协商维护本国权利和利益的手段，与中国的权利并无任何抵触。

（三）第一次协约第二条依然有效，不受第二次协约及新协约的任何影响。加之尊重中国独立及领土完整并在该国机会均等的原则，在现行的日英协约中也有规定，并非帝国政府对这些原则已改变固有方针。

（四）关于松花江航行权及让与东清铁路一段等问题，报纸报道说另有密约，这纯属谣传。他日日俄两国缔结协约，认为有必要让中国政府知悉者，自应通知中国政府（帝国政府决定以上两个问题时，通知中国政府已足矣，并不认为全要征得中国政府的同意。此点望我公使一人知悉）。

另外，据日本驻俄大使来电称，俄国驻华公使作为个人意见向中国政府阐明了下述意思：

〔此处内容与本野大使来电第 663 号（一）至（三）相同。〕

而俄国政府已认可驻华公使的以上建议，并已电令驻华公使，倘若中国政府今后再次质问新协约中的所谓特殊利益，则回答说：系根据俄中条约和其他一切协定所作规定，中国政府已经知悉。为供参考，补充如上。

《日本外交文書》大正五年第一册，第 159 号文件

俄国驻日本大使致本野函[171]

1916 年 12 月 7 日

第 1207 号。机密

俄国驻日大使就让与中东铁路南部支线的

一段及松花江航行权的条件提出备忘录

备忘录①

1916 年 12 月 7 日于东京

为确保日俄在满洲的势力范围绝对不变,过去数月间俄国外交部和本野子爵阁下在彼得格勒进行了协商。在协商中,关于向日本国让与东清铁路南部支线的一段和松花江航行权问题,引发了俄国政府的某些提议和与其他一般性问题相关的某些事情。本野子爵阁下离开俄京前,斯兹尔梅尔在递交给他的备忘录中载入了这些提议和事情的概要。

为了使该问题尽量得到切实解决,俄国驻东京大使接到了本国政府就该问题继续交涉的训令。俄国大使省去详情,将目前的问题的节略提交给了本野大使。

为了确保日俄在满洲的势力范围完全不变,相互永不侵犯,这种见解最符合两国政府的利益。鉴于这种一般看法,俄国约定将东清铁路南满支线的一段让与日本政府或南满铁路公司。由于上述支线的一段紧挨着宽城子和松花江,不存在具备衔接日俄两国铁路所需条件的地点,因此,东清铁路南满支线的一段,也应包括位于松花江左岸南部三公里半处的老烧锅站之内的铁路。

另外,约定俄国放弃秀水站以上的松花江的航行权;同时,日本不应寻找借口对嫩江河口以下的松花江的航行权提出要求。而日俄两国人等均可在嫩江河口至秀水站之间自由航行。当中国政府对日本在嫩江河口以上的航行权提出抗议时,俄国政府当然不能给予任何支持。

---

① 备忘录的译文系日本外务省事务局的临时译文,附属文件一、二亦同。

基于上述一般原则,即确定势力范围不变以及相互间永不侵犯各自势力范围的一般原则,承认上述让与要以下述各点为条件:

甲,关于铁路问题

一、日俄两国铁路之间在开始直接业务联系之前,从两国铁路衔接点发往日本铁路区域内市场的货物(反方向也以此为准),其运费不能低于从上述同一衔接点发往符拉迪沃斯托克同样货物的运费(反方向也以此为准)。

二、两国铁路当局避免或禁止采取一切措施,将从另一方的势力范围经陆路或水路前来的旅客和货物引诱到本国的铁路。

三、将来俄国政府认为有必要在本国势力范围内设立关税制度时,日本政府不得提出异议。俄国对日本也负有同样的义务。

四、应商定,两国政府相互承认在满洲各自势力范围内拥有各自开展邮政业务的权利。俄历 1915 年 12 月 11 日[公历 1915 年 12 月 24 日],俄国大使馆致日本外务省的备忘录中已对该问题做了详尽阐述。在老烧锅站设两国铁路衔接点所产生的新的运输态势,应使上述备忘录所持观点得到进一步确定。迄今日本政府对俄国所提解决方法未提出异议,因此,该问题应另行换文予以解决。

乙,关于嫩江河口以下的松花江航行权问题。中国或日中两国共同在上述松花江段及嫩江和松花江汇合处开办其他航运业时,日本国政府不能直接或间接地给予任何帮助。

根据上述原则,日本臣民如在俄国在满洲的势力范围内向中国人出售江轮及其部件,则被视作违反两国政府所定原则精神。希望日本国政府能理解俄国的以上见解。关于此点应注意的是,俄国现行法律禁止俄国人在黑龙江流域诸河流向外国人出售江轮。

关于本备忘录所希望的诸问题,日本国外务大臣阁下正在彼得格勒进行协商,由此可了解到俄国舆论是如何重视俄国对日本国所要做的上述让与。日本在供给武器方面对俄国要尽最大努力,在此前提下予以补偿,为了使舆论感到满意,在俄京经常有人提出补偿。关于此点,与俄国已经披露的意见相关联,俄国大使借此机会,向日本国政府提出了另纸所示俄国政府目前最为需要的武器弹药清单。

另外,库朋斯齐补充说,最近俄国政府又提出借款两亿日元,作为向日本支付武器的订金。日本在该问题上向俄国提供一切方便,俄国对日本自然会产生极好的印象,这对日本国自身也有益处。

最后想谈谈第二个问题。最近在俄京递交本野子爵阁下的备忘录第三条所述俄中关于在满洲生产和销售酒精的规定,日本国表示赞同。为了日俄两国间缔结一个关于该问题的协定,本大使将不惜一切努力,希望外务大臣阁下也以善意考虑该问题。关于该问题的最新消息,最近库朋斯齐已通报币原。

关于决定原则性问题的形式,本大使有幸遵照本国政府的训令,按照另案所示(但有必要作些改动),提出公开或秘密换文的方案。

附属文件一:俄国陆军部的要求事项

一、步枪 15 万枝,若有可能,供 15 万枝以上。

二、每枝步枪至少配备实弹 1 千发。

三、35 秒信管 10 万个。

四、20 厘米(8 英寸)榴弹炮 24 门。

五、每门榴弹炮配备 1 千发炮弹,合计 24000 发。

希望直接从日本炮兵工厂现有的储备中得到上述子弹和炮弹。

附属文件二:关于让与中东铁路南线一段及松花江航行权的换文案

公开换文案

俄国驻东京大使(名字)受正当委任,荣幸地向日本国外务大臣本野子爵阁下声明如下:

鉴于日俄两国在满洲经济活动的自然趋势,并希望避免因日俄两国在该地竞争而产生一切纠纷,兹协定如下:

一、东清铁路公司为了以……价格向南满铁路公司让与连接宽城子和松花江左岸的一段铁路,应采取必要措施。日俄两国铁路新的衔接点应为老烧锅站。让与一事,由相关公司相互商定,并且应在足以完成两国铁路衔接工作的期限内进行商定。

二、日俄两国铁路在这种新态势下开始相互间直接相关运输业务之前,要重新制定如下运费表:从上述两国铁路衔接点发往日本铁路线经过的市场的货物运费(反方向也以此为准),不能低于从同一衔接点发往符拉迪沃斯托克的同样货物的运费(反方向也以此为准)。

三、两国铁路当局避免或禁止采取一切措施,将由陆路或水路从另一方的势力范围前来的旅客和货物引向本国的铁路。

四、关于上述让与铁路问题的细目及日俄两国铁路衔接的各项条件,以及为实施上述第二条和第三条所提规定而要采取的措施,由东清铁路公司和南满铁路公司共同商定。

五、俄国政府放弃秀水站以上的松花江航行权。如果中国政府对日本在嫩江河口以上的航行权表示反对,俄国政府不予支持。日本国政府今后不应对嫩江河口以下的松花江航行权提出要求。中国或日中两国共同在上述松花江段及嫩江和松花江汇合处开办其他航运业,日本国政府不能给予任何直接或间接的帮助。

附属文件三:俄国对日本在满洲的活动范围内建立关税制度不存异议的秘密换文案

秘密交换公文案

俄国驻日大使致本野函

敬启者:关于让与宽城子至老烧锅站间铁路的条件,作为本大使已递交阁下的信函的补充,今日本大使接到了俄国政府下述指示:既然日俄两国在满洲已取得地位,日本国政府将来如果认为在其活动范围内有必要建立关税制度,俄国政府声明不存异议。

谨此报闻。

《日本外交文书》大正五年第一册,第171号文件

俄国驻日本大使致本野函[173]
1916 年 12 月 18 日

将让与日本的长春至松花江间铁路

估计为 8000 万卢布的计算方法

俄国欲让与日本国的东清铁路一段估价 8000 万卢布,此数字是俄国当局按下述明细核算得出的:

一、该区间线路的敷设费为 1263.6 万卢布;

一、在东清铁路公司对俄国政府的债务中,对应于上述区间线路的部分为 2825.7 万卢布;

一、设置日俄两国铁路新衔接点之费用为 350 万至 400 万卢布;

一、根据以年利计算收入金额,让与区间地区土地租赁价格为 600 万卢布。

东清铁路公司因让与铁路而遭受损失,作为向该公司的赔偿,在上述数字之上还须加上 3000 万卢布的赔偿金。

长春至松花江左岸的铁路让与日本后,迄今为止归俄国铁路运输的众多货物,将把利益转给南满铁路。倘若如此,据东清铁路公司目前状况计算,俄国铁路每年在运输货物方面所受损失总额为:经南满铁路运至的货物,每年损失 273 万卢布;经松花江运至的货物,每年损失 8.1 万卢布。从上述总额中扣除运送货物的管理费 130.2 万卢布,余额为 151.9 万卢布。这一数额表明,作为东清铁路公司利润的余额,在俄国铁路收入中在逐年减少。将该金额以五分的利率计算,作为对东清铁路所受损失的赔偿金,应得上述 3000 万卢布。此外,据东清铁路公司计算,所让与的线路的收入每年达 200 万卢布。

更详细的估价书已由俄京寄至俄国大使馆。

俄历 1916 年 12 月 5 日[公历 1916 年 12 月 18 日]于东京

附件:对所让与中东铁路的估价

大正五年 12 月 12 日满铁调查书

宽城子至第二松花江南岸(66.6 哩)

一、认定敷设该铁路所需费用为 690.7 万日元。每哩 10.37 万日元。

二、若我国现在敷设该铁路，所需费用预算为 809.5 万日元，每哩 12.15 万日元。

三、让与后立即改善设备时所需费用，预算为 419.555 万日元。

四、预测利润：

所让与铁路每年的收支估算：

一、收入估算为 115.1 万日元：

每日每哩平均收入 45.82 日元，其中运送旅客收入为 58.1 万日元，运输货物收入为 57 万日元。

一、支出估算为 63 万日元：

每日每哩平均支出 25 日元。

扣除支出后预计纯收入：52.1 万日元。

间接纯收入：

该铁路让与后，南满铁路因吸收该铁路而增加收入：

一、南满铁路预增收入：62.25 万日元。

一、对所增收入的支出，预算为 22.4 万日元。收支比率为 36%。

扣除支出后预计纯收入：39.8400 万日元（似为 39.8500 万日元之误——编者。）

《日本外交文书》大正五年第一册，第 173 号文件

（二）五国山东问题密约

说明：第一次世界大战爆发，日本对德宣战，夺占了德国在中国山东的势力范围及太平洋诸岛屿。为了使自己从德国手中所获得的权益变成事实，日本对协约国展开积极外交，相继与英、法、意、俄之间签署密约，以换取协约国对日本山东权益的承认。

1. 日英密约

格林尼致书于大日本外务部大臣

1917 年 2 月 16 日

顷奉敝国政府密电,谓去年三月七日贵国政府所提出商求德国在山东权利及赤道以北太平洋中之岛屿等件,敝国政府一律承诺,并许在将来议和会中,尽力协助贵国之要求。惟赤道以南属德岛屿,贵国亦须允许敝国以同一之承诺与协助。请贵大臣商榷赐复。

大英公使格林尼,二月十六日

《山东问题汇刊》(上),第 67 页

葛林照会本野一郎

1917 年 2 月 16 日

为照会事:

上月二十七日之晤谈,阁下对本使言,清帝国政府愿得一保证,将来在媾和会议时,英国帝国政府援助日本要求割让德国在山东及在赤道以北各岛屿之领土权利,本使奉英王陛下外交大臣之训令,将下列英国帝国政府之意旨通告阁下,至为荣幸。

英国帝国政府欣然允许日本政府之请求,保证将来在媾和会议中,援助日本要求割让德国在山东及在赤道以北各岛屿之领土权利,并经谅解,日本政府亦以同样精神,援助英国要求在赤道以南之德国岛屿。

本使为此特向阁下重表最高之敬意。

日本帝国外务大臣本野一郎子爵阁下

大英帝国大使葛林

《六十年来中国与日本》第七卷,第 71—72 页

日本外务大臣致法国驻日大使

1917年2月19日

日本帝国政府尚未与协商国谈判关于对德国之媾和条件,因以此种问题当媾和交涉开始时,协商国义当与日本共同决定也。虽然,观最近局势之发展,以及关于媾和条件之特殊处置,若波士勃罗斯、君士坦丁堡及鞑靼奈尔之割让业经列强讨论,日本帝国政府相信,现已至表示关于日本媾和条件之时机,兹特提出以供法国共和政府之考虑。

兹所尽力奉告与法国政府者,日本政府为对现在大战之工作,尤其为保障将来之东亚和平及日本帝国之安全,承受德国在远东之政治军事及经济的势力,乃绝对之必要。

在此情况之下,日本帝国政府在媾和交涉中,要求割让德国战前在山东及在太平洋赤道以北各岛屿之领土及特殊利益。

日本帝国政府诚恳希望法国共和政府承认此种要求之合法,并与以保证,关于此问题可以获得其充分之援助。

关于日本在战争中生命财产之损失,以及其他与协商之共同媾和条件,完全在此问题考虑之外,自不待言也。

《六十年来中国与日本》第七卷,第72—73页

日政府复英公使书

1917年2月21日

日本外务部大臣,覆大英公使二月十六日书。敝国政府对于贵政府之隆情厚谊,倍形感激。如贵国实践所言,则赤道以南,德国属岛,敝国政府当极力在将来和会中助贵国之要求。

一九一七年二月二十一日

《山东问题汇刊》(上),第67页

2. 日法密约

日法密约

1917 年 2 月 22 日

日本帝国政府为维持东亚和平起见,将欧战之前德国在山东所有一切利权,及赤道以南太平洋中之德属诸岛,请将来战后和会判归日本承受,想贵国政府对于敝国提出之合法要求,深表同情。敢恳尽力协助,以敦友谊而固邦交。

一九一七年二月二十二日

《山东问题汇刊》(上),第 67 页

补力恩答复日本外务大臣书

法国政府对于贵国政府提出条件,关于山东及太平洋各岛之要求,深表赞同,定必于议和时尽力相助。惟贵国必须运动中国使与德国绝交,其绝交之情状,必包含下列之事实:

一、中国政府发给护照,遣德国外交官及领事离出中国国境;

二、德人之在中国者一律逐出国境外;

三、中国将德人在中国沿海港湾商埠所有船只,一律拘留,交联军处置。敝国政府查得德人在中国船只有四万吨之度;

四、中国将前时被德国租借土地,一律取回,并将德人在中国境内商埠屋宇一律籍没。

法国公使补力恩

一九一七年三月

《山东问题汇刊》(上),第 68 页

3.日意、日俄密约

按：日俄、日意间，有与日英、日法相似之密约存在。

4.日美间之协定（蓝辛石井换文）

中美间之协定（蓝辛石井换文）
1917年11月2日

日美两政府为在中国之互相利益，与扫除之各种谣传起见，因为共同之宣言如下：

日美两国政府承认因土地上之接近，若产生国际间特别之关系，因之美国承认日本在中国有特殊之利益，于领土接壤处为尤甚。

但中国之领土主权，不因之而有所损丧。他国在中国之商业，不因之而处于不平等之地位，各国与中国所订之商权条约，亦不因之而失其效力。

日美两国政府不承认两国间有侵犯中国独立与领土完全之意，日美两国政府仍旧主张维持开放门户政策，与各国在中国之商实业机会均等主义，因之两国政府互相宣言，反对一国政府得有特殊之利益，因而妨害中国之独立，或领土之完全，或其他各国人民之享受商实业机会均等之利益，敢请同情。

《山东问题汇刊》（上），第67—69页

（三）蓝辛—石井协定

说明：日本提出对华"二十一条"，企图独霸中国，加上1917年日俄密约曝光,日美在远东的矛盾日趋激烈。1917 年,趁美国陷入欧战的机会,日本主动派特使访美,经过谈判,日美签署《蓝辛—石井协定》,美国承认日本在中国的特殊利益,日本也承认美国所主张的门户开放政策。

石井之东渡

日本既以与英法俄义四国之谅解,预占将来媾和会议中之脚步,以处分山东及南洋群岛等问题;旋美国与中国先后对德宣战,外交形势显然已有相当变化,日本为使其远东地位不感动摇,势有更取得美国谅解之必要。日本政府一九一七年秋派前外相石井菊次郎东渡,与美国政府交换关于中国问题之意见。石井于九月初抵华盛顿,首与美总统威尔逊晤谈。威尔逊表示,美国所望者,在对中国诚实施行门户开放、机会均等主义。而事实上,列强在中国各地各自划分所谓势力范围,为此主义(指门户开放、机会均等)之威胁,殊为遗憾。石井当谓,势力范围实德俄两国在山东及满洲所首先主张,虽对海约翰氏提倡之门户开放、机会均等主义表示赞成,而其真面目,不啻门户闭锁、机会不均等,此最矛盾者。日本则根据对俄战争之结果,取得在满洲之地位,然于门户开放、机会均等主义,仍恪守勿违云。石井以此一段谈话而开美日交涉之端绪。

此时石井之个人意见,颇以势力范围之保存,为时代错误之现象,徒惹国际争议,不如早日废止之为愈。彼以为日本距离中国最近,日本货物以一二昼夜之时间即可运达中国市场,反之,欧美各国产物须一二个月始达,日本自然竞胜而占第一位。故拟因威尔逊之意,撤废势力范围;于此点先使美方满足,然后于他点使美国同意日本之主张。石井曾以此意电东京请训,日外相本野付诸外交调查会讨论,议论纷纷,大致均不赞成撤废势力范围。在此时期,石井已与美国国务卿蓝辛开始讨论中国问题。

蓝辛、石井初次会商时,石井首谓,今当向共同之敌从事共同战争之际,最宜相互注意敌人之离间。若移民问题及中国问题,均足为离间日美之题材。蓝辛谓,余意亦然。余耳中常有此类之宣传,谓现当欧洲各国赌存亡之际,日本在东洋舞其胜手,在中国筑不拔之优越地位,如此,对于中国之领土完整与门户开放、机会均等主义,将成有名无实云云。当此时机,美日两国政府若以协定,共同宣言尊重中国领土完整及门户开放、机会均等主义,足以预防敌方之恶宣传。石井谓,此案不足为现状之对策,日美两国已有罗脱—高平协定(一九〇八年)揭示中国领土完整及门户开放、机会均等主义。且英日同盟曾表此意,日法日俄两协定亦均论及。今以同一事项再行宣言,殊无意义,且将招致日本国民之误解。余以为日美共同宣言,其意义应与上述事项异趣,而加入新事项。依日本之见地,日本之于中国,尤其接壤地域,较之他国,据有优越利益,犹美国之于墨西哥及中美诸国然。此本天赋地势之实在状态,彼之门罗主义如为他国所承认,若上述之实在状态,不亦应为他国所承认乎?日本在中国之特殊利益,日英盟约首予承认,日法日俄等协定继之。若就贵案,再言中国之领土完整及门户开放、机会均等主义,同时再将上述之中日关系声明,发表一宣言,则第一断绝尊见所及之宣传祸根,第二预防日本国论之误解,并收阐明远东实在事态之效果。石井以此一席话说明其根本任务,蓝辛以此谈话性质重大,遂约互相考虑不日再会而别。

石井既以单刀直入之势,论及此段交涉之核心,在美国方面颇引起相当之踌躇。石井遂于此时赴纽约游历,借各界欢迎之机会,盛事宣传日本之对华政策,一面揄扬门户开放、机会均等主义,一面以婉曲之词旨,宣传亚细亚门罗主义。彼此纽约逗留一星期,及再返华盛顿,威尔逊之态度显然好转,蓝辛亦与之再开交涉,进于实际之研究。关于石井提出之所谓"卓越利益"字样,石井主张用 Paramount interest 两字,以描出日本之对华利益。谓此字句始自美国前国务卿西瓦德(William Henry Seward),并曾以此字句形容美国对墨西哥之利益。蓝辛对此字句坚不承诺。日方又提出"特殊利益及势力"(Special interest and influence)字样,以代替"卓越利益"。经多方折冲,结局省去"及势力"写成"特殊利益"。蓝辛所以于此文句再三致意者,以第二次英日盟约第三条,即有"Japan having Paramount Political Military and Economic interest in Korea"字句,其后朝鲜卒为日本并吞。因有此嫌,故断然反对。此层争执既经妥协,则蓝辛石井协定成矣。

《六十年来中国与日本》第七卷,第101—103页

蓝辛石井换文

十一月二日,蓝辛石井协定以换文方式成立。蓝辛照会石井曰:

兹谨奉书阁下,敬陈者:贵我两国政府,关于中华民国均感有利害之诸问题,本官近与阁下曾经会谈,意见既经一致,且均明白了解,故兹得有通报阁下之光荣。阁下及本官均以欲一扫近来往往流布有害之风说起见,当将两国政府关于中国之所怀抱之所希望及其意向,再行公然宣言,方为得策。合众国及日本国政府均承认凡领土相接近之国家间有特殊之关系,故合众国承认日本国于中国有特殊之利益,而于日本所属接壤地方,尤为其然。中国之领土主权,当然完全存在。合众国政府以日本国其于地理的位置之结果,有如上之特殊利益,日本并无不利他国之通商与偏颇之待遇,及蔑视条约上中国从来许与他国商业上权利之意。盖日本国政府屡次之保障,全然可以信赖也。合众国及日本国政府声明毫无侵害中国之独立及侵害保全领土之目的。且声明两国政府常于中国维持所谓开放门户又对商工业机会均等之主义。又凡特殊之权利,又特关侵害中国之独立及领土之保全,或有妨碍列国臣民或人民商业上及工业上完全享有均等之机会者,两国政府不问何国政府,有是均得反对,互相声明。本官以贵我两方意见既已一致,明白了解,故对前记各项,希望阁下之确认。兹特谨向阁下表其敬意。敬具。

一千九百十七年十一月二日华盛顿国务院罗波德·蓝辛

同日石井照复蓝辛曰:

兹谨奉复阁下,敬陈者:关于中华民国,贵我两国政府共感有利害

之诸问题,阁下近与本使会谈,意见既经一致,且均明白了解,本日承以华翰通报,拜悉一是。兹遵本国政府之训令,奉复阁下。下记一切,均得了解确认,此诚本使之欣幸。阁下及本官均以欲一扫近来往往流布有害之风说起见,当将两国政府关于中国之所怀抱之所希望及其意向,再行公然宣言,方为得策。合众国及日本国政府均承认凡领土相接近之国家间有特殊之关系,故合众国承认日本国于中国有特殊之利益,而于日本所属接壤地方尤为其然。中国之领土主权,当然完全存在。合众国政府以日本国其于地理的位置之结果,有如上之特殊利益,日本并无不利他国之通商与偏颇之待遇,及蔑视条约上中国从来许与他国商业上权利之意。盖日本国政府屡次之保障,全然可以信赖也。合众国及日本国政府声明毫无侵害中国之独立及侵害保全领土之目的。且声明两国政府常于中国维持所谓开放门户又对商工业机会均等之主义。又凡特殊之权利,又特关侵害中国之独立及领土之保全,或有妨碍列国臣民或人民商业上及工业上完全享有均等之机会者,两国政府,不问何国政府,有是均得反对,互相声明。本使兹向阁下谨表敬意。敬具。

一千九百十七年十一月二日在华盛顿日本帝国大使馆特派特命全权大使子爵石井菊次郎

蓝辛石井协定之成立,为日本外交之一胜利,盖不啻为美国承认日本对华特殊地位之文证。此项换文,显与门户开放主义相矛盾,至华盛顿会议时宣告废弃,而日本在精神上固犹坚持其对华特殊地位之存在也。

《六十年来中国与日本》第七卷,第 103—105 页

日美解释之不同

日美两方对蓝辛石井协定之解释,显有不同。日本将"特殊利益"四字解作"特殊地位",美国则认为只限于经济及商业方面,不涉及政治方面。此两种不同之见解,可于日美两国驻北京公使致中国政府之照会见之。日本公使林权助先于十一月六日照会中国外交部,其略曰:

美国正式承认日本在中国之特别地位,因中日二国土地接近之故,尤以彼领土毗连之部分为特甚。惟中国之领土完全与政治独立,仍不损伤。美国政府深信日本屡次之保证,对于他国在华商业不加歧待。美日二国重复声明恪遵门户开放主义,反对任何国政府取得影响中国独立之特别权利云云。

此照会之外,并附有蓝辛石井换文之全文。八日美国公使芮恩施亦将蓝石换文录送外交部,并附一照会,其略曰:

日本使团之莅美,发生讨论美日两国在远东利益之机会。日本代表公然宣言,日本之政策,非是一种侵略政策,并言日本并无于商业上或间接利用其地理位置所造成之特别关系。然则为德人所散布之外交疑云,业经扫除。美日两国政府重复声明,彼此恪遵门户开放政策,重复拘束两国政府,维持机会均等主义。任何国之臣民公民,于在华之商工业,一律完全享受之。日本在中国之商工企业,曾因彼两国地理关系之故,显然对于他国臣民公民之同一企业,占有某种利便;今美国政府与日本政府乘此良好机会,交换彼此对华关系意见。此项了解,业经正式交换公文声明,兹特将该项公文录送左右。在此等公文中之陈述,无须加以解释。其中不但重行声明门户开放政策,并且采用不干涉中国主权及领土完全之主义。此种主义,普通适用之,乃为永久国际和平所必要,诚如威尔逊总统所曾明白宣言者也。

此两照会最足见两国解释之不同,此后日美两国迭作各种之宣传与辩解,其大旨均不外乎此。

《六十年来中国与日本》第七卷,第106—107页

中国之声明

九日,外交部照会美日两国公使,声明中国之立场,不受他国交换文书之影响。其略曰:

近日美两国政府,为息止谣传起见,将对于中国之意旨,在美京互换照会,并由驻北京日本公使将前项照会原文通告中国政府,中国政府

中华民国时期外交文献汇编 1911—1949·第一卷

为免除误会起见，自应及早声明，以表示中国政府之意旨如下：

中国政府对于各友邦皆取公平平等之主义，故于各友邦基于条约所得之利益无不一律尊重。即因领土接壤发生国家间特殊关系，亦专以中国条约所已规定者为限。并再声明，嗣后中国政府仍保持向来之主义，中国政府不因他国文书互认，有所拘束。

《六十年来中国与日本》第七卷，第107页

（四）西原借款

说明：1916年10月，寺内正毅组阁，转而采取"中日亲善"的对华政策，大量投资中国，企图从经济的角度来侵略中国。而此时备受内忧外困折磨的皖系军阀政府也准备采取亲日政策，双方一拍即合，促成了"西原借款"。通过贷款，日本逐步加强了对中国的政治、经济、军事控制。

胜田主计①之"菊分根"政策

胜田曰：寺内内阁时代解散议会后，开特别议会时，政友会之野田大块翁，持画帖来大臣室，嘱予提词。予为之题"渐到菊花分根日"一句，系泄当时之感慨者也。此时对华借款案恰通过议会，由此从事实行，日本之经济势力得发展于大陆，将此种可庆贺时期已近之意，比之菊之分根，在此一句中，以表示予抱负之一端耳。其后偷暇著《菊分根》之小册子，以说海外经济发展之必要，分配于两院议员。原内阁成立后，高桥是清翁向予云："君书似为外国人所得，美国已经译出，日本

---

① 为西原借款之主要关系人，彼尝以菊花之分根，譬诸其所主持之西原借款；盖谓将以投资手段使中国殖民地化也。彼于下台之后，尝以此事不见谅于其国人，除著《菊分根》一书以自辨析外，又于大阪《朝日新闻》发表其经过情形，最足见其用意。

对华野心,已被外人怀疑。"予以此事殊为讨厌,故下卷因之搁笔。尔来关于该问题,务守沉默,惟中国问题甚嚣尘上时,关于对华借款,有种种误解及非难,甚至有以小人之心度君子者,故简单述当时之事情及经过,以明真相之一端。

大隈内阁瓦解后,寺内内阁成立,本野一郎子爵任外务大臣,予任财政大臣,时为大正五年(民国五年),欧洲大战正在进行中也。寺内正毅伯爵与予为旧相识,本野子爵亦属肝胆相照,常在异乡作长夜之谈。寺内伯爵亦常谓本野子爵为"人格非常崇高之人杰"而赏赞之。

寺内内阁最初之试练,即对华政策之变更是也。大隈内阁之对华政策,为有名之二十一条,中国国民谓其侵害中国主权,惹起非常反抗。善于宣传之中国人,又利用之于外交上。列国中尤其美国,深信"此即日本侵略中国之恶魔手段",强烈加以攻击。寺内首相组阁匆匆,夙夜焦思,务扫去此种误解,而缓和列国之空气,此时首相胸中,已有借对华秘密借款问题,以变更对华政策。

于是予说首相曰:"干涉中国主权,虽宜避免,惟中国之经济的开发,不特为中国之利益,亦为列国及日本之利益,日本对此不可不着先鞭。"本野外相亦助予说首相云:"熟察欧洲之形势,德奥与联合国孰胜,颇难预测,若德国诱惑守中立之中国,以利用其资源及劳力,则大战前途殊足悲观,此时居于极有利地位之日本,不可不努力使中国加入联合国。"因之政府方针完全决定,为中国之经济的开发,及加入联合国二大目的,树立方针,予以充分的财政援助,于是兵器借款,参战借款等一万万四千万元对华借款之议,遂告成立。

负筹款责任之予,首先与土方兴业银行总裁、美浓部(俊吉)朝鲜银行总裁、樱井(铁太郎)台湾银行总裁等财界要人折冲,与日本银行总裁三岛弥太郎君及其他要人,亦常晤谈,交涉借款问题。当时内地之经济状况,受大战之影响,对外贸易甚为顺利,因输出超过,国内金钱过剩,正在为难,故财界要人皆以"由国家立脚点,适当使用此种金钱,使物价平衡,预防财界混乱,殊为必要"之意,对予之政策表示赞同,并无一人反对,事件进行极为顺利。

当时之驻日中国公使章宗祥君,亦屡与本野外相会晤,章君不弄手段,故此项交涉容易成立。此时西原龟三君赴中国,与段祺瑞及政府方面交涉,其旅费系由寺内首相设法,及予借款而得,盖恐招无谓之疑惑,而特别注意也。

及至实行借款时,因事件重大,故网罗伊东(已代治),平田(东助)、原(敬)、犬养(毅)诸氏(宪政会之加藤高明伯爵拒绝参加),及其他政界要人,组织外交调查会,将该案交付讨论,得其赞成。又提出筹款方法于贵众两院,亦几得一致之赞成。对外又说英法,使其劝告美国,加入借款团,以表示日本并非乘机行劫之意,其手段可谓慎重而又慎重矣。

惟如此苦心经营之对华借款,尚未经过第一期,而寺内内阁总辞职,其后仅两个月,而欧洲大战告终,世界之形势突然变化,四周之事情,不幸未予日本以发挥借款效力之"时间",对于对华借款之非难,因当时之寺内首相挂冠后不久物故,本野外相亦死于任内,今日全部攻击,皆集于予一人之身矣。惟借款之手段及其方法,万无遗漏,予所深信,故予对于此等攻击甚难谅解也。

借款仅在第一期即行中止,故本金不能收回,利息亦迟还,惟此若由个人之放款者地位观之,虽为大问题,然由国家大局及其政策上观之,决不如此。试观英国负债一千万万元,尚为列国间第一雄邦者,系投百数十万万元资本,实行产业政策及殖民政策之所致也。为实行国家重大政策,不能不忍受重大难负之牺牲,能忍受此种牺牲,然后国家之根干枝叶方能繁荣,予之所谓"菊花分根"之理想非已实现者乎?

《六十年来中国与日本》第七卷,第110—113 页

林权助[①]之反对论

林曰:予以驻义大利大使,内定为驻华公使,由义大利经西伯利亚

---

① 时为日本驻华公使。

回国,至哈尔滨,而袁世凯之死讯遍传于世。此时予以为日本对华政策变更之时机已至。盖当时之大隈内阁,因反对袁世凯,一方援助革命党,他方又援助宗社党,其方法实一塌糊涂也。因之对于大隈内阁外交政策,颇为担忧之予,归国后即访加藤高明伯爵。当时加藤君为对华二十一条或其他事情,已辞外相,在野居立宪同志会总裁之地位,外务大臣系石井菊次郎君。予向加藤问曰:"君对现内阁对华外交之意见如何?"加藤君答曰:"予已非阁员,惟既为政府友党之首领,不能缄默,曾两次忠告大隈首相矣。"

予闻此语,稍为安心,遂正式受任,以驻华公使赴北京,此大正五年七月也。其后日本大隈内阁倒,寺内内阁成立。是年十月,中国约法复活,国会推黎元洪为大总统,段祺瑞经国会通过,出任国务总理。于是予慎重考虑此后对华政策应当如何,其结果决定"日本应援助段祺瑞"。予之所以决定援段者,盖信"国民党只有议论,毫无实力,段祺瑞既得国会之一致承认,又有相当力量,则援段较为贤明"故也。政府方面亦决定援段方针,惟须结束大隈内阁所援助之革命党。关于此事,现在外交上尚有重大关系,不能详细宣布。当时曾供给革命党武器,使之向山东活动,此外尚有种种事件,故段祺瑞政府亦屡催结束此事,日本实不能不结束也。惟革命党则甚可怜耳,盖从前予以武器,使之活动,现在反由供给武器之我国军队,驱逐其出境故也。

惟此援段政策,寺内内阁如何解释乎?遂向予所意想方针以外突飞猛进。其结果致有西原借款,此予所甚感困难者也。但因援段之故,借款亦非不可,然寺内君之方法,并非积极的援助段祺瑞,使其实行统一南北,而其动机及目的与此相反,故甚感困难。大隈君之方法,固属一塌糊涂;而寺内君之方法,亦完全出轨者也。

日俄战争后之我国外交,世人谓之为追随外交,然自吾辈观之,不特非追随外交,协调外交,实独断专行之武断外交,胡闹外交耳,如西原借款即其类也。予之意见,应不注重权利,与英国商议,日本为中国统一,在大战中,暂代列国借款于中国,求英国谅解,堂堂实行援段政策。

然当时之方法果何如耶？只寺内首相、胜田藏相、西原龟三君三人，计划此事，对于列国不特不求谅解，且乘列国忙于战争不暇顾及中国之机，夺取其权利，故为胡闹耳。

迄西原君与中国交通部间成立最初之借款止，予关于该项消息及经纬，毫无所知。其后得知，予始终一贯断然反对此种方法，或要求政府召回西原君，或强迫西原君由天津回国。

予因反对西原借款，至后藤新平君承本野一郎君之后为外务大臣时，命予暂时回国，予归至东京车站，后藤君又命予即往彼处，因之予即赴外务省。后藤君关于西原借款询予曰："究竟该借款尚未签字部分，应如何办理？"予即答之曰："不可再借。"盖是时行将成立之借款尚不知其数也。后藤君对予之反对意见，表示赞成。于是予向寺内首相、胜田藏相表示绝对反对之意。结局寺内首相亦容纳后藤君及予二人之意见，未签字部分决定中止矣。以后藤君之力，西原借款止于此数，可谓不幸中之幸也。

予由中国回国时，日本国内盛传予将辞职。回国后向外务省探询，因后藤君任外务大臣，知予并不欢迎西原借款以后，常维持予之地位，政府内部所传予将辞职之说亦即消灭。

予之援段政策，有此意想外之发展，遂促成北方军阀之破裂，终归于失败矣。

《六十年来中国与日本》第七卷，第113—115页

交通银行借款合同
1917 年 1 月 20 日

中华民国交通银行（下称甲），为整理业务起见，向日本国株式会社日本兴业银行株式会社、台湾银行及朝鲜银行三银行合组以株式会社日本兴业银行为代表之银行团（下称乙），借日金五百万元，所有订立合同条件，开列于左：

第一条　此项借款日本金五百万元。

第二条　此项借款期限,自本合同签字之日起算,满三年为限,即至中华民国九年一月十九日为满期。

第三条　此项借款利息,按年七厘五分,即日金每一百元按日金七元五十钱核算付给。

第四条　此项借款利息,第一回付息,应以借款金额交付之日起,迄民国六年七月十九日为止,按日核算,先期交付,以后每年于七月二十日及一月二十日,先期交付半年利息。

第五条　乙于收到本合同第十条所载担保品后,应将此项借款全部金额(除第一回应扣利息),在东京交付于甲之代理人。

第六条　甲之代理人收到前条借款全部金额之时,可作为存款,存入乙之银行,随时提用。

甲之代理人,关于前项存款之条件及汇款方法,可在东京与乙协定。

第七条　此项借款,全部实数交款,并无折扣及佣费。

第八条　此项借款将来还款付息,均在东京办理。

第九条　此项借款于期满前,甲得全部偿还,惟须于三个月前予行声明。

第十条　甲为担保还本付息起见,提供左列物件,作为担保品。

一、陇秦豫海铁路债券额面一百三十万元。

二、中国政府国库债券额面四百万元。

三、中国政府对于交通银行债务证书额面二百四十二万五千六百八十七元六角八分。

第十一条　甲于前条担保品全部证券所载金额,应备其可以收领之委任状,在北京交乙收执,乙于收到前条担保品时,应备具寄存证书,交付于甲。

第十二条　甲如到期不能还本付息时,乙得将第十条所载之担保品,随意处分,以充还本付息之用。

第十三条　甲于此项借款期内所需必要之资金,如需向外国借款时,应以合宜条件,先向乙商办。

第十四条　此项合同,由甲呈明中国政府备案,此项合同缮就汉文日文各二份,签名盖章,甲乙各执一份为据。

中华民国六年一月二十日即大正六年一月二十日。交通银行总理曹汝霖盖章。交通银行协理任凤苞盖章。株式会社日本兴业银行总裁志立钱次郎,代理理事二宫基成盖章。

《中华民国外交史资料选编》(1911—1919)(一),第 339—340 页

日币一千万元垫款合同
1917 年 8 月 28 日

中华民国政府现愿借款日币一千万元,作为拟与四国银行团商借善后续借款之垫款,议由日本银行团承办。因此财政总长代表中华民国政府(以下简称曰中国政府)、横滨正金银行(以下简称曰银行)代表日本银行团,在北京订立本合同,所有条款如左:

第一款　银行承认于订本合同日起十天以内承办垫款日币一千万元,应照本合同第四款所开办法交付中国政府。

中国政府允银行于订本合同日起十天以内,在日本发行中国政府国库券总数日币一千万元,将此发行之进款作为本垫款之用。

本国库券日期即为发行国库券之日,命名为:中华民国政府民国六年(即日本大正六年)国库券。

第二款　本国库券偿还期限自从发行日起定为一年,在其偿还之期前十天,由中国政府将日币实数一千万元交付银行,作为还债之用。

中国政府应按照在日本国应付之日币一千万元,筹备足敷该款之规银及、或国币,交付在上海银行,其汇价应同日与银行商定,或可于六个月以前无论何时随便订定。如或中国政府在日本实在存有日本金币,果系并非专为付还本国库券起见汇去者,则于期前十天,可用此项存款付还,惟须于期前两个月通知银行。

第三款　本国库券自从在日本发行日起,即按照周年百分之七行

息,发行库券之日,先将该利息扣除,即照券面虚数每一百元实收九十三元。

第四款　第三款所开发行本国库券之实收进款由银行扣除银行所用费一厘,即照券面虚数每一百元付给一元及在日本印造国库券费用约须日币三千元外,其余全数即于其发行后第三日归入在横滨之银行中国政府存款项下,应听候财政总长提用。此项存款银行应按周年百分之三行息。

前项所开存款应由银行汇寄来华,每星期汇款之数,与银行商定多寡,但每一个星期不得逾日币二百万元。

第五款　本国库券进款专供本年七、八、九三个月行政经费之用。其详细用途另行开单函达银行,作为本合同之附件。

第六款　本国库券除中国盐务收入业已指定从前借款债务之担保未经清还者外,即以中国盐务收入之全数作为担保。

第七款　财政总长提用本国库券进款,所有一切手续、条件均照中华民国二年签订善后借款合同第十四条所开办法办理。

第八款　财政总长代表中国政府应于照本合同第一款在日本发行本国库券之日暂发中国政府日币一千万元国库大券一张,交存在北京之银行做据。此项国库大券定于次项所开国库券全数印造完成日,应由银行缴还财政部注销。

在日本发行之本国库券式样、文字及每张券面之金额应由银行参酌外国在日本发行国库券之例,与中国在东京之公使商定。

本国库券须将财政总长及中国在东京之公使所签姓名及其印信摹印于券上,以为中国政府认可发行本国库券并担任本国库券债务之证据,督办亦须在券上加签用印以证其为经理人。中国政府应在订本合同日电令中国在东京之公使,照本条所开办理。

第九款　本国库券期限将满时,倘中国政府愿展本垫款期限,须在期满之前两个月通知银行,银行应允承办发行第六次一年期限国库券以新换旧。所有关于发行方法条件,开列于左:

一、第二次国库券须在本国库券期满之前三天发行,所有应扣除利率及应给银行用费若干,应照其时市面情形在其发行之前一个月另行商定。

二、中国政府须在本国库券期满之前十天,核算偿还本国库券日币一千万元与发行第二次国库券进净款之差若干,照数筹备足敷该款之规银及、或国币,交付在上海银行汇寄日本,其汇价同日与银行商定。

三、中国政府允,自从发行第二次国库券之日起,定由盐务收入,按期陆续拨交在上海银行若干,作为偿还该国库券之基金;该基金须由银行按照周年百分之五付息。其拨付日期及每回应交之数应于发行该国库券之前一个月预与银行商定。

四、除前开三项外,其余一切手续及条件应照本合同规定办理。

第十款　本国库券一经善后续借成立,应由该借款进款首先偿还。

第十一款　本合同之条款须由外交部以正式公文照会日本驻北京之公使。

第十二款　本合同共备中日两文各四份,中国政府执收各二份,银行执收各二份。如文义有疑难之处,以日文为准。

财政总长梁启超

横滨正金银行代表取缔役小田切万寿之助

中华民国六年八月二十八日

日本大正六年八月二十八日

《中外旧约章汇编》第 2 册,第 1279—1281 页

交通银行二千万元借款合同

1917 年 9 月 28 日

中华民国交通银行(以下称甲)为整理业务,除前由日本兴业银行、台湾银行及朝鲜银行三银行组织之银行团(以下称乙)借来日金五百万元外,今更借日金二千万元,该银行团以日本兴业银行为代表,与交通银行缔结如左之条项:

第一条　本借款金额为日金二千万元。

第二条　本借款期限自本契约签字之日起算为三年，即至中华民国九年九月二十七日为止。

第三条　本借款利息每年七分五厘，即日金百元付息日金七元五角。

第四条　本借款第一回利息于本借款交付日起至民国七年一月十四日之利息按日计算先付，以后每年一月十五日及七月十五日前付给六个月后之利息。

甲于前项规定之日期若滞不付息时，则甲须对乙支付延滞利息为年利七分五厘，即日金百元须支付日金七元五角。

第五条　甲收到本借款时，即将款存储于乙，必要时，得随时提取。存款利息并送款方法另定之。

第六条　本借款金额不交付手续费。

第七条　本借款金额之偿还及利息之支付以及其他一切授受均在东京执行。

第八条　本借款虽未届偿还期限，但甲在三个月预先通告，得偿还全部或一部。

第九条　甲提供左列之件予乙，为支付借款本利之担保品：中华民国国库券额面二千五百万元。

第十条　甲将前条担保品全部与领收所载金额必要之委任状，在北京交与乙，乙即出担保品收存证与甲。

第十一条　甲怠于本利之偿还时，乙得将第九条之担保物件任意处分，充当借款本利之偿还。

第十二条　甲在借款期限内，欲由其他外国借入必要之资金时，应预先与乙商议。

第十三条　中华民国政府保障本借款本利之支付。

第十四条　乙收到前条保证及第九条担保物件后，乃于借款金额中将第一次利息扣出，在东京交付予甲。

本契约以中日两国文字缮就二份，甲、乙各保存一份。若解释发生疑义时，依日本文解释。

交通银行总理曹汝霖、交通银行协理任凤苞

日本兴业银行总裁立志铁次郎、代理台湾银行理事山成乔六

中华民国六年九月二十八日

日本帝国大正六年九月二十八日

《中外旧约章汇编》第2册，第1285—1286页

章宗祥之自述

交通银行因整理业务，嗣后复向日本银行团续借日金二千万元，其条件大致相同。此项借款由西原先在北京接洽，林使报告本野，谓有政治性质，外务省遂有异议。曹来电嘱向日政府说明。六年八月二十一日晤本野后，当致复云：

顷晤本野，谈及交行借款事，渠谓：交行借款，果纯系实业性质，自无不赞同；惟此项借款闻有政治性质之嫌，故各国及反对党均颇注意。现在中国政府成立，政治借款，可由各国银行团按照成轨接洽，万一各国疑日本为单独行动，日政府颇难置辩。应请将此项借款确系为整理交通银行之用，切实证明，以免他人口实，则此间自易进行等语。希将此项实业借款凭证，切实向林使声明。

数日后，曹来电云：

此次交通借款，弟以银行总理资格商借，纯系整理银行之用，绝无政治关系。前此五百万元，纯为上海兑现及活动天津、张家口、汉口等处各分行之用，绝对不借供政费，有账可查，可为明证。政府借款，自有银行团商办，与交通银行决无关系。除向林使说明外，乞向日当局声明，从速进行。

当即据电转达本野，答称：即电知林使，惟望交行将来名实如一云云。此时日外务省主张先调查交行，再行承借，业电林使转达。西原意不甚赞同此举，某日朝鲜银行总裁美浓部来访，谓款事已派定台湾银行

山成理事前往北京,口气间仍露须先调查之意。当与言难以照办,渠乃谓调查之者,不过视察交行现在营业状况,如出入盈亏总额,各省分行总数及已未兑现情形,并非检查账目。凡此本为资本家应知之事,借此亦可对付旁人,请勿误会。山成此行,并有签约之责权等语。西原亦来谓调查不过询问营业上情形云云。当将上情电曹。嗣山成北上,即签定合同;交行第二次借款遂由此成立。所谓西原借款,以交行借款为起源,照合同所载及其经过情形,实无甚可议。此后关于铁路各种借款,用途情形不同,而不收回扣实足交款之条件则始终如一。曹尝自诩谓可为借款之模范。殊不知外间疑议曾未少息。合同守密,内中真相局外者不明,揣疑更甚。中国方面无论矣,即日本方面亦多抱不满者。八年春,将归国,某日白岩龙平来访,谈及西原借款,谓日本方面亦颇有疑君等者。余乃将合同等详示之,白岩始恍然,谓凡事过密之无益。至于银行团经手借款,因实足交款,并手续费亦不能取得,实出例外。美国资本家阿鲍脱过东时,懋业银行徐荣光电余招待,阿氏与余谈,颇咎中国何以借日款如此之巨。当答以中国一时需款,向欧美商借,欧美无以应,美国银行团往往允借而复作罢,犹之已从衣袋取出钱囊,旋又缩手者,盖屡屡矣。日本能应急需,又无回扣,是以借成。阿初不信,嗣廖凤舒以合同详示之,阿乃曰:如中国仍主实足交款,则我此次为虚行,美国之银行家断无不收手续费,而肯白效劳者也。由此观之,日本银行团之承借,银行家自身实未得何种利益,徒以受政府之意旨,乃勉行之。嗣后中国未能按期偿还,即利息亦未照付,日政府不得已,乃发债票收归政府,以救济银行云。

《六十年来中国与日本》第七卷,第133—135页

吉长铁路借款合同
1917 年 10 月 12 日

依据中华民国四年五月二十五日,即大正四年五月二十五日,中日两国政府所议订之南满洲及东部内蒙古条约第七条,财政总长及交通

总长代表中国政府(以下称政府)与南满洲铁路公司(以下称公司)改订吉长铁路借款合同协定条项如左:

第一条　借款数目。政府承诺照下开各条件与公司订借自吉林至长春之铁路(以下称本铁路)建设资本金全额日金六百五十万元。但其中除照光绪三十三年三月初三日,即明治四十年四月十五日盖印之新奉吉长铁路协约及光绪三十四年十月十九日,即明治四十一年十一月十二日盖印之续约已由公司交付政府之日金二百十五万中未还之余款外,尚少日金四百五十一万一千二百五十元,以现金交付政府。

一、借款之利率为年利五厘。

二、借款之实收价格,每一百元为九十一元五十钱。但已经交付终了者不在此限。

三、借款还清期限为三十年,期限未满以前,不得全部还清。

四、借款之担保以本铁路之财产及其收入充之。

五、政府在借款未还清以前不得以本铁路之财产及其收入为他种借款之担保。

六、政府保证本借款本利之支付,如该铁路对于本金之偿还或利息之支付有迟误时,须照公司之通知,由政府直接支付公司。

前项通知之后,如政府不能筹还属于支付迟延之本金或利息时,应将本铁路及一切产业交公司暂代管理,俟迟付之本息还清,仍交还政府管理。倘所欠本息无多,可通融展期,惟不得逾三个月之久。

第二条　管路权限。本铁路全部管理权,属于中国政府。政府置局长一人为代表,秉承交通部命令对于本铁路全般业务有监督之权。

第三条　代理营业。政府因公司经营南满洲铁路成绩卓著,特以本铁路在借款期限内委托公司代为指挥、经理、营业。但借款全部还清终了时,公司将铁路线路建筑物、车辆及诸设备保存普通营业之良好状态,交付于政府代表。

第四条　选任主任及其职权。公司因前条之目的选任日本人三人为主任,充当公务主任、运输主任及会计主任各职,其俸给由政府与公司协定之。

前开各主任应由公司将其姓名、履历通知交通部后，方可就职，更换时亦同。

公司得于本条第一项所开主任中选任一人为代表，执行本合同范围内公司之权利、义务。

凡重要事务，公司之代表或各主任必先与局长协议后处理之。若不能议妥时，由双方分别报告交通部及公司，由交通部与公司决定之。

本铁路一切收入、支出，其票据均须经局长会同签字，方生效力。

运费之制定及增加、减免以及各项条规之制定，非先与局长协议后不得宣布。

第五条　职员任免手续。本铁路所有中日职员之任免、黜陟及俸给之规定，除主任外，局长及公司之代表协议定之。但中国籍职员由局长提出，日本籍职员由公司之代表提出。

第六条　日员辞退条件。日本国籍职员如有左列事项之一者，即由局长通知公司或公司之代表，应立时辞退：

一、不能胜任者；

二、操行不谨者；

三、不遵守约束者；

四、违反法纪者；

五、侮慢长官者。

第七条　分配公司余利办法。在公司从事本铁路之营业期内，政府与公司协议之后，定为每营业期间由铁路净利内除去偿还本借款之本利，并依第八条第二项政府垫款本利及同条第三项由公司借入款之本利必要金额外，以其余之二成分配于公司。

第八条　营业费不敷时政府供给提款办法。本铁路之营业收入有不敷经费之支给时，政府须照平常状态施行普通营业事务供给必要资金。

前项供给资金应给相当之利息，一至收入超过支出时，应尽先提还政府。

第一项必要之资金，如政府不能筹措应加相当之利息，由公司借入。但该借入款，一至收入超过支出时，归还公司。

第九条　存取各项进款办法。本铁路所收运费以及其他各项进款均用中国货币，应存于日本国银行。其存款方法于借款细目商定之。

第十条　购用机料。本铁路所有养路及行车需用之机件、材料，若中国所出者比之外国品其品质价格相同时，应尽先购用中国品。

前项养路及行车需用之机件、材料，于购买时，不论中国品或外国品，应开具清单，先经局长察核。

第十一条　铁路利益不课特税。政府于本合同期间内，对于本铁路及本铁路所生之一切利益不得课特别税。但各路通行之课税，本铁路亦应一律负担。

第十二条　政警各权之所属。本铁路及本铁路用地之警察、行政、司法、课税等权当然属于政府。

第十三条　国军运输办法。中国军队或军需品当尽先运送。其运输办法按照中国各借款铁路之通行章程办理，并以将来规定之运费表五折计算。

第十四条　遵照部章。交通部对于各铁路之通告章程，本铁路亦一律遵照，但遇有因本铁路特殊之事情难于适用者，得声明理由、列举事实，陈明交通部。

第十五条　路警均用国人。保护全路应设巡警队，其警官、警兵均用中国人，其薪饷、经费概由本铁路收入中支给。设或保护铁路需用中国国家或该省军队时，兵饷等项仍应由中国国家或该省照发。

第十六条　路员子弟免费入学。公司所经营之学校，如本铁路之中国职员或其子弟愿入学者，公司为友谊起见，允其免费入学。

第十七条　延线用款方法。政府如将来必须建造联络本铁路之支线或延长线，应由政府以中国款项自行修造。如须用外国资本，除契约别有规定外，先尽与公司商办。其支线或延长线路里数长短由政府自行订定。

第十八条　联运联站及改良办法。为增进本铁路之利益并与南满洲铁路为十分之联络起见,政府及公司互派委员,商订左列各事项:

一、本铁路与南满洲铁路联络运输办法;

二、本铁路头道沟车站与公司长春车站联络,及公共使用车站办法。

三、本铁路改良及完成,未竣工事并编制所需经费之预算。

以上所需之资金可由政府与公司随时商借。

第十九条　另定细目。关于借款细目另行协定。

第二十条　合同用中日文缮成,日文为主。本合同缮成中国文及日本文各四份,其中政府保存各三份,公司保存各一份;关于本合同之解释生疑义时,以日本文决之。

财政总长梁启超、交通总长曹汝霖

南满洲铁路公司代表理事龙居赖三

中华民国六年十月十二日

大正六年十月十二日

《中外旧约章汇编》第 2 册,第 1294—1298 页

附件

职员特别任用之件:中国去函

径启者:查吉长铁路任用贵国人三人为主任,业于合同第四条中规定。又,此外任用中日职员办法亦经规定于合同第五条中。惟查吉长一路并办有年,中国职员不乏相当之经验,又将来中国人专门毕业者,日益加多,不可不与以历练之地位;应请贵公司于现有中国人员,务须多数留用,及将来毕业者以及富有经验者,务须多数采用;其学问经验均有可取者,并可于三主任之次,优予位置。又,局长为实行本合同内应有之职权,不可不有相当直接使用之人员以资助理。此项人员应由局长酌定数名,特别任用,一面通知公司之代表,即希查照同意,并祈见覆为荷。此致

南满洲铁路公司

中华民国六年十月十二日

交通总长曹汝霖

职员特别任用之件:日本覆函

径覆者:准贵部本日函开:"吉长铁路任用贵国三人为主任,业于合同第四条中规定。又,此外任用中日职员办法亦经规定于合同第五条中。惟查吉长一路开办有年,中国职员不乏相当之经验,又将来中国人专门毕业者,日益加多,不可不与以历练之地位,应请贵公司于现有中国人员,务须多数留用,及将来毕业者以及富有经验者,务须多数采用;其学问经验均有可取者,并可于三主任之次,优予位置。又,局长为实行本合同内应有之职权,不可不有相当直接使用之人员以资助理。此项人员应由局长酌定数名,特别任用,一面通知公司之代表,即希查照同意,并祈见覆。"等因,敝公司均无异议,相应函覆。即希查照为荷。此致

交通总长

大正六年十月十二日

南满洲铁路公司代表理事龙居赖三

《中外旧约章汇编》第 2 册,第 1299—1300 页

日币一千万元第二次垫款合同

1918 年 1 月 6 日

中华民国政府现愿借款日币一千万元,作为拟与四国银行团商借善后续借款之第二次垫款,议由日本银行团承办。因此财政总长代表中华民国政府(以下简称曰中国政府)、横滨正金银行(以下简称曰银行)代表日本银行团,在京订立本合同,所有条款如左:

第一款　银行承认于订本合同日起十天以内承办垫款日币一千万元,应照本合同第四款所开办法交付中国政府。

中国政府允银行于订本合同日起十天以内在日本发行中国政府国

库券总数日币一千万元,将此发行之进款作为本垫款之用。

本国库券日期即为发行国库券之日,命名为:中华民国政府民国七年(即日本大正七年)国库券。

第二款 本国库券偿还期限自从发行日起定为一年。在其偿还之期前十天,由中国政府将日币实数一千万元交付银行,作为还债之用。中国政府应按在日本国应付之日币一千万元筹备足敷该款之规银及、或国币交付在上海银行;其汇价应同日与银行商定,或可于六个月前以内无论何时随便订定。如或中国政府在日本实在存有日本金币,果系并非专为付还本国库券起见汇去者,则于期前十天可用此项存款付还,惟须于期前两个月通知银行。

第三款 本国库券自从在日本发行日起即按照周年百分之七行息,发行库券之日,先将该利息扣除,即照券面虚数每一百元实收九十三元。

第四款 第三款所开发行本国库券之实收进款由银行扣除银行用费一厘,即照券面虚数每一万元付给一元及在日本印造国库券费用约须日币三千元外,其余全数即于其发行后第三日归入在横滨之银行中国政府存款项下,应听候财政总长提用。此项存款,银行应按周年百分之三行息。

前项所开存款应由银行汇寄来华,每星期汇款之数,与银行商定多寡,但每一个星期不得逾日币二百万元。

第五款 本国库券进款专供中国政府拨还中国银行前此垫借与中国政府之款,以资中国银行恢复该行钞票价格之用。其拨还垫款之细目另行开单函达银行,作为本合同之附件。

第六款 中国库券,除中国盐务收入业已指定从前借款债务之担保未经清还者外,即以中国盐务收入之全数作为担保。

第七款 财政总长提用本国库券进款,所有一切手续、条件均照中华民国二年签订善后借款合同第十四款所开办法办理。

第八款 财政总长代表中国政府,应于照本合同第一款在日本发行本国库券之日,暂发中国政府日币一千万元国库大券一张,交存在北京之银行做据。此项国库大券,定于此项所开国库券全数印造完成日,应由银行缴还财政部注销。

在日本发行之本国库券式样、文字、每张券面之金额,应由银行参酌外国在日本发行国库券之例与中国在东京之公使商定。

本国库券须将财政总长及中国在东京之公使所签姓名及其印信摹印于券上,以为中国政府任可发行本国库券并担任本国库券债务之证据。银行督办亦须在券上加签用印,以证其为经理人。

中国政府应在订本合同日电令中国在东京之公使照本条例所开办理。

第九款 本国库券期限将满时,倘中国政府愿展本垫款期限,须在期满之前两个月通知银行,应允承办发行第二次一年期限国库券,以新换旧。所有关于发行方法及条件开列于左:

一、第二次国库券须在本国库券期满之前三天发行。所有应扣除利率及应给银行用费若干,应照其时市面情形,在其发行之前一个月另行商定。

二、中国政府须在本国库券期满之前十天,核算偿还本国库券日币一千万元与发行第二次国库券进净款之差若干,照数筹备足敷该款之规银及、或国币,交付在上海银行汇寄日本。其汇价应同日与银行商定。

三、中国政府允自从发行第二次国库券之日起,定由盐务收入按期陆续拨交在上海银行若干,作为偿还该国库券之基金。该基金须由银行按周年百分之五付息。其拨付日期及每回应交之数应于发行该国库券之前一个月预与银行商定。

四、除前开三项外,其余一切手续及条件应照本合同规定办理。

第十款 本国库券一经善后续借款成立,应由借款进垫首先偿还。

第十一款 本合同之条款须由外交部以正式公文照会日本驻北京之公使。

第十二款　本合同共备中日两文各四份,中国政府执收各二份,银行执收各二份。如文义有疑难之处,以日文为准。

财政总长王克敏

横滨正金银行代表副总支配人武内金平

中华民国七年一月六日

日本大正七年一月六日

附件

财政部公函

径启者:本日中国政府与贵银行订日币一千万元垫款合同第五款内开:"本国库券进款专供中国政府拨还中国银行前此垫借与中国政府之款,以资中国银行恢复该行钞票价格之用。其拨还垫款之细目另行开单函达银行,作为本合同之附件。"等语。兹将该项拨还垫款之细目另开清单,随函送请贵银行查阅,即作为本合同第五款所开之附件可也。此致

银行团代表正金银行

中华民国七年一月六日

《中外旧约章汇编》第 2 册,第 1334—1337 页

四郑铁路短期借款合同

1918 年 2 月 12 日

依据中国民国四年十二月十七日,即大正四年十二月十七日中国政府(以下称政府)与日本横滨正金银行(以下称银行)订立之四郑铁路借款合同,开办四郑铁路建筑工程。兹为补充不敷用之资金,于中华民国七年二月十二日,即大正七年二月十二日,代表政府之交通总长及财政总长与银行订定短期借款合同如左:

第一条　借款总数。依据本合同订借金额以日币二百六十万元为限,依照本合同附属式样之借款凭据,随时向银行借用。

第二条　利率。此项借款之利息，每批自依照本合同附属式样之借款凭据借用之日起，为年利七厘，即每一年对于每百元生息七元，政府于偿还本金之时同时支付之。

第三条　还本办法。此项借款，自第一批订借之日起届满一年偿还之，但彼此商允得偿还之延期。

政府得于两星期前发出预告，于本期日前偿还全部或一部。

第四条　借款用途。此项借款专为补充四郑铁路借款合同资金不敷之用。

第五条　借款办法。照四郑合同关于此项借款之办法得准用四郑铁路借款合同第十四条第一项至第三项之规定。

第六条　政府保息。政府对于此项借款本息之支付为无条件之保证。如四郑铁路收入不敷支付此项借款本息时，政府由他种财源补足之，于第三条所载之日期偿还于银行。

第七条　本路为第二担保。此项借款本息，对于中华民国四年十二月十七日，即大正四年十二月十七日之四郑铁路借款合同，则以现在及将来属于四郑铁路之一切动产及不动产并该铁路之一切收支为第二次之担保。

第八条　合同照会日使。本合同之条项由外交部用正式公文照会驻扎北京之日本公使。

第九条　合同以日文为主。本合同用中日文缮成各四份，政府保存各三份，银行保存各一份。关于本合同之解释生疑义时，以日本文决之。

交通总长曹汝霖
财政总长曹汝霖
横滨正金银行代表总行协理
中华民国七年二月十二日
大正七年二月十二日

附

交通部致横滨正金银行函

径复者：接准贵银行本日来函内称："四郑铁路短期借款合同，本日已经签字，惟因贵政府希望为该铁路借入银款同时由贵政府与敝行商订左列各款。兹特函达台端，敬候查核。如无何等异议，即赐复函，是为至荷。

一、依照本函约之银币借款限度为银币四十万元。自政府实际借入之日起至偿还之日止，年利九厘五毫，即每一年对于每百元付息九元五角。

二、政府由本日所订四郑铁路短期借款合同所借之金款中，以与前项银币借款数目之时价相当之日本货币为担保，存于银行。银行对于此项存款付年利六厘五毫，即每一年对于每百元付息六元五十钱。

三、政府将此项银币借款存在银行，于必要时取出使用。银行对于此项存款付年利三厘，即每一年对于每百元付息三元。

四、此项银币借款之期限与本日所订四郑铁路短期借款之期限相同。但政府以五日前之预告，得随时偿还全部或一部，同时即得将担保之日本货币存款取还相当之金额。

五、本函件未详载之事项，得准用本日所订四郑铁路短期借款合同。"

等因。兹经本政府查核，并无异议，皆可照原函办理。相应函复，即祈查照。此复
横滨正金银行

中华民国七年二月十二日

交通总长曹汝霖

《中外旧约章汇编》第2册，第1344—1346页

无线电台借款正合同

1918 年 2 月 21 日

兹拟订在中国设一大无线电台，其能力可与日本、欧、美大电台直

接通电,合同条件如下:

一、本合同系以中华民国海军部名义(以下称中国政府)与日本三井洋行承办工程名义(以下称承办人)双方协议订立。

二、承办人与中国政府许可建设一大无线电台,其发报电力及收报机械可直接与日本、欧、美通报。该电台地点由中国政府指定后,得在该处购置或租赁地基,以便建筑之用。

三、凡租购地基建筑房屋与桅塔以及营造运输并安置机械等项,预算须用资本金五十三万六千二百六十七镑(预算列后),由筹办人自行筹集,并由其独自担任关于建筑及一切设施事宜。

四、上列资金五十三万六千二百六十七镑即系建筑该电台之用,匀作三十年分还,即全数之资本分为三十份,每年还一份。其未还之款每年八厘利息,于每年还款时加入。每年还款时期准定于阳历十二月三十一日,即从开办年间为始。

五、承办人担保,以上资本及按年利息系由电台收入项下开支各项之后所余款内偿还,故承办人独自负有偿还一切开支之责任。如收入不敷开支,其应偿还资本及利息,亦由承办人负责。惟中国政府于三十年内须付承办人以管理之全权。

六、电台在承办人管理期内,中国政府应得有该台全年营业收入百分之十之报效金,系照阳历全年计算,准定每年终缴纳。设该台全年营业收入不敷开支时,则中国政府仍应得有该台全年营业百分之十之报效金。

七、中国政府得委人驻台监督并查帐之权,庶有核实第六条所定缴纳之报效金,除前项所派人员外,并可派练习生到台练习。惟该练习生所有一切费用应由中国政府担任。

八、电台营业因负有收入责任甚大,故中国政府须允许与外国各电台及海口轮船通报,庶于营业可期发达。惟中国内地各电台通报,除军事上通电当依军事机关命令办理外,其余中国内地商报一律拒绝。若中国政府有军防时代,该台应遵从中国一切军律。

九、政府于三十年期内，无论何时可将电台收回国有。届时所有未还之款及其结至交款日之八厘利息均由政府偿还，同时，承办人对于该电台一切行动不生效力，按照上开办法，应由承办人于电台未经交与中国政府之前，将电台所有一切物件等用华、英文开列清单呈部。

十、中国政府如未能依第九条所云将款项偿还，则无撤免承办人管理之权。如政府有此类行为，当认承办人有该电台之所有权。

十一、三十年期内，承办人既负有偿还资本并担按年付息等项之责任，故具有让与电台于公司之权，但须经中国政府许可，否则，于法律上作为无效。

十二、电台用至三十年期限届满，如未照第九条办理，无论该电台资本金是否收清，该电台即应完全无价授与中国政府收管，承办人不得有丝毫索价，惟中国政府须于六个月前通知，否则，承办人当取全年收入百分之五为酬劳金，至第五年为止。

十三、中国政府将电台收归国有后，台内所有一切人员应由政府留用，给予薪洋，如间有不合用者，亦可辞却。惟在承办人管理期内，一切人员均由承办人雇用、给薪，其薪水均由收入项下支给。

十四、电台在承办人管理期间，如遇应行增加电力添购机器，由承办人负责增加，但须得政府之允许。其增加资本仍在原定三十年内分期摊还本利。

十五、中国政府须颁发护照与承办人，以便转运各种机械、材料，庶免缴纳厘金以及其他内地杂税。惟承办人须将各种机械、材料清单送核，给发护照。其余仍照中国向章办理。

十六、电台须用材料如有中国出品，其成色优美及价值较廉者，应尽先购用。

十七、本合同用华、英文各缮三份，如有争执之点，以英文为凭。

中华民国海军部

日商三井洋行代表

中华民国七年二月二十一日

日本大正七年二月二十一日

《中外旧约章汇编》第 2 册，第 1347—1349 页

无线电台借款附合同

1918 年 2 月 21 日

中华民国海军部（下称中国政府）与日商三井洋行承办工程司（下称承办人）于中华民国七年二月二十一日双方订立附合同，为建政府无线电台事。按照正合同中国政府无论何时可付清款项，将电台收回国有。现议使该电台装设完竣后，即由中国政府收回办理；其建筑等所需资本由承办人代中国政府筹集，故经中国政府及承办人双方协议附则合同条件如左：

一、承办人担任代中国政府募集债款金额五十三万六千二百六十七镑，该款以承办人名义存储日本银行，作为建筑无线电台之用。

二、上开资本金分三十年由中国政府付还，即全数之资本金分作三十分，每年摊还一分，每分计一万七千八百七十五镑十一先令四便士。其未还之款，按每年八厘起息，于每年还款时加入。

三、中国政府每年付还资本定于阳历十二月三十一日，其第一年还款自该电台建筑完竣、完全通电于日本、欧、美各电台之第十年为开始付还之期。

四、中国政府应付还利息，按照本附则合同第二条所开利率，自该电台建筑成立之年十二月三十一日为开始付息之期。

五、按照本附则合同，该电台之管理及营业权，既由中国政府收回，则所有该电台营业收入或不敷开支等事，承办人均不负责。其正合同第五条条文亦即作为无效。

六、如电台为中国政府收回后，倘营业上或发生与其他水线公司与中国已订之合同内有妨碍之处，则承办人可听凭中国政府令嘱，由承办人将电台另行设法与水线公司免去妨碍。倘不能筹妥此项办法，则中国政府应付还之款即暂为停止，俟妥善后再行照付。

七、本附则合同即为正合同之一部分，按照正合同十七款一体办理。

中华民国海军部

日商三井洋行代表

中华民国七年二月二十一日

日本大正七年二月二十一日

《中外旧约章汇编》第2册,第1349—1350页

有线电报借款合同

1918 年 4 月 30 日

中华民国政府（以下称甲）为充有线电报及扩充之资金起见，与股份公司中华汇业银行（以下称乙）订借日金二千万元整。双方议订条款如左：

第一条　本借款金额为日金二千万元整。

第二条　本借款期限自本合同签字之日起算以五年为满限，即扣至中华民国十二年四月二十九日、大日本帝国大正十二年四月二十九日为止。但期限到后，仍得由双方协议续借。

第三条　本借款金年息八厘，即对于日金一百元付息日金八元。

第四条　本借款金第一次之利息，于本借款交款之日，将自交款之日起至大正七年七月十四日止之部分按日计算前付之，此后于每年一月十五日及七月十五日前付后六个月之部分，但最末期之付息仍按日计算前付其至合同满期之日为止之部分。

第五条　本借款金十足交款，并无回扣。

第六条　甲受领本借款金时即交存与乙，俟有需要，随时提取。但存款利息及汇款之方法另定之。

第七条　本借款金偿还付息及其他一切之授受均于日本东京行之。

第八条　甲对于乙提供左列物件为本借款金付给本息之担保：关

于中华民国政府全国有线电报之一切财产及其收入。

第九条　乙对于甲承认其关于有线电报原有之左列借款合同：

一、光绪二十六年七月初十日中丹英会订沪沽水线合同；

二、光绪二十六年十二月二十一日中丹英会订烟沽水线合同；

三、宣统三年三月十二日大东大北两电报公司预付报费合同。

第十条　甲于本借款有效期限内拟变更前条借款之约款或拟借换时，预先与乙商议。

第十一条　甲于本借款有效期限内关于有线电报拟由外国借款时，预先与乙商议。

第十二条　甲常将本借款金六个月利息相当之金额，以银存乙，作为财政部之存款。

本合同共备中日文各二份，甲、乙互执一份。如关于本合同之解释有疑义时，以日文合同为准。

中华民国政府交通总长曹汝霖、财政总长曹汝霖

股份公司中华汇业银行总理陆宗舆、专务理事柿内常次郎

中华民国七年四月三十日

日本帝国大正七年四月三十日

《中外旧约章汇编》第2册，第1359—1360页

吉会铁路借款预备合同
1918年6月18日

中华民国政府（以下称甲）因建造自中华民国吉林经过延吉南境及图们江以至会宁之铁路，与日本帝国股份公司日本兴业银行代表日本帝国股份日本兴业银行、股份公司台湾银行及朝鲜银行共三银行（以下称乙）之间订定左列预备合同，以为正式借款合同之准备。

第一条　甲速即拟定本铁路之建造费及其他必需之一切费用，征求乙之同意。

乙就前项议定之金额，代甲发行同额之中华民国政府五厘金币

公债。

第二条　本公债之期限为四十年,自公债发行之日起算,第十一年开始还本,用分年摊还之方法办理。

第三条　甲俟吉会铁路正式借款合同成立时,即着手建造铁路,期其速成。

第四条　甲与日本帝国朝鲜总督铁路局共同建造图们江铁桥,而负担该铁桥建造费之半数。

关于本铁路与朝鲜铁路之运输连络,另行协定,务以两铁路运输之发达及联络之圆满为宗旨。

第五条　甲对于乙提供左列之物件为本公债付息还本之担保:现在及将来本铁路所属之财产及其收入,甲非得乙之承诺,不得以前项之财产或收入为担保提供于他人。

第六条　本公债之实收额比照中华民国四年十二月十七日甲与横滨正金银行之间订定之四郑铁路借款合同之规定,但须较有利于甲。本公债之发行价格依发行当时情形另协定之。

第七条　关于以上各条所未规定之条项,准照光绪三十三年十二月十日订定之津浦铁路借款合同,甲与乙协议决定之。

第八条　吉会铁路正式借款合同以本预备合同为基础,自其成立之日起六个月以内订定之。

第九条　乙俟预备合同成立,同时对于甲垫借日金一千万元,十足父款,并无回扣。

第十条　本垫款之利息为年息七厘半,即对于日金一百元每年付息日金七元五十钱。

第十一条　本垫款以甲所发行国库证券贴现之方法交付之。

第十二条　前条国库证券每六个月换给一次,以六个月分之息金支付与乙。

第十三条　甲于吉会铁路正式借款合同成立之后以公债募得之资金优先即速付还本垫款。

第十四条　本垫款之交付偿还付息及其他一切之授受均于日本东京行之。

本预备合同共备中日文各二份，甲、乙互执各一份。如关于本预备合同解释上发生疑义时，以日文合同为准。

中华民国七年六月十八日

大正七年六月十八日

《中外旧约章汇编》第 2 册，第 1374—1376 页

日币一千万元第三次垫款合同

1918 年 7 月 5 日

中华民国七年一月六日，即大正七年一月六日，中华民国政府与横滨正金银行订立第二次垫款合同，附有双方交换公函。兹根据该公函，中华民国政府愿借款日币一千万元，作为拟与四国银行团商借善后续借款之第三次垫款，议由日本银行团承办。因此财政总长代表中华民国政府（以下简称曰中国政府）、横滨正金银行（以下简称曰银行）代表日本银行团，在北京订立本合同，所有条款如左：

第一款　银行承认于订本合同日起十天以内承办垫款日币一千万元，应照本合同第四款所开办法交付中国政府。

中国政府允银行于订本合同日起十天以内在日本发行中国政府国库券总数日币一千万元，将此发行之进款作为本垫款之用。

本国库券日期即为发行国库券之日，命名为：中华民国政府民国七年（即日本大正七年）甲号国库券。

第二款　本国库券偿还期限自从发行日起定为一年。在其偿还之期前十天，由中国政府将日币实数一千万元交付银行，作为还债之用。中国政府应按在日本国应付之日币一千万元，筹备足敷该款之现银及、或国币，交付在上海银行。其汇价应同日与银行商定，或可于六个月前以内无论何时随便订定。如或中国政府在日本实在存有日本金币，果系并非专为付还本国库券起见汇去者，则于期前十天可用此项存款付

还,惟须于前两个月通知银行。

第三款　本国库券自从在日本发行日起即按照周年百分之七行息。发行库券之日,先将该利息扣除,除照券面虚数每一百元实收九十三元。

第四款　第三款所开发行本国库券之实收进款,由银行用费一厘,即照券面虚数每一万元付给一元及在日本印造国库券费用约需日币三千元外,其余全数即于其发行后第三日归入在横滨之银行中国政府存款项下,应听候财政总长提用。此项存款,银行应按周年百分之三行息。

前项所开存款应由银行汇寄来华。每星期汇款之数,与银行商定多寡,但每一个星期不得逾日币二百万元。

第五款　本国库券进款专供中国政府拨还中国银行前此垫借与中国政府之款,以资中国银行恢复该钞票价格之用。其拨还垫款之细目另行开单函达银行,作为本合同之附件。

第六款　本国库券除中国盐务收入业已指定从前借款债务之担保未经清还者外,即以中国盐务收入之全数作为担保。

第七款　财政总长提用本国库券进款所有一切手续、条件,均照中华民国二年签定善后借款合同第十四款所开办法办理。

第八款　财政总长代表中国政府,应于照本合同第一款在日本发行本国库券之日暂发中日政府日币一千万元国库大券一张,交存在北京之银行做据。此项国库大券定于此项所开国库券全数印造完成日,应由银行缴还财政部注销。

在日本发行之本国库券式样、文字,每张券面之金数应由银行参酌外国在日本发行国库券之例,与中国在东京之公使商定。

本国库券须将财政总长及中国在东京之公使所签姓名及其印信摹印于券上,以为中国政府认可发行本国库券并担任本国库券债务之证据。银行监办亦须在券上加签用印,以证其为经理人。中国政府应在订本合同日电令中国在东京之公使照本条所开办理。

第九款　本国库券期限将满时,倘中国政府愿展本垫款期限,须在期满前两个月通知银行,应允承办发行第二次一年期限国库券,以新换旧。所有关于发行方法及条件开列于左:

一、第二次国库券须在本国库券期满之前三天发行,所有应扣除利率及应给银行用费若干,应照其时市面情形,在其发行之前一个月另行商定。

二、中国政府须在本国库券期满之前十天核算偿还本国库券日币一千万元与发行第二次国库券进净款之差若干,照数筹备足敷该款之规银及、或国币交付在上海银行汇寄日本,其汇价应同日与银行商定。

三、中国政府允自从发行第二次国库券之日起,定由盐务收入按期陆续拨交在上海银行若干,作为偿还该国库券之基金。该基金须由银行按照周年百分之五付息。其拨付日期及每回应交之数应于发行该国库券之前一个月预与银行商定。

四、除前开三项外,其余一切手续及条件应照本合同规定办理。

第十款　本国库券一经善后续借款成立,应由该借款进款首先偿还。

第十一款　本合同之条款须由外交部以正式公文照会日本驻北京之公使。

第十二款　本合同共备中日两文各四份,中国政府执收各二份,银行执收各二份。如文义有疑难之处,以日文为准。

财政总长王克敏

横滨正金银行代表副总支配人

中华民国七年七月五日

日本大正七年七月五日

附件

财政部公函

径启者:本日中国政府与贵国订日币一千万元垫款合同第五款内开:“本国库券进款专供中国政府拨还中国银行前此垫借与中国政府

之款,以资中国银行恢复该行钞票价格之用。其拨还垫款之细目另行开单函达银行,作为本合同之附件。"等语。兹将该项拨还垫款之细目另开清单,随函送请贵银行查阅,即作为本合同第五款所开之附件可也。此致

银行团代表正金银行

中华民国七年七月五日

王克敏

《中外旧约章汇编》第 2 册,第 1378—1381 页

第二次军械借款合同
1918 年 7 月 31 日

日本泰平公司今承中华民国陆军部订购第二批军械,兹将一切数目、价格、交付地点、交付期限及付款办法开列如左:

一、三八式步枪八万五千枝、子弹六千七百五十万发,价总共日金一千二百零九万九千七百五十圆整。

二、三八式机枪一百九十八挺、子弹九百五十万发,附零件六种,价总共日金一百九十一万九千零零二圆八十八钱整。

三、山炮一百六十二门、榴霰弹八万一千发、榴弹一万六千二百发、附零件十五种,价总共日金六百一十六万七千零三十四圆九十钱整。

四、三八式野炮七十二门、军车一百八十辆、零件六种,价总共计日金三百四十五万七千九百四十五圆整。以上总计日金二千三百六十四万三千七百六十二圆整,实价二千二百四十二万零七百零二圆二十三钱整。

五、上述军械系日本陆军正式制造,由泰平公司承购。

六、上述军械从日本运至天津、塘沽、秦皇岛码头交货。装货、保险、运费及运至码头后一切费用均在价款内,但进口税不在内。

七、上述军械之零件另附详单。

八、上述军械分五批交付。

九、货物运到时,如有破损或缺短等情事,由泰平公司负责赔偿。

十、日本陆军炮兵工厂如因军事上紧急事件或不可抗力而延迟交货时,泰平公司概不负责。

十一、货款分六批交付,第一批于本合同正式签订后一周内交付现款日金二百四十二万零七百零二圆三十三钱整。

十二、海关许可证由陆军部发给并通知海关。

十三、本合同缮成两份,双方各执一份以为凭据。

陆军总长段芝贵

泰平公司代表商木洁

中华民国七年七月三十一日

大正七年七月三十一日

《中外旧约章汇编》第2册,第1393—1394页

吉黑两省金矿及森林借款合同
1918年8月2日

中华民国政府(以下称甲)为谋吉、黑两省金矿及森林事业之发达起见,由股份公司中华汇业银行(以下称乙)订借日金三千万元整。两者之间议定条项如左:

第一条　本借款金额为日金三千万元整。

第二条　本借款期限自本合同签字之日起算,定为十年,即扣至中华民国十七年八月一日,日本帝国大正十七年八月一日为满限,但到期后,得由双方协议续借之。

第三条　自本合同签字之日起,经过五年后,无论何时,得于六个月前预先知照,偿还本借款金之一部分。

第四条　本借款金年息七厘五毫,即对于日金一百元付息日金七元五十钱。但实行第二条续借时之利率,按照一般市场利率之高低,而务以有利于甲为宗旨协议定之。

第五条　本借款金之第一次付息,于本借款金交款之日,将自交款

日至中华民国八年一月十四日,日本帝国大正八年一月十四日之利息,按日计算先付之。此后于每年一月十五日至七月十五日,先付后六个月之利息。但最末期之付息则按日计算,先付至合同满期日之利息。

第六条　本借款十足交款,并无回扣。

第七条　本借款金之交付、偿还、付息及其他一切之授受均于日本东京行之。

第八条　甲对于乙提供左列之物件为本借款金付还本息之担保:

一、吉、黑两省之金矿及国有森林;

二、由前项金矿及国有森林所生之政府收入。

第九条　甲于本合同有效期限内关于前条金矿、国有森林及其收入拟由他人借款时,应预先与乙商议。

第十条　本借款本利偿清时,本合同即行作废。本合同共备中日两文各三份,农商部、财政部暨乙各执中日文各一份。如关于本合同解释上发生疑义时,以日文合同为准。

中华民国政府农商总长田文烈

中华民国政府财政总长曹汝霖

股份公司中华汇业银行总理陆宗舆

股份公司中华汇业银行专务理事柿内常次郎

中华民国七年八月二日

日本大正七年八月二日

《中外旧约章汇编》第 2 册,第 1395—1396 页

满蒙四铁路借款预备合同
1918 年 9 月 28 日

中华民国政府(以下称政府)因建造自热河至洮南之铁路、自长春至洮南之铁路、自吉林经过海龙至开原之铁路、自热洮铁路之一地点达某海港之铁路(以下称满蒙四铁路)与股份公司日本兴业银行所代表之股份公司日本兴业银行、股份公司台湾银行及朝鲜银行共三银行

（以下称银行）之间订定左列预备合同，以为正式借款合同之准备：

第一条　政府认准热河、洮南间，吉林、开原间及热洮铁路之一地点达某海港之铁路建造所需一切费用，由银行发行中华民国政府热洮铁路金币公债、长洮铁路金币公债、吉开铁路金币公债、某某铁路金币公债（以下称为满蒙四铁路金币公债）。但由热洮铁路之一地点达某海港铁路之线路得依政府与银行协议决定之。

第二条　政府速定满蒙四铁路之建造费用、其他必需之一切费用，征求银行之同意。

第三条　满蒙四铁路金币公债之期限为四十年；自公债发行之日起算，第十一年开始还本，用分年摊还之方法办理。

第四条　政府与满蒙四铁路正式借款合同成立时，与银行协定工事进行之计划，依其协定，着手建造铁路，期其速成。

第五条　政府对于银行提供左列物件为满蒙四铁路金币公债付还本息之担保：

现在及将来满蒙四铁路所属之一切财产并其收入，政府非得银行之承诺，不得以前项之财产或收入作为担保证物提供于他人。

第六条　满蒙四铁路之金币公债之发行价格及公债利率政府实收金额，依发行当时情形，务以有利于政府之主义协定之。

第七条　关于以上各条所未规定之条项，政府与银行协议决定之。

第八条　满蒙四铁路正式借款合同以本预备合同为基础，自其成立之日起四个月以内订定之。

第九条　银行于预备合同成立同时，对于政府垫借日金二千万元十足交款，并无回扣。

第十条　本垫款之利息为年息八厘，即对于日金一百元，每年付息日金八元。

第十一条　本垫款以政府所发行国库证券贴现之方法交付之。

第十二条　前条国库证券每六个月换给一次，每次以六个月份之息金支付与银行。

第十三条　政府于满蒙四铁路正式借款合同成立之后,以本公债募得之资金,优先速付还本垫款。

第十四条　本垫款之交付,债还付息及其他一切之授受均于日本东京行之。

本预备合同共备中日文各二份,政府、银行互执各一份。如关于本预备合同解释上发生疑义时,以日文合同为准。

中华民国特命全权公使章宗祥

株式会社日本兴业银行副总裁小野英二郎

中华民国七年九月二十八日

日本帝国大正七年九月二十八日

《中外旧约章汇编》第 2 册,第 1411—1412 页

济顺高徐二铁路借款预备合同
1918 年 9 月 28 日

中华民国政府(以下称政府)因建造自中华民国山东省济南府至直隶省顺德之铁路及自山东省高密至江苏省徐州之铁路(以下称二铁路)与股份公司日本兴业银行所代表之股份公司日本兴业银行、股份公司台湾银行及朝鲜银行共三银行(以下称银行)之间订定左列预备合同,以为正式借款合同之准备。

第一条　政府认准自山东省济南至直隶省顺德之铁路及由山东省高密至江苏省之徐州铁路建设所需一切费用,由银行发行中华民国政府济顺铁路金币公债(以下称二铁路公债)。但调查济顺、高徐二铁路线路,若于铁路经营上认为不利益时,得由政府与银行协议变更其线路。

第二条　政府速定二铁路之建设费及其他必需之一切费用,征求银行之同意。

第三条　二铁路公债之期限为四十年,自发行之日起算第十一年开始还本,用分年摊还之方法办理。

第四条　政府二铁路正式借款合同成立,同时即着手建造铁路,期

其速成。

第五条　政府对于银行提供左列物件为二铁路公债付还本息之担保：

现在及将来济顺、高徐二铁路所属之一切财产并其收入，政府非得银行之承认，不得以前项之财产收入作为担保或保证提供于他人。

第六条　二铁路公债之发行价格及公债利率政府实收金额，依发行当时情形，务以有利于政府之主义协定之。

第七条　关于以上各条所未规定之条项，政府与银行协议决定。

第八条　济顺、高徐二铁路正式借款合同以本预备合同为基础，自其成立之日起四个月以内订定之。

第九条　银行于预备合同成立同时，对于政府垫借日金二千万元十足交款，并无回扣。

第十条　本垫款之利息为年息八厘，即对于日金一百元每年付息日金八元。

第十一条　本垫款以政府发行国库证券贴现之方法交付之。

第十二条　前条国库证券每六个月换给一次，每次以六个月份之息金支付于银行。

第十三条　政府于济顺、高徐二铁路正式借款合同成立之后，以本公债募得之资金先即速付还本垫款。

第十四条　本垫款之交付，债还付息及其他一切之授受均于日本东京行之。

本预备合同共备中日文各二份，政府、银行互执各一份。如关于本预备合同解释上发生疑义时，以日文合同为准。

中华民国特命全权公使章宗祥

株式会社日本兴业银行副总裁小野英二郎

中华民国七年九月二十八日

日本帝国大正七年九月二十八日

《中外旧约章汇编》第 2 册，第 1413—1414 页

参战借款合同

1918 年 9 月 28 日

中华民国及日本帝国依据两国陆军协同防敌军事协定之宗旨,中华民国政府(以下略称为甲)为先编练得为完全协同动作之国防军队及参战所需各经费,特与日本帝国朝鲜银行所代表之日本帝国朝鲜银行,股份公司日本兴业银行及股份公司台湾银行共三银行(以下略称为乙)订立借款合同如左:

第一条　本借款金额为日币二千万元,以中华民国政府国库证券交乙承受。

第二条　前条国库证券之发行,其限期一年,按年行息七厘,以贴现之方法发行之,外加用费一厘,由该国库证券之金额内扣除。满期之日,得由当事者双方协定照上列所定同一条件换给发行。

第三条　甲受领本借款金额时应即存于乙,乙对此存款按年付息七厘。

第四条　前条存款,甲有提用必要时,乙应依另行协定之手续交付于指定之受取人。

第五条　本借款所需之国库证券制造费、印花税及其他杂费归乙负担。

第六条　甲将来如有与本借款同一目的更欲借款时,应先向乙协议。

本合同应备中日文各二份,甲、乙各保存其一。如有疑义,以日文解决之。

中华民国特命全权公使章宗祥

日本帝国朝鲜银行总裁美浓部俊吉

中华民国七年九月二十八日

日本帝国大正七年九月二十八日

《中外旧约章汇编》第 2 册,第 1415—1416 页

附录一

"西原借款"（资料）

"西原借款"的主要掠夺对象是"二十一条"中关于东北、山东和福建等省的路矿特权，也企图夺取英、德、丹麦在中国电信、交通事业上的垄断地位。为了阴谋兼并交通银行作为其控制中国交通事业的金融机关，日本帝国主义便乘交通银行停业和纸币兑现的困难，提出中日合办交通银行的建议，并在 1917 年 1 月和 9 月间由日本兴业、朝鲜、台湾三银行借款 2500 万日元，充交通银行钞票兑现的基金。根据借款合同的规定，三银行派遣藤原正文为交通银行的顾问，监督交通银行的营业。这样，交通银行在名义上虽没有实行中日合办，实际上已受了日本三银行的控制。1922 年间，日本三银行代表原田梁二郎追索清偿借款，要求将交通银行津、沪两行房屋地基及所有公债、有价证券等，移交北京日本三银行代表，以致交通银行只好依赖日本扶植下的东三省官银钱号的借款勉强维持营业。

……

日本帝国主义通过"西原借款"对东北进行侵略的阴谋，首推吉黑林矿借款、吉会铁路借款和满蒙四铁道借款。吉黑林矿借款的目的是掠夺吉林省延吉地区的森林资源和黑龙江省的金矿；吉会、满蒙借款的目的在于垄断东北的铁道权益。实际上，这些借款并没有用于建筑铁路，当时借款建筑的铁路，仅南满铁道会社贷款建筑的吉长路而已。

日本帝国主义为了掠夺山东的路矿权益，借口继承德国帝国主义的权益而和袁政府秘密缔订了济顺、高徐两铁道的合同，贷给段政府以 2000 万元日金，并阴谋进一步侵吞胶济沿线的矿产。1918 年 9 月由中日实业公司出面贷放的山东省实业借款的目的，则是为了独占山东"实业投资"的优先权。

"西原借款"中最恶毒的项目，要推购械借款和参战借款。段政府借口参加第一次世界大战，大量购入军械（合计达日金 4000 余万元），准备发动国内战争。段政府且因此和日本帝国主义秘密缔结陆海军事同盟协定,把军队置于日本帝国主义控制之下,并参加了各帝国主义国家在西伯利亚干涉苏联的军事行动。1918 年 8 月段政府曾派出一部分海陆军远赴海参崴等地,直到干涉失败后才退出……

"西原借款"的实际用途,绝大部分是耗于弥补段政府的财政亏空。借款中很多以兴办电信、铁路、林矿等项企业为名,而把祖国这方面的主权作为抵押品出卖给日本帝国主义,实际上却只有很小一部分用在这方面。从日本兴业银行发表的电信、吉会、满蒙、高徐等 1 亿日元借款的收支项目看,在实交银 6100 余万元中,用于段政府军政各费者计达 2800 余万元,占 46%;拨还中国、交通银行垫款和京钞兑换准备等费约达 2000 万元,占 32.36%。

参加四国银行团的横滨正金银行,此时更乘银行团无力承募借款的机会,积极进行对北洋军阀政府的财政金融借款。从 1917 年 8 月到 1918 年 7 月间,它连续三次对段政府提供了"善后续借款"垫款日金 3000 万元,都作为兑换中、交京钞的准备基金。为了同一目的,北京的正金银行分行又单独向中国银行北京分行贷款日金 200 万元。根据这几次借款的条件,日本帝国主义派出了前藏相坂谷芳郎充任北洋军阀政府国务院的财政顾问。段政府 1918 年 8 月间的《金券条例》,就是在坂谷芳郎和小林丑三郎的支配之下颁布的。这项《金券条例》企图依赖日本借款设立金汇兑本位制,把中国币制完全变为日金的附庸。日本帝国主义这个阴谋受到英美帝国主义的抗议,也引起了民族资产阶级的反对,借款因而未能成立。

《中国近代外债史统计资料》,第 144—145 页

附录二

西原龟三供认"西原借款"的侵略目的

著者关于西原借款订立当时的经过,和借款的真实意图等,曾听过当事者西原龟三氏所谈的当时情况,现在把他的一段谈话发表于后,文责自然由著者来负。

辛亥革命后,中日关系实际上是非常险恶,并且这种险恶程度与年

俱增。互相加深猜疑之心,无论对国家、对人民都不敢相信。日本人中的某些人使用暗中取巧的手法,阻碍中日永远和平之徒越来越多。在这种情况下,中日关系的前途是非常暗淡的。我认为日本对中国的办法,除了彻底亲善协作,或者彻底加以武力征服外,没有别的办法。当然,最好是彻底亲善。这样,中国的资源由日本人来开采,以补日本原料的不足,同时由于资源的开采,提高中国人民的购买力,日本便可以提供廉价的商品,我认为首先应该考虑这种经济上的合作。我之所以活动于订立所谓西原借款的最大目的,就在于此。

具体的说,就是在满洲、山东以及在其他地方建设铁路,在中国全国装置电报设备,使交通近代化。开采吉林、黑龙江两省的丰富的森林和金矿。以所得的黄金为基础,改革极其紊乱的中国币制,确立金本位制。我认为在中国实行金本位制,最快的办法是首先把铁路关系的收支,以黄金来计算。铺设铁路网、整理交通银行,目标也都是配合着中国确立金本位制的一种建设计划。是六笔还是七笔的借款,决不是零散无目的地进行的,而是在这种统一计划之下订立的。如果中国的货币得以稳定,便可以促进中国人民的幸福,生产事业便能发展,日本便可以着手开发资源,中日间的贸易便可以扩大。还有一项没能够实现的计划,就是我还想到开采长江一带的铁矿资源,在长江的南京对岸左近,建设钢铁冶炼厂,也是开采资源、经济上有无相通、提高购买力的一个手段,从而使长江开始为两国所利用。

《日本对华投资》,第154页

(五)山东问题换文

说明:日本为了使自己在中国山东所获侵略权益战后合法化,处心积虑,强迫中国政府签署了系列中日条约,包括《中日关于山东省之条约》、《山东问题换文》、《济顺高徐二铁路借款换文》等,中国承认了日本在山东所获侵略利益,埋下了日后巴黎和会中国外交失败的祸根。

后藤新平照会章宗祥
1918 年 9 月 24 日

敬启者:帝国政府顾念贵我两国间所存善邻之谊,本和衷协调之旨意,将关于山东省诸问题照下列各项处理,认为妥当,兹将此事特向贵国政府提议:

(一)胶济铁路沿线之日本国军队,除济南留一部队外,全部均调集于青岛;

(二)胶济铁路之警备,可由中国政府组成巡警队任之;

(三)上列巡警队之经费,由胶济铁路提供相当之金额充之;

(四)上列巡警队本部及枢要驿并巡警养成所内,应聘用日本国人;

(五)胶济铁路从业员中应采用中国人;

(六)胶济铁路所属确定以后,归中日两国合办经营;

(七)现在施行之民政撤废之。

贵国政府对于上列之提议,其意向若何,敬希示复,为荷。

敬具。

中华民国特命全权公使章宗祥阁下

日本帝国外务大臣男爵后藤新平

大正七年九月二十四日

《六十年来中国与日本》第七卷,第 166 页

章宗祥照复后藤
1918 年 9 月 24 日

敬启者:接奉贵翰内称,贵国政府顾念贵我两国间所存善邻之谊,本和衷协调之意旨起见,提议关于山东省诸问题,照下记各项处理等因,业已阅悉;

（一）胶济铁路沿线之日本国军队，除济南留一部队外，全部均调集于青岛；

（二）胶济铁路之警备，可由中国政府组成巡警队任之；

（三）上列巡警队之经费，由胶济路提供相当之金额充之；

（四）上列巡警队本部及枢要驿并巡警养成所内，应聘用日本国人；

（五）胶济铁路从业员中应采用中国人；

（六）胶济铁路所属确定以后，归中日两国合办经营；

（七）现在施行之民政撤废之。

中国政府对于日本政府上列之提议，欣然同意。特此奉复，谨具。

外务大臣男爵后藤新平阁下

中华民国特命全权公使章宗祥

中华民国七年九月二十四日

《六十年来中国与日本》第七卷，第 166—167 页

关于济顺高徐二铁路换文：中国去文

1918 年 9 月 24 日

敬启者：中国政府决定向日本国资本家借款，速行建筑左列各地点间铁路，兹本使受本国政府之委任，特将此旨向贵国政府声明：

（一）济南、顺德间；

（二）高密、徐州间。

但右列两线路如于铁路经营上不利益时，另以适当线路协议决定之。以上所述，贵国政府无异议时，应请迅执必要之处置，令贵国资本家承允该项借款之商议。相应函达，敬希见复为荷。谨具。

外务大臣男爵后籐新平阁下

中华民国特命全权公使章宗祥

中华民国七年九月二十四日

《中外旧约章汇编》第 2 册，第 1406—1407 页

关于济顺高徐二铁路换文：日本复文

1918 年 9 月 24 日

敬启者：本日接奉贵翰，内称："贵国政府决定向日本国资本家借款，速行建筑左列各地点间之铁路，特将此旨声明。"等语，业经阅悉。

（一）济南、顺德间；

（二）高密、徐州间。

但右列两线路如于铁路经营上不利益时，另以适当线路协议决定之。帝国政府欣然承认中国政府右列之声明，并当速执必要之处置，令日本资本家承允该项借款商议。特此奉复。敬具。

中华民国特命全权公使章宗祥阁下

日本帝国外务大臣男爵后籐新平

大正七年九月二十四日

《中外旧约章汇编》第 2 册，第 1406—1407 页

关于满蒙四铁路换文：中国去文

1918 年 9 月 24 日

敬启者：中国政府决定向日本国资本家借款，速行建筑左列各地间之铁路，兹本使受本国政府之委任，特将此旨向贵国政府声明：

（一）开原、海龙、吉林间；

（二）长春、洮南间；

（三）洮南、热河间；

（四）洮南、热河间之地点起至某海港间（本线径路俟将来调查后决定）。

以上所述，贵国政府无异议时，应请迅执必要之处置，令贵国资本家承允该项借款之商议。相应函达，敬希见复为荷。谨具。

日本帝国外务大臣男爵后籐新平阁下

中华民国特命全权公使章宗祥

中华民国七年九月二十四日

《中外旧约章汇编》第 2 册，第 1408—1409 页

关于满蒙四铁路换文：日本复文

1918 年 9 月 24 日

敬启者：本日接奉贵翰，内称："贵国政府决定向日本国资本家借款，速行建筑左列各地点间之铁路，特将此旨声明。"等语，业经阅悉。

（一）开原、海龙、吉林间；

（二）长春、洮南间；

（三）洮南、热河间；

（四）洮南、热河间之一地点起至某海港间（本线路俟将来调查后决定）。

帝国政府欣然承认中国政府右列之声明，并当速执必要之处置，令日本国资本家承允该项借款之商议。特令奉复。敬具。

中华民国特命全权公使章宗祥阁下

日本帝国外务大臣男爵后籐新平

大正七年九月二十四日

《中外旧约章汇编》第 2 册，第 1408—1409 页

关于处理山东省各问题换文：日本来文

1918 年 9 月 25 日

敬启者：帝国政府顾念贵我两国间所存善邻之谊，本和衷协调之意旨，将关于山东省诸问题照左列各项处理，认为妥当。兹将此事特向贵国政府提议：（一）胶州铁路沿线之日本国军队，除济南留一部队外，全部均调集于青岛；（二）胶济铁路之警备可由中国政府组成巡警队任之；（三）右列巡警队之经费由胶济铁路提供相当之金额充之；（四）右列巡警队本部及枢要驿并巡警养成所内应聘用日本人；（五）胶济铁路从业员中应采用中国人；（六）胶济铁路所属确定以后归中日两国合办经营；（七）现在施行之民政撤废之。贵国政府对于右列之提议，其意向若何，敬希示复为荷。敬具。

中华民国特命全权公使章宗祥阁下

　　　　　　日本帝国外务大臣男爵后籐新平印

　　　　　　　　大正七年九月二十五日

　　　　　《中外旧约章汇编》第 2 册,第 1409—1410 页

关于处理山东省各问题换文:中国复文

1918 年 9 月 25 日

　　敬启者:接奉贵翰,内称:"贵国政府顾念贵我两国间所存善邻之谊,本和衷协调之意旨起见,提议关于山东省诸问题照左记各项处理。"等因,业已阅悉。(一)胶济铁路沿线之日本国军队,除济南留一部队外,全部均调集于青岛;(二)胶济铁路之警备可由中国政府组成巡警队任之;(三)右列巡警队经费由胶济铁路提供相当之金额充之;(四)右列巡警队本部及枢要驿并巡警养成所内应聘用日本人;(五)胶济铁路从业员中应采用中国人;(六)胶济铁路所属确定以后归中日两国合办经营;(七)现在施行之民政撤废之。中国政府对于日本政府右列之提议,欣然同意。特此奉复。谨具。

外务大臣男爵后籐新平阁下

　　　　　　中华民国特命全权公使章宗祥印

　　　　　　　　中华民国七年九月二十五日

　　　　　《中外旧约章汇编》第 2 册,第 1409—1410 页

葛林致本野照会

1917 年 2 月 16 日

　　为照会事:上月二十七日之晤谈,阁下对本使言,谓帝国政府愿得一保证,将来在媾和会议时,英国帝国政府援助日本要求割让德国在山东及在赤道以北各岛屿之领土权利,本使奉英王陛下外交大臣之训令,将下列英国帝国政府之意旨通告阁下,至为荣幸。

　　英国帝国政府欣然允许日本政府之请求,保证将来在媾和会议中,

援助日本要求割让德国在山东及在赤道以北各岛屿之领土权利；并经谅解，日本政府亦以同样精神，援助英国要求在赤道以南之德国岛屿。

本使为此特向阁下重表最高之敬意。

日本帝国外务大臣本野一郎子爵阁下

大英帝国大使葛林

《六十年来中国与日本》第七卷，第71—72页

日本外务大臣致法俄两国驻日大使节略

1917 年 2 月 19 日

日本帝国政府尚未与协商国谈判关于对德国之媾和条件，因以此种问题当媾和交涉开始时，协商国义当与日本共同决定也。虽然，观最近局势之发展，以及关于媾和条件之特殊处置，若波士勃罗斯，君士坦丁堡，及靼靼奈尔之割让业经列强讨论，日本帝国政府相信，现已至表示关于日本媾和条件之时机，兹特提出以供法国共和政府之考虑。

兹所尽力奉告与法国政府者，日本政府为对现在大战之工作，尤其为保障将来之东亚和平及日本帝国之安全，承受德国在远东之政治军事及经济的势力，乃绝对之必要。

在此情况之下，日本帝国政府在媾和交涉中，要求割让德国战前在山东及在太平洋赤道以北各岛屿之领土及特殊利益。

日本帝国政府诚恳希望法国共和政府承认此种要求之合法，并与以保证，关于此问题可以获得其充分之援助。

关于日本在战争中生命财产之损失，以及其他与协商国之共同媾和条件，完全在此问题考虑之外，自不待言也。

《六十年来中国与日本》第七卷，第72—73页

日本外务大臣致葛林复照

1917 年 2 月 21 日

日本政府对于贵国政府之友谊精神，给与保证，并欣然与两同盟国

之亲密以新证明,如来照所示者,至感满足。本大臣兹特声言,日本政府方面充分准备,以同样精神援助英国政府在媾和会议中关于赤道以南各岛屿德国领土之要求。

《六十年来中国与日本》第七卷,第72页

法国大使复日本外务大臣节略
1917 年 3 月 1 日

法国共和政府对于调整日本所重视之关于山东及在太平洋赤道以北之德国各岛屿问题,当与日本政府协力。并同意援助日本帝国政府割让德国战前在山东及各该岛屿之领土权。

在另一方面,白里安阁下要求日本与以援助,俾得中国与德国断绝邦交,并予以有力之行动,因此在中国方面须作以下之举措:

第一,与德国外交代表及领事等以回国护照。

第二,所有德国之权益均交还中国。

第三,没收在中国港口之德国舰只,并将此种舰只交与同盟国,如义大利与葡萄牙之例。据法国政府之报告,在中国港有德舰十五只,约共四万吨。

第四,没收在中国之德国商业房产,褫夺德国在中国各地之租界权。

《六十年来中国与日本》第七卷,第73—74页

八、中国决定参战

说明：1914年6月，第一次世界大战爆发。这场爆发在欧洲的大战远远超出了欧洲的范畴，影响到了地处远东的中华民国。在远东的国际关系中，如何利用大战的契机而最大程度地实现自身的利益成为有关各国的基本考虑。8月6日，袁世凯颁布大总统令，宣布对于欧洲战事保持中立，并提议限制战区，以避免战事蔓延至中国境内。

日本借对德宣战为由，出兵中国山东，强占胶济铁路。如何收回山东主权成为民国北京政府在参战外交上的一个重要考虑。然而在中国国内，一开始就存在两种不同的态度。一种意见认为中国应该参战，以期参加和会并获得山东等问题的完满解决；另一种意见则相反，反对参战。此一时期的中国国内，政治乱象纷生，府院之争、派系之争、南北之争，无不影响到中国对参战问题的考虑。

在1917年前，虽然存在参战的声音，但并不强大，德国宣布施行无限制潜水艇战后，这种情况发生了改变。由于美国对德绝交，并希望其它中立国采取同样行动，中国国内关于主张对德绝交的声音逐渐增多。1917年3月14日，北京政府断绝中德外交关系，并于8月14日宣布加入协约国一方对德作战。

本章主要资料来源：

章伯锋、孙彩霞主编：《北洋军阀》第三卷，武汉出版社，1990年

王芸生编著：《六十年来中国与日本》第七卷，三联书店，1981年

天津市历史博物馆编：《天津市历史博物馆馆藏北洋军阀史料》（黎元洪卷）第8册，天津古籍出版社，1996年

中国第二历史档案馆编：《中华民国史档案资料汇编》第三辑《外交》，江苏古籍出版社，1991年

李毓澍等编:《中日关系史料——欧战与山东问题》(下),台北中研院近代史研究所,1974 年

中国社科院近代史研究所特藏档案,甲 350—207,张国淦档案,《外交宣战案件》卷

《中俄关系史料——出兵西伯利亚》,台北中研院近代史研究所,1962 年

中国第二历史档案馆编:《政府公报》(1918 年),上海书店,1988 年

上海商务印书馆编印:《东方杂志》第 15 卷,民国期刊总辑全文数据库

王铁崖编:《中外旧约章汇编》第 2 册,三联书店,1982 年

北京政府外交部编印:《外交文牍——中日军事协定案》,1921 年。

(一)参战问题的提出

说明:民国北京政府对一战初持中立态度,以求自保,但事实证明此政策并不可行。在日本出兵中国山东前,北京政府内部即有提议中国参战的声音,并认为,只有通过参加战后和会才有可能解决山东问题。日本借对德宣战,出兵山东,国内出现了参加议和大会的讨论,希望借参加大会解决山东问题。

1.中华民国的局外中立

中华民国局外中立条规

1914 年 8 月 6 日

兹制定局外中立条规公布之。此令。

大总统印

中华民国三年八月六日

国务卿徐世昌

教令第一百十二号

局外中立条规

第一条　各交战国在中国领土、领海内，不得有占据及交战行为，凡中国海陆各处，均不得倚之为根据地，以攻敌人。

第二条　各交战国之军队，军械及辎重品，均不得由中国领土、领海经过。

其有违背前项规定者，应听中国官员卸去武装，并约束扣留至战事完毕之时为止。

第三条　各交战国之军舰及附属各舰，在中国领海内不应停泊之口岸，经中国官员知照而不开行者，中国得令其卸去武装，所有船员一并扣留，至战事完毕时为止。

第四条　第二条及第三条所扣留之军队、船员，如乏衣食，中国政府当量力供给，俟战事完毕，应由各交战国如数偿还。

第五条　凡各交战国军舰或附属各舰，在中国领海内得地方官允准停泊者，其停泊时期不得逾二十四点钟，若遇风浪危险，难以出洋或修理损伤未能完竣，或购办行船必需之粮食、煤炭尚不足驶至该国最近口岸之数，则应听中国海军统将或地方官酌展期限，一俟事毕当即退出。

第六条　除因风浪险恶或损坏修理外，各交战国中一国之军舰或其附属各舰，停泊于中国一口岸或一港湾内者，同时不得逾三艘以上。

第七条　各交战国之军舰或附属各舰，若同在中国之一口岸内，其后到之船应俟前船出口，经二十四点钟以后，奉有中国海军统将或地方官之命令，方准前往。

第八条　各交战国军舰或附属各舰，在中国领海内添补一切需用之品，不得逾平时所装之数，并不得增加其战斗力。

第九条　各交战国军舰或附属各舰，不得在中国领海内缉捕商船，并不得带领所捕获之船只驶入中国口岸,惟或因避风或修补损伤或购求行船必需之物件,实出于万不得已者,不在此例,一俟事毕,当即退出。且停泊之际,不准使俘虏登岸,及销售所掳船舶及一切物件。

各交战国军舰或附属各舰,若不遵照上项办理者,中国得将被捕之船及俘虏释放,并将船员扣留,船舶或物件一并充公。各交战国军队携带俘虏入中国领土,或俘虏逃入中国领土内者,中国亦即将该俘虏释放,一面扣留该军队。

第十条　各交战国军舰专供考察学问及宗教或充慈善之举者,不适用第三、第五、第六、第八等条之限制。

第十一条　各交战国在中国领土领海内,不得编成战斗军队、舰队,或设立募兵事务所,不得设立捕获审判所,并不得封锁中国口岸。

第十二条　各国在北京使馆卫队及北京至山海关各国留驻兵队,系按前清光绪二十七年七月二十五日即西历一千九百零一年九月初七日和约办理,现仍应遵守此约,不得干涉此次变局之事。此外留驻中国各处之兵队,亦照此办理。

如有不遵守前项之规定者,中国得扣留该军队,并卸去其武装,至战事完毕之时为止。

第十三条　中国人民寄居各交战国境内者,该国不得夺其资财,不得勒充兵役,在必要时中国得派军舰前往保护或接载出口。

第十四条　各交战国有破坏中国之中立条规者,中国如以各种方法阻止之时,不得视为启衅之举。

第十五条　在中国领土领海内,中国人民均不得往各交战国充当兵役,或充当军舰或附属各舰之水手,并不得干预战事。

第十六条　在中国领土领海内,人民不得为交战国治理武装,不得供给船只或材料及一切军需品,如弹丸、火药、硝磺、兵器等类以供其交战及缉捕之用,并不得供给款项。

第十七条　在中国领土领海内,人民不得为各交战国探报军情,及制作关系战事之公文。

第十八条　在中国领土领海内，人民非经陆、海军统将或地方官允许，不得售煤炭、燃料、粮食于各交战国之军队及军舰或附属各舰。

第十九条　在中国领土领海内，人民非经地方官允许，不得为各交战国修理或装卸被获船只，并不得购买交换受赠寄存该船只，及一切被获物品。

第二十条　凡中国船舶及船上人等，对于各交战国应遵守其实力封锁之口岸条规，不得运送战时禁制品或递送军务函件，或代为运输〔军〕务品及一切违犯战时公法之举动。

第二十一条　凡在中国领土领海内，人民有违犯中立条规者，若系中国人按照法令惩治，并将违犯之物品一律充公；若系外国人即按照条约及国际公法办理。

第二十二条　中国人民有违犯战时公法，经交战国捕获者，悉听交战国法庭按照公法处理；如系交战国之违法行为，应由该交战国赔偿损害。

第二十三条　中国船只所载中国军器及一切战时禁制品，往来于中国各口岸及输送其他中立国，或由其他中立国输入者，各交战国不得截留。

中国船只所载交战国之寻常通商货物及交战国船只所载中国一切货物可以往来无阻。中国所发给之护照凭照各交战国均应一律认准。

第二十四条　本条规未尽事宜，中国应遵照一千九百零七年各国在海牙所画押之陆战中立条约、海战中立条约办理。

《中华民国史档案资料汇编》第三辑《外交》，第 380—383 页

袁世凯关于严守中立令

1914 年 8 月 6 日

大总统申令

我国与各国均系友邦，不幸奥、塞失和，此外欧洲各国亦多以兵戎相见，深为惋惜。本大总统因各交战国与我国缔约通商，和好无间，此

次战事于远东商务关系至巨,且因我国人民在欧洲各国境内居住经商及置有财产者,素受各国保护,并享有各种权利,故本大总统欲维持远东之平和,与我国人民所享受之安宁幸福,对于此次欧洲各国战事,决意严守中立。用特宣布中立条规。凡我国人民务当共体此意,按照本国所有现行法令、条约,以及国际公法之大纲,恪守中立义务,各省将军、巡按使尤当督率所属,竭力奉行,遵行国际之条规,保守友邦之睦谊,本大总统有厚望焉。此令。

大总统印

中华民国三年八月六日

国务卿徐世昌

《中华民国史档案资料汇编》第三辑《外交》,第 383 页

袁世凯恪守局外中立申令

1914 年 8 月 6 日

大总统申令

现在欧洲奥、塞、俄、德、法、英、比等国不幸失和,中国因皆系友邦,已布令恪守局外中立,以敦睦谊。我国各地人民,均应照常安堵,所有各省及沿边地方,责成军政、民政各该长官等,遵照中立条规,严密防范。凡通商口岸等处,各国人民财产、教堂,一体加意保卫,倘有匪徒造谣滋事,即迅速查拿,从严治罪。京师地面著内务部步军统领衙门、顺天府严密巡查弹压,毋任匪徒混迹,对于各国使馆,尤当慎加保护,京外各该官署,皆有地方之责。著将此次局外中立条规,印刷张贴,晓谕军民人等,一体知悉。并严申禁令,销弭乱萌,俾中外人民各得安居乐业,毋稍疏懈,致于重咎。此令。

大总统印

中华民国三年八月六日

国务卿徐世昌

《中华民国史档案资料汇编》第三辑《外交》,384 页

徐州张督军关于中立意见
日期不详

徐州张督军寒电云,我国共和肇建于今六年,与各国邦交初无厚薄,自欧战发生以后我国严守中立,更未尝少有偏袒之意。自民国三年,日德之战借地用兵破坏中立,亦未提出抗议,盖自量国力薄弱,故未敢轻绝邦交。今德国所提潜艇锁海之宣言,美国以直接利害之关系,首先提出抗议,终必至于宣战,是五洲列强举入漩涡,我国际此正宜置身局外,观变待时。将来战局告终,出任调停,较之随人俯仰,宁不自荣。乃以美人之请,遂与作一致之行动,实非今日我国情势之所宜,将谓尊崇公法、保护人民生命财产、主张中立国权利起见,则我国对于封禁线内向无一航一舰之往来,本无人民生命财产之可言,更何中立国权利之有?即以尊重公法为言,只当为局外之忠告,以言抗议,未觉过词。设德人反唇相稽已难措对,若再绝裂邦交,则捉襟见肘,应付益艰。

中国社科院近代史研究所特藏档案,甲350—207,张国淦档案,《外交宣战案件》卷

2. 限制战区提议

外交部电陆宗舆
1914年8月6日

昨阅路透电东京来电,日廷于欧洲战事宣告意见,一种盼望和平之心溢于言表。顷奉大总统面谕,以此次战祸几及全欧,深为可惜。愿早日回复和平,为维持东亚和平,尊重人道,保存商务起见,使战祸不致及于东方。中日谊属邻邦,休戚与共,日英同盟,旨在维持东方和平,若东方有事,恐不能贯达此旨。甚望日廷主张限制战区,保全东方。劝告交战各国,勿及远东。一面电请美总统,同一宗旨,劝告各国缩小战祸等语。希先探问大隈伯,如日廷赞同,当由总统专电日皇,作为日美华三国向各交战国提议。即电复。

《六十年来中国与日本》第六卷,第39页

陆宗舆电外交部

1914 年 8 月 8 日

顷因加藤入觐,因径见大隈。答称宣言限制战区,如他国不听,须以武力干涉。美总统仅以空言宣告,有何效力。各国大战在即,尚须熟视战机。德虽与日不表敌意,青岛舰队难免与英法冲突。日以英国同盟关系,如东方有战,日本不能中立。总须东方德舰灭尽,海面方告和平。日必力保东亚和平,且深与中国友好,决无野心。传闻中国有借美兵守港,美难应命之说,确否? 舆力辩其无。并告以我政府与日本确以诚意联交,万不可听挑煽之语。又言满洲地方官颇有排日举动,余以诚意忠告贵政府,极力抑止为佳。舆辨明良久,且谢渠取缔乱党之好意。又言日置益请中政府信任,商谈一切云。

《六十年来中国与日本》第六卷,第 40 页

外交部电陆宗舆

1914 年 8 月 10 日

本日日代使来部称:奉政府训令,据本国驻美大使报告,中国驻美公使派员以限制战区不及东方事,探询美政府意见。此等关系东方重大事件,中国何径先向美邦提议等语。告以此事便利,先由夏使条陈,因电令探询美政府意见。续准该使来电,美政府业向各交战国调停。本政府为保全各国在东方商务起见,始分电日美两驻使,向所在国交换意见云。若日外部询及,希本此意答复。特电接洽。十日。

《六十年来中国与日本》第六卷,第 40 页

陆宗舆电外交部

1914 年 8 月 10 日

闻英俄两使与加藤协商要件有二:一、英俄在华利权,日本按约尽力保护;二、英俄利权无关之中国各地,任日本自由行动,不加干涉。又陆军省召集五个师团,有两联队已乘船赴我南方,占青岛后,拟及福建。

又一部分军人颇唆孙文、陈其美倡乱。又闻参谋总长将换寺内,日美感情甚恶。日政府及军人当局,深憾我国挟美制日,不以诚意待日。时危势急,拟请速派要员,就近与寺内、福岛切商联交办法,以救危亡。一面并请电示切实方针。须知英俄现且视日如虎,美兵力不在日本眼下也。乞即代呈。

《六十年来中国与日本》第六卷,第 41 页

外交部电陆宗舆

1914 年 8 月 12 日

现因局势已变,美总统电无效,大隈口气不甚赞同。原拟联合日美,日不赞同,出头无益。美国方面,已电令夏使,婉词取消。

《六十年来中国与日本》第六卷,第 40—41 页

驻英国公使施肇基、驻巴西公使刘式训关于
取消战区等事致外交部电

1915 年 1 月 29 日

伦。胶澳各问题,基前于取消战区事,向英外部婉探。彼云:自当相助,惟时尚早。问答初八日寄部。续探艾斯敦:英政府对于远东事,不欲操之过急,致启日疑。揣情度势,欧战未定,英或资日,目前不免迁就。查有贺媾和大会论,届休战时,要求直接国介绍入会,意在相时而动。然后言,其主张调查中国经济、军事方面,以处置将来之胶澳,及调查各外国之利害关系云云。似即训电收作军港,不如辟为万国商场之意。美曾屡约各国保全中土,利益均沾。啸电与美密商一层,似甚重要,训即由瑞赴和,一俟详细部文到后,随时相机会商妥筹电闻。再,英外部曾以中报扬德抑英为言,业向解释,乞密饬格外审慎,免于筹备有碍,并乞代呈。基、训。廿九日。

《中华民国史档案资料汇编》第三辑《外交》,第 391 页

3. 提议参战

收陆宗舆函
1914 年 11 月 30 日

敬密陈者：日本加藤外相，十七日以陪观大操，前往大阪，于米原驿接见某新闻记者，就时局问题发表意见，其中有青岛今后之处分一节，详陈均鉴。渠谓青岛不问其施行军政、民政，必须早日开放，于欧洲战乱终结以前，青岛自必由我保留。至于和平会议，中国非交战国，无列席之资格，固得明言。然关于满蒙解决方法，以涉外交之机微，余为当局之责任者，不能一言，余之所以招致冷淡不亲热等之批评者，此也。大阪于对华贸易最有关系，大阪新闻于对华外交，有至大之影响，记者诸君关于外交问题，务以爱国心出慎重之态度。曩日某报揭载大隈伯对华外交演说，中国政府颇见震惊，是亦中国政府之于新闻，神经过敏所致也云云。谨按新闻记者所揭事件，往往有讹载失实之处，然加藤是否如此主张，无从悬断，惟中国未便列席，及关于满蒙解决方法一语，或为加藤故发此种言论，亦未可知。特此函陈，以备参考。此陈。

《中日关系史料——欧战与山东问题》（下），第 515 页

驻英使馆关于英俄法三使劝中国加入协约国联邦事致外交部电
1915 年 11 月 22 日

电外交部，十一月廿二日发。

伦。美电谓：英俄法三使劝中国加入联邦，已英文电告。此电星期六已到，英政府先禁报载，今日始登。现各报馆来探，答未接中央消息。据泰晤士报主笔言，劝中国：一、将陆军枪支售济俄军；二、阻止德人以华为根据地，私运军火至印度等语。此事有无，及究系如何情形，请速密示，以便有人再探，斟酌答复。基。廿二日。

《中华民国史档案资料汇编》第三辑《外交》，第 392 页

王秘书赴俄馆问答
日期不详

廷璋云：今日有一非正式之谈话，欲与贵公使略为商榷。

库使云：甚愿领教。

廷璋云：青岛问题，必待欧洲战事告终，于媾和大会时解决之，此人人而皆知之也。中国既有种种利益主权上之关系，当然有加入此和会之资格，然此和会之组织情形若何，贵公使能有所见告否。

库使云：以余个人之意观之，贵国当然可以加入此和会，讨论青岛问题。然现时贵国对付日本，宜加意小心，不可予以口实。

廷璋云：然则日本亦能赞成中国加入此和会乎？

库使云：余料届时有反对贵国加入者，仅日本一国而已。故贵国此时除日本外，尚当注意于英国，英日为联盟国，苟有龃龉，英尽可出而排解也。其余列强，谅无不赞许中国加入之理由。譬如意大利，余固盼望其终必加入战国，苟不尔则将来议和时，关于亚劳巴尼问题，意国自当与议。意既如此，中国何尝不可援例。不过既非交战国，则仅能与闻关于其国有关系之问题，不能完全与会，此敢断言。

廷璋云：按之历史先例，自然由各交战国公同组织之。且此次英俄法，曾在伦敦签定一声明文件，彼此不单独议和。日本闻之，遂向英国质问其因何不与日本熟商。英不得已，遂通告俄法政府，以此声明文件，与英联盟国之日本国，亦有关系等语。俄法无异词，而日本亦满意。如此看来，日本亦断无与德国人单独议和之理。

廷璋云：余亦深信无单独议和之理，然设使日本果与德单独议和，则英国当然加入，斯时贵国亦欲加入否？

库使云：诚然。但中国人每每过虑，以为日本必能并吞中国，以余意观之，日本兵力虽强，以财政困难，实不能有所作为。日本在中国北方，已有口岸多处，何乐再取青岛。彼将来必以之归还中国，而取相当之报酬。盖日本与德人哀的美敦书，原有将青岛交还中国之语，德既不复而宣战，则此项宣言便已取消。故日本并无对于列强担任交还青岛之义务也。如果能交还,则必要求报酬,此敢断言。余意中国若能取回青岛,亦是一件好事,不过日本为扩张经济利益起见,恐必不能将胶济铁路等交还中国耳。

廷璋云:贵公使亦曾便中将青岛问题暨中国当加入和会之理由,报告贵国政府否?

库使云:加入和会一层,尚未有向政府提及。

廷璋云:中俄邦交素睦,且贵国与敝国为邻邦,尤盼主持公道,仗义立言。

库使云:余可于日本间,将贵国愿加入和会之意,函达政府,请转告孙总长可也。

廷璋云:贵公使盛意殊可感,中俄邦交近更日加辑睦,皆由贵公使从中主持,而得此好现象。此吾国上下,所当同深感铭者也。

库使云:诚然,惟尽余之职务而已。余此次在俄京,亲谒俄皇及政府要人,无不欲中俄两国之交亲,并无侵占中国土地之意。本公使现仅盼望呼伦贝尔及阿尔泰问题能早日解决,便满意矣。

廷璋云:此种问题,想不日定能和平解决。

《中日关系史料——欧战与山东问题》(下),第660页

收东京章宗祥电

1917年2月13日

国务院,理密,段总理鉴:万密。顷电计达,有人密报德人以巨金解京外要人及议员,冀阻害断绝国交,日甚为不安,令务请钧座严查预防。此事已成骑虎,现不与德绝,联合国将视为敌,危机甚大,速断为宜。至断绝国交与宣战既属不同,如能不询取国会同意,尤合外交机宜。十二日二钟,祥。

《天津市历史博物馆馆藏北洋军阀史料》(黎元洪卷)第8册,第15—16页

（二）中国国内关于参战问题的争论

说明：围绕中立还是参战，中国国内出现了一场大争论，外交人员、政治家、军事将领及社会各界都参与了这场讨论，要求中立一方与要求参战一方在许多问题上都存在不同看法。

1. 主张参战

吴德振请与联合国订立有利条件筹备对德绝交宣战呈

1917 年 2 月

为条陈解决时局意见敬乞。钧鉴事，窃德意志通告施行潜艇战略，美国即与断绝国交，我为保护人民生命财产、尊重国际公法起见，严重抗议，现尚未接正式答复。刻下，议论纷纭，主张各异，据振管见，我国既已提出抗议，即宜绝交宣战，免目前之危险，藉外治内，谋永久之安宁。谨将其理由条举如左。有主张德国答复满意仍守中立者。夫德为保全从前之经营及将来经济之发展，必无强硬拒绝之答复，然德国现处之情势决不得中止潜艇战略之实行，即不能有使我满意之答复，既无满意之答复，我断绝国交之言已发，倘仍守中立，是招各国之轻侮，伤自国之体面，此其一也。英欲扫除德国争长图雄之策源，俄欲消除德人煽动回民之隐患，早欲诱我加入战团，驱除德人踪迹。法意二国与德为敌，自不待论，惟日本从前颇示反对，盖我孤立无援，则彼之目的易达。如我仍守中立，伤联合各国之感情，日本如有要求，势必旁观坐视，不稍牵掣。或如老西开交涉，表示援助。尤可畏者，各国恐日本势力扩张，有碍将来之进取，群援利益均沾之例，协以谋我。故欲免目前之危险，决不能再守中立，此其二也。有信战争结局之胜利终归德奥，不宜与之结怨自蹈危险者。夫德奥人口物资之缺乏显而易见，战局久延，胜败尚未可测。且国际视利害而不重恩怨,德何怨于比,而以利害之关系不惜毁其城而墟其国,德奥果结局胜利,联合国不能制止,我纵未结怨,亦必取我恢复元气,况青岛已伏祸端耶。然其海军力不大,且地势悬隔,重创之后焉有余勇临我,此其三也。有谓加入战团日本必藉口维持我之秩序、保全东亚和平,取我制造军械及治内一切主权者。夫日本野心勃勃,容或有之。然我即不加入,能免彼之要求乎?况我加入战团,联合国应负援助之义务,即为利害计,亦必取维持之策,日本侵略举动,或可因各国牵掣而幸免。近闻日本有迫我加入战团之说,如我仍迟延不决,日本或联合国果迫我加入,则我之主权失,而各国之要求有所藉口矣。此其四也。有谓加入战团势必尽供给人口、物资之义务,受莫大之损失者。夫物资为人利用,美日已获巨利,于我无损,不待研究。若供给人口,尤为有益,其故如左:一、调我军队赴战。我国目下军队聚则为虎作伥,散则为匪之枭,遣之他国,何异除害,幸而战胜,固可壮国威而彰国权,即不然,经一番感触,或可启发良心,不至归国为患。然若畏战逃亡,亦可削拥兵横行者之羽翼,除内政进行之障碍,何害之有?二、用我人民工作。我国人口众多,游民尤广,若各国以我人民为工作之用,则无业者可获生计,将来归国,尤可为振兴实业之人材,利莫大焉。供给人口无损有益,彰彰明甚,即以供给人口为不利,而加入战团未出一兵一卒者不有日本与葡萄牙耶?此其五也。加入战团之利已如上述,虽然害亦有之,即胜不能取尺寸之土地,败则我土地权利为战争损失之偿品是也。然我如不能自强,即不加入战团而战争终结均势之局既破,近东之问题自了,我之土地权利即众矢之的。德奥胜,我之危亡尚可稍缓;联合国胜,我之危亡尤速。故欲免根本之危险,道在自强,欲图自强,非加入战团藉外患以消内讧,藉外援以修内政,别无良法。其理由如左:一、财政。我国财政支绌,凡开源兴利之事及一切要政,诸多放弃停止,长此因循,其何能国?加入战团可得财政之援助,举办一切,而应付德奥之款亦可止付,以应急需。二、军政。近年,军队腐败,因统兵者之把持整理,几无从着手,加入战团可藉外患裁减募兵,举行征兵,根本改良,尤可藉各国之援助,扩张军械之制造,以储军实而固国防。三、外交。联合各国困难之外交,易于解决,少损权利,尤可乘机改订关税及租借地、裁判权种种不平等之条件。四、内政。内讧可藉外患消减。内政易于进行,且可振刷柔弱之习气,凡一切富强之策得以积极施行,抑尤有进者。近俄德有单独媾和与日同盟之说,美已表示武装中立,我加入战团似甚危险。夫日、俄、德同盟之说,就各方面观察,必系谣传。然即成事实,而既已抗议,势成骑虎,欲图补救之方,当定自强之策。若畏首畏尾,是一误再误,伏望我大总统坚毅主持,一面与联合国订立有利条件,一面筹备与德绝交宣战,一切事宜,以固国本而安人心。是否有当。敬乞钧裁,德振谨呈。

《天津市历史博物馆馆藏北洋军阀史料》(黎元洪卷)第 8 册,第 38—50 页

国务院致各省督军等关于中德关系
能否停留断交尚须慎重讨论电
1917 年 3 月 2 日

各省督军、省长,热河、归化、张家口各都统,上海护军使均鉴:赓,密。抗议情形迭经电达,旬日以来,据报英、美、法、和各船屡遭沉毁,其中间有华人,而法船所载华工被难者多至五百四十三人。英、俄、法、意、日、比、葡七国连合一致与我接洽,权衡利害,能否仅以断绝国交为终止,尚难遽定。兹事关系重要,正在慎重讨论办法,此后进行情形,当随时续布。院,萧印。

《天津市历史博物馆馆藏北洋军阀史料》(黎元洪卷)第 8 册,第 154—155 页

唐继尧主张中国加入战团须商议交换条件电
1917 年 3 月 7 日

国务院、外交部鉴:华,密。加入未经决行以前,须商议交换条件,除关于全局问题外,查英法毗连滇省,在在与大局有关,谨将应行提议事件,陈备采择:(一)越南过境税法人违章增收案;(二)法国在滇邮局

宜照案裁撤案;(三)法委擅设巡捕宜即裁撤案;(四)宜照约在越南设华领事案;(五)越南征收华侨身税过重,宜据理法议减轻案。以上各案或已争无效,或尚待提议,部中均有详案,乞查取,藉供参考,酌核施行为盼。唐继尧叩。阳印。

《天津市历史博物馆馆藏北洋军阀史料》(黎元洪卷)第 8 册,第 173—174 页

唐继尧陈述中国加入战团条件电

1917 年 3 月 10 日

三分。北京大总统、副总统、国务院钧鉴:华,密。奉院冬电,以抗议后英、美、法、和各国船只屡遭沉毁,华工被难者甚多,七国与我接洽,商取一致,能否仅绝国交尚难决定等因。查国际交涉,要以自国利益为前题,所谓公法公理,不过表面之饰词。若以公法人道论,德国无理,协约诸国亦未必合法。为今之计,抗议果归无效,加入恐不能免。然七国既联合与我接洽,若非获相当之利益,又岂肯率尔尽无端之义务。谓宜乘此机遇,提出增加关税、展延赔款及取消日本要求之第五款、修正条约各问题,先事磋商,要求同意。一面侦察美国行动,再决取一致之主张,庶不失自国之利益,而进行亦稍较稳健。继尧管蠡之见恐无当于事实,谨贡刍荛,伏惟采择。云南督军唐继尧叩。阳印。

《天津市历史博物馆馆藏北洋军阀史料》(黎元洪卷)第 8 册,第 175—176 页

国务院致各省督军等关于中国宜应对德断交电

1917 年 3 月 11 日

各省督军、省长,热河、察哈尔、绥远各都统,上海护军使,库伦陈都护使,科布多徐副使,乌里雅苏台陈副使,恰克图张副使,阿尔泰程长官,塔尔巴哈台汪道尹,加尔各塔李代办,各国(除德奥)驻使钧鉴:亲译,廙,密。近得德使馆节略,以我国提出抗议,谓为恫吓之词,并谓前此中国人民生命之被害者,系自冒预战人之危险,应视同预战人看待,且表示对封锁战略不能取销等因,似此情形已无转圜之地。此次外交

政策,屡开国务会议,金以为中国近数十年来皆因均势之局,于各国一体待遇,未有歧视。欧战发生,各国约分协约、同盟、中立三派,中立之最大国,在西惟美,在东惟我。美德断交,中立之局一变,我若拘守中立,直成孤立之势。抗议既出,协约方面迭来与我接洽,政府于国情外势亦尝熟筹而审虑之,盖我以积弱之国,乘均势之局以为因应,至于今日,均势之局已破,不能不亟求友邦,以应外交之趋势。美首绝交,实为维持公法,尊重国际资格起见。我之毅然向德提出抗议,用意正与美同,纯为自动主张,并非因美劝告。美处西偏,利害情形与我迥异,我之实逼处此,不能不若美之瞻回顾盼,进退自如。或谓维系德奥国交,即所以保持均势。无论德奥,四面受敌,近来战势变攻为守,征发之令及于老弱,潜艇战略已有一月,结果未优于前,是海陆战斗之力已形薄弱,且远在欧西,与东方难生关系,远水近火之说尽人皆知。且溯开战以来,我号称中立,而力不能严守,前此青岛之假途、华工之密运,德人责言不啻再四,即无今次绝交之举,将来德人若图报复,已恐非我所堪。其时一无友援,奋抗何由得直,且我抗议既发于前,倘当断不断,万一协约方面疑我受德煽惑,或竟至自由处分在华之德人,我将何以立国? 为今计,我若乘机利用,与协约方面各友邦相周旋,即有相当希望,应可与各国商洽,否则远交近逼之害,大为可虑。故以近日之趋势论,我于抗议之后,在势不能不急择友邦之提携,在理不能不尊重国际之资格,至于自定大计,勿待人言,尤为应付外交所迫,当机立断者也。抑所希望者,则因抗议无效,不可转圜,假令积极进行,于费用当有所筹备,于经济当预谋救济,于将来军事之障碍当亟求解除,故暂缓赔款,增加税率,将辛丑条约内天津近二十里不能行兵,京津铁路线附近各国可以驻兵等条款解除,皆我所希望于各国,为事实上之必要者,并非以为交换之条件。曾经表示,各国皆能相谅,大致赞同。虽关税一端或将连及数种物品出口免税问题,于税额不无稍减,然进口加税议若有成,则年可增收三千万,所盈实多,且适合于国家提倡出口之原理。而彼所希望于我者,限于供给劳力、供给原料二端,为事理之当然,仍有严格之限制。现

在双方希望仍正妥慎商洽，昨日已本此意出席国会，将经过情形、将来
程序，详密报告，专此电闻，容再续达。院，真印。

《天津市历史博物馆馆藏北洋军阀史料》(黎元洪卷)第 8 册,第 185—194 页

国务院致各省督军等关于中德断交理由电
1917 年 3 月 15 日

各省督军、省长、上海护军使鉴：赓，密。近上海、汉口、重庆、济南
等处商会先后来电，请严守中立等语。此次对德抗议，以迄绝交，盖几
经审慎筹维，兹政策既定，复经参、众两院正式表决，多数赞同，已于本
日明令宣布。吾国向无与国，徒恃均势，此后时局一变，势难墨守前辙。
德困中欧，已失海上根据，环伺者皆协商国，吾以积弱迫处其间，不能如
美国之进退自如，与其待人强制，毋宁自定计划，协商各国与我推诚相
待，冀可得多数之协助，以纾急难。况增收关税，展缓赔款，协商国均表
赞助，愿更讨论详确办法，既可调剂财用，并以维护主权，讵非吾国之
利。或虑中德绝交则中德间商业停止，不知欧战以来德之海上商业扫
地以尽，即有间接输入中国者，为数甚微，何关大计，斯固无利害之可
言。且近年日本竭全国之力发展工商，以供战需，国富骤增，民业亦进，
吾国不知利用，坐失时机，良为可惜，果能及兹变计，应协商各国之需
要，以谋吾国经济之发达，于工商两界所利益多，至吾国所负义务，仅以
华工及物料之供给为限，既无征兵筹饷之烦，于内地治安并无妨碍，尤
无庸过虑。总之，对外政策因为拥护国家，而商业所关亦早在审慎筹维
之内，默察世界经济趋势，不得不急起直追，此举亦预为扩张实业，救济
金融起见，务希推本此意，详密劝导解释，俾商界共喻政府苦心，勿滋疑
虑，更望相时审机，各就本业，力图振作，以应现势而裨本计，是为至要。
院，删印。

《天津市历史博物馆馆藏北洋军阀史料》(黎元洪卷)第 8 册,第 236—241 页

伍廷芳报告中国对德宣战利弊函

1917 年 4 月

窃此次我国对德抗议绝交,揆之廷芳向来所抱和平宗旨,本相凿枘,第我国既为共和国体,自当以议院可否为从违,既两院多数相同,本无讨论之余地,但自与德绝交之后,本部发生种种繁难事件,不一而足。如在京德使馆之发照遣送,各省德领馆之函电磋商,以及别项交涉,因此问题而纷至沓来者,更不胜缕缕,此皆别国所未闻,而为中国所创见者。无他,以中国无治外法权,而又有外国租界故耳。虽然事变纵顷刻风云,而应付尚不至隕越,宁非大幸。惟当时既明言与美一致行动,近美因德阴谋煽动墨西哥以为构衅之导火线,上下人心皆大愤慨,政府已得议院同意,与德宣战。古巴与美本相牵连,且在美势力范围之下,因之亦与德宣战,闻巴西因有船被德潜艇击沉,亦有宣战之意。查现与德宣战之国已有英、法、俄、日大小十国,今又加以美、古等国,而德之同盟仅奥、土、勃等国,众寡之势既相悬绝,胜败之数当可预知。我国如欲加入,此其时机矣。顾事体重大,不厌求详,今将赞成加入与反对加入之理由,分别胪举,亦当局所当研究者也。先以赞成加入之理由言之:(一)自我国提出抗议后,政府经派员与协约国议及增加税率、延期赔款等事,但各国非我国宣战,不允商办,如宣战以后,可望议有端绪;(二)俟战局终了时,可期与会发议;(三)各国驻华公使共十六国,加入者已有十国,其未加入者仅数小国,我若再不加入,于协约国交涉上殊不便利,若加入当然益见亲善;(四)应募华工,接济原料,一切援助名正言顺;(五)拥护公法,维持人道,词义严正,态度光明,此赞成加入之理由也。更以反对加入之理由言之:(一)欧洲战事将及三年,德亦未见大败,近且在俄地获胜,将来若竟战胜,势必复仇,我国于赔偿则无此财力,于抵御更无此兵力,效蠁自缚,转类春蚕;(二)奥为德之同盟国,若与德宣战后,协约国必有要求与奥宣战之举动,况与德宣战以后若仍听奥人在内地自由行动,亦恐生意外之危险,是不但启衅于德,复又失和于奥;(三)德人在通商各埠商业盛大,宣战以后,停之则影响商场,不停则难于处置;(四)内地愚民、土匪难免不受德人辗转贿赂,借端起事,在在堪虞;(五)各省官长名流颇多反对,感动之力易及商民,清议尚存,人言可畏,此反对加入之理由也。总之加入、不加入论者各有主张,但细察全球大局,就外交现势而论,若国内不致乱生,则加入亦未尝不是。所虑者我国幅员辽阔,论议纷庞,惊骇既多,动摇较易,此则政府之体察情形,熟思审处,免贻后患,致痛噬脐耳。廷芳忝长外交,谨就管见所及者详为陈述,尚冀裁察,幸甚幸甚。

《天津市历史博物馆馆藏北洋军阀史料》(黎元洪卷)第 8 册,第 387—395 页

顾维钧电

1917 年

一

钧以美德宣战在即,彼如何进行,与我有密切关系。今日特往见美外部,探询美政府对德政策。一、威总统宣言有"竭力与联邦国一致进行"一语,是否美政府拟加入联盟?彼言:"现无此意,拟于军事上与联邦国通力合作。至如何办法,须视与联邦国商订至何地步再定。"二、询以威总统所言美国应以资财接济联邦国,如中国向德作战,美国亦有意接济否?彼言:"如中国事实上确向德作战,美国允接济,惟接济联邦国之方法,现尚筹议。"三、询以近日报界及议院中均未有人主张由美派兵赴欧助战,美政府有无此意?彼言:"德为美即联邦国之公敌,如联邦国军队在欧西力有不支,美国即须派兵前往合攻。"最后钧言:中国于美国行动颇关心。彼言:"诚然。惟鄙意为中国计,为全局计,中国宜先从容布置,待时而动,即如美国此次与德决裂,事前经煞费布置。"云云。谨密闻。钧。五日。(四月七日到)

二

国务总理、外交总、次长钧鉴:近阅报载,我国有加入联邦国之动议,道路传闻,固未足信。然钧有由不得已于言者。窃以欧战起于英德宿怨,原与我无直接关系。日攻青岛,我守中立。前年我欲加入联盟,

复为日本所阻。今我对德政策,先抗议,后绝交,虽是由我自决,究系从美而起。现如更进一步,向德作战,固系正当程序。第是助美入战与加入联盟,利害出入,洵属毫厘千里。

窃查加入联盟有四害:我前照复美国,曾言一致进行,今若转而加入联盟,美政府方面不免疑我前言非出至诚,在我自失信用,其害一。日本经国大政,在谋操纵中国,欧战实其千载良机。大隈胁迫于先,寺内甘诱以继,凡我有所主张,无论其先反对或即赞成,而均有利用之手续在。若我竟入联盟,彼方可以联盟名义,借口助我作战,在我内部擅自行动,甚或迫我允从一切,将以我为日俄战时之朝鲜,其害二。英法诸国有求于我者正多,彼将用我原料人力,或以压力相强。彼时从则失主权,不从则背盟约,是以我为罗马尼亚,其害三。联邦国以来,英法等国遇有中国事,往往先商日本,势若默认日本为东亚霸主,我若加入联盟,更授彼以居间愚弄之机,而遂其操纵中国之志,其害四。

若我随美入战,则有四利:我助美战,与美各自处于第三交战团之地位。彼时联邦国须我帮助,允否在我。是我入战后不受人迫,仍保行动之自由。其利一。联邦国望我加入,原为己计,我若听之,义务必重,而权利未必多。观于希望三款尚难邀允,已可想见。美之于我,不独无所求,且有能力与志愿以为我助,即如经济一端,美外部前亦言及。其利二。日之于我,野心不戢,终必思动。我若加入联盟,而彼在中国有所举动,其时英法等国碍于同盟,不便遽行干涉,况自顾岌岌,更无余力助我。若我助美之战,美国谊当还助,且有余力顾我防患未然。其利三。又今均势之局破,战后各国如何联合,未必悉如今日。而美国此次入战,于联邦国方面声势颇大,战后于国际上势力必更见扩充。最近美总统宣言,亦谓美国此后须操世界政策,是其拟于战后在国际上大有为,已可预料。我助彼作战,将来国交上获益实属不浅。其利四。

或谓远交近攻,不如先与近交。不知交必出于诚,方可不分强弱而均得其益。若以利交,终归于强者,况远交美尚足以制近逼之日本乎?此远近之说不足虑也。或谓不入联盟,于他日和会中不得联邦国之援助,不知联盟国中与我利害冲突者颇多,如英之于西藏,俄之于蒙古,日之于山东,葡之于澳门,均属未了问题。我进与之接近,亦难持久。而美对我无阴谋,待我以至诚,我正可赖美为助,此援助之说之不足虑也。

或谓我助美为战,利中有害,即使英法等国其目的失望,终不免招日本之忌。不知我之绝德,原系助美而起。今我进而助之为战,理之当然,亦即与联邦国敌忾同仇,日本应无猜忌之可言。若彼不能戢其操纵中国之野心,则我加入联盟,适足以逞其志,助美难免猜忌,而两害取其轻。此则利害之说不足虑也。

或谓加入联盟即为将来加入和会地步。不知美总统最近在国会演说,曾举抵抗普鲁士军治制度,与保列邦平等自由两大端,为美国人战之宗旨,实合英首相最近宣言之意。英美宗旨既同,是美之人和会不难预料,而我助美为战,自可连同列席。此和会之说之不足虑也。

所以我国不与德战则已,战必以助美为宜。即如日来与美外部晤谈,彼虽不便明劝我勿入联盟,然视其劝我慎重进行,对我希望三款不欲即允,于附加条件外,复有最后之一条件,其不愿我加入联盟,已可概见。东方股长亦曾以不宜加入联盟之言示意。更有进者,助美为战似尚不宜过急,姑俟美德开战,德若不变其政策,然后继起加入,则影响于战局更大,我亦不失于轻率矣。以上各节,实为国家安危所系,不能不缕陈管见,以供采择,统乞钧裁。维钧。九日。(四月十二日到)

三

极密。国务总理、外交总、次长钧鉴:英外相到美京后,英友来言,外相对华感情素佳,深愿谈中国事。因托海特预订非正式会晤,以资联络。今日四钟如约往。英外部接待甚殷。彼言中国事,在英常接东方与北京电,颇多接洽,未知离英后情形如何。钧言:中国舆论多数主战,各督军在京会议,闻亦赞成宣战;惟加入联军,抑助美为战,舆论方面,尚多疑议。彼即云此层并无出入,其要点在入战。钧言:一部分解释深虑我国加入联军,在某方面发生困难与危险。彼恍然曰:"所指某方面,仆亦了解,如中国助美为战,亦必以全力对德,于我英外部正相同,惟望勿以鸡虫得失,而致稽延。"云云。谈次,询以俄德单独议和之说,有何依据? 彼言:德国贿通俄国帝制党及共和党之激烈分子,颇见微效。但格雷者仍坚持,不能尽为所动。又询美既入战,和议希望若何? 彼云:更见切近。

又日前英大使与钧晤谈,亦询我国态度,而亟盼我入战,并言中国若加入美国方面,其于战局影响必更加大云。

上述种种,出诸英国当局之口,颇可注意,谨以胪陈。维钧。二十六日。(四月二十九日到)

《北洋军阀》第三卷,第 154—157 页

2. 不主张参战

蒋方震等反对参战呈

1917 年 2 月

密呈。为密呈管见仰乞采纳事。窃惟中国此次反对德国实行潜艇战策,提出抗议,自系为尊重国际公法起见,惟是抗议一事也,加入战团又一事也,此中利害有不可不审慎从事者。兹推究其不必加入者三端,不可加入者四端,又默筹补救之法三端,请为我大总统缕晰陈之。德之潜艇新战策,无非谋断英法义之接济,以期缩短战期,其眼光纯在美国。查其所封之海面,大半属于英法义三国,而西丹荷瑞挪诸国与海面亦有连带关系,美国因受害较深,遂首先发难,以阻其事。若我中国东南海线虽长,与欧美战地毫无交涉,此如乡邻有斗,尽可付之坐观,何必攘臂其间,以分其害? 此不必加入者一也。美之首先抗议,以危及海上身命财产为词,今大西洋地中海之际,中国无一商船往来,所间接受损害者不过被雇之船员工人而已,因此少数人之伤损遽牵一国以从之,自破和平之局,是何为者? 此不必加入者二也。英、法、美三国经济关系最为密切,故美国对于潜艇战策抗议不遗余力,一则因与英法交通断绝,经济无由扩充;一则因协约国万一失败,所投资金亦均多危险,我国经济

与英法关系甚小,又何必步美国后尘,此不必加入者三也。我国加入协约之后,虽无兵力助战,而粮食军火之类不能不供其所求,年来内乱频仍,农工失业,自顾已不暇给,若更协济他国,我国先有坐困之忧,万一内变发生,政府将何以应之? 未收长驾远驭之功,先受索赋竭渔之害,此不可加入者一也。德国人民及其公私财产之在中国者,亦属不少,其人民之处置,我国自可按照公法办理,至财产半在租借地内,处置方法各国又无先例,万一处置失当,必有他国越俎代庖,以阴行其占据之谋,将来之损失赔偿,其交涉困难应有百倍于胶澳铁路者。况德人爱国之心异常诚笃,及其挺而走险之日,恐亦牺牲性命施行诡计,以扰乱中国,是中国先已自受影响,此不可加入者二也。为加入之谋者,不过欲与美及协约国亲善,纾近祸耳,不知结果实与相反。盖中国既加入战团,即与协约国成为一家,他国必有藉口要求代中国整理军务,整理兵工厂,并代开五金各矿者,斯时协约国方面牵掣无从,美亦鞭长莫及,恐祸仍未必纾耳,此不可加入者三也。世人皆言加入协约其利有四:一、目前得利用美国借款;二、将来得列席和平会议;三、得取消德国之国际债权;四、得希望协约国之赞助而得其他之利益。此数者,惟美国借款稍救眉急,然用途能否自由,尚未可定。况加入之后,军事之费骤增,所得将不偿所失。其余三者,则皆协约国战胜后之计划耳,夫协约国果胜,利益远在欧美,中国未必有染指之望。设同盟国胜,赔款、割地必转取于中国,其害何可胜言。此不可加入者四也。德润等反复熟筹,大害潜滋,不寒而栗,谨就愚见所及,急图补救之方。今抗议通牒已达旬余,闻德政府尚未答复,果使德人让步为满意之答复,我国即可藉此转圜,仍守中立,此计之上者也;或德人竟不答复,我国亦可藉此延宕,相机徐图挽回之法,此计之中者也;设德人答词强硬,势将决裂,则我国之抗议通牒与加入战团本各为一事,不妨以抗议之后是否加入战团征求国会及各省督军意见,以为转圜之余地,此计之又次者也。总之,德国此次潜艇战策虽为缩短战期,实关国族存亡,以美国之势力彼且置之不理,决不能因我国无关痛痒、无足轻重之抗议而改变其方针。德国潜艇之实力虽不可知,然自其通告以来,中立各国船只皆相戒不敢开越指定区域,且欧西中立各小国见闻较确,迄今尚无一国敢加入协约国方面,则其实力之未可轻侮已可概见。夫断绝国交,彼此宣战,非至不得已,未有轻于出此者。故当欧洲战事发生之初,谁为戎首,英德尚各力为辩护而不敢自居,我国势居何等,毋容深讳。乃竟师出无名,全球其谓我何?况加入战团之后无一利而有百害乎。一般舆论铺张扬厉,发为无责任之谈,德润等或在欧洲甚久,或时与欧人往来,内审国情,外觇大势,实不敢轻于附会,用敢密献刍荛,伏乞大总统俯赐采纳,中华民国幸甚。

蒋方震　梁广恩　杜澐　马恩崇　姚宝名　王荫泰　周泽春　蒋兆钰　王裕光　陆文彬　恽毓鼎　陈虹　贝寿同　王鹗　丁文玺　马德润　萧安国　李钧南　杨祖谦　黄攻素　程遵尧　程经邦　江逢治　陈绍五　周凝修　雷炳焜　倪谦　顾允中　朱和中　萧俊生　马君武　赵德馨　孙用时　李霈　沈成麟　高孔时　容敬源　范望　金大敏　刘祖尧

谨呈

中华民国六年二月

《天津市历史博物馆馆藏北洋军阀史料》(黎元洪卷)第 8 册,第 51—64 页

颜惠庆报告中国不应对德绝交电

1917 年 2 月 13 日

八日电计达。本日,德外部密告,俄京传来消息,大部照会德使,请德政府取消潜艇围攻之策,否则中国将与德断绝外交,未知确否。为中国计,似无利益,且日本国与德将来关系未可知,中国所处地步岂不更危险?美总统此次邀请,不但欧洲中立各国已经拒绝,即南美洲各国亦不赞成。中德邦交素厚,盼望此事不成事实,故密为忠告。请速转达政府云云。特闻。惠,十三日。

《天津市历史博物馆馆藏北洋军阀史料》(黎元洪卷)第 8 册,第 17—18 页

德京王揖唐来电

1917 年 2 月 29 日

德京王揖唐二月九日电。闻德潜水艇造成者四（原码四字与四千四百均差一码）余只，现仍昼夜赶造，足可锁英。英之谷类百分之八十、肉类百分二十七，均仰输于他国，以此决之，数月以内，英必先困。我国内力未充，值此时机，似宜严守中立，特别注意。若为外人所动，利害相权，隐忧实大。

中国社科院近代史研究所特藏档案，甲 350—207，张国淦档案，《外交宣战案件》卷

徐州张督军寒电、蚌埠倪省长删电

徐州张督军寒电云，德国兵力尚强，胜负尚难预决，万一联军赢胜，我将何以自处。

蚌埠倪省长删电云，我与美合，必为德仇，将来欧战终了之时，德败于我为大利，德胜则大害至焉。一旦修怨于我，恐美与英、法、日、俄诸国未必能协力为我拒敌也。嗣冲愚见，此时既已抗议，自应俟其答复，倘答复为强硬之词，似可藉此转圜。声明抗议一层，系属友邦之忠告，不必遽与之绝，以全交谊而弭衅端。

中国社科院近代史研究所特藏档案，甲 350—207，张国淦档案，《外交宣战案件》卷

南京冯国璋来电

日期不详

南京副总统文电云，至加入协约国之利害，前电已反复言之。目前协约国并无何等表示，而我自求加入，是未必结好于此，乃先树敌于彼。衡情准势，殊属非宜，我果始终坚持，抱定但发公论、不启兵端之主旨，私计，德固不能先行绝我，而协约各国又何至强以所难。设万不获已，而出此一途，则事实上能无种种之准备。现在政府是否已经各方疏通意见，既与美取一致行动，曾否与美协商条件，并望将切实办法详细见示。

中国社科院近代史研究所特藏档案，甲 350—207，张国淦档案，《外交宣战案件》卷

外交部汪毅函
日期不详

外交部佥事汪毅函云,古今中外从未有无兵、无财之国而可与人开战者。吾国革新以来,屡经变故,军械如此缺乏,金融如此恐慌,加入以后,虽无出兵之必要,倘彼责我以供给军需之义务,窃恐国中重要之军政局厂即非吾国完全所有。且今日加入战团,明日即抛弃中立,协约各国之军舰即可游行于吾国江海之间,其危险尤有难言者矣。

又意见书云,现在政府之所当认定者,中国此次提出严重之抗议其主动者美国,非协约国也。以后进行之程序,应抱定以美国为标准,决不可轻离美国而与协约国为特别之提议。万一为时势所迫,对于财政问题或须与英、法、俄、日各国有所磋商,亦只可为单独之磋商,不宜以协约名义与之连带磋商。界限既清,立足自稳,政府政策,乃可始终维持,以支撑于惊涛骇浪之中,否则偶一不慎,卷入协约国漩涡,不特无以副美国提携之初心,且恐中国军政、财政将为协约所支配,并将牺牲中国而为欧战损失之代价,中国前途将有不堪设想者矣。

中国社科院近代史研究所特藏档案,甲 350—207,张国淦档案,《外交宣战案件》卷

徐州张勋来电
日期不详

徐州张督军寒电云,若言美为领袖加入必多,则各国情形不同,主权所在,万无受人强迫之理。且结好于此方者,必开罪于彼方,利害相权,要当熟审。从来外交方面当以国势强弱为断,固有外示联合而内怀猜忌者,诡计变幻多端,又岂一纸之抗议。偶相依附,便可冀其曀我以空言而获实利,虽在强国犹有未能,矧以积弱之如我国者乎。

中国社科院近代史研究所特藏档案,甲 350—207,张国淦档案,《外交宣战案件》卷

沈瑞麟报告中国中立最后无患电
1917 年 3 月 4 日

二十七日电悉。现在德与墨西哥提议联盟，并由墨介绍，密通日本抵制美国，墨日素有联络，此策果行，局势大变。若中美同一行动，不知日本对我又将持何态度，熟筹我国前途，中立最无后患，如何酌定，仍乞密示。瑞麟，四日。

《天津市历史博物馆馆藏北洋军阀史料》（黎元洪卷）第 8 册，第 165—166 页

财政部主事戴正诚函
日期不详

财政部主事戴正诚条陈云，第二德国后患之可虑也。通观今日欧洲战局，德国实居胜者地位，将来协商国能否转败为功，极无把握，倘竟不能转败为功，吾国之加入战团，究有何益。夫加入战团之最大希望，以便日后列席和议，取得发言权耳。然立于战败者方面，纵有发言权，其能主张吾国权利者几何？不宁惟是，以德国军国主义之国家，现虽失去青岛，必不能忘情远东，将更求取偿之地。吾国若加入战团，正授彼以取偿之绝好口实。此时协商国方汲汲自保其利益，何暇顾我，或竟利用吾国为其牺牲，亦不可知也。

中国社科院近代史研究所特藏档案，甲 350—207，张国淦档案，《外交宣战案件》卷

程璧光报告中国对德宣战意见呈
1917 年 4 月

璧光以军人资格，备位海军总长，适当外交激烈之时，吾国对于德国潜艇政策抗议无效，继以绝交。今又以美国之对德宣战，被邀为同一之举动。璧光军人，值国家方有战事，当然矢志驰驱，不敢有所规避推诿，以争国家之光荣而尽军人之义务。第以兹事体大，为吾国存亡荣辱所关，苟或不慎，负咎千古。谨就国务员之资格，陈其对外政策之疑义，并以海军总长之地位，述其军备困难之情形，敬候大总统、总理、全体国

务员之决定。

对外政策之疑义

（甲）吾国抗议书内有抗议无效，中国迫不得已，势将与德国断交之语。故第二步之绝交，为不可已之事实，而绝交公布内，并无继续宣战之语。如第三步暂不履行，在本国似无何种之困难。（乙）美国此次之宣战，据外洋各报所载，盖因其商船累次受德潜艇重大之损害，激而至此，观于美总统此次莅院之宣言，亦称近日武装商船复遭击沉，故全国愤怒，得议院多数之通过，中国现尚无此等事实之发生。（丙）中国对外政策自动之力量甚弱，此次对德外交抗议之书提出于美国要约之后，绝交之举发生于日本劝告之后，事实如此，无可讳言。今之宣战又出于美国之要约，但协商一方面，近邻如日本，是否满意，将来恐尚有何种之要求，似亦应预为计及。

海军困难之情形

（丁）既云宣战，则海军为军事当局，适当其冲，夫理想上之揣夺，谓德军万不能来此，为不负责任之谈，非我军人所敢轻言，军人之言则但曰有备无患而已。如果宣战，倘政府与财政当局不与海军以相当之预备，则璧光即不敢负此责任。（戊）预备之方法，在名号上为宣战，在事实上仅可谓之宣防，夫以中国沿海防线之辽阔，炮台设备之不周，舰队力量之薄弱，以之防护沿海口岸，万万不及。故目前即仅仅注重在防守一方面，已不易言，议决以后，本部如有认为防守事宜上必需之举，政府不可掣肘。（己）防守之法，当以浅水艇为最急之务，本部曾将此意见在国务会议陈述，查本部原定海防浅水艇只三十只，已成者仅二只，沧海一粟，何济于事。就全国海线计之，以新式制造之浅水艇一百只，辅助旧有之军舰分布各紧要海口，实为要策，但此项制造浅水艇计划亦须数百万现款，并须星夜程工，方能应急。（庚）沿海炮台设备甚简，一旦有事，万不足恃，但此项向不归海军部节制，应候陆军、参谋两部合议。

简而言之，对德宣战一事，倘经多数阁员之同意，国会一致之赞成，海军部当然服从多数,以尽其军人之天职。但一言宣战,即应为相当之设备,如虚料敌人之万不能至,而空言宣战,以博美名,璧光至愚,万万不敢出此。谨陈所见,敬候公决。海军总长程璧光谨呈。

《天津市历史博物馆馆藏北洋军阀史料》(黎元洪卷)第 8 册,第 396—405 页

某人密报孙中山、唐绍仪等商议藉对德宣战反对政府呈

1917 年 4 月

敬呈者。现查孙文、唐绍仪等商议进行之结果,其主张约分两派:一派所主张侯政府与德宣战后,即藉此号招党羽与中央政府为难;又一派所主张则在政府与德宣战之后,其现在各省与中央反对之人必有何等表示,可趁此时图谋进行,则义正而不负倡乱之名。至将来之根据地,则广西尚在伊党范围之内,即以为中心点,而云、贵、川、粤定为协进之区,并连络日本,侯将来俄、德、日三国携手之后利于进行云。兹将所获实情敬呈将军钧鉴。

《天津市历史博物馆馆藏北洋军阀史料》(黎元洪卷)第 8 册,第 406—407 页

(三)与协约国的协商

说明:在是否参战问题上,北京政府与协约各国,尤其是美日之间保持了密切接触,各国出于自身的利益考虑,在支持中国参战问题上立场不尽相同。

1. 与日本的协商

林公使致本野电

北京,1917 年 5 月 3 日

五月一日国务会议(国务总理、海军总长、农商总长、司法总长、外

交次长等出席)谈论宣战案时,倪嗣冲、张怀芝、孟恩远、李厚基四督军到会劝告总理采取无条件宣战的方针,国务会议当即全体一致决议宣战。其最后,总理偕同国务员亲自向总统报告上述情况时,总统表示如果议会同意,本人亦必立即签发宣战布告。此种情况,和五月二日与国务院有关的北京《每日新闻》所载消息,和当天仓知副总裁访问段祺瑞时刘崇杰对仓知的谈话以及嗣后刘对船津的谈话,皆完全一致,当与事实相符。其次,段与仓知副总裁谈话时吐露:本人就职已经一年,其间不断遭遇难关,一关甫过,一关又来,但本人始终克服一切困难而为国效劳。对于目前局势,本人早有决心,并且正为贯彻此种决心而进行努力。本人与寺内伯爵虽无书信往来,但所谓灵犀一点,彼此自有相通之处。就目前汪专使与交通部一行所受到的招待一节,本人对伯爵的厚意不胜感激云云。关于促进宣战案问题,政府和议会中的与党,必将全力以赴。同时以倪嗣冲为中心的督军等的热情亦颇炽烈。相反地,在民党方面,张继和王正廷等认为,如果反对宣战,既在民党掌握政权之日,亦将失去协约国方面的同情,故此不应以本案作为政争工具。同时,孙洪伊派则主张不使段内阁宣战而竭力加以反对。今后数日中,主战派与反战派的活动,将达到高潮,段总理在一两日内准备招待议员,进行疏通,然后在本周星期五或下周星期一前后,即将宣战案提交议会讨论。

《北洋军阀》第三卷,第 128—129 页

林公使致本野电

北京,1917 年 5 月 10 日

第 594 号。

本职已向云南领事和广东总领事发出如下训电(5 月 10 日致云南第 1 号,致广东第 20 号电)。

贵处地方官对此次中国政府向议会提出对德参战案如有表示同情反对派、阻挠该案通过等行动时,即将出现非常严重的结果。因此本使

曾根据段总理方面的意图密托法国领事。请在法国领事提出上述有关问题时,观察当地地方官宪的态度,在适当情况下,采取与法国领事等步调一致的措施。

希望阁下和日英两领事共同向当地省长说明中国对德国开战的极为有利,并指出目前恰当参战案即将决定之时,必须放弃国内政争而以国家利益为重。

《北洋军阀》第三卷,第129—130页

本野致林公使电

1917 年 5 月 27 日

第 407 号。

五月二十六日中国驻日公使来访本大臣,在谈到中国最近的政变时,探询我方对组织新内阁的意见。本大臣言称:关于中国政局的变迁,帝国政府当然经常予以深切注意。至于对华根本方针,本大臣于今春议会已有声明:如能组织与中国政党政派无关,采取与日本善邻友好,并以日益加强日中亲密关系的方针的内阁,则日本幸甚。其次,又附带说明殷切希望能根据上述原则迅速组成坚强内阁。阁下倘在最近有机会会见总统时,请将上述意见向其适当提出。

《北洋军阀》第三卷,第136页

天津军司令致参谋总长电

天津,1917 年 6 月 3 日

天电第 58 号。

本日谢介石谈话如下:

一、昨晚徐世昌、张镇芳、雷震春、曹汝霖、金永、陆宗舆等在徐世昌家中聚议,决定为统一独立各省的军队行动,成立临时总司令部之类的机关,推徐世昌为首长,徐已表示同意。据徐在会上声明,他虽然出面主持,但并无与段、冯等争夺民国总统之意,也无意在彼等之下担任国

务总理。上述决议,本日派张镇芳携往徐州征询张勋意见,待他回来之后决即实行。

二、梁启超已向此次举事同志提出要求,为了争取多数人同意,以便于行事,同志等已接受其要求。

三、由山东北上的军队,预订今晚或明晨沿京奉线北上。目标虽然不明,但仿佛是杨村或丰台。

《北洋军阀》第三卷,第 130 页

本野致驻华公使、各领事(包括香港)、关东都督电
1917 年 6 月 4 日

第 53 号。

由于段总理免职而爆发的中国事变,纯系国内政争。因此,帝国政府根据过去已向中外声明的对华方针,只要我重要利益不受侵犯,必须保持绝对不干涉态度,不偏不倚,观察时局的发展,保留我方将来的行动自由。希望阁下体察上述宗旨,此时特别注意尽量避免引起社会人士误会和怀疑的言行。其次,关于上述意旨,对在华文武官员,已由其所属上级机关发出同一内容的训令,希知照。

《北洋军阀》第三卷,第 130—131 页

林公使致本野电
北京,1917 年 6 月 4 日

第 721 号。至急

六月四日,曹汝霖晋京来访本使。据称,昨天曾在天津和督军代表等详细商讨,结果决定:(一)废除《约法》;(二)使黎元洪退位,给予相当优待;(三)在北京组织中华民国军政府,以徐世昌为大元帅(徐已承诺);(四)召集临时参议院,制订宪法、选举总理等四项。有关督军完全同意。其次,他附带提及有关军队方面的决定:倪嗣冲部驻良王庄,河南部队驻丰乐镇和石家庄,张作霖部将来出动也驻山海关,北京、天

津方面不使任何部队进驻。另外他透露说，此时绝对不实行复辟，目前正在说服张勋。

以上已电报通知天津、上海、奉天各总领事和济南、南京各领事。

《北洋军阀》第三卷，第 131 页

陆宗舆致章公使电
天津,1917 年 6 月 4 日

张勋近日即将北上。各省拟推举徐世昌为军政府大元帅，废除《约法》，组织军政府。陈光远和江朝宗也电各省督军联络一致，因而黎已准备辞职。林公使也对我等说明黎元洪没有留任的理由，但黎元洪使青木中将运动林公使，昨天林公使突然为黎说情。但军民对黎非常痛恨，没有理由长此遗留祸根。徐世昌已经宣布：此时需要良政府、良法律、良国会，决无变更国体之意。如果仍要挽留黎氏，或以冯代替，则不但乱无已时，且目前已无能为力。以上请转达日本当局。

《北洋军阀》第三卷，第 131—132 页

松平致本野电
天津,1917 年 6 月 8 日

第 102 号。

六月八日陆宗舆密报本职说，张勋已和徐世昌会面，徐对张说明复辟不可能实现的理由，结果张亦同意徐的意见，并说此种情况既属事实，不妨作为陆氏误话通知林公使。其次陆氏继称，张勋主张在总统将国会解散以前，不即晋京，并已将此意通知总统。同时徐对张勋建议，他自己谢绝出山，仍由黎留任总统，而使段祺瑞复职，但这样做，又须得到督军同意，张勋亦未表示赞同。但中国政局时刻有变，将来如何发展难于预测云云。上述谈话的后一部分和以前的说法不同，不知是否属实。如果属实，或者是徐世昌的中国式的谦逊之词，或者因某种原因而改变态度，均不得知，得确实了解后再报。并谨就所闻电报

如上。

斋藤致参谋总长电

北京,1917 年 6 月 14 日

为了解国会解散后的政局,并受林公使之托,时就李内阁不足以团结各省督军,必须由徐世昌和段祺瑞出山一节,向王士珍进行劝告,本日和王士珍面谈内容如下:

王对林公使的口信表示感谢,并说,此时最希望徐世昌出山,但徐不接受,理由是:即使出山,也难于实行自己的政策和收到效果,因力量已不如以前。力量不够还在其次,主要是前途没有成功希望。这是徐氏尚在北京时的意见,对此我(王)深有了解。前几天我曾去信给段祺瑞,要求他这时出来收拾政局。他复信说:督军团以解散国会、修改宪法和免去段的职务为非法而与中央断绝关系。如果我此时出就总理职务,将会受到人们的攻击,说我是嗾使督军压制总统而强行就职的,因而使现在还相信我和督军团的行动无关的社会舆论为之一变,以致失信天下。我之所虑只此一点,并非当此天下动乱达于极点之时,犹执意不肯出山云云。他说的颇有道理,我也无法再劝。至于李经羲,督军中有少数人反对是事实,但李已提出辞职,现在仍未解决。他今日进京,主要是为了调停时局,并非就任总理,至于阁员人选等,须和总统妥商,并征求南北各省的意见,如果不得同意将不就职。外间所传阁员人选,只是所谓新闻消息,不足置信。但是既然徐、段不愿出山,而李经羲又经国会通过,我想由李出任总理不致有何困难。总之,目前情况,一天也不容放过,两三天内总得有所结果。西南各省对解散议会,蔑视约法,不免采取反抗态度,但是唐继尧至今仍来电询问中央情况,并由中央予以详细答复。广东张开儒就任北上讨伐军司令是事实,但由于缺乏经费和武器等等,显然终难起多大作用。其次,本职在谈话中,曾注意提到冯国璋在其致田中次长的电报中亦曾暗示李经羲内阁不能成立。

以上的谈话，相信大致符合真相。此时帝国政府所采取之道，在于尽力使其组织反美亲日内阁。倘李经羲内阁阁员不合以上原则，可向北京的王士珍和张勋、天津的徐世昌和段祺瑞说明中日两国的利害关系极为重大。要求彼等迅速组织合乎上述原则的内阁。这个劝告，可稍取强硬口气，不用书面，而用口头形式。如果采用美国式的公文形式，而中国政府本身既已等于虚设，将不可能收到任何效果。

倪嗣冲本日上午 8 时通过济南赴天津。

（次长已通报）

《北洋军阀》第三卷，第 132—133 页

斋藤致参谋总长电

北京，1917 年 6 月 14 日

支普 7 号。

12 日我谍报人员在天津由曹汝霖等处听到如下消息：

曹汝霖的谈话。我的外交理想，在于使中日关系一如德奥两国那样，奥国任命外交总长要和德国商量，并无侵害主权等之嫌。如果李经羲当总理，将内定外交总长梁敦彦、陆军总长雷震春、财政总长张镇芳，这样阁员中至少有五名是鸦片烟鬼。因此，吾等竭力反对李任总理。实际上，以李的力量不足以驾驭督军，外交上梁敦彦也有困难，吾等要求段祺瑞出来，即使解散议会，组织内阁，西南各省亦难免起而反对，问题只是程度如何而已。在南北统一上最适当的人选是徐世昌，但徐却不愿在黎之下任总理。张勋显然有复辟的企望，但吾等竭力不使其主张复辟。徐世昌也反对复辟。天津方面盛传徐世昌将任大元帅，组织临时政府。张勋听到这个消息曾对人说，徐反对我（张）复辟，一方面自己却想作元首。徐听到此语大怒，并说"我决不出来"。张勋来天津后和李经羲过从甚密，却很少和徐世昌、段祺瑞来往，这是因为段、徐对张无所畏惧之故。段公开表示，张勋如果复辟，即以武力讨伐。段芝贵

和雷震春之间的冲突，可以视为段祺瑞和张勋的冲突。

松进致参谋总长电

1917年6月19日

电107号。

十八日冯国璋对多贺中佐谈话内容如下：

中国不能自行收拾时局时，虽亦难免遭受外国干涉，但目前尚无此必要。关于此点，窃以为贵国所奉行之主义，最为妥当。现在南方各省形势不稳，督军又干涉内阁组织，均属事实。但今日之南方，除云南态度不明外，其他均同意冯氏意见。陆荣廷亦与冯经过协商，意见一致。对督军等现正发出劝告，使其不再干涉内阁组织。此事仍须积极努力，务期贯彻执行。撤兵已经开始，但张勋所部未撤。关于内阁，正在努力促其组成中，两天之后当可得到某种决定。总理内定王或李。李有多人反对，倘若是王，督军及其他方面均会同意。但由于王前此已向各方面表示拒不担任总理，至今仍不承诺。如欲强其出任总理，除各督军联名发出劝告以外，别无他策，否则即由李出面组阁。时局决未陷于难以收拾的境地，此系毫无虚饰的事实。冯以坚定语气表示乐观。

但根据各方情报，广东李烈钧和朱庆澜团结一致，在岑春煊、唐绍仪、孙文等支持之下，正在逐步推动举兵计划，只有陆荣廷目前仍属态度不明，自一般形势而论，两广早已不管陆的态度如何，继续对宣布独立的各省督军施加压力，云贵也予以响应，陆荣廷只有追随而已。看来解决时局的机会仍未到来。

北京武官、青岛、天津、关东已通报。

林公使致本野电

北京,1917 年 6 月 19 日

第 800 号。至急

尽管以间接方法使西原注意迅速离开,但他仍希望在拟任交通银行顾问的藤原某君未到来之前继续留在此地。西原仍在北洋派有力人士之间奔走,似在进行某种活动。最近他曾和段芝贵见面。段对人说,他曾和寺内伯爵的代表西原见面,中国方面有力人士的确相信他所说的话是传达日本政府或寺内首相的意图。这是毫无疑问的事实。在目前情况下将徒然引起无益的误会,并会影响到日本政府和寺内首相。希望阁下立即关照与西原有密切关系的胜田藏相,使其注意,迅速将西原招回。如何处理盼复电。

《北洋军阀》第三卷,第 135 页

赤塚致本野电

1917 年 7 月 8 日

第 168 号。

按天津来电如下:

请转电大臣。致大臣电第 188 号、致公使电第 174 号、贵电第 152 号均于七月八日上午接到。正午往访段祺瑞,说明五国公使协商的情况,并以口头通知贵电 153 号。段对此声称其本人始终一贯不改变和协约国共同作战的宗旨。以上拟分别通知四国领事。

《北洋军阀》第三卷,第 140—141 页

陆宗舆来电

1917 年 7 月 12 日

德使系由梁敦彦介绍赴徐,后果有德枪八千余支、炮四尊曾由津运徐。又德华有现洋七百万并在华订货之钞票二千万,闻均允张勋借用,有单二纸,一在张手,一在心庵手,系月前某军人所述。军械一层亦有

知者,张勋用梁掌外部,并擢用华汤孙、程经世二人。勋联德之证,此外线索甚多。

眉批:章公使转来。七月十三日。本野。

林公使致本野电

北京,1917 年 7 月 14 日

十四日下午三时段祺瑞来访,首先感谢对总统的保护,又对此次新局面发生以来的直接间接的支持表示感谢,然后说:在前天战斗时,曾经引起各位莫大忧虑,不胜遗憾。关于总统有所决定,离此日期当由总统亲自决定。本职告以协约国首席公使的法国公使预定和贵总理会谈。段说:法国公使进京后立即来访,就前电第 968 号和 969 号两项问题有所商谈。本人回答说,一俟代理总统进京完成政府组织工作以后,准备立即决定参战问题。段面见总统后离去,总统以后立即决定四时半离馆。根据事前联系,由步兵统领前来迎接。总统为逗留期间所受到的优遇,曾向本职表示深厚谢意,然后在上述时间离开使馆回东厂胡同公馆。

章宗祥之《参战逸史》节选

中国之加入参战,对内统一国民思想,对外增高国际地位,当时经过情形极为复杂。引起政变,解散国会,造成督军团之势力,卒致复辟再现,均由此问题发生。及马厂举兵事成,始得实行对德宣战。其中与日本密为接洽,并日本当局之尽力协助,彼时推诚相与,平心而论,实有足纪者。以事关外交,久未能布,今日已成陈迹,读此逸史,局外者当不免有意外之感耳。

六年二月,美德断绝邦交,美使请求中国与美为同一之行动,同月七日,国务院电嘱密探日政府意旨及一般舆论,特以个人资格,先访小

幡,于九日复电云:

顷晤小幡,当以美使劝告一节,询渠个人意见。渠谓照现在情形,美既劝告,自以与美取同一态度为宜。因询以本野意见,据云似亦相同。当告以本国政府并无训令,故现在未便面见大臣,可否代为探询确见?渠允即探复。窃思此次美国劝告与上年联合国引入战团情形不同,吾国为将来国际上立脚,并与日美两国握手起见,似应早日决定与美一致行动,并事先与日接洽,以示东亚联络之意。事关外交全体,应请详密讨论决定,速示。

同日接国务院电云:

林使前与曹润田谈及中国对德政策,颇希望中国与联合国一致,自美德国交断绝后,美曾照会我国,请求取同一态度,征诸芳泽、坂西个人意见,大旨与林言相符,政府为维持人道,尊重公法起见,于今日午后六时向德提出严重抗议,并复美使表示赞同。中日两邦利权关系最切,德既为日敌,今又出此违反公法之举动,中国政府当然不能漠视。如仍实行该政策,中国政府即与立绝国交。当由外交部向日使详达,已另电闻。应请执事面向日政府说明,并与陆润生晤当路诸人时,婉达一切。(曹是时未在阁,陆以收交通银行借款,适来东京。)

同日外交部亦来电云:

先后准驻德颜使、驻美顾使电称:德国实行封锁计划,美德邦交决裂,美使亦照会前因。中国政府本注重世界和平,并尊崇神圣国际公法之宗旨,特向德国严重抗议,大致如后:"德国前次所行潜艇方法,华人受害已属不少,今潜艇作战之新计划,危及华人生命财产必更增剧。此项计划,违背国际公法,妨害中立国相互间及中立与交战国之商务,因此中国政府特提出严重抗议。若抗议无效,必不得已,势将与德断绝关系。"等语。抗议照会定本日午后六时,面交德使,因中日邦交密切,特于午后一时提前知照。希速通知日政府,并将提前之意说明。

据电晤本野后,即以所谈分别电复国务院及外交部。致院电云:

顷晤本野外务,渠谓仅提抗议,于中国地位似非得计,不如即行宣布断绝国交,并不必俟抗议回答。至此次抗议,深惜事前未与接洽,现两国力谋祛除隔阂,深冀中国政府熟考云云。余详致部电,愚见事无两可,为国家大局计,与日美等国一致,确系得策,不如迅速绝德,借以得与国同情,如钧院意决,务请先期电示转达。

致部电云:

顷晤本野外务转述尊电用意。渠谓惜事前未与渠接洽,致多此抗议一举。现在日本、英、法、俄、美各国,均与德为敌,胜败之势已属瞭然。为中国计,自以与美取同一行动,即行与德断绝国交为得策。若仅抗议,殊失与国同情。中日有密切关系,尤应彼此一致。现抗议已交,惟有迅即续行宣布断绝国交,希速转达等语。当询以如宣布断绝国交,应否俟抗议回答再行。渠谓德国此举侮辱中立国已甚,中国尽可借词,不必再俟回答,致失时机,万不可再听德使煽惑等语。词甚坚决,并深咎现两国正谋亲善,而事关大局,未肯事先接洽,仅为形式上之提前通知,深冀中国政府熟考云云。愚见大势如此,诚以速断为宜。如政府决意绝德,务请迅即赐复,以便转告,借可采取邻邦意见。

同时曹亦来电,大致谓此次对德行动,虽由于美国劝告,政府认为与协商国接近之好机会。鄙意先行抗议,如不容我,即须至断绝国交程度。政府昨日会议决定后,即由汪伯唐代表总理往告芳泽,望告日政府,中国之仅抗议,仍在希望和平,若至断绝国交程度,关系东方大局,深盼推诚相与等词。前与林使私谈,彼亦甚怂恿中国加入协商,西原更注意及此。望由润生与林使、西原讨论。万一再进一步,难免不由断绝国交而至加入战团。前西原有关于加入之交换条件,并望润生以个人资格与之详谈,亦可知日本之希望如何。即复以本野面劝,即与德绝,业电院部。鄙意事无两可,不必再说外交上希望和平之套话。至与日本接洽程度,现在可但将我国决意告之,再听其口气;不可如西原主张提出交换条件,致问题复杂,另生枝节,外交上将失自由行动之权云云。同时晤美、瑞驻日各使,亦谓中国宜速与美取同一态度,均逐一报告。

同月十一日段来电云:

对德抗议公文,经院详细讨论,于昨日发出,并先请汪伯唐往见芳泽代办,请其电告日政府。中国政府此次举动,实系对德通牒不能不有所抗议,仍希德能反省,不致使中德有失和平。万一德不受我劝告,其势不能不至断绝中德国交,我与日本同处东亚,若对德断绝国交,即不膏与日本取同一之态度,此后一切进行,非诚意接洽不能收互相联络之效。希正式见日外部,探询日本对于万一中德断绝国交有何意见,详细速复。

据电晤本野后即电复云:

今晨遵电面达本野外务,渠谓此次中国政府以诚意与日本政府接洽,深为满足。日本政府对于中德问题,前日个人谈话主张即行断绝国交,即可作为日本政府正式之意见;惟为中国有利起见,深望断绝国交后,再进一步加入联合战团。段总理既推诚接洽,此后一切进行,日本政府必以诚意为中国谋其利益等语。后移个人谈话,因询以断绝国交手续。渠谓抗议提交一星期后,德无满足之答复,即可认为侮辱中国,宣言断绝国交。至断绝国交与宣战之程度略有不同,断绝国交可仅交旅行券于德使领事,令其回国,一面并召回中国在德驻使,其余没收财产扣留俘虏等事,应俟宣战后再办。此等问题关系法律,中国自能研究,日外部亦可命法律专家搜集材料供中国参考。又在中国之德兵,第一应令解去武装,再筹抑留办法。至德使归国路程,或与俄国商明保证,经由西伯利亚前往。前罗马尼亚撤使时,亦有其例。或令乘中国船径往荷属爪哇均可。总之,事贵迅断,不宜游移云云。临别又谓将来加入战团,如对于英、俄、法等国须日本尽力之处,亦所不辞等语。

十二日又电段云:

顷有人来馆密报:德人以巨金运动京外要人及议员,冀阻害断绝国交,日政府甚为不安等语。务请严查预防。此事已成骑虎,现在不与德绝,联合国将视我为敌,危机甚大,速断为宜。至断绝国交与宣战既属不同,如能不询取国会同意,尤合外交机宜。

翌日又电曹,大致谓昨晚本野复提及中国宜速决心,言次颇虑德人运动,妨害进行。西原以日政府深虑中国为德所动,日内将北上有所陈说。希速陈当局。日本既表示真意,中国应乘机利用,勿令面子为他国占去,并勿令其再疑联德,能于西原到前即行宣言断绝,更见决断自我,日政府必更信我政府之有力。又本野对于段之电嘱接洽,极表满足,谓为我国初次对日诚意之表现。日来对我态度颇表真挚云云。此数日内中国方面进行极速,十四日院、部来合电云:

十一月十二日芳泽面告总理,大旨谓日政府对我此举深表同情,希望我不俟回答,即行断绝国交云云。与来电相同。政府现已决定,可不俟德国回答。如德潜水艇有击中立船只事,即为中国与德绝交之时期。希告本野外部,并谢日政府好意。惟政府对于此后行动,不能不计及者:如一旦宣言与德断绝国交,民间不察,必疑中德将有战事,金融贸易必受影响,而北部回民煽动之事,防范尤当注意。我虽不与宣战,一切准备,需费甚巨,嗣后内政上对于财政之改革,自必积极进行。但缓不济急,且又不能以借外债为救济财政之策。如联合国能允我酌加关税及将庚子赔款缓解或延长年期,则于目前财政不无裨益。政府拟将此问题与联合国提商,望先向日外部密探意见,并盼其助成此举。

同日曹亦来电,大致谓芳泽见段后,即至弟处,嘱以日政府意旨达徐东海,一面由坂西转达总统。昨弟代表徐答访芳泽,并以私人资格,告以此举各方面尚多踌躇,大旨以财政关系,苦无良法,政府自不能不计及此。与院部电所叙略同。渠问徐对此看法如何,答以徐亦注意此节。渠云中政府如提加关税,本当然之举,中国果有改革财政振兴实业之计划,日政府亦必乐为帮助云云。此间并未与联合国有所提议。弟意可婉达日政府,请其首先赞同,并任周旋。惟声明,并非交换条件,是一种希望等语。同日晤本野后,电复国务院云:

寒电顷已面达本野外部,渠谓中国政府此次决心与德绝交,深可为中国前途祝。惟既已决定,则实行宜速,以免另生枝节。前谈抗议后如阅一星期无满足之回答,即可断绝,似为适当之时期。又交付旅券等事,宜先时预备。至宣言断绝国交后,金融上或有摇动,但政府妥为晓谕,先期布置,数日后自可镇定。总之,中国与德绝交,究竟无即时战斗之行为,似财政上所受影响,一时尚不致过巨。所提酌加关税及缓解赔款两层,容与阁员妥为研究,再行答复。惟现在可以言明者,日本政府必尽力为中国谋其利益,希转达等语。嗣私人谈话,渠谓日本力劝中国绝德,实专为中国计。联合国胜,究系多数,中国将来尚有因应之余地;若德胜则独行称霸,联合国既无力相抗,恐彼时中国惟德命是听,安能自立?况现在胜败之势,业已了然,中国何惜一德,而使联合国疑为敌视。此等情形,中国政府自已明了,但一部分人或尚不免怀疑,应请作为贵使意见,善为转达。至德使归国,中政府自有相当办法,惟前日私询俄使意见,可否由西伯利亚行。俄使允电询俄政府,得复后,当奉告以备参考云云。愚见加税及缓解赔款两层,照本野口气,似肯好意相助,如需向联合国提议,应请俟渠答复后,再行正式提商,庶将赞助面子让渠,一切进行自能较易。

十六日又电院云:

寒电所称,如德有续击中立船只事,即为绝交时期云云。自系指普通中立船只,不问该船只有无中国人乘载与否而言。顷本野派小幡来馆切询,谓见中文报有主张必该船乘有中国人民云云,是否确实。当告以政府来电,并无此意,日政府颇虑我政策不定,务希主持,勿再加以曲解。

观本野此次私谈,为中国计其利害,实出诚意。是时西原已北行,当以西原究非外交上有责任之人,特电嘱曹注意,勿过深入,以免阵法错乱。同时曹来电谓,尚有庚子条约限制各条,亦应停止效力,请向日政府补行声明。陆子欣赴英、俄、日等国使馆,曾提及此节等语。即照电告本野。惟此时北京党派纷歧,议论杂出。一日,胜田大藏来访,谓西原电称:中国对德断绝国交问题,政府内部尚未能一致,寺内颇为悬念等语。当答以顷已接院电,声明决无中变,请其安心。

2. 日英在中国参战问题上的交涉

林公使致本野电

北京,1917 年 5 月 9 日

第 581 号。

五月八日,英国代理公使来访。他说,本日英国公使馆翻译因事访问段总理时,段曾表示如果议会否决宣战案,则在不得已时即使断然解散议会,亦必实行参战。彼时,希望协约国方面予以道义上的支持。贵公使对此意见如何。本职对此完全以个人意见答称:关于解散议会等情,我方不能参与任何意见,但在提出宣战案以前,协约国方面曾对中国政府实行劝诱,万一中国政府采取非常手段时,必须以善意对待其结果,想系理之当然。英国代理公使说,完全同意,希望把上述意见迅速电告本政府。

《北洋军阀》第三卷,第 142 页

林公使致本野电

北京,1917 年 5 月 10 日

第 593 号。

五月九日协约国公使会议在法国公使馆开会,关于三月十四日中国政府提出的希望条件,意、法、比三国代表已分别接到本国政府训令。本使说,关于中国的希望条件,因协约国方面全体尚未协商一致,现在中国政府已在自动积极推进参战案,此时可以暂缓协商希望条件。但在法、意、比三国意见已经决定,英美两国的态度已经知晓,只有俄国一国尚未决定。鉴于该国的特殊情况,固亦无可奈何,结果对中国政府尚未决定回答的主要国家只余日本一国家而已。现在参战案将于五月十日提交全体委员会讨论,当然,根据国内外形势该案必须一举而决定。如果帝国政府从速决定其意图,并与其他协约国一致就中国政府协商其希望条件,无疑将成为促进参战案的一个巨大推动力。切望考虑此点,并火速加以研究。

《北洋军阀》第三卷,第142—143页

本野致林公使电

1917 年 5 月 11 日

第 372 号。

与来电第 593 号有关。阁下向法、意、比三国代表的谈话,本大臣完全同意。就最近情况而言,有关各国可在华方就参战问题作出决定以后再采取行动。希望阁下目前继续保持对上述三国代表所采取的态度。如果法意两国代表根据其本身立场,必须对中国政府阐明某些意见时,可根据前此阁下按前电第 353 号和英国代理公使提出相同劝告内容,关照上述三国代表亦向中国提出同样的劝告。阁下应即按照上述意图与三国代表洽商。同时,关于意、法、比三国政府能在如何程度上答复中国政府的希望一节,亦希向三国代表一询,并电告。

《北洋军阀》第三卷,第143页

英国驻日大使面交的照会译文

1917 年 5 月 13 日

至急。根据英国政府适才接到的报告,如果协约国对现任国务总理段祺瑞不立即予以有效支持,该总理将因其遭遇到反对而不可能实行对德宣战,中国政局的危机,似已到达此种程度。

但是如果协约国对段总理立即予以肯定的支持,该总理便能战胜反对派的阻挠。因此,英国政府建议协约国应立即向中国政府声明可以同意下述各项:

一、自九月一日以后,按现行税率征收百分之四十的附加税,但将来一切税率的增加,须延期至中国政府为废除厘金及其他内地税而采取肯定措施之前。

二、停止支付应于今年六月偿还的赔款，并停止战时及交战后五年内的一切支付。期满后，不要求支付在停付期的利息。

当英国政府将按上述宗旨对其驻华公使发出紧急训令的同时，相信日本帝国政府亦将采取同样措施。

在英国政府发出上述训令的同时，并训令该大使向日本帝国政府进行下列说明：

一、上述百分之四十的附加税，实际上不及战前时价的五分，为使其实际达到五分，至少须增加百分之五十的附加税。

二、英国政府如不是为了有关国家的共同利益，则将立即通告中国停付全部赔款，以满足该国的希望。

《北洋军阀》第三卷，第 143—144 页

日本致英国照会

1917 年 5 月 14 日

据帝国政府所得报告，中国政府虽已陷入相当危机，但此种危机的原因，不能认为起因于协约国方面对现任国务总理关于提高关税及延期支付庚子赔款问题的不予支持。据帝国政府所见，目前的危机，在内政上实有其更深的诸种原因。

因此，帝国政府认为：继续维持最近日英两国政府代表根据英国政府的建议在北京发表的声明，在目前情况下更为适当。

一九一七年五月十四日于北京
《北洋军阀》第三卷，第 144 页

本野致林公使电

1917 年 5 月 15 日

第 381 号。

致驻俄内田大使第 395 号。

致驻英珍田大使第 369 号。

根据英国政府接到的报告,中国目前的政局,设非此时协约国对段总理立即予以有效支持,段总理因反对党的反对,终将陷于无法实行对德宣战的危机。此时协约国如对段总理立即给予肯定的支持,相信其可以战胜反对党的阻挠。因而,英国政府建议协约国立即向中国政府声明同意:一、将来海关税增加税率,须延期至中国政府为废除厘金及其他内地税而采取肯定措置之前,在此条件下,可自九月以后,按现行税率征收百分之四十的附加税。二、自六月以后至战争结束后五年,停止偿还庚子赔款,并不要求上述停付期间的利息。当英国政府将按上述宗旨,电令其驻华公使时,相信日本政府亦将采取同样措施。其次,上述百分之四十的附加税,按照战前的时价,实际不到五分。同时英国政府同意答应中国免除全部赔款的支付,但考虑到有关各国的共同利益,结果未予实行。

《北洋军阀》第三卷,第 144—145 页

林公使致本野电

1917 年 5 月 18 日

第 630 号。

在英国政府尚未进行有关贵电第 380 号、第 381 号、第 382 号的交涉期间,固应支持最近本职与英国代理公使发表的声明,但情况正如本职所曾报告,以及英国大使在照会中所说,在目前危机中,如在协约国方面实行肯定的建议,确将改善段内阁的立场,并进而为参战问题铺平道路。总之,英国大使照会的内容,确有条理而切合实际,但帝国政府未予接受,实出乎本职意料之外。回顾不久前关于西原借款交涉的种种指示,虽系通过本馆,但鉴于训电直接拍给西原这一事实以及其他情况,西原作为帝国政府的密使,与中国方面进行交涉,中国方面即根据其此种资格,而与之酬酢,应系理之当然。来示内容(可能指对西原有关来示),本职不能同意。

西原问题姑且不谈,但据贵电第 221 号所示,关于中国的希望条

件,已至经阁议裁决,并指示本职无妨通知段总理的程度,而当此次中国政府与议会发生纠纷时,却不顾必须早日提出肯定建议这一显然事实,徒然等待纠纷的结束,此点本职到底难于理解。过去表示说,因协约国内部尚未协商一致,所以向中国建议的时机未到。但如阁下所知,英国早已首先表示宽大意见,美国也主张提高海关税率要尽量斟酌中国的立场。现在法、意、比、俄四国在具体建议中纵有不同于我方的意见,但其态度与英美同样,已经决定。故在今日仍未确定意见者只余我国与葡萄牙而已。如再以中国内乱未能提供肯定建议云云为理由,则与实际情况不符,此点本职已在前段有所陈述。不论中国政府对议会的纠纷结果如何,就以往的过程而言,协约国对中国政府的回答,迟早必须提出。从而,在大好时机的今天付诸实行,最为得策。如果帝国政府始终坚持此次回答英国大使的宗旨,中国政府和人民均将认识到帝国政府之不可信任。结果,今后我国对中国的威信,当然受到莫大影响,而英美方面或在幕后指出我方的无信,促使中国注意,亦属可能。果然如此,则与我方威信的下降成反比,英美势力逐渐提高,亦系必然趋势。其结果,将在今后具体事实上,陆续有所表现。彼时本职恐有难于执行职务之虞而深感遗憾。敢请就总理大臣和有关各位大臣对此细加讨论,尤望在大体上调整和英国方面的步调。

《北洋军阀》第三卷,第 145—146 页

英国致日本照会
1917 年 5 月 19 日

中国政府和反对党,自五月十日议会开会以来至现在,均在努力研究妥协方法。五月十六日国民党籍残存的国务员辞职,其表面理由系因最近的骚扰,主张反对党在内部已不存在,国务总理亦应辞职。段总理为了使议会继续讨论关于宣战的决议案,曾力图改造内阁,但终无所成。五月十四日该总理正式要求议会迅速决定此项问题,一般认为此系段总理不愿屈服的表现。

黎总统反对段总理,现在已经明确。但驻华英国代理公使同意林公使的观察,尽管彼二人意见不一致,段总理目前亦不去职。

据英国驻华公使馆所得情报,即使议会被解散,南方派亦无采取某种行动的确实迹象,但孙中山及其在上海的同志的活动,却毫无缓和的样子。

督军等拟在宣战布告即将颁发之前留在北京,五月十四日在外交部招待协约国代表的晚餐会上,曾对代表等表达了下述意见:"我等一致认为:协约国代表对现在的情况只有任其发展,此时并非是对中国政府以声明或试行以其他方法调解的时机。"

一九一七年五月十九日于东京英国大使馆

《北洋军阀》第三卷,第 147 页

英国致日本照会

1917 年 5 月 20 日

英国大使将五月十四日日本政府在照会中及与本野子爵会谈时,子爵所谈日本政府关于中国情况的意见,早已通报本国政府。

英国大使接到训令通知日本外务大臣,英国政府同意该大臣所说,中国目前的危机系起因于内政问题的意见。

但英国政府希望日本政府再次考虑此项问题以后,训令日本驻北京公使,为了把经过商讨的援助,提交中国政府而就地与各国代表协商。

英国政府相信,经交涉结果,如果发表一项声明,保证将法、俄、意各国政府已经赞成的重要利益交付中国,作为段总理对德宣战的代价,则可以大大加强其地位。

玻利维亚和古巴等国对德国断交的行动,对德国某些方面所波及的重大影响,日本政府想亦不至忽略。英国政府所以建议协约国对中国予以上述援助,因为英国政府相信,中国政府的宣战,除必产生某些实质上的影响以外,将在德国内部引起严重事态而招致令人满意的结果。

一九一七年五月二十日于东京英国大使馆

《北洋军阀》第三卷,第147—148页

日本致英国照会

1917 年 5 月 23 日

帝国政府充分了解,为协约国利益固不待言,即为中国本身利益计,中国实有参加对德战争的必要。日本为达此目的,已经竭尽全力,目前仍在尽力而为。

然而帝国政府相信,在中德断交时立即向中国政府提供其所提出的希望条款,则目前时期尚非适当。

据日本政府所得情报,北京政界的危机显然具有内政上的性质。议会主张政府的宣战案延期讨论,而提出改组国务院作为先决问题。另方面目前集中在北京的督军,又向总统要求,如不修改现在讨论中的宪法草案的某些内容,即应解散议会。根据上述情况,日本政府认为,即使协约国就其可能提供的援助向中国政府发表一次声明,对于促进对德宣战问题的解决,亦毫无裨益。

因此,日本政府希望英国政府将不主张其在五月二十日英国大使阁下照会中所提出的建议。

其次,本野子爵附带说,关于本悬案,为了和协约国代表协商,将抓紧最近的良好时机向驻华公使发出必要的训令。

一九一七年五月二十三日于东京

《北洋军阀》第三卷,第148—149页

英国驻日大使致日本政府照会

1917 年 6 月 28 日

中国内政的困难现在即将消除,估计取得一般同意的政府最近可以获得权力,因而英国认为与德国交战中的各国,今天应就中国对德宣战问题协商其所应采取的政策。

日本政府以宣战问题和中国内政问题密切相关为理由,曾经声明,不可能同意上月十三日英国大使馆照会所提出的对中国政府提供援助的建议。但在中国,经所有政党承认的新政府已经掌握权力,上述两问题已经互相分化,因而英国政府希望日本政府恢复最初的决心,同意协约国一致向中国政府提供此项援助。这一措施必将全面有助于中国政府,且使中国政府易于解决其参战问题。

英国政府准备在确知日本政府的同意以后,立即向美、法、意、俄各国发出照会。

一九一七年六月二十八日于东京英国大使馆

《北洋军阀》第三卷,第149页

本野致林公使电
日期不详

英国驻日大使于六月二十八日交来照会一件,大意如另电第□号(原文缺号数)。在中国新内阁对参战问题态度不明的今天,协约国方面立即给予某种支持,本大臣认为不妥,并拟回答英国大使以停止此种意见为宜,希望阁下尽速探询新内阁对参战问题的意向,并将结果电告。

《北洋军阀》第三卷,第149页

林公使致本野电
北京,1917年7月7日

第909号。

本职致天津总领事电第152号。

意大利公使六日由避暑地回京,途经天津和段祺瑞见面时,段说,假如本人再次登上负责地位,决心实行参战,该公使即以此转告法国公使。在此以前,梁敦彦拜访法国公使时,法国公使曾询问梁对中国问题的意见。梁回答说,中国以维持中立为宜。英国代理公使又对本职说,虽无确实证据,但复辟派与德国之间的关系,却屡有所闻。相信哥尔德斯·汗尼根正在进行某种策谋。据该公使所获情报,新政府已经提出中德复交。根据上述情况,七日,日、英、法、俄、意五国公使通过协商,决定请阁下将另电内容口头通知段祺瑞,因而,此事希望阁下设法以口头通知,同时希望将本件内容通知英、法、俄、意四国领事。

《北洋军阀》第三卷,第150页

照　会
1917年7月27日阁议通过

联系到中国参战问题,关于由协约国速向中国政府提供援助一节,英国大使曾于6月28日向帝国政府提出照会。当帝国政府正进行考虑时,中国政局因复辟问题而再次发生纠纷以迄今日。现在北京中央政府的组织已大致告一段落,段国务总理亦表示有意与协约国方面再次商讨有关参战问题。因此,帝国政府认为,协约国方面向中国政府提供上述援助的时机已到。帝国政府就五月十三日英国大使馆照会中提出的英国政府对上述援助的意见,帝国政府拟决定下列几点作为最后修正案:

一、关税提高至实价百分之五。帝国政府同意改订税率,暂时提高百分之四十或百分之五十。如果中国政府目前在财政上有些需要时,可由四国银行团给予相当数量的临时贷款作为大借款的预付金。其次,关于棉花等全部废除出口税一节,帝国政府同意仅作为协约国的希望向中国政府提出即可。其次,帝国政府认为必须趁此机会对中国关税税目分类加以相当修改。此时应向中国政府提出此项建议。

二、关于庚子赔款,同意自与中国政府达成协议之日起无利息延期五年。

三、天津驻兵问题,按帝国政府3月15日照会执行。

以上如得英国政府同意,帝国政府即拟电令帝国驻华公使会同英国驻华公使,向其余各国公使商讨最后修正案。

高尾致本野电

1917 年 7 月 31 日

第 127 号。

七月三十日冯国璋对多贺说,参战问题,本人个人仍然反对。国内如此动乱不宁,尚有暇对外宣战乎? 但作为总统,必将摒除个人意见,而顺从全国人的意见云云。由此可见冯对此事的态度仍系模棱两可。

已电告驻华公使。

本野致林公使电

1917 年 8 月 8 日

帝国政府关于中国参战问题,经阁议决定,首先就中国政府提出的希望决定一项应由协约国提出的最后修正案,在事先征得英国政府的同意以后即通知阁下,再由驻北京日英两国代表协作向其他国家公使进行协商。为征求英国政府的同意,八月七日曾将记载上述内容的照会面交英国驻日大使。在英国政府回答到来时必将再次电告。兹将其内容暂先电告阁下,限阁下一人知照。因而在补发电报之前,希望对英国代理公使亦保守秘密。

一、关税不是提高百分之四十,而是提至现实价格百分之五。因为协约国各国政府既已同意现价的百分之五。为了迅速解决此项问题,可以继续保持各国的上述协调。

帝国政府同意撤回以废除棉花输出税为主要条件的要求,但保留将来有适当机会时,可以向中国政府提出此事作为帝国政府的希望。

其次,鉴于日本在中国商业上的特殊地位,建议对中国现行的关税税目分类加以适当修改。

（其）〔再〕次，关税协定的实行可能推迟，其结果，中国政府需要资金时，可以贷给相当数量的款项作为大借款的预付款。

二、庚子赔款自与中国政府达成协议之日起无利息延期五年。

三、天津驻兵问题，依照三月十五日帝国政府照会执行。

《北洋军阀》第三卷，第 151—152 页

本野致林公使信
1917 年 8 月 10 日

关于协约国就中国参战问题为答复中国方面的希望所应提供的援助之件。

帝国政府关于此项问题已决定最后修正案，并向英国政府征求同意一节，已见前电第 550 号。兹附上八月七日日本大臣面交英国驻日大使的照会全文，请查阅。

帝国政府接到英国大使馆关于协约国方面为促进中国对德宣战而应向中国政府提供援助的五月二十日和六月二十八日的照会。鉴于中国内政的情况，曾向英国政府指出，提供上述援助的时期尚未到来，事实已经证明帝国政府上述意见的正确。

然而，据帝国政府接到的情报，中国目前的情况虽不能谓其绝对安定，但内政上的危机已去，最近已经不似吾人所忧虑的那样严重。黎总统辞职后曾向冯副总统表示有再次执政的决心，而冯氏已以代行名义就任总统职。其次，帝国政府已经获悉中国政府有实行对德宣战的决心。

鉴于上述情况，帝国政府认为，对于五月十三日英国政府照会中所列举的各项有关中国政府的希望事项，表示下列肯定决心的时机已经到来。

一、关税不是提高百分之四十，而是提至现实价的百分之五。因为协约国各国政府既已同意现价的百分之五。为了迅速解决此项问题，可以继续保持各国的上述协调。

　　帝国政府同意撤回以废除棉花输出税为主要条件的要求,但保留将来有适当机会时,可以向中国政府提出此事作为帝国政府的希望。

　　其次,鉴于日本在中国商业上的特殊地位,建议对中国现行的关税税目分类加以适当修改。

　　(其)〔再〕次,关税协定的实行可能推迟,其结果,如中国政府需要资金时,可以贷给相当款额作为计划中的一千万镑大借款的预付金帮助中国政府。

　　二、庚子赔款,自与中国政府达成协议之日起无利息延期五年。

　　三、天津驻兵问题,依照三月十五日帝国政府照会执行。

　　如果英国政府同意上述建议,则帝国政府在开始向中国政府协商此项问题以前,为了获得最后解决方案,将立即向驻华公使发出必要的训令,以便日英两国驻北京代表互相协作,向其余各国使节进行商谈。

一九一七年八月七日于东京

《北洋军阀》第三卷,第152—153页

英国外务大臣致英国驻日大使电

1917 年 8 月 10 日

　　请对日本外务大臣阁下的诚挚的通知表示谢意。英国政府认为该通告所包括的建议,可供各国驻北京代表进行适当讨论的基础。前此拟向中国政府提出更加友好的条件,现已重新训令英国驻北京代理公使,饬其依照上述日本的建议作为讨论的基础。

　　英国政府并已获悉日本政府此时决定撤回其废除棉花输出税的要求,保留在将来重新提出此项要求,并鉴于日本在商业上的利害,关于修改关税税目亦保留另行提出要求的权利。关于此项问题,因不了解应行修改的内容,当然不能表示意见,但修改税目,必须根据一九零一年的最后议定书,并获得各国同意。因此,关于何时可以修改一节,尚不能预料。

《北洋军阀》第三卷,第153—154页

3. 美国对中国参战的态度

芮恩施致国务卿电

北京,1917 年 5 月 23 日

我五月十一日下午七时电谅已收阅。总统和国会竭力坚持反对总理,上星期全体阁员除一人外均辞职,军事会议星期一休会。今天总统下令免去国务总理的职务,任命伍廷芳代理总理,参谋总长王将军已受命负责地方军事和警察事务,一切将取决于总统挑选什么样的人进入内阁,之后,决定赞成参战的问题可能得到解决。这期间,地方上很有可能发生骚乱。芮恩施。

《北洋军阀》第三卷,第 159 页

国务卿致芮恩施电

华盛顿,1917 年 6 月 4 日

您的六月二日下午六时电悉。兹将通知中国外交部的原件转知您。原件如下:

"美国政府对中国发生的纷争深表遗憾,诚挚的希望立即恢复平静与政治统一。中国对德宣战,或者继续与其维持现状是次要的事情,中国最需要的是恢复和继续其政治的统一,并沿着民族发展的道路前进。在这条道路上它已经取得了如此显著的进步。

对于中国的政体或所有的执政者,美国的兴趣仅在于从友谊出发能为中国有所助益,但是美国极为关心的是中国能维持一个统一的、负责的中央政府,而此刻诚挚地希望中国为自身及世界利益计,立即消除派系斗争。各党派、各方面人士都应该重建一个统一的政府,使之在世界列强中取得名符其实的地位,但由于内哄与不和,而无法达到上述情况。"

如果可能,请通过非官方途径,把上述意向告知反对总统的军方领袖。

本院向英、法、日等国提议向中国作出内容相同的陈述,以便中国把恢复全国统一和维持国内和平,作为中国自身和对世界的首要任务,其他的国际关系问题应放在第二位。蓝辛。

《北洋军阀》第三卷,第 160—161 页

国务卿致沙泼电

华盛顿,1917 年 6 月 4 日

第 23123 号。请照原文传达给法国外交部。原文如下:

得悉中国发生严重的党派分裂,美国政府深感遗憾。兹向法兰西共和国政府提出,美国方面拟请法、英、日政府同意向中国政府作出与本电报内容相同的陈述,即对中国出现的派系不和表示遗憾。对中国和世界来说,首要的是中国能维持一个统一的负责的中央政府。此外,美、法、英、日政府还认为,中国对德宣战与中国的统一及和平相比,前者实居于次要的位置。同时还希望明智的意见获胜,恢复和睦。这对中国来说是极其重要的。蓝辛。

《北洋军阀》第三卷,第 161 页

佩齐致国务卿电

伦敦,1917 年 6 月 5 日

第 6368 号。您的 4916 号六月四日下午三时电悉。罗伯特·塞西尔勋爵在答应给一个正式或最后的答复以前,他要求召开一个会议。他个人的意见是赞成联合发表一个声明。他认为中国的参战问题虽然次于其国内统一与和平,但中国的参战将在战后贸易关系上给德国以沉重的打击。他还认为德国担心在贸易上的完全孤立的处境,这将是导致德国同意和平的有力因素之一。佩齐。

《北洋军阀》第三卷,第 162 页

国务卿致佩齐电

华盛顿,1917 年 6 月 7 日

第 4946 号。您的六月五日下午十时 6368 号电悉。本政府了解到中国参战的重要性。但是内战分裂的中国将不能提供任何帮助。目前的叛变似乎将推翻这一共和国。以参战作为推翻共和国的口实,将是最大的不幸,也违背民主的信念。看来急需进行调解各派系间的斗争。蓝辛。

《北洋军阀》第三卷,第 164 页

国务卿致沙泼电

华盛顿,1917 年 6 月 9 日

第 2338 号。我的六月四日下午三时电谅已收悉。本院诚挚希望法国政府给予合作,相信这样做能促使中国消除分裂,并使中国与协约各国合作共同抗德成为可能。

美国政府得悉,反叛的军人声称得到协约国的同情。这一提法不好,因为这样很可能使我们失去中国人民的同情。本政府认为,重要的是要把我们的行动同一切煽动反抗合法政府的行动分开。实际上,同德国断绝邦交,首先就是由国会中党团和合法的现政府坚持提出的。

国会党团仍然希望与协约国联合,但是坚持有个获得议会多数支持的内阁,以便防止利用局势来削弱或推翻民众拥戴的政府。如果推翻现政府的叛乱成功,恐怕内战即会随之而起。在这种情况下,协约国也会一无所获。

美、法、英、日发表内容相同的声明,主张必需和平解决分歧,无疑会促使和解,重新联合各派支持协约国。

请速予见复。蓝辛。

《北洋军阀》第三卷,第 165 页

国务卿致惠勒电

华盛顿,1917 年 6 月 9 日

您的六月八日下午十时电悉。驻华美国公使六月五日的行动,是按照回答该使关于时局的报告所发出的指示办理的。深感遗憾的是,分裂已经发生,希望明智的意见将会占上风。该指示指出,本政府对于参战问题的见解是:参战比较国内和平来说是次要的,但同时应予指出,在列强采取一致意见之前,本政府所采取的行动不能认为是先期干预或是阻止与列强的合作。蓝辛。

《北洋军阀》第三卷,第 165 页

日本驻美大使致国务卿(备忘录)

华盛顿,1917 年 6 月 15 日

日本政府仔细考虑了美国代办本月六日的照会。贵代办在该照会中由美国政府提议:日、美、英、法等国政府向中国政府作出同样的声明,强调在中国维持一个统一的、有效的中央政府的重要性。日本政府高度评价这一提议的特殊见解,同时希望借此机会向美国政府保证,日本政府在维护中国的统一与和平上,比其他任何国家更为关切。但是,日本政府惋惜的是,日本政府认为目前向中国政府提出关于这方面的提议是不合时宜的,在中国方面看来,争执的双方都急切地期望能以不借助武力的方式来解决当前的困难,局势并不像一般谣传的那样令人完全失望。总之,目前中国内部正在努力进行调解争端,这一调解并不能证明已告失败,而且外国人的生命和财产基本上没有受到损害。

在目前中国内讧阶段,必须明确一点,任何外国的干涉,往往会增添中国敌对双方的疑虑,结果害多利少。

日本于中国在政治与经济上具有特殊的利益,若中国事态发展趋向严重,日本肯定将遭受比其他各国更大的损失。日本政府一贯坚持基本上不干涉中国内政的方针,所以在当前的危机中,应谨慎地避免对中国政府作出任何表态。日本政府相信,在目前时局发展难以判明之际,不干涉的态度对日本以及其他各国是最有利的。坦率地说,日本政府看不出有任何理由需要参加所提议的共同对中国政府的声明。斋藤。

《北洋军阀》第三卷,第 170 页

惠勒致国务卿电

东京,1917 年 6 月 17 日

昨天,外相在元老院和众议院预算委员会回答有关美国致中国照会问题的质询时说,鉴于日本对中国内政所采取的不干涉政策,向中国提出内容相同的照会一事,日本与美国有不同的想法。并已将日本的看法通知了英法两国。英国方面已经同意了日本的意见,即在此关键时刻对中国提出照会是不合时宜的,日本相信法国也会这样做。自从美国的建议提出之后,中国事态已发生了很大变化。

据我所知,英国的回答已由日本驻伦敦大使馆得到,现在报纸的评论是相当友好的。官方传闻,石井子爵将得到命令,再次就中国形势问题在华盛顿与美国举行会谈。惠勒。

《北洋军阀》第三卷,第 171 页

惠勒致国务卿电

东京,1917 年 6 月 18 日

外相今日交我一份日驻美斋藤大使于六月十五日递交国务卿的备忘录。币原先生告诉我,今晨收到斋藤大使的电报,从中得知,国务卿表示极为赞成备忘录中的深意,币原还说,从最近中国发展形势看来,他认为过去所建议的共同对中国作一相同措词的声明现在已经没有什么必要了。惠勒。

《北洋军阀》第三卷,第 171 页

国务卿致惠勒代办电

华盛顿,1917 年 6 月 19 日

本院六月四日下午三时电谅悉。英日已经拒绝我方建议的对中国发出照会。法国还未答复。日本通过这里的大使于六月十五日发表口头声明,宣称日本与中国有着政治上与经济上特殊的密切关系。这一观点是前国务卿布赖安承认过的,布赖安还曾说明美国在中国的活动从来不是政治性的。日本政府要求美国政府确认布赖安的声明,并要求美国政府再次作出保证,在中国问题上,对日本持友好态度。布赖安先生照会的内容已于一九一五年五月十三日电报告知,稍后本院将另通知您对于日本目前这一要求的回答。蓝辛。

《北洋军阀》第三卷,第 171—172 页

佩齐致国务卿电

伦敦,1917 年 6 月 19 日

第 6426 号。

阁下:国务院一九一七年六月四日下午三时的第 4916 号电报已收悉。电文中就中国目前发生的事态,提议英国与美国政府共同发表声明。为此敬附上英国外交部于本月十四日给我的备忘录副本,对我过去所提出的情况已有了回答。

备忘录除第一句外,已全部在我的六年十五日下午二时第 6407 号电报中报告国务院。佩齐。

附件:〔英〕外交部致佩齐电

英国国王陛下政府充分注意到大使本月五日递交的备忘录,其中转达了美国政府与英国政府就中国国内所发生的事态发表一个共同声明,英国政府自然想到要从同情的观点去理解美国方面的提议,此无待赘言;还想到只有从实际利益出发才能满足美国政府的愿望:特别是在英美两国需有相同的精神来对待的某些范围内的事情更是如此。

关于具体的问题,英国政府从所掌握的情况来看,中国政府是否宣

战问题为国内更大的危机所掩盖(事实上宣战问题是造成中国混乱形势的直接原因),从中国将来的繁荣和国际威望的恢复来看,中国最终的统一和中国是否参加协约国方面是不能截然分开的,因为协约国方面正在为全世界的自由解放而战。

美国政府还认为,中国的参战首先是要为中国的自身利益而打算,而且就英国政府来说,倘若因美国的提议突然赋予中国参战的重要性,那么这一行动将和英国政府过去所采取的一切步骤是不一致的。

再次,英国政府还认为,中国混乱的政治局势不需要英国政府采取任何步骤,不使英国驻北京代表在今后形势发展中感到为难。英国政府还认为,在现在形势下发表一个声明,将被认为是对目前北京政府敌对党的轻蔑,而正是这一敌对党为了参战问题一直与政府在交涉之中,假若段祺瑞和他的同伴一旦上台,段政府很难与英国政府恢复到以前那样彼此友好的关系,在这一方面,即令撇下德国问题不谈,英国政府表示——当然这只是从英国政府的观点出发——过去英国政府从来不赞成介入中国内政的问题,而且遵照惯例,即令在中国内乱时期,不管中国政治形势如何,一向采取平等地对待各派的做法,现在假如将若干年政策突然改变,采取不同以往的对话政策,即采取支持一方蔑视另一方的做法,势必会扩大中国的内部分裂。

在这种情况下,英国政府深感惋惜的是,虽然他们在原则上和美国政府没有什么不同,而双方所欲达到的目的又是完全一致的。虽然在目前一些有争议的问题上英国政府希望和美国政府合作,但英国政府仍相信在目前形势下,对于英国来说,避免采取美国政府所提出的做法,是比较稳妥的,也更加符合英国政府在华的传统习惯。同时,英国政府深信,在对付可能发生的事态上,两国政府仍将在共同利益的基础上,协商拟定两国共同的政策。

外交部 1917 年 6 月 14 日

《北洋军阀》第三卷,第 172—173 页

沙泼致国务卿电

巴黎,1917 年 6 月 20 日

第 5456 号。

阁下:六月十七日 2190 号电报谅已收悉。依照您六月四日及九日 2313 和 2338 号的电报中的指示,我已分别照会美、法、英、日四国政府,提出了您的对华意见。现已接到法国外交部的答复,特为转告。兹附上副本及照会的译文二份。译文已在电报中转达。沙泼。

附件:译稿

法国外交部长致美驻法大使沙泼

外交部巴黎 1917 年 6 月 14 日

大使先生,阁下本月六日的信已收到。上次会谈中,您提出目前由法、英、日、美四国向中国政府作出内容相同的声明:对中国的新内讧表示遗憾,并希望见到一个统一的负责的中央政府得以重新建立并能维持和睦。

您本月十三日的信中又谈到了这个问题,您又重新对我解释了美国政府之所以提出这一建议的观点和动机。

美国政府的估计,实际上是可取的,现在中国反叛的军方还在声称属于协约国。为此之故,不宜将目前军方的行动视为对现存政府的反抗。同时支持中国政府的国会也抱有同情协约国的观点,唯一的希望是建立一个多数人同意的内阁。但令人担心的是如果军方得胜,内战将随之而来,这样对协约国在中国事业将没有什么好处。

因此美国政府认为,协约国发表一个措词相同的声明,将会产生很好的结果,使分裂停止,使中国所有派系重新联合成一派,内讧变为统一,这对协约国的事业是有利的。

我荣幸地告知阁下,早在本月九日,我已通知法国驻美大使谒见国务卿蓝辛。法国政府准备联合美国政府向中国政府作出一项建议,即劝告中国作出努力防止纷争,并在中国对内外关系中实现和睦。

随后又指示犹塞兰先生增添一个意见,我将指示法国驻华公使注

意,遵照向中国提出建议的精神,提出如下见解:

阁下在这月六日的信所提到对中国政府参加对德宣战是属于次要问题的这一看法,我不能认为过于乐观。从这个观点来看,我认为以下的提法似乎更为恰当:"即如果协约国继续认为中国参战具有实际意义,那协约国首先是要重建中国的秩序和和睦。因为这在列强看来,这才是中国采取对外行动的必要前提。"

而且,我还指示法国驻美大使向国务卿蓝辛先生说明,如果对中国的该项建议能实行的话,那么也应该邀请意大利参加这一行动。意大利在大战中实际上是一个协约国,意在中国的利益促使他也应该参加这项声明。

自从我通知法国驻美大使上述意见之后,我已获悉,日本政府和英国政府并不赞成您所建议的行动,但是根据犹塞兰先生本月九日的电报,在北京的美国公使说,美国也不愿再等待,单独采取了上述行动。

在这样的情况下,当我重申保证法国政府与贵国采取一致步调时,我请求阁下再度考虑本月九日法国驻美大使受命向贵国国务院所作通知的含义。沙泼。

《北洋军阀》第三卷,第 173—175 页

芮恩施致国务卿电

北京,1917 年 6 月 25 日

您的六月十九日下午四时电悉。我向您提出下列的考虑:日本大使暗示,在一九一五年,国务卿布赖安曾承认中国已经不再是一个独立的国家,中美两国间的外交关系已统一由日本支配。不管布赖安先生对日本如何友好,当中国自身已成功地抵抗对其基本主权遭受侵犯时,布赖安肯定不会承认中国成为日本保护国的这一个现实。甚至在当前如果公开这一要求,也会在中国激起暴风雨般的愤慨。正值欧战方酣之际,允许日本在中国便宜行事,如果这个机会被不公正地利用了,相信总有会受到清算的一天。日本向美国要求的,远远超过了欧洲列强

实际所能让步的,因为这是一个承认日本在中国享有优惠和占有主要统治地位的原则性问题。

这样一个承认,如果只是由于一个偶然照会的后果所引起,这涉及到一个国家放弃了既定的国策,也涉及到放弃通过一百三十年的成就而获得的地位,还涉及到对一个友好国家的背叛。这表明日本人的手伸得过长,想在战争期中,尽力达到日本的目的。

美国政府一九一五年五月致日本政府与中国政府的照会,明白否定现在日本企图添加在早先照会上的所有含意,同时表明美国可以考虑,由于日本与中国国土的近邻关系,承认日本在东三省取得的一些特权。

上述情况只能按照一种特殊地位的意义来认识,而不能认为含有保护关系的意义,从而限制中美外交往来的自由。实际上,无代价地让日本开发东三省,就是对日本友好的充分证明。

由于"特殊地位"这个词缺乏明确的涵义,曾被认为一种情况,例如日本可以像俄国或英国,通过特别认可或邻近的领土关系,与中国保持某种关系,使日本有理由关心该处的开发,但这种关心不能扩展成为有损中国的政治主权的任何行为。美国政府的前前后后的声明对此都说得非常清楚。美国政府如果承认这种关系的存在,最多只不过表明对特殊利益发展保持有善意。其中并没有对中国的邻邦设置任何障碍或困难的设想。照这种意思进行修改或详细地说明"特殊地位",肯定对我们国家的利益不会产生有害的后果,也不会对一个友好的国家的利益产生不良的影响,美国早就在中国获得了这样一个特殊地位。

向中国提出照会完全符合美国的传统政策,它不是针对中国的内政,而是意图维护中国统一与主权,在中国的很多其他人士都是这样看的。芮恩施。

《北洋军阀》第三卷,第175—177页

芮恩施致国务卿电

北京,1917年8月3日

我的七月十五日下午八时电谅收悉。国务总理刚才通知我,内阁已决定对德宣战,冯国璋代总统已接到宣战的通知并予以批准,在实行这一决定之前还须完成各种筹备及安排。

这个政策如此迅速地得到采纳,是为了加强中国的国际地位,还为了在宣战以后现政府可以居于更有利的地位,可以把反对派作为叛国者来对待。国会中南方的过激派很可能反对宣战,他们可以借助于通常的理论来进行反对,但当权者是有实力的军人,尤其是在国会不起作用的情况下(由于一九一六年国会已宣告解散并重新改选),目前国会力量很弱,也没有全国性的重新改选的要求,尽管如此,一般都希望现政府能遵守代议制度的诺言。

冯国璋将军昨日抵京后正式请黎复职,但为黎拒绝,因此冯仍为无有限期的代理总统。现政府代表着政治、军事、财政组织各个方面。由于宣战之故,使冯、段及进步党之间的政治对抗(显然有遗漏。——原注)得到了缓和,但是面对着拥护国会的各省的反对,这个国家能否因此而获得统一仍然不定,尽管政府似乎想依靠战争和协约国的支持来促成统一。

日本已借予一千万日元给现政府,作为急需之用,银行团其他成员也将参与。

我能否参加协约国方面代表们有关战争的会议,请予指示。芮恩施。

《北洋军阀》第三卷,第177—178页

代理国务卿致芮恩施电

华盛顿,1917年8月4日

您的八月三日下午三时电悉。您应遵照本届政府六月四日致中国照会的方针行事,如果中国政府对德宣战,您可表示美国政府满意并支持这一行动,即此已足。但是国务院认为您不宜参加协约国公使们有关战争的会议,但是如果有特殊情况您认为可以参加时,必须请示处理。博克。

《北洋军阀》第三卷,第 178 页

（四）参战与对德奥的战时处置

说明:经过讨论及各方政治势力的角逐,中国最终宣布对德绝交,国内各部门为应对对德绝交后的新形势,曾制定出专门政策,力图保护在华德侨。绝交后,北京政府进一步宣布加入协约国一方,对德奥作战。

1. 中德绝交与对德战时处置

汪荣宝乞示中德断交后处置在比利益电
1917 年 2 月 12 日

电悉。即知照比政府。万一决裂,在比利益应托何国保护,乞电示。荣。十二日。

《天津市历史博物馆馆藏北洋军阀史料》(黎元洪卷)第 8 册,第 14 页

颜惠庆乞示中德绝交应行办理事件电
1917 年 2 月 13 日

德报载中国与德断绝外交关系,如竟成事实,所有应行请示事件条列于下:(一)在德中国事务交何国保护;(二)使馆人员应至何处;(三)所有用款在何处支取;(四)学生华侨应如何资遣,款由何出;(五)驻华德使领馆人员暨德侨如何办理处置,以上各项均请先筹备从速电复,以便临时遵行。惠。十三日。

《天津市历史博物馆馆藏北洋军阀史料》(黎元洪卷)第 8 册,第 19—20 页

国务院致章宗祥关于中德断交与财政问题电
1917 年 2 月 14 日

　　理。密。十二日两电悉。十一日,芳泽面告总理,大旨谓日政府对我此举深表同情,愿我不俟回答即行断绝德交云云,与来电相同。政府现已决定:如德潜水艇有实行袭击中立船只事,即为中政府与德绝交之时期。希告本野外部,并谢日政府好意,惟政府对于此后行动不能不计及者,如一旦宣言与德断绝国交,民间不察,必疑中德将有战事,金融、贸易必受影响。西北部回民煽动之防范,尤当注意。我虽不与宣战,一切准备需费甚巨,嗣后内政上对于财政之改革,自必积极进行,但缓不济急,且又不能长以借外债为救济财政之策。如联合国能允我酌加关税及将庚子赔款缓解或延长年期,则于目下财政不无裨益。恐政府将来将此问题提商联合国,可先与日外部密探意见,并盼助成此举,希试为之。速复是盼。院部。寒。

《天津市历史博物馆馆藏北洋军阀史料》(黎元洪卷)第 8 册,第 21—24 页

中国为抗议德国封锁计划致辛使照会稿
1917 年 2 月 15 日

　　接驻德国公使电转贵国政府本年二月一日照会,知贵国新定之封锁计划使中立国商船从是日起在限定禁线内行驶诸多危险。查贵国前此所行方法损害我国人民生命已属不少,今兹潜艇作战之新计划危及我民生命财产必更剧烈,且此项计划违背现行之国际公法,而妨害中立国与中立国及中立国与交战国之正当商务,若隐忍任其施行,不啻使无理之主张列入国际公法,因此本国政府特向贵国政府对于二月一日颁行之计划严重抗议,切盼贵国尊崇中立国权利,且重视两国友谊,勿将此次计划置诸实行。万一出于中国愿望之外,抗议无效,本国甚为惋惜,迫于必不得已,势将与贵国断绝现有之外交关系,至本国宗旨专在注重世界和平并尊崇神圣之国际公法,则无庸赘述也。

《天津市历史博物馆馆藏北洋军阀史料》(黎元洪卷)第 8 册,第 25—26 页

国务院致章宗祥关于中德断交时间决不无故中变电
1917 年 2 月 17 日

　　理、密两电悉。与德断绝外交关系之时期，自应照寒电所言，政府决不无故中变。再，前致德抗议通牒九日发去，今日颜使来电，尚未收到德如何举动，应未知悉，并闻。院。篠。

　　　　　　《天津市历史博物馆馆藏北洋军阀史料》(黎元洪卷)第 8 册，第 28 页

顾维钧报告驻华德使及外交人员离美电
1917 年 2 月 18 日

　　国务院，甲，密。十六日电敬悉，德使携同眷属、馆员于本月十四日由美外部派代表陪往纽约，偕领事等百余人搭船离美，并由美政府派炮舰护送出境。本月十一日，瑞士国驻美公使向美政府声言，德愿与美协议，美政府不允各节业于十二日电部，谅经转呈。近日，仅为德国所扣美国水手，美与德商释放，业照办，此外并无他项协议。除仍随时据报外，谨先电复。钧。十八日。

　　　　　　《天津市历史博物馆馆藏北洋军阀史料》(黎元洪卷)第 8 册，第 29—30 页

预筹中德断交后各部应办事宜(收录总纲)
1917 年 2 月

总纲

　　一、认定中德断绝外交关系后之中德关系为仅止断绝外交关系，尚未宣战。

　　查断绝外交关系后两国即时宣战与不即时宣战，情形迥异，办法自不能强同。中德虽断绝外交关系，而在政府未向德国宣战以前，尚不能以战时论，故一切战时法规均不能引用。此层宜首先注意。宗旨既定，一切办法自易解决。

　　一、与德国断绝外交关系后，各院部处颁布公文所用文词务须一律。

甲、仅止断绝外交关系，尚未宣战，故中德失和、中德开衅等字样一概不用。详言之□□议无效中德断绝外交关系，简言之为中德绝交。若预计将来恢复和平，则用恢复外交关系字样，其媾和等字样一概不用。

乙、非至宣战后，不用敌国、敌人、敌船、敌货等字样，仍称之为德国、德人、德船、德货，其逆、寇、夷、虏等字样即宣战后亦不使用。又，对于德国帝后及德联邦各君主后妃，始终用其固有之尊称，侮蔑字样概不使用。

丙、称英法日俄意比等现在与德奥开战诸国曰联军，各国方面称德奥匈土布等，现在与联军各国方面开战诸国曰德奥方面。

丁、政府只宣言与德国断绝外交关系，对于奥国绝交与否并无明文，则我国与奥国仍为友邦，德奥二字连用时务须格外注意。我之对德举动不可涉及奥国，至土、布二国未尝与我订约，更无所谓绝交，中国只与德国绝交而已，并未加入联军各国方面，故加入联盟等字样现时万不能用。

一、中德断绝外交关系后中国对于各国所处之地位仍系中立地位。

仅止与德国绝交，亦未加入联军各国方面，故中国仍立于中立地位，前此颁布之中立条规尚未以命令取消，故中国仍处于中立地位。

一、对于各院部处及其所辖各机关聘雇之德员办法如左：

各机关聘雇德员表见参考文件一。在陆海军部及其所属各机关或兵工厂、船厂、军舰服务者令其停止职务。在海关、盐务署、铁路、邮局、电局、船舶□医院及其他别无危险之矿山、工厂等处服务者，得令其照旧供职，遇必要时，停止其职务，不停职者，照旧给薪。停职者应否给薪，临时酌定。德员停职后其所遗职务由各院部处长官酌派其他洋员前往接任。

一、与德国断绝外交关系后中德条约应如何解释，即解释为条约有效、条约中止，抑解释为条约失效，此与关税及处置租界领事裁判权等事大有关系，应俟国务会议议决后遵循办理。

一、因与德断绝外交关系颁布之一切规则、办法,除绝交布告由大总统颁布外,其余概以院令、部令颁布之。

《天津市历史博物馆馆藏北洋军阀史料》(黎元洪卷)第8册,第65—72页

农商部致各省区处置各厂矿德人办法电

1917年3月14日

照录致各省区函电。

湖北省长鉴,堂,密。中德断交在即,所有汉阳铁厂、大冶铁矿雇用德人应请电饬地方官密商该公司严重防范,于必要时并可勒令离职,至大冶县富华煤矿公司关系较轻,其德人卜拉葛满等似可饬县就地妥密监视,至秭归县大兴煤矿拟聘德人可暂缓核准,希酌夺饬遵,农商部文印。三月十二日发。

热河都统鉴,堂,密。中德断交在即,所有喀喇沁东旗青石岭地方与熙凌阿合办石棉矿之德人及滦平、丰宁两县八道河、宽沟等处与吴樾合办金矿之德人应请电饬地方官严重防范,以免意外。各该矿分销处如有德人,并应照此办理。农商部文印。三月十二日发。

湖南省长鉴,堂,密。中德断交在即,湘乡县集祥镇华昌庆记提炼分厂内有德人,应请电令地方官严重防范,以免意外。农商部文印。三月十二日发。

江西省长鉴,堂,密。中德断交在即,所有萍乡煤矿雇用德人,应请电饬地方官密商该公司严重防范,于必要时并可勒令离职。农商部文印。三月十二日发。

直隶省长鉴,堂,密。中德断交在即,井陉煤矿及各分销处所有德人应请电饬该矿督办暨地方官严重防范,以免意外。农商部文印。三月十二日发。

安徽省长鉴,堂,密。中德已断交,当涂县宝兴煤矿公司所雇德人应请饬县严密防范,以免意外。农商部寒印。三月十四日发。

致内务总长函,三月十二日

径密启者,调查旅华德人一节前经国务院通行各机关在案,其与中国人民合办矿业之德人自应由本部逐细查明,并于必要时按照国务院议决处置办法,电请各地方长官查照办理,惟查直隶井陉煤矿公司在本京前门内瑞金大楼设有售煤处,其经理马沙系属德人,应如何处置之处。贵部对于旅京德人必有划一办法,相应函请查照,汇案办理可也。此致。

致汉冶萍公司董事会会长函,三月十二日

径启者:中德邦交断绝在即,所有贵公司各厂矿聘雇之德人应请电饬各主办严重防范,于必要时并可勒令离职,除电知湖北江西省长外,相应函请查照办理。此致。

致京兆尹函,三月十四日

径密启者:中德邦交已断,京西门头沟圈门外北坡地,宏顺煤窑经理人赵宝珽于民国四年九月间曾聘订德人克律格充当技手,现在该德人是否尚在该处,应请饬县查明,严密防范,以免意外。相应密函查照办理可也。此致。

《天津市历史博物馆馆藏北洋军阀史料》(黎元洪卷)第 8 册,第 201—206 页

交通部致外交内务部关于中德断交稽查电报提供德人姓名住址年龄咨文

1917 年 3 月 14 日

为密咨事,我国与德国断绝现有之外交关系,业已奉令布告,所有居留中国之德国人民在未回国前,或留住中国时如有来往公私电报,自宜慎重收发,但现在居留中国各处之德国人民姓名、住址及其人数本部无案可稽,颇难稽查,拟请贵部开单咨部,以备稽考而防影射,除咨内务、外交部外,相应咨请贵部查照,见复可也。此咨。外交、内务总长。

《天津市历史博物馆馆藏北洋军阀史料》(黎元洪卷)第 8 册,第 212 页

交通部致津浦等路局关于护送德使出境电

1917 年 3 月 14 日

津浦王、京奉廖、沪宁江局长：通，密。现因政府公布与德国断绝外交关系，不日由京乘车护送德使等出境，仰先预备饭、车，并选定干练巡官一名、路警十名，以便沿途妥为保护，直至他路交替妥洽始可告旋。所需车辆若干及人数若干，何日起行，俟外交通知到部再行电知，特先电嘱。

《天津市历史博物馆馆藏北洋军阀史料》（黎元洪卷）第 8 册，第 214 页

谭浩明等乞示中德断交后对待其在华舰只商船官民等电

1917 年 3 月 14 日

北京大总统钧鉴：国务院、陆军、参谋、海军、外交部鉴。赓密。中德事准邓视察称，奉海军部元电，决定盐日午刻绝交，在粤德舰妥慎办理等因，面请核办，前来查明等。查中德绝交未奉院部电示，所有在华德舰商船、官民教士及公私物产如何对待，中央想有条规宣布，粤省办理未便稍异。事关重要，乞速密示机宜，俾资遵守。代理广东督军谭浩明、省长朱庆澜叩。寒印。

《天津市历史博物馆馆藏北洋军阀史料》（黎元洪卷）第 8 册，第 215—216 页

国务院致冯国璋等关于宣布对德断交及保护德侨应办事宜电

1917 年 3 月 14 日

南京副总统，各省督军、省长，热河、察哈尔、绥远各都统，上海护军使、宁夏护军使、康定镇守使、库伦陈都护使、科布多徐副使、乌里雅苏台陈副使、恰克图张副使、阿尔泰程长官、塔尔巴哈台汪道尹、加尔各塔李代长官、各国（除德）驻使均鉴：本日大总统布告，此次欧战发生，我国严守中立，不意接本年二月二日德国政府照会，德国新定之封锁计划使中立国商船从是日起在限定禁线内行驶诸多危险等语，当以德国前此所行攻击商船之方法损害我国人民生命财产已属不少，今兹潜艇作

战之计划危害必更剧烈。我国因尊崇公法,保护人民生命财产起见,遂向德国提出严重抗议,并声明如德国不撤销其政策,我国迫不得已,将与德国断绝现有之外交关系,在我深望德国或不至坚持其政策,仍保持向来睦谊。不幸,抗议已逾一月,德国之潜艇攻击政策并未撤销,各国商船多被击沉,我国人民因此致死者已有数起。昨十一日,接德国正式答复,碍难撤销其封锁战略,实出我愿望之外,兹为尊崇公法,保护人民生命财产计,自今日始与德国断绝现有之外交关系,特此布告等因。又奉大总统令,现在我国已与德断绝现有之外交关系,所有保护德国侨民及其他应办事宜,著各该管官署查照现行国际公法惯例迅筹办法,颁布施行,此令。等因。特此电达,即希遵照办理。院。寒印。

《天津市历史博物馆馆藏北洋军阀史料》(黎元洪卷)第8册,第217—221页

国务院致杨增新等关于加强防务监视德人电
1917年3月15日

迪化杨、兰州张督军鉴:密。译赓、寒两电计达,中德国交断绝,贵省防务极关紧要,目前急务:一、停发回民赴土护照,防其勾结;一、速派侦察军队分扎沿边各口,勿令德土之人阑入;三、分拨军队屯扎紧要地点,以备缓急,其德土之人在境者,尤应严重监视,德人则直禁其自由。以上数端,即希察酌情形妥速分别严密办理,未尽事宜并希相机防范,勿致疏虞。办理情形随时密闻。院。咸印。

《天津市历史博物馆馆藏北洋军阀史料》(黎元洪卷)第8册,第228—229页

国务院致谭浩明等关于德舰商船等处置办法电
1917年3月15日

广东谭代督军、朱省长鉴:赓,密,寒电悉。在华德军舰、商船,由海军部派员监视,军舰、舰员一律令其离舰,另地收容,商船如有潜逃情形,并可派员看管。各商埠德领事由交涉员发给出境护照,护送出境。德商民、教士愿退出中国国境者,听愿在原有住所继续居住者,照内、陆

两部所定德国商民教士保护办法办理,至公私物产有关军用者,依陆军部所定德国公私军用物处理办法办理,无关军用者,不必干涉。各种详细办法,由部处陆续颁布,日内当可达到。国务院。咸印。

《天津市历史博物馆馆藏北洋军阀史料》(黎元洪卷)第 8 册,第 230—232 页

国务院致各省督军等关于公牍文词不许对德用敌等字样电

1917 年 3 月 15 日

各省督军、省长、护军使,各特别行政区域都统、办事长官鉴:堂,密。现在我国与德断绝外交关系,拟定办事总纲,分列于下:(一)认定中德仅止断绝现有之外交关系;(二)与德国断绝现有外交关系后,各部院处所用公牍文词均须一律,如失和、开衅、敌国、敌人、敌船、敌货、逆寇、夷房等字样一概不用,将来恢复和平,则用恢复外交关系字样。又对于德国帝、后及德联邦各君主、后妃始终用固有尊称,侮蔑字样概不使用。此次只与德国断交,奥国仍为友邦,德奥二字连用时,务须格外注意。以上各节希通饬各属一体遵照。院。咸印。

《天津市历史博物馆馆藏北洋军阀史料》(黎元洪卷)第 8 册,第 233—235 页

国务院致各省督军等电

1917 年 3 月 15 日

各省督军、省长,上海护军使鉴:赓,密。近上海、汉口、重庆、济南等处商会先后来电,请严守中立等语,此次对德抗议,以迄绝交,盖几经审慎筹维,兹政策既定,复经参众两院正式表决,多数赞同,已于本日明令宣布。吾国向无与国,徒恃均势,此后时局一变,势难墨守前辙。德困中欧,已失海上根据,环伺者皆协商国,吾以积弱迫处其间,不能如美国之进退自如,与其待人强制,毋宁自定计划,协商各国与我推诚相待,冀可得多数之协助,以纾急难,况增收关税、展缓赔款,协商国均表赞助,愿更讨论详确办法,既可调剂财用,并以维护主权,讵非吾国之利。或虑中德绝交,则中德间商业停止,不知欧战以来德之海上商业扫地以

尽,即有间接输入中国者,为数甚微,何关大计,斯固无利害之可言。且近年日本竭全国之力发展工商以供战需,国富骤增,民业亦进。吾国不知利用,坐失时机,良为可惜,果能及兹变计,应协商各国之需要,以谋吾国经济之发达,于工商两界,所利益多,至吾国所负义务仅以华工及物料之供给为限,既无征兵筹饷之烦,于内地治安并无妨碍,尤无庸过虑。总之,对外政策因为拥护国家而商业所关亦早在审慎筹维之内,默察世界经济趋势不得不急起直追,此举亦预为扩张实业、救济金融起见,务希推本此意,详密劝导解释,俾商界共喻政府苦心,勿滋疑虑,更望相时审机,各就本业,力图振作,以应现势而裨本计,是为至要。院。删印。

《天津市历史博物馆馆藏北洋军阀史料》(黎元洪卷)第 8 册,第 236—241 页

外交部为对德绝交处理有关事务之答复
1917 年 3 月 15 日

（一）现只与德国断绝现有之外交关系;（二）德使馆参赞、德国领事及公使馆领事馆之德国官员均给护照送回国,但得允其于公使馆内酌留下级官员一二人管守档案,柯达士、晏格联二君,查德国官员册内并无其名,本部为慎重起见仍可详细调查,再行酌核;（三）德租界由政府派警保管,军队武装勒限解除;（四）在中国口岸德国船只业由海军部派员看管;（五）中国雇用之德国人员分别停留;（六）在华个人及个人所营之商业,依各国通例待遇。

《天津市历史博物馆馆藏北洋军阀史料》(黎元洪卷)第 8 册,第 242—244 页

杨飞霞请按国际公法处置德国工人电
1917 年 3 月 16 日

国务院、外交部、内务部钧鉴:本日奉电开、奉大总统令,现在我国已与德国断绝现有之外交关系,所有保护德国商民及其他应办事宜,著该管各官署查照现行国际公法条例迅筹办法颁布施行,此令等因。查伊

犁侨居德国工人海伯伦及其眷属等因自欧战发生后未能回国,久由中国保护,月给伙食费用俄币,曾经飞霞陈明,外交部有案。现在我国既与德国断绝外交关系,若任该德人仍寓伊宁,则德俄人民杂处,恐生意外之虞,若令驱出境外,则过界即是俄疆,尤大窒碍,拟照国际公法抑留侨民之例,暂将该德人海伯伦交由伊宁县知事拘留,仍按月给予伙食费用,藉资保护而顾公法,除饬县外,理合电陈鉴核。伊犁镇守使杨飞霞,铣印。

《天津市历史博物馆馆藏北洋军阀史料》(黎元洪卷)第 8 册,第 245—247 页

谭延闿乞示对湘德领处置办法电
1917 年 3 月 16 日

急。北京国务院、外交部钧鉴:赓,密。驻湘德领已饬交涉员限期护送出境,惟该领以此刻出境返国殊难,要求以领事府改为公馆暂住,除受我国巡警监视外,并担任约束该国在湘侨商等语。查国交既经断绝,如长留该领在湘,难保无秘密行为,所请自难照允。究竟钧院对于各省德领如何办法,希迅电示知。谭延闿。铣印。

《天津市历史博物馆馆藏北洋军阀史料》(黎元洪卷)第 8 册,第 250—251 页

谭浩明等乞示对德领处置办法电
1917 年 3 月 16 日

北京国务院鉴:赓,密。准内务部电开,本月十四日奉大总统令,现在我国已与德国断绝现有之外交关系,所有保护德国侨民及其他应办事宜著各该管官署查照现行国际公法惯例迅筹办法颁布施行,此令等因,奉此除将对于德国侨民应行分别保护办法另电知照外,希先行布告通饬遵照,切实保护等因。查现在中德邦交既已断绝,德国驻粤之领事应否令其出境及限以若干时期出境,护照是否须请中央给发,抑由本省自办,护送至何处所。该国在粤兵舰前已严重监视,舰内兵士应如何对待,统希迅赐电复,以便照办。谭浩明、朱庆澜。咸印。

《天津市历史博物馆馆藏北洋军阀史料》(黎元洪卷)第 8 册,第 252—254 页

谭浩明等乞示中德断交后各机关雇用德员处置办法电

1917 年 3 月 17 日

北京国务院鉴:赓,密。中德邦交断绝,各机关雇佣德员应如何处置,未奉明示,盼即夺复。谭浩明、朱庆澜。铣印。

《天津市历史博物馆馆藏北洋军阀史料》(黎元洪卷)第 8 册,第 255 页

国务院致冯国璋等关于派兵警接收德国在津各机构情况电

1917 年 3 月 17 日

南京副总统、齐省长、上海卢护军使、武昌王督军鉴:中,密。天津朱省长电称,本日杨处长、黄交涉员偕西员,带同随员及兵警三百余人,武装前往德领事馆,先与德领接洽,同至德工部局,将该局交我接收,军警到齐后即升中国之旗,向旗行礼毕,分布警队驻扎要点,随即带队赴德国兵营。亦由德领带至军械储蓄所,由德员与中国警官将军械点验封存,即驻我警看守。惟兵营现系荷兰国旗,俟荷使馆派来秘书到津商酌再定办法,德界原有巡警一律更换中国警装,秩序极为安静,各国商民往观者甚多,等语。特此电闻,以备参考。院。霰印。

《天津市历史博物馆馆藏北洋军阀史料》(黎元洪卷)第 8 册,第 264—266 页

陆如珩请撤换德人赫美玲芜关税司电

1917 年 3 月 18 日

大总统、国务院、税务处、总税务司钧鉴:芜关税司赫美玲,今视商民横征苛罚,涂炭商场,迭控在案,顷闻中德绝交,该税司既为商民私仇,复为国家公敌,仇雠报复,深恐酿成巨案,吁请刻日撤换,以符公法而餍人心,无任感祷。芜湖商业维持会陆如珩、姜志彬、凤朝曦暨全体公叩。篠。

《天津市历史博物馆馆藏北洋军阀史料》(黎元洪卷)第 8 册,第 262—263 页

国务院致唐继尧关于限制监视居留中国德领电

1917 年 3 月 18 日

云南唐督军鉴：堂，密。中德国交既断，德领自应护送出境，但有不愿或不能出境者，亦可特许其在内地居住，蒙自德领如实有碍难出境情事，可在省内指定区域许其居住，但应预先声明：一、服从中国法令；一、交际通信受中国官吏监视；一、迁徙出游受监视官许可。办理情形并望随时电告。院。巧印。

《天津市历史博物馆馆藏北洋军阀史料》（黎元洪卷）第 8 册，第 268—269 页

国务院致谭浩明等关于各机关聘雇德员处置办法电

1917 年 3 月 18 日

广东谭代督军、朱省长鉴：赓，密。铣电悉，与陆海军有关各机关聘雇德员一律停职，此外各机关许其继续服务，遇必要时令其停职，停职后可斟酌财政情形给予半薪，以示格外体恤之意。院。啸印。

《天津市历史博物馆馆藏北洋军阀史料》（黎元洪卷）第 8 册，第 270 页

国务院复杨飞霞关于德国工人处置办法电

1917 年 3 月 18 日

伊犁杨镇守使：堂，密。铣电悉，处置德工人海伯伦办法极是，惟拘留字样不宜用，应改作收容。院。巧印。

《天津市历史博物馆馆藏北洋军阀史料》（黎元洪卷）第 8 册，第 271 页

国务院致谭延闿关于德领要求居留中国处理办法电

1917 年 3 月 18 日

长沙谭督军鉴：赓，密。铣电悉。中德国交既断，德领当然出境，如实有碍难出境情事，亦可特许其在中国内地居住，惟居住区域应由我指定，长沙德领仍留湘省诸多窒碍，请坚持出境之说，如势难办到，可令其

来京居住。办理情形望随时电告,以便准备一切。院。巧印。

《天津市历史博物馆馆藏北洋军阀史料》(黎元洪卷)第8册,第272页

国务院复谭浩明等关于办理德领离境与离舰士兵处置问题电
1917年3月18日

广东谭代督军、朱省长鉴:赓,密,咸电悉。德领出境护照外交部已电饬各地方交涉员缮发,惟德领离境时须商诸协商国,得一沿途保安执照。广州德领保安执照能否即由在粤英领发出,现外部正与协商国公使商议,或由粤出发,或赴申与德公使同行,尚属未定,定后当随时电去。惟现在既断绝国交,所有与德领正式往来应概行停止,目前于德领举动应派人暗中查察,于保护之中寓监视之意。离舰兵士由海军部设所收容,海部已饬在粤邓视察聪保前来接洽。国务院。巧印。

《天津市历史博物馆馆藏北洋军阀史料》(黎元洪卷)第8册,第274—275页

交通部致各海关监督关于中国商船悬挂德旗应与德船同一待遇电
1917年3月19日

各海关监督:船,密。我国与德国现已断绝外交关系,所有德人在中国境内商船应即参酌国际法妥为处置,业经国务会议决定办法,由税务处转饬执行在案。惟中国商船其中如有悬挂德旗者,亦应与德船同一待遇,俾免隐射而昭慎重。合亟电饬遵办,并随时报部备案。交通部。皓印。

《天津市历史博物馆馆藏北洋军阀史料》(黎元洪卷)第8册,第281页

交通部致上海招商局关于中国现仅对德断交商业自应维持电
1917年3月19日

上海招商总局:航,密。谏电悉。中德现仅断绝外交关系,并未宣战,自无危险之可言,望告知各股东持以镇静,安心营业,政府对于商业

自应加意维持,来电当报告国务院,此复。交通部。皓印。

《天津市历史博物馆馆藏北洋军阀史料》(黎元洪卷)第 8 册,第 282 页

国务院致广东谭代督军电

1917 年 3 月 20 日

广东谭代督军鉴:中,密。德舰青岛号经自爆沉,现由永翔舰长设法拖搁浅处,惟该处浪涌不时,德舰久搁,势必愈伤,希就近督饬设法捞起,拖入平岗船坞看管,并将办理情形见复为要。国务院。号印。

《天津市历史博物馆馆藏北洋军阀史料》(黎元洪卷)第 8 册,第 303—304 页

国务院致田应诏关于目前对德仅断绝国交言行务须谨慎电

1917 年 3 月 20 日

凤凰厅田镇守使:华,密。巧电悉。所陈各节勇奋可嘉,但政府现在对德只断绝国交,以后应静候中央命令而行,此时言论行动务须谨慎,免惹人民误会,致有不稳举动。院。号印。

《天津市历史博物馆馆藏北洋军阀史料》(黎元洪卷)第 8 册,第 305 页

国务院致芜关监督关于撤换德人赫美玲芜关税司电

1917 年 3 月 20 日

芜湖关监督:华,密。据芜湖商业维持会陆如珩等电称,芜关税司赫美玲横征苛罚,涂炭商场,迭控在案,顷闻中德绝交,该税司既为商民私仇,复为国家公敌,仇雠报复,深恐酿成巨案,请克日撤换等语。查京外各机关聘雇德员除与陆海军有关者应令其停职,其余仍暂许继续服务,税关事同一律,自未便单独撤换,且中德仅断绝国交,并未宣战,谓为公敌,亦属误会,至谓该税司横征苛罚,即使确有其事,亦应另案办理,不容牵混。希妥为晓谕,勿滋事端为要。院。号印。

《天津市历史博物馆馆藏北洋军阀史料》(黎元洪卷)第 8 册,第 306—308 页

蒋雁行乞示处置至绥德人士大司电
1917 年 3 月 21 日

北京国务院、陆军部、外交部钧鉴：赓，密。查绥区向无德人经商，亦无德国教堂，兹突有奥国康利洋行合伙德人士大司至绥，持有民国二年九月十一日外交部特派直隶交涉员所发护照一纸，检查该德人带有套筒毛瑟枪一枝、猎枪一枝，波蓝宁手枪一枝，自来得手枪一枝，子弹六百粒，查所持名片系士大司三字，而护照内系石达世三字，但该德人受检查后亦颇和平，究应如何处置，乞电示祗遵。雁行。鄐印。

《天津市历史博物馆馆藏北洋军阀史料》（黎元洪卷）第 8 册，第 309—310 页

杨善德报告处置德籍雇员情况电
1917 年 3 月 21 日

北京国务院、陆军部、内务部、财政部钧鉴：办理对德事宜已遵照迭次部电，妥为筹备，并由善德、耀珊召集各该管机关人员于军署内组织临时办事处，派定林鸥翔为主任，陈景烈、彭谷孙为副主任，吴锺镕为检查长，另设办事员、检查员、通译、书记、录事等，已于十九日成立，除兼职不另支薪外，其通译、录事等薪给及保护出境一切办事等费暂由军署垫支，俟事竣，再行另案咨请核销，谨先电闻。善德、耀珊。简印。

《天津市历史博物馆馆藏北洋军阀史料》（黎元洪卷）第 8 册，第 324—325 页

交通部发邮政总局关于处置德领事及官员邮件指令
1917 年 3 月 22 日

第六十五号呈悉。寄云南德国领事邮件既据德领事函，知交礼和洋行代收应即照准投交，其他处德国领事及德国官员类此之件，如经本人以信函通知交由委托机关或委托人代收，亦应一律照送，合行令仰该

总局转令各该邮务长遵照办理。此令。

《天津市历史博物馆馆藏北洋军阀史料》(黎元洪卷)第 8 册,第 326 页

颜惠庆报告德对中国政府令其领事一律离境提出复议电

1917 年 3 月 23 日

本日德外交部面告,报纸纷载中国政府已给驻华德领事护照,令其一律离境。查欧人在华向受本国裁判,德政府拟请允德领事酌留数员以便遇事可与和领事接洽,上海医学堂各教员最妙留堂,否则应请格外优待,其本人及眷属应与使领馆人员同行,并与协约国商妥保其出境间不受凌辱,使馆卫队最妙仍驻原营房,勿送他处,以免出外。德船闻均被扣留,按照公法条约,均为不合。中德不过绝交,与交战不同,美从前虽绝交,然商务汇划如常,并无扣留人船等事,日本国与德宣战已久,除银行因英法责言勒令闭歇外,其余商店照旧营业,中国为世界大国,近更极力维新,所有举动务使人钦佩,勿落人后,致美誉为美日所得,中国反为怨府。又传闻中政府从此不认德人在华享有外人权利,查优待条件载在条约,外交虽断,条约效力仍在,如此事属实,更为不合。中政府前屡言,现因被迫不得已而绝交,德政府未尝不原谅,然如报纸所记情形,则是有意为难德政府,于中政府之行为即可考验其言之真伪矣。中政府此时于各事似宜格外审慎,盖今日所行,异日须负重大责任,请速代达中政府,一切务从轻减,将来亦易于料理等语。再,王君揖唐已赴俄京,并闻。惠,二十三日。

《天津市历史博物馆馆藏北洋军阀史料》(黎元洪卷)第 8 册,第 340—344 页

交通部致沙面电局关于处理德商及德银行商电收发问题电

1917 年 3 月 23 日

沙面局:局,密。巧悉。德商暨德银行所发商电如果其他明码皆无他虞,间有一二字系自编暗码,仍应照常收发。交通部。有。

《天津市历史博物馆馆藏北洋军阀史料》(黎元洪卷)第 8 册,第 346 页

2. 正式宣战及列强的反应

芮恩施致国务卿电

北京,1917 年 8 月 9 日

据我国驻广州总领事报告,拟议在广东建立的临时政府不可能有多大指望,我相信当前是维护中国统一的一个较好时机。即使独立的临时政府宣告成立,为了避免国际纠纷,我认为临时政府也可能对德宣战,这就形成了和解的基础。我在任何时候,都在设法使政党领袖们明了您六月四日照会中申述的政策。芮恩施。

《北洋军阀》第三卷,第 178 页

外交部关于中国参战致各国公使照会

1917 年 8 月 14 日

为照会事:本国政府于本年三月十四日与德国断绝外交关系,曾经照会贵爵公使、公使、署公使转达贵国政府在案。现因中欧列强施行违背公法,危害人道之潜水艇计划并无变更之希望,本国政府宣告:自中华民国六年八月十四日上午十时起与德奥两国同时进入战争之状态,所有中国与德奥两国订立之条约,无论关于何种事项者均一律废止。至一九零一年九月七日所订之条款及其他同类之国际协议,有涉及中国与德奥两国之关系者并从〔此〕废止。再,中国政府对于海牙保和会条约及其他国际协约一切关于战时文明行动之条款,仍遵守不渝,合并声明。相应照会贵爵公使、公使、署公使查照,并请转达贵国政府可也。须至照会者。

《中华民国史档案资料汇编》第三辑《外交》,393 页

芮恩施致国务卿(摘要)

北京,1917 年 8 月 24 日

第 1598 号。

阁下:我已收到您的训令,并于六月七日遵照您六月五日的电令,将美国政府的照会递交中国外交总长。在我与外交总长伍廷芳博士谈话时,我借此机会,表达了美国政府发表这一声明的动机,内容如下:

二月四日,美国邀请中国政府在对德断绝关系方面同美国采取一致行动。二月九日,接到了中国政府完全同意美国政府联合行动的保证。美国政府感到出于道义上的责任,使不致误解美国邀请的含义,有必要加以说明:美国政府同其他对德作战的国家认为,如果断交一事出于中国人民的利益、良心和同情所激发,正如中国按照宪法而产生的政府官员和议员们所反映那样,欢迎中国为了人权而参加同美国一起的行动。美国政府认为这场战争是为了捍卫民主自由的原则而战,如果把中国人民通过他们的合法的和公认的国家权力机关决定他们生死攸关的参战问题的行动,说成是施加强迫或限制自由所引起,则大大歪曲美国邀请参加的原意,对此则深表遗憾。

伍廷芳博士对美国政府在中国国内最困难时期对中国友好的表示感到满意,美国从来没有公开或秘密地支持这一派或那一派,没有图谋从中国的困境中利用机会捞取利益,而是促使各派注意国家的团结是迫切的需要。

通过两位私人使者即福开森博士和安德逊先生,我把美国政府的照会直接地但非正式地带给了聚集在天津的反对派领袖,提请他们注意,他们也承认美国政府的良好动机和劝告。段祺瑞将军当场说,他对政治已不感兴趣。

中国报纸均表赞成接受美国照会,六月八日的《北京日报》以此为题发表社论。

与此同时,日本报纸和在中国的日本报纸对美国行动则发出激烈的评论和抨击。日本报纸攻击的要点是:美国在递交中国政府照会以前,应该同日本协商,美国的行动构成了对中国内政的干涉。这一情况我已在六月十二日下午八时的电报中报告过了。

中国的报纸一致反驳日本方面的要求和指责。我兹附上《新闻报》六月十三日社论译文,该报社论可作为中国报纸言论的代表。这些社论总的内容表示中国人民欢迎美国的劝告,并且承认这是及时的。中国不是日本的附属国,日本无权要求作出解释。

我相信美国六月七日的照会对中国公众的舆论产生深远的影响。远东的某些欧洲人所办报纸和所有的日本报纸说,照会没有产生什么效果,照会是想加强一个党派的势力,在中国政治力量的分配上产生直接的作用。但与此同时,远东的公众舆论认为上述情况的引起,绝不是激起美国提出照会的动机。

照会良好作用极其清楚地说明,美国政府不愿意利用参战问题使国外的任何势力与党派可以蔑视中国政府和人民的自由选择。这就使得每个人在劝说中国人采取战争行动的方式上更加谨慎小心。照会所产生的效果是在中国各省与各党派人们的心目中强调把一切愿望服从于维护国家统一和代议制度的建立这一个头等重要的问题上,在这方面照会对加强中国的民族主义,对要求建立一个有效的、有代表性的中央政府已作出了贡献,并将继续作出贡献。

从各方面都传来了美国照会产生良好效果的消息。驻南方政治中心广州总领事的报告说,广州官员和报纸热烈欢迎美国政府对中国政府的照会,该照会对中国国内分裂表示惋惜,强调全国统一的必要性。

在八月十二日,我同冯国璋代总统的谈话中,他提到美国照会问题,认为照会对中国舆论产生了有利的影响,中国人民不仅不认为照会是对中国内政的干涉,而且认为它是一个额外的保证。美国政府愿意看到中国政府成为一个不可能受任何方面干涉的政府。芮恩施。

《北洋军阀》第三卷,第 178—180 页

英国驻美大使致国务卿(备忘录)

华盛顿,1917 年 9 月 3 日

日本驻伦敦大使馆向英国政府首席外交大臣递交了一份关于中国

国内局势的备忘录,该备忘录倡议支持中国中央政府,不鼓励敌对者或给敌对者以物质援助。英国政府一贯认为,协约国采取上述这一政治方针,有助于恢复中国秩序的远景,为此伦敦已向日驻英大使表示英国政府愿意遵守备忘录中美国倡议的政策。

西塞尔·斯泼林·拉士

《北洋军阀》第三卷,第 181 页

日本驻美大使致国务卿(备忘录)

1917 年 9 月 4 日

中国国内的局势,正引起日本政府的密切注意。自张勋复辟君主制流产以来,国内局势显然得到了稳定,目前似乎没有理由需要保证在中国国内维持一般的和平与安全。由段祺瑞任国务总理和以进步党领袖合作组成的内阁,开始并不十分稳定,一切似乎要看副总统冯国璋的态度如何而定。冯国璋到达北京,加上黎元洪总统辞职,澄清了这里的局面。根据日本政府的情报,中国的新总统和国务总理显然相信他们的忠诚合作对国家是有好处的。对德奥匈宣战一事就是这两位政治家之间和睦协作的表现。目前,当一切对德作战的国家肩负着巨大责任的时候,又当中国刚刚站在协约国一边的时候,如果中国由于内讧而导致缺乏一个强有力的政权,再没有比这个情况对协约国和中国的利益,更为不利的事情了。日本政府不愿预测事态的演变,认为北京的现政府享有强大的权威,并能维持国内秩序与宁静。日本政府对中国任何党派都无意并且没有理由表示偏袒。但日本政府深信,目前重要的是,一切外国列强为了共同利益,应该真诚有效的支持目前代表中国唯一合法权力的政府,不要给以推翻北京政府的私人或团体以任何鼓励或物质援助。日本政府满怀信心地希望美国政府将同意上述意见。

《北洋军阀》第三卷,第 181—182 页

国务卿致英国驻美大使电(备忘录)

华盛顿,1917年9月6日

　　国务院收到英国大使阁下一九一七年九月三日的备忘录,提到在日本驻伦敦大使递交给英国政府的备忘录中,就中国国内政治局势问题,倡议协约国间以合作的方式来支持中国中央政府,国务院注意到英国政府已经同意日本大使递交备忘录中所提出的政策。

　　日本政府把驻英日本大使递交英国政府的一个类似的备忘录已送交国务院,国务院原则上赞成日本政府的倡议,即与德交战的主要国家立即磋商,找出最好方法,以便能向中国政府提供如日本政府备忘录中所提出的有效援助。

《北洋军阀》第三卷,第182页

国务卿致日驻美大使备忘录

华盛顿,1917年9月6日

　　美国政府原则上同意贵大使一九一七年九月四日递交国务卿的日本政府备忘录中所表示的意见,即对中国各个政党无意也没有理由表示偏袒任何一方。日本政府相信所有外国列强为了共同利益,对目前代表中国唯一的合法权力的政府应该作出真诚而有效的支持。最重要的是:不要给予意图推翻北京政府的私人或团体以任何鼓励或物质支援。

　　美国政府认为:与德交战的国家应立即磋商,找出最好的方法,以便提供备忘录上所倡议的有效支持。

《北洋军阀》第三卷,第182页

内务部编"德奥俘虏管理纪要——收容俘虏的原委及时期"(节选)

1919年

德奥俘虏管理纪要

一、收容俘虏之原委及时期

　　溯自欧战发生,我国严守中立,对于协约及同盟两方面,未尝有左右袒,所以重公法敦睦谊也。乃德国于一九一七年一月三十一日通告诸中立国,自二月一日始实行无限制潜艇攻击,更于英、法、意及巴尔干沿海航线一律划为危险区域,谓船舶入此区域而沉毁者,德不任咎。破坏公共之航路,扰乱世界之和平,蹂躏公法之威权,侵犯中立国之权利。专横无道,莫此为甚。于是美国首先反对,即日与德绝交,且行文各中立国,劝与美取一致之行动。二月一日驻京德使遂送通牒我政府,略谓:自二月一日以后,采用无限制潜艇攻击,以实行封锁海上之策,凡中立国船只入此区域者,概与以危险云云。四日,驻京美使亦送其本国政府之通牒于我政府,略谓:因德国自二月一日始实行无限制潜艇政策,将决取认为必要之行动云云。其言外之意,盖欲我国与彼取一致之行动也。我政府为维持公法计,于六年二月九日,遂令我驻德公使向德政府提出抗议,略谓:查贵国从前行潜艇政策,敝国人员生命损失甚非浅鲜,兹更行滥用无限制新潜艇战策,危及敝国人民之生命、财产,实属蹂躏国际公法之本义,敝国若承认此项通牒,其结果将使中立诸国间及中立诸国与交战诸国间之正当通商悉被侵害,而导致专横无道之主义于国际公法上,故敝政府关于二月一日宣言之新战策,特对贵国政府提出严重之抗议。且为尊重中立国之权利,维持两国之亲善关系,期望贵政府勿实行此新战策,若事出望外,此抗议竟归无效,使敝国不得已而断绝两国现存之外交关系,实属可悲。然敝国政府之执此态度,全为增进世界之和平,保持国际公法之威权起见,自不待言云云。同日,我外交部又咨复美公使,略谓:敝国政府与贵国大总统意见相同,故特与贵政府采一致之态度,关于海上封锁政策向德国政府提出严重抗议,且表明中国政府今后因为维持万国公法之本义,或将不得已而采认为必要之行动云云。我外交部于答复美国外,并将此意通告各国政府。盖我政府犹冀德国能容纳我忠告,则此濒危之国交或可不致有如何之影响,语重心长竟不为暴德所谅。我国抗议后既越一月,德尚置不答复,虽我抗议文中未尝限时答复,然德之侮我于此可见。我政府乃不得不提出外交方针于我国会,以征求全国民之公意,三月十日,我众议院以多数表决,参议院亦于翌日通过。至是而中德国交遂无可挽回矣。十日晚,驻京德使始送其政府复牒于我外交部,略谓:德政府不能取消其政策,但已准备磋商民国政府关于保护华人生命财产之特别愿望云云。我政府知德仍坚持其无限制潜艇战策,我国之抗议已归无效,势不能不履行采用认为必要之行动,于三月十四日遂布告与德断绝国交关系文曰:此次欧战发生,我国严守中立,不意接本年二月一日德国政府照会,德国新定之封锁计划,使中立国商船从是日起在限定禁线内行驶诸多危险等语。当以德国前此所行攻击商船之方法,损害我国人民生命、财产已属不少,今兹潜艇作战之计划危害必更剧烈,我国因尊重公法,保护人民生命、财产起见,遂向德国提出严重抗议,并声明如德国不撤消其政策,我国迫不得已将与德国断绝现有之外交关系。在我国深望德国或不致坚持其政策,仍保持向来之睦谊,不幸抗议已逾一月,德国之潜艇攻击政策并未撤销,各国商船多被击沉,我国人员因此致死者已有数起。昨十一日据德国正式答复碍难取消其封锁战略,实出我愿望之外。兹为尊崇公法,保护人民生命、财产计,自今日始与德国断绝现有之外交关系。特此布告。同日外交部照会驻京德使,略谓:关于德国施行潜水艇新计划,本国政府本注意世界和平及尊重国际公法之宗旨,曾于二月九日照达贵公使提出抗议,并经声明万一出于中国愿望之外,抗议无效,迫于必不得已,将与贵国断绝现有之外交关系等语在案。乃自一月以来,贵国竟置中国政府抗议于不顾,且因而多伤中国人民之生命财产。至三月十日,始准公使照复,虽据称贵政府仍愿议商保护中国人民生命、财产办法,惟既声明碍难取消封锁战略,即与本国政府抗议之宗旨不符,本政府视为抗议无效,深为可惜,不得已与贵国政府断绝现有之外交关系。因此备具贵公使,并贵馆馆员暨各眷属离去中国领土,所需沿途保护之护照,一律照送贵公使,请烦查收为荷云云。德使辛慈氏旋于是月二十五日离京回国,其各埠领事等亦相率离去中国领土,其在华交涉事件一律委托驻京和国公使,而和贝使亦照会我外交部承认代理一切,决无为难。至是中德绝交遂成事实矣。按国际上惯例,绝交后必出于宣战,此为交涉之步骤,非是则不足尽参战之任务,与夫维持公法之苦心。我政府复于八月十四日布告与德国、奥国立于战争地位。夫对奥宣战者,以德奥为攻守同盟国,奥固与德为同一之行动者,我对之不能有所区别,此亦国际公法上当然之事,不得不连类及之也。兹将宣战布告录左,文曰:我中华民国政府前以德国施行潜水艇计划违背国际公法危害中立国人民生命、财产,曾于本年二月九日向德政府提出抗议,并声明万一抗议无效不得已将与德断绝外交关系等语。不意抗议之后,其潜水艇计划曾不少变,中立国之船只,交战国之商船,横被轰毁,日增其数,我国民之被害者亦复甚众,我政府不能不视为抗议之无效,虽欲忍痛偷安,非惟无以对尚又知耻之国人,亦且无以谢当仁不让之与国,中外共愤,询谋金同,遂于三月十四日向德政府宣告断绝外交关系,并将经过情形宣示中外。我中华民国政府所希冀者和平,所尊重者公法,所保护者我本国之生命、财产。初非有仇于德国,设令德政府有悔祸之心,怵于公愤,改于战略,实我政府之所祷企,不忍遽视为公敌者也。乃自绝交以后,历时五月,潜艇之攻击如故,非特德国而已,即与德国取同一政策之奥国,亦始终未改其度,既背公法,复伤害吾人民,我政府责善之心,至是实已绝望。爰自中华民国六年八月十四日上午十时起,对德国、奥国宣告立于战争地位。所有以前我国与德奥两国订立条约之合同、协约及其他国际条款、国际协议,属于中德、中奥间之关系者,悉依据国际公法及惯例,一律废止。我中华民国政府仍遵守海牙和平会议条约及其他国际协约关于战时文明行动之条款,罔敢逾越。宣战主旨,在乎阻遏战祸,促进和局,凡我国民,宜喻此意云云。我外交部复致照会于驻京和使、奥使声明,我政府已与德奥两国立于交战地位,并发给奥使出境护照,俾其即日离去中国领土,此为我国与德奥两国由抗议而绝交而宣战,一切经过之概略也。我国既与德奥宣战后,对于该两国现在我国境内之军民人等,按国际公法上之惯例,分别审检其为敌侨及战俘两种,以实行抑留或收容之适当方法。除敌侨之抑留已由我内务部订定办法外,凡关于敌人俘虏暨一切管理办法,不得不有所筹措,乃于近畿一带分设收容所两处,一设于海甸之朗润园,以拘禁德使馆之卫队,四月三日由驻和使署武官送交德使馆卫兵共三十名入所;一设于西苑,以拘禁奥俘,遂于九月十四日由和使交收奥俘官长、士兵等共一百三十八员名入所。复于京外之南京、奉天、吉林、黑龙江、新疆等省分设收容所,以收容各该省及附近地方之德奥俘虏,是为我国收容俘虏经过之原委,而亦我国开始收容俘虏之时期也。

《中华民国史档案资料汇编》第三辑《外交》,第 397—402 页

(五)出兵西伯利亚

说明:以共同防德为名义,北京政府与日本签订了《中日陆军共同防敌军事协定》和《中日海军共同防敌军事协定》,并参与了对苏维埃政权的武装干涉。本节资料主要呈现的就是北京政府与日本签定《中日共同防敌军事协定》以及参与武装干涉苏俄两部分内容。

1. 日本诱使北京政府签订《中日共同防敌军事协定》

驻日本章公使致北京外交部电
1918 年 2 月 6 日

本日据田中参谋次长来馆面称,俄国情势于联合国日形不利。德国利用俄国,东亚和平深恐为之扰乱。德俘在西比利亚一带不下十余万人,一旦解放,即成劲敌。此时维持东亚和平,其责任全在中日两国。微闻德国已有阴谋,一面从西比利亚侵入东方,一面在甘肃新疆一带鼓动回教徒肇事。万一见诸事实,中国国防吃紧,即日本国防吃紧。中国现为参战与国之一,未审有无切实防备。渠意两国利害关系既如此密切,渠系军人,从军事上着想,两国国防实非迅谋共同行动不可。联合

国在欧洲方面,对德战事不能速胜之原因,均由平时未能先事协谋,临时联合未确,事倍功半,中日两国允宜深鉴及此。现在第一着意慎审,两国所得情报先行互相交换,以期彼此深悉军情。已电斋藤少将,转商中国军事当局实行,此间亦请岳少将定期至内外接洽。总之,现在两国非即切实筹防不可。渠所言均出诚意,请亮察转达等语。查田中所言,关系重要,希迅密达军事当局,熟筹见复。再田中声明,事关军事,本日并系个人谈话,务祈万密勿宣,至盼。祥,五日晚。

《外交文牍——中日军事协定案》,第 1 页

外交部致驻日章公使电

1918 年 2 月 22 日

俄事迭电均悉。近日馆迭派员探询对于俄边紧急情形,中国是否愿与日本提携,共同干涉;青木中将并谒见主座。经面告以华境内事,中国自行处理,华境外事,宜可与日本共同处理。该中将要请先向日政府用非正式声明,然后由两国陆军当局规定办法。奉谕由外部本此意电知章使照办等因;复经国务会议公决,与日本协商进行。特电达,希遵照主座面言各节,以非正式向日政府声明,并电复。外。

《外交文牍——中日军事协定案》,第 1 页

驻日本章公使致外交部电

1918 年 2 月 23 日

二十二日电悉,本日再以部电大意向本野非正式声明。据称俄事日紧一日,中国在此时机,声明愿与日本提携,共同防敌,深为东亚大局庆幸;但既共同防敌,非先去疑忌,恐无实效。将来军事上将实行布置,何处归何国兵队防护,应由两军事当局详细协定。至两国外交上之协商,但专言将来对于俄德有事,两国军事共同之行动,已足表示联合。设此时必声明华境内由中国自行处理,华境外与日本共同,是已疑忌日本之意;且满洲地方日本已有军队,必令出境始能行动,亦非情理。又

中俄交界防线甚长,万一中国财力不足,或兵力稍弱,日本因属华境,坐视不顾,亦难收共同之实效。现在联合各军均在法国境内行动,未闻法国限以自境为言;诚以既有共同防敌之目的,即不当先分畛域。总之,日本此时对于中国实无野心,设中国仍不免怀疑,则共同声明等于形式。深望中国当局放开胸襟,勿以从前之日本相视,切实共同提携,不胜切盼。又对俄断交已成事实,中日美三国已定本日撤使,虽不敢谓即日有事,但时机实已迫切,尤望中国勿事游移等语。特闻。祥,盼复。二十三日晚。

《外交文牍——中日军事协定案》,第1—2页

驻日本章公使致外交部电

1918 年 2 月 24 日

今日因防俄事向本野声明,本野于答毕后复云:渠倡议中日提携,对待俄德,实系为东方大局起见,出于至诚。数年前渠之主张与现在不同,当时主持日俄协约,首先联俄压迫中国之意,近形势不同,日俄协约之精神已成过去之历史,渠深信现在非中日两国提携不足以防制俄德。诚以俄国情形,无论战时战后,终究为德利用,故欲防德,非防俄不可,首当其冲者实为中国,故非中日联合不足以制俄德。从前日本对于中国,不能谓无野心,现在可誓言其无。深望中国当局能谅此意,勿再有所疑忌,致误大局。以上诚意,望公转陈总统及徐、段并国务院诸公注意等语。特闻。祥,二十三日。

《外交文牍——中日军事协定案》,第2页

驻日本章公使致外交部电

1918 年 2 月 27 日

二十三日两电计达。顷与田中谈,告以二十二日部电大意并本野主张各节。据称,俄德情形日渐紧急,中日两国既以协力防敌为必要,应专就战略着想,不宜涉及政略。以渠所见,此时有二办法:一、先由两

国外交当局结共同行动之协约,其余军事布置由两国军事当局再商;二、先由军事当局商定军事布置,外交当局但予认可,俟时机再订。此两种办法,惟中国自择。但此时情势,其意以第二办法为敏速,并可免第三国之猜疑。至前电所指以华境为界区分权限一节,渠谓此亦当然之理;但事实上不能不予变通。例以俄德利用西比利亚铁路东来,中日合力逆击于华境外,则与华境外共同处理之意固合,华境内自无问题;若俄德由库伦方面前进,彼处中国军力薄弱,日本势须派兵援助,如仍泥守分界之说,则共同目的无以达到。即中国以战后之处分为虑,现在可预声明,后来华境内日兵一律撤退,华境外仍共同防御,似可安心。以上中国如表同意,当由渠非正式转请日政府赞同,再行正式提商等语。特闻,盼复。再此种军事消息,日本国已禁各报登载,我国务应严守秘密。祥,二十六日。

《外交文牍——中日军事协定案》,第 2 页

北京政府外交部致章公使电

1918 年 3 月 2 日

中日共同防御俄乱事,迭电均悉。现经政府详慎研究,拟即采取第二办法,由两国军事当局各委专员共同规划,所有关于共同防御一切动作及应预行研究各端,统由两国委员先行接洽进行。此项委员自应即日遴派,如能由日派员来华,更为妥速。至来电声明后来华境内日兵一律撤退,境外仍共同防御,足征日政府协助诚意,尤为感佩。至西比利亚近时现状,叠据各处报告,情形甚为紧迫,两方派员协商愈必以从速为要。即希与田中以非正式说明,并探询意见,速复。院外。

《外交文牍——中日军事协定案》,第 3 页

北京政府外交部致章公使电

1918 年 3 月 2 日

顷院部电计达。此次事体重大,必须先与地方接洽妥协,方免将来

发生误会。又前次青岛之役，日军在山东有种种违法举动，所有此次因行军发生之一切事宜，自不能不预定详细办法，以免民间受累。至此次共同防敌，日政府之诚意，政府深能体会，但人民屡受痛苦，难免发生疑虑。最好日本此时实行表示亲善，将山东问题及东三省悬案从速和平解决，使政府有以昭示人民，一致亲善。又来电，田中有外交但予认可，俟时机再订之言。部意中俄接壤，关系密切，非至必要时，万不轻于用兵，第一步只能作为实行准备。以上各节，除已派员面向日代使接洽外，务希执事以个人名义随时婉向日当局接洽，并探询意见电复。外。

《外交文牍——中日军事协定案》，第 3 页

章公使致北京国务院、外交部电

1918 年 3 月 8 日

五日电计达。本日本野外部约谈，谓前谈共同防敌一节，主义上日政府深为赞同，惟外交上之手续，不先定明，恐招局外猜疑。日英同盟，如与中国协定共同防敌，对于英国有先事说明之义务；若无外交文书，颇难接洽。渠意拟即照二日院部来电大意，略加修饰，由祥与渠交换文件。该文件用书信式，或用条约式，均可。如用书信式，由祥先致渠，或渠先致祥，均听中政府意见决定，惟渠意以由祥先致渠为顺。若用条约式，渠意此种条约与从前日俄协约等相同，可不必经批准手续。至发表与否，亦听中政府意见；渠意此等公式文件似以发表为得计。现在时局日紧，应请转达中政府，迅速决定实行，以免贻误时机等语。该文件措词，渠酌拟交来，兹译录如后：一、中国政府及日政府，因德国势力浸润极东地域内，全局和平及安宁被侵迫时，为适应其情势起见，协同考量应行之处置。二、依前项所述，经两国政府合意后，因实行应行决定之事项，凡两国陆海军应行协力之方法及其条件，由两国当局官宪协定之。该当局官宪对于相互利害问题，应互相详慎诚实随时协议。以上两项，系渠照院部来电串衍成文，祥意似尚无流弊，应请迅即商定，电示

遵办。祥,八日。

《外交文牍——中日军事协定案》,第3—4页

北京政府外交部致章公使电
1918年3月11日

八日电悉,政府决定采用书信式,先由日政府来函,我再答复。惟此项文件,词意必须明确,电内条文,若解释微有出入,所关甚巨,应请派员与日外务省商定一英文或法文底稿,电由北京日使馆递部,以便政府详细考量。又,前次院部电所称第二办法,有商定军事布置,外交当局认可,俟时机再订之语,将来互换文件,自仍当抱定此旨。又此次商定各节,其有效时间自以欧战期内为限。以上两节,极有关系,应切向日外部声明,并将有效时间加入底稿之内。再山东日民政署事,迭函均悉,调停办法田中允为疏通,甚善。部员调查报告,即邮寄。又东三省各悬案,当由刘参事与日馆派员交换意见。政府甚希望日政府以诚意让步,早将各案和平解决,统希切商办理,盼电复。外。

《外交文牍——中日军事协定案》,第4页

章公使致外交部电
1918年3月12日

十一日电悉,共同防敌,虽然中日双方之意,然由我先提文件,我为主动,如由日本国来函,由我答复,则立于被动地位,似非得计。前送文件底稿,系祥与本野省略手续缩短时日起见,由渠代拟,如以为未妥,尽可由部另改电示,向渠接洽。至行文自以华文为妥,由我交彼。公文本以华文为原则,亦正便于详细考量,此时似不必由我先以英法文为告。再此中经过,均由祥与本野非正式商议,今如忽改由日馆遣派递部,则化非正式而成正式交涉,将来进行之中,倘彼此意见偶有未合,转少融商余地,似非所宜。以上各节,盼先酌定详示,再向本野商议。又五日电陈第二款,系谓后来协约俟时机再订。现所提互换书信本系折衷文

件,后仍抱定此宗旨,稍有未解,希再详核。祥,十二日夜。

《外交文牍——中日军事协定案》,第 4 页

章公使致外交部电
1918 年 3 月 13 日

十二日晚、十三日晨两电计达。顷因他事晤本野,谈及十一日部电大意,据云:共同防敌,此事本属准备,俟必要时实行,故互换文件,原本此旨,至有效期间,不必预定。该文件中一则曰认为被侵迫,再则曰适应其势,均以认有必要为前提,况此举实为维持东亚和平起见,如商订之初,先主张时间,显有限于时期限于事件暂为共同之意,与两国永久握手之本意不符。俄法协约缔结在三十年以前,至此次大战方始实行,可见两国提携之精神本难限于一时一事。渠意此问题尽可让诸军事当局随时商定,本文件内无庸提明云云。旋询渠前代拟之件有无译文,渠谓该件以为中国必能赞同,因已译成英文,备将来提示英使。当请其将译英全文电达北京日使馆,如需校阅,请派员往取。又来电有移在北京互换之意,当与提及,渠谓互换文件应在东京,不特赘言。语意颇坚决,究应如何,盼同前电速复。祥,十三日午后。

《外交文牍——中日军事协定案》,第 5—6 页

章公使致外交部电
1918 年 3 月 16 日

十五日夜电计达。本野口气,似颇以中国迟迟交换文件为无诚意。现在既与握手,令彼疑我,似非得策。至中国欲先示联合国一节,未审确否?渠谓中国外交本系独立,中日联合无须先取他人同意,万一别生枝节,徒伤日本感情,嘱以祥意转达政府注意。又此间某派舆论,颇唱日本应行其自卫权利出兵,无须与中国共同之说,此议果行,则日俄、日德之战,即日复现于我领土内,彼时拒之不能,联之无及,自不如先行筹划共同,尚得以合意之商榷,行共同之防御,内政外交大有裨益。时机

迫促,盼速果断,即复。祥,十六日。

《外交文牍——中日军事协定案》,第 6 页

外交部致章宗祥电

1918 年 3 月 17 日

共同防敌事,迭电均悉。兹特逐条详细答复。一、此事政府始终无在北京互换之意,想系电码错讹,致滋误会。二、院部二日电,决定第二办法,盖为避去缔约形式,既免第三国之猜疑,更免反对中央者之借口。现本野既主张先行换文,不能不详细考量。三、此事始终严守秘密,对于第三国探听,仅告以正在接洽。虽文件大旨,当局亦未稍露只字。若疑为先示联合各国,或受人离间,便非本野所称先去疑忌之旨。四、此次换文少稽时日,正以中政府愿免除将来误会,开诚布公,互相商酌,是以索取西文译稿,务求双方有了然确定之解释,以免将来实行时或有丝毫之障碍。五、此次共同防敌,乃一时的,若措词稍一不慎,竟成类似永久之攻守同盟条件,则责任实异常重大,尤须审慎。以上各节,当局苦衷,执事必能共谅。兹将八日来电二条,机密核定如下:

一、中国政府及日政府,因敌国实力之日见蔓延于俄国境内,其结果将使远东全局之和平及安宁受侵迫之危险。为适应此项情势,及实行两国参加此次战争之义务起见,不能不及早协同考量应行之处置。

二、依前项所述,经两国政府合意后,因实行决定之事,凡两国陆海军,对于此次共同防敌战略之范围,应行协力之方法,及其条件,由两国当局官宪协定之。该当局官宪对于相互利害问题,应互相详慎诚实,随时协议,并由两国政府核定,俟时机施行。

以上两条,望即面商日外部,由执事以书信式互换。仍由彼先允送,由我答复,并约定双方同时宣布。部另备参考英文不正式译稿,即日邮寄。

又十三日午后电内有效期间,本野谓可让诸军事当局商定。又上月二十六日电内声明,后来华境内日兵一律撤退各节,仍望另函交换声

明,庶将来协议结果正式宣布,不致起舆论之反对,是为至要。再军事当局亦愿两政府互换文件内定有范围,将来军事磋商结果,仍由政府核定。并密闻。盼电复。外。

《外交文牍——中日军事协定案》,第 6 页

外交部致章公使电

1918 年 3 月 19 日

十七日电悉。换文国务会议议决,由我先送,请照办。一项、二项内,确系危险范围四字,惟末文并无"若干"及"派兵"字样。又昨晨日馆派员来部,密探中政府所提条文内容,当以修正二条秘密示之。渠阅毕,谓与本野原旨并无出入,兹将末段原文除去,仍由至答复九字外,再电如下:"以上两条,望即面商日外部,由执事以书信式互换,并约定双方同时宣布。"部另备参考英文不正式译稿,即日邮寄。又,十三日午后电内有效期间,本野谓可让诸军事当局商定。又,上月二十六日电内声明,后来华境内日兵一律撤退各节,仍望另函交换声明,庶将来协议结果,正式宣布,不至起舆论之反对,是为至要。再军事当局,亦愿两政府互换文件内,定有范围,将来军事磋商结果,仍由政府核定,并密闻,盼电复云云。外。

《外交文牍——中日军事协定案》,第 7 页

章公使致外交部电

1918 年 3 月 19 日,20 日到

十七日电开互换文件修正全文及应声明两事,业于昨晚面告本野,其初,渠稍有迟疑,叠经恳切说明,渠始允转商寺内。今晚晤谈,据称:已得寺内同意,即照中国修正文句,由日本先送,我再答复。至有效期间,由军事当局商定,及因共同防敌,日本军队在华境内者,俟战事终了后一律撤退两事,亦允由日本另函声明。现定明后日即行在此互换,以后日本政府凡事拟暂守秘密,俟两国商定时机,再行发表。特闻。祥,

十九日夜。

《外交文牍——中日军事协定案》，第7页

章公使致外交部电
1918 年 3 月 21 日

十九日夜电计达。嗣得十九日部电，改换文为我送彼答一节，当又婉商本野，渠允转达寺内，今明当可得复。谈次询及何以应暂守秘密，渠谓因军事商议未完之故，复询以未发表前，协商国如来询问，颇难答复。渠谓只告以两国利害相同，现正在交换意见。至日英同盟，英国如来询，则可略进一步，谓两国拟取共同行动，将来当有公表之机会。日本亦必有相当通知，惟无论对于何国，凡在彼我未发表前，可均应作为非正之密告等语。再，附属之声明两点，自以由彼向我声明为得策。故仍照原议，特闻。再，二十日电并悉，现专候本野复音，即行互换。祥，二十一日。

《外交文牍——中日军事协定案》，第7页

日本使馆致外交部函一件
1918 年 3 月 25 日

敬密者：兹将日本军事委员名单一纸送上，即希查收为荷。附一件。

日本军事委员名单：

陆军委员长：陆军少将　斋藤季治郎

委员：陆军少将　宇坦一成

同：陆军步兵中佐　本庄繁

同：陆军炮兵少佐　川崎吉五郎

同：陆军步兵大尉　山田建三

海军委员长：海军少将　吉田增次郎

委员：海军大佐　伊集院俊

同:海军大佐　桦山可也

《外交文牍——中日军事协定案》,第 8 页

章公使致日本外务大臣函

1918 年 3 月 25 日

敬启者:中国政府鉴于目下时局依左列纲领与贵国政府协同处置,信为贵我两国之必要,兹依本国政府之训令,特向贵国政府提议,本使深为荣幸。

一、中国政府及日本国政府因敌国实力之日见蔓延于俄国境内,其结果将使远东全局之和平及安宁受侵迫之危险,为适应此项情势及实行两国参加此次战争之义务,不能不及早协同考量应行之处置。

二、依前项所述,经两国政府合意后,因实行决定之事,凡两国陆、海军对于此次共同防敌战略之范围应行协力之方法及其条件由两国当局官宪协定之。该当局官宪对于相互利害问题互相慎重诚实随时协议,并由两国政府核定,俟时机实行。

以上提议,相应函达,敬请见复为荷! 兹本使对于阁下特表敬意,敬具。

《外交文牍——中日军事协定案》,第 9—10 页

日本外务大臣复章公使函

1918 年 3 月 25 日

敬复者:本日接准尊函内开:"贵国政府鉴于目下时局依左列纲领与帝国政府协同处置,信为贵我两国之必要,特向帝国政府提议。"等语,业经阅悉。

一、日本国政府及中国政府因敌国实力之日见蔓延于俄国境内,其结果将使远东全局之和平及安宁受侵迫之危险,为适应此项情势及实行两国参加此次战争之义务,不能不及早协同考量应行之处置。

二、依前项所述,经两国政府合意后,因实行决定之事,凡两国陆、海军对于此次共同防敌战略之范围应行协力之方法及其条件由两国当

局官宪协定之。该当局官宪对于相互利害问题互相慎重诚实随时协议，并由两国政府核定，俟时机实行。

帝国政府对于贵国政府所提议主旨全然同感，依前列纲领与贵国政府协同处置，为帝国政府所欣快，相应函复。兹本大臣对于阁下特表敬意，敬具。

《外交文牍——中日军事协定案》，第 10 页

日本外务大臣致章公使函
1918 年 3 月 25 日

敬启者：三月二十五日贵我两国政府因共同防敌业经互换公文，帝国政府以为该公文之有效期间，应由两国军事当局商定。再因共同防敌，日本军队在中国境内者，俟战事终了后应一律由中国境内撤退。帝国政府特此声明，相应函达。兹本大臣对于阁下特表敬意，敬具。

《外交文牍——中日军事协定案》，第 10 页

章公使复日本外务大臣函
1918 年 3 月 25 日

敬复者：本日接准尊函内开："三月二十五日贵我两国政府因共同防敌业经互换公文，贵国政府以为该公文之有效期间应由两国军事当局商定。"等语。中国政府对于此节亦正表同意，再尊函所称，因共同防敌，日本军队在中国境内者，俟战事终了后应一律由中国境内撤退，贵国政府特此声明等语。亦经阅悉。以上依本国政府之训令，相应函覆。兹本使对于阁下特表敬意，敬具。

《外交文牍——中日军事协定案》，第 10 页

收章公使电
1918 年 3 月 26 日

东。海参崴派舰事，照部电本日以非正式与本野谈。据称："渠知

海军省曾有电告该司令,渠意现在既无必要,亦以不派为妥,万一有事,该处华侨由日舰保护。"等语。现在西比利亚某地之日侨,受华兵保护,同为相当成例,恢复体面问题。祥告以派舰原因有二:一为华侨请求甚力,不能不派。二则尽联合国之义务。渠谓"中国此时突然派舰,恐日本一般人民有所误会。现在共同防敌,已互换文件,正派员协议军事,并划分防御区域,此事可于协议后再定,现在不作为外交问题如何"等情。特闻。祥。二十六日。

《中俄关系史料——出兵西伯利亚》,第 52 页

发章公使电

1918 年 3 月 30 日

派舰事二十六日电悉。此事前(往)〔经〕侨民一再请求,政府遂决定派海容兵舰前往,以安侨民,已电饬驻领谕告侨众。现海容已训令开往,倘忽中止,殊失侨众之望。且派舰赴崴,与共同防敌主义上正属相合。顷复据驻崴邵领来电,以红队占据邮电,领团议决各请政府以武力干涉,请饬舰速来等语。事机紧迫,更难再事延缓。希将上情相机详向本野解释,以免误会,并电复。外。

《中俄关系史料——出兵西伯利亚》,第 56 页

收顾公使电

1918 年 4 月 6 日

顾。日兵在海参崴登岸一节,探悉美政府态度谓,因日俄侨民冲突而起,无政治关系,与干涉西伯利亚不同。又据要人密告,英法因战事吃紧,已商准美国抽调驻法美兵十万名,加入英法军队,归英法节制。一俟美国独立军队足数成立,再行调回等语。谨闻。钧。六日。

《中俄关系史料——出兵西伯利亚》,第 73 页

收陆徵祥会晤日本斋藤问答

1918 年 4 月 17 日

斋藤云:两国委员协商之条款,业经商订多日,极应早开正式会议,从速定局。因本国政府盼望此事甚切,予因不知贵国政府之意如何,未敢报告政府。此次所订条款,皆为两方有益之事,甚为公平。如供给原料一节,有中国供给日本者,亦有日本供给中国者。如铅、铁、皮革、羊毛等类,为中国供给日本之物,如铜、及精铁、硫黄等类,为日本供给中国之物。盖中国铁不能作枪身之用,必须使用日本之好铁。此节实为彼此交换利益,并非专利于日本一方。贵国前曾主张条款订妥后,俟适当之时机始发生效力。但战事何时发生,不能预定,必待临时始行着手准备,实有迫不及待之势,故改为经两国政府承认后,即发生效力,所定甚为妥善。务请贵总长于明日国务会议时,说明其中理由,俾得早开正式会议,是为至盼。

总长云:本国政府与贵国政府意见相同,极盼此事有圆满之结果。但预先将各项讨论明白,可免将来实行时有所误会。靳将军为征求各方面意见,曾将协定条款送与本部阅看,本部曾加讨论。惟条款内何者为准备期间内之事项,何者谓(疑为字之误)共同作战之事项,二者不甚明晰。照第七条文意上讲,所刊各项除第三项外,似皆为准备期间之事项。所谓准备者,容指何种事项而言?

斋藤云:准备事项最要者,即由两国军事当局者商定出兵之数目。其余尚须彼此详商,两国同意后,始能办理,并非第七条所列各项均为准备事项。

总长云:所云技士,是否亦属军官?

斋藤云:此即兵工厂之技士。贵国将来如欲扩充兵工厂事业,彼时日本可应中国之需要,派遣数名。如中国无需此项技士,日本亦不强派。因日本技士现在尚不敷用,并不愿多派技士来华。

总长云:第八条仅提明东清铁路,何以未提及南满铁路?

斋藤云:东清铁路名为中俄合办,管理权实操之俄国,南满铁路完全为日本管理,非若东清铁路有第三国之关系,故未相提并论。

总长云:东清铁路中国曾派有督办,亦有管理之权。第七条三项内军行铁路,是否小轨轻便铁道?

斋藤云:军用铁路亦有宽轨者,另有铁道队办理。

总长云:供给军器之办法若何?

斋藤云:看彼此需用若干,供给若干,仍照样给价。

总长云:地图各国均视为重要。

斋藤云:此节日本甚为吃亏,所用地图较中国实为精密。

总长云:所谓暗号若何?

斋藤云:此即军事暗用之密码。

总长云:第一项各军事机关,是否专指上级机关而言?

斋藤云:是专指各上级军事机关而言,如陆军部、参谋部、总司令部及师团部等是也。派遣职员,不过敝国派予一人与贵国接洽一切。

总长云:各条经贵少将解释,本总长业经了解,惟准备事项与共同作战之事项,可否于文字上设法使其分别明了,以免误会?

斋藤云:共同作战以前,皆为准备之期间,因战事或发生于日内,或发生于数月后,均不能预定,故二者断难分晰明白。

总长云:现在新闻报因不明此中情形,颇肆攻击,本总长责任所在,固不能畏其攻击,所顾虑者,舆论误会太甚,于此事实殊有妨碍。

斋藤云:无论何国,凡关于军事之协定,断无公布之理。如为免误会起见,不妨彼此商定一范围,将条款内容大概宣布。

总长云:如此最好。总之,此事仍须由陆军当局者决定,予必尽力帮助,俾早日定局。

补记

总长云:本协定之效力是否以欧战终了而消灭?

斋藤云:欧战终了后,如尚有防敌之必要,本协定尚不能消灭。譬如俄国将来许分为数小国,中有与两国为敌者,本协定当然有效。原用防德字样,后将德字改为敌字较为妥协。(今日陆总长报告总理时亦将此节漏下，请注意。）

《中俄关系史料——出兵西伯利亚》，第 110—112 页

发顾维钧、施肇基电
1918 年 4 月 26 日

二十三日电悉。俄国媾和以来，俄乱日炽，西伯利亚德俘日形活动。中国西北边境，处处与俄接壤，协商对俄态度，迄未明白表示，国际若有变动，影响立至。中日同在协商方面，又系比邻，远东大局安危与共，对于防御德力东渐，自不能不有所协商。但范围仅限于防敌，仍俟必要时，方始实行。现在由两国军事当局在北京交换意见，特密接洽。外。

《中俄关系史料——出兵西伯利亚》，第 115 页

中日陆军共同防敌军事协定
1918 年 5 月 16 日

基于中日两国政府协商之结果，依据两国政府交换之文件，经两国军事当局互派委员，协定事项如左：

第一条　中日两国陆军因敌国实力之日见蔓延于俄国境内，其结果将使远东全局之和平及安宁受侵迫之危险，为适应此项情势及实行两国参加此次战争之义务起见，取共同防敌之行动。

第二条　关于协同军事行动，彼此两国所处之地位与利害互相尊重其平等。

第三条　中日两国当局基于本协定开始行动之时，对于各自本国军队及官民在军事行动区域之内，当命令或训告使彼此推诚亲善同心协力，以期达成共同防敌之目的。

凡在军事行动区域之内，中国地方官吏对于该区域内之日本军队须尽力协助，使不生军事上之窒碍。日本军队须尊重中国主权及地方习惯，使人民不感受不便。

第四条　为共同防敌,在中国境内之日本军队俟战争终了时,即由中国境内一律撤退。

第五条　中国境外派遣军队时,若有必要,两国协同派遣之。

第六条　作战区域及作战上之任务适应于共同防敌之目的,由两国军事当局量各自本国之兵力另协定之。

第七条　中日两国军事当局在协同作战期间,为图协同动作之便利起见,应行左记事项:

一、关于直接作战上,军事机关彼此互相派遣职员,充当往来联络之任。

二、为图谋军事运动及输运补充敏活确实起见,陆海运输、通信诸事宜须彼此共谋利便。

三、关于作战上必要之建设,例如行军铁路、电信、电话等项应如何设备,由两国总司令官临时协定之,俟战事终了,凡临时之建设工程均撤废之。

四、关于共同防敌所需之兵器及军需品并其原料,两国应互相供给,其数量以不害各自本国所需要之范围为限。

五、在作战区域之内,关于军事卫生事项,应互相辅助,使无遗憾。

六、关于直接作战上之军事技术人员,如有互相辅助之必要时,经一方之请求,应有他方辅助之,以供任使。

七、军事行动区域之内设置谍报机关,并互相交换军事所要之地图及情报;关于谍报机关之通信联络,彼此互相辅助,图其便利。

八、协定共用之军事暗号。

本条所列各项,其须预先计划及应预先施行者,在作战未实行之前另协定之。

第八条　为军事输送使用东清铁路之时,关于该铁路之指挥、保护、管理等,应尊重原来之条约,其输送方法临时协定之。

第九条　本协定实行上所要详细事项由中日两国军事当局指定各当事者协定之。

第十条　本协定及附属本协定之详细事项,中日两国均不公布,按照军事之秘密事项办理。

第十一条　本协定由中日两国陆军代表者签名盖印,经各自本国政府之承认时,发生效力。其作战行动,俟适当之时机,经两国最高统率部商定开始之。

本协定及基于本协定所发生之各种细则,俟中日两国对于德奥敌国战争状态终了时,即失其效力。

第十二条　本协定以汉文及日本文各缮二份,彼此对照签名盖印,各保有一份为证据。

中华民国七年五月十六日

大正七年五月十六日　于北京

中华民国陆军军事协商委员

委员长果威将军靳云鹏印

委员陆军中将童焕文印

委员陆军中将曲同丰印

委员陆军少将田书年印

委员陆军少将刘嗣荣印

委员陆军少将江寿祺印

委员陆军少将丁锦印

委员督办参战处参议刘崇杰印

委员陆军少将张济元印

委员陆军步兵上校陈鸿逵印

委员步兵上校秦华印

日本帝国陆军军事协约委员

委员长陆军少将斋藤季治郎印

委员陆军少将宇垣一成印

委员陆军步兵中佐本庄繁印

委员陆军炮兵少佐川崎吉五郎印

委员陆军步兵大尉山田健三印

《外交文牍——中日军事协定案》,第 12—14 页

中日海军共同防敌军事协定

1918 年 5 月 19 日

基于中日两国政府协商之结果,依据中华民国七年三月二十五日(日本大正七年三月二十五日)两国政府于东京交换之文件,经两国海军当局互派委员协定事项如左:

第一条　中日两国海军因敌国势力之东渐,其结果将使远东全局之和平及安宁受侵迫之危险,为适应此项情势及实行两国参加此次欧战之义务起见,取共同防敌之行动。

第二条　关于协同军事行动,彼此两国所处之地位与利害互相尊重其平等。

第三条　中日两国当局基于本协定开始行动之时,对于各自本国舰船及官民在军事行动区域之内,当命令或训告使彼此推诚亲善同心协力,以达共同防敌之目的。

第四条　作战区域及作战上之任务如适应共同防敌之目的,由两国海军当局量各自本国之兵力另协定之。

第五条　中日两国海军当局在协同作战期间,为图协同动作之便利起见,应行左记事项:

一、关于直接作战上,军事机关彼此互相派遣职员,充当往来联络之任。

二、为期军事行动及输运补充之敏活确实起见,陆海运输、通信诸事宜须彼此共谋利便。

三、关于修造舰艇兵器及军事机具等并其所需材料,应量力互相辅助,其军需品亦同。

四、关于直接作战上之军事技术人员,中日两国海军如有互相辅助之必要时,经一方之请求,应由他方辅助之,以资遣用。

五、中日两国海军于必要之地点，各自设置谍报机关，又互相交换行动上所要水路图志及情报，并为期通信联络之敏活确实，互相辅助以图其便利起见，两国当事者应临时协定其所要之设备。

六、协同商定共同之军事暗号。

本条所列各项，其须预先计划及应预先施行者，在作战未实行之前，另协定之。

第六条　本协定实行上所要详细事项由中日两国海军当局指定各当事者协定之。

第七条　本协定及附属本协定之详细事项，中日两国均不公布，按照军事之秘密事项办理。

第八条　本协定由中日两国海军代表者签名盖印，经各自本国政府承认时发生效力。其作战行动，俟适当之时机，经两国海军最高统率部商定开始之。

本协定及基于本协定所发生各种细则，俟中日两国对于德奥敌国战争状态终了时，失其效力。

第九条　本协定以日本文及汉文各缮两份，彼此对照签名盖印，各执一份为证据。

中华民国七年五月十九日

日本大正七年五月十九日　在北京签印

委员长海军中将沈寿堃印

委员海军少将吴振南印

委员海军少将陈恩焘印

委员海军中校吴光宗印

委员长海军少将吉田增次郎印

委员海军大佐伊集院俊印

委员海军大佐桦山可也印

《外交文牍——中日军事协定案》，第14—16页

2. 参与协约国出兵西伯利亚

收施肇基电

1918 年 5 月 27 日

外交部。伦。陆芝翁鉴：中日陆、海两协约，外间议论纷纷，闻日本政府已将全约电知本国驻外各公使接洽。我似应仿办，俾对外解说是易于着手，而免以讹传讹，反碍大局。基。二十七日。

《中俄关系史料——出兵西伯利亚》，第 175 页

收顾维钧电

1918 年 5 月 27 日

外交部。顾。欣公总长、任（疑缺公字）次长赐鉴：二十一日致部电计达，尚未奉复，为念。美外部屡询中日各协约内容，并言中美素极亲密，嘱华使赴外交部询协约详情，未蒙见告，殊为歉仄。察其语气，似以不能见信为怪。此在我政府或有不得已之苦衷，但美国素为我仗义执言，视同至友，我有所探，彼屡见告，今若以此启嫌，影响及我颇多。我公关怀和会，尤不得不详陈者。窃念我国参战，虽出共维公法、人道至意义，然亦藉联络列强感情，俾和会中稍图挽回权利，以增进我国际地位。今中日各协约既属会防德势东侵，实与英、法、美等各国共同战德，关系至切，美尤注意。若对各该政府秘而不宣，以日本之富强，固属无庸顾念，在我贫弱，必时有孤立之危。将来我在和会须提议问题，以对日者更多，能否略收效果，全视欧美各国对我感情，各国若以我国目前甘与日联，而届时不助我主张公道，则我权利万难争回。即如日兵可进驻东三省一节，欧战终时，设不如约撤退，各国既以我自认协约为中日两国事，而不愿过问，我又无力与抗，是我不啻因加入欧战，而反大损失。东邻外交狡谲，逼我商订协约，换文时复迫我先发，一似事由我生，以杜第三国诘问。一面鉴于前年磋商二十一款时，因英美不平，即将第

五款收回,着手联络英美,以事离间。是贫弱如我,日本即可亲,欧美万不宜远。所有此次与日所订各约,应否商同日政府密告英、法、美,抑如日不同意,由我单独秘密设法间接转达,以示友信,而为和会地步,尚乞均裁赐示。钧。二十七日。

《中俄关系史料——出兵西伯利亚》,第175—176页

外交部致日本林公使照会

1918 年 5 月 29 日

为照会事:依据本月十六日由中日两国委员盖印之中日陆军共同防敌军事协定第十一条,及本月十九日盖印之中日海军共同防敌军事协定第八条,本国〔政府〕业已承认上述两项军事协定。相应照会贵公使查照,即希转达贵国政府为荷。须至照会者。

《外交文牍——中日军事协定案》,第17页

日本馆致外交部照会

1918 年 5 月 29 日

为照复事:接准五月二十九日照称:"依据本月十六日由中日两国委员盖印之中日陆军共同防敌军事协定第十一条,及本月十九日盖印之中日海军共同防敌军事协定第八条,本国政府现已承认上述两项军事协定,希转达贵国政府。"等因,业已阅悉,当即转达本国政府。相应照复贵总长查照为荷。

《外交文牍——中日军事协定案》,第17页

发顾维钧、施肇基、胡维德、王广圻电

1918 年 5 月 29 日

中日两国因防德奥东侵,三月二十五日,由章使与日外部换文,略称:"(一)为适应此项情势,及实行两国参加此次战争义务,协同考量应行之处置。(二)依前项所述,凡两国陆、海军对于此次共同防敌战

略之范围,应行协力之方法及其条件,由两国当局官宪协定,并由两国政府核定,俟时机实行。"同日并附函声明:"该换文有效期间,由军事当局商定,华境日军战事终了,一律撤退。"云云。旋由两国军事当局议定共同防敌军事协定,陆军条文十二条,其中要点为尊重两国平等。日军尊重中国主权及地方习惯。战事终了,在中国境内日军,一律撤退。中国境外遣派军队时,两国协同派遣。陆、海运输、通信诸事,彼此共谋便利。行军铁路、电信、电话等,须由两国总司令官临时协定,战时终了撤废。兵器,军需品,并其原料,互相供给,以不害本国所需要之范围为限。军事技术人员互相辅助。军事输送使用东清铁路时,尊重原来条约等项。海军条文九条,其中要点为修造舰艇、兵器,及军事要具等,并其所需材料,以及军需品,量力互相辅助一项。其余互重平等,运输共谋便利,以及派遣技术人员各节,与陆军条文略同。再,换文附函,现与日政府商妥,本月三十日午后双方同时正式宣布。军事协定,按照军事严守秘密。特密电接洽。外。

《中俄关系史料——出兵西伯利亚》,第 177 页

日本馆致外交部照会

1918 年 5 月 30 日

为照会事:依据本月十六日由彼此两国委员盖印之日,支陆军共同防敌协定第十一条,及本月十九日盖印之日,支海军共同防敌军事协定第八条,帝国政府现已承认上述两项军事协定。兹奉帝国政府训令,将此事通知贵国政府。相应照会,即希查照为荷。

《外交文牍——中日军事协定案》,第 17 页

外交部致日本林公使照会

1918 年 5 月 30 日

为照复事:接准照称:"依据本月十六日由彼此两国委员盖印之中日陆军共同防敌军事协定第十一条,及本月十九日盖印之中日海军共

同防敌军事协定第八条,帝国政府现已承认上述两项军事协定。兹奉帝国政府训令,将此事通知贵国政府。"等因,业已阅悉。相应照复贵公使查照,即希转达贵国政府为荷。须(知)〔至〕照会者。

《外交文牍——中日军事协定案》,第 18 页

北京政府发表出兵海参崴宣言
1918 年 8 月 24 日

中华民国政府与俄国境界毗连,邦交敦睦,现在俄乱未已,政情混沌,中欧各国乘此时机,益加压迫,其势力逐渐东侵,而西伯利亚多数德奥武装俘虏混入其间,并阻止乞开斯拉夫军之东进,势力渐盛。查乞开斯拉夫军与联合国宗旨素同,休戚相关。民国政府对于俄国及俄国人民之邻谊,势难坐视该军感受压迫,致其建国之夙志不能早偿。爰本合众国政府之创议,特派相当军队出兵崴埠,与联合各国取一致之行动。前项出兵,民国政府纯为赞同联合各友邦仗义之举动及尊重俄国领土及其主权起见。对于国内政策,丝毫不加干涉。将来目的完成,所有派出军队即应撤退。特此宣言。

中华民国七年八月二十四日

国务总理段祺瑞

外交总长陆徵祥

内务总长钱能训

财政交通总长曹汝霖

陆军总长段芝贵

海军总长刘冠雄

司法总长朱深

教育总长傅增湘

农商总长田文烈

《政府公报》第 928 号,1918 年 8 月 25 日

北京政府发布承认捷克军为联盟交战团体的宣言书
1918 年 10 月 6 日

捷克民族欲组织独立国家,其志甚坚,经久弗懈,中国政府素表同情。查该民族素以反对德奥为宗旨,中国政府因其举动与联盟各国一致,是以对于该民族军队之西进,曾经允其假道中东铁路,为种种之协助。现该民族军事局势,日益发展,中国政府深冀,该民族能以武力,达到抵御德奥之目的。故特承认在西伯利亚作战之捷克军队,为对于德奥正式从事战斗之联盟交战团,并与各联盟国军队,为同等之待遇。中国政府并承认,捷克国民委员会具有统御之能力。遇有必需事件,甚愿与该委员会交际。

《东方杂志》第 15 卷第 11 号,第 211—212 页

陈箓与会晤美国马克谟问答
1918 年 9 月 2 日

次长云:如贵代办今早有暇,尚有一重要事件相谈。

马代办首肯。

次长云:关于日本进兵满洲里之举,本国驻美顾公使曾访贵国外务卿云,日本进兵我疆,并未得我许可。贵国外务卿当以顾使之言,告日本驻美大使。该大使旋报告日廷,以顾使之言为不确,乃训令驻京日使,要求本国政府,电令顾使特访贵国外务卿,更正前言,并告贵代办云。按日本进兵我土经过情形,已详致驻美顾公使电内,大要如下:本月初八日,林公使往见段总理,谈到上述要求,复于十一日面告本部刘参事,日本定于十三日在满洲里动兵云云。昨日在国务会议提出此案,当经议决电令顾使向贵国政府陈述此案实在经过情形。至日本要求本国政府告知贵国政府云,本国政府先已许可日本进兵满洲里。但中国政府并未给如是之许可,自不能承认有该项之许可。今日本业已进兵满洲里,中国势不得不为特别之承认,故现时即算中国曾经承认中日军事协定生效,并允日本进兵我土。中国如此决定,一则因满洲里业已发

生上述情形,再则因中国希望日本用兵区域有一限制。致顾使电已经拍去,顾使必将此案经过情形,报告美国政府。至贵代办欲否再将此番面述各节,禀报贵国政府,则听贵代办卓裁。

(次长旋命严参事择要译述致顾使电稿。)

次长云:本国政府根据中日军事协定第十一条主论,该条载有军事协定生效时期以前,必须两协定国之最高统率部,商定开始之字样。中政府所以看重此条者,缘两国共同进兵之前,先必筹备军事办法,如各出兵若干,如转运,如应出发之路线等等问题。此次日本进兵满洲里,于上述各项均未经过,彼此看法,所以不同。

丁参赞云:可否将中日军事协定全文示阅?

次长云:已经宣布于报纸。

丁参赞云:是导报否?

次长云:不独英字报,中国报纸大都载之。

马代办云:报载完全否?

次长云:尚有一可注意之点,自前次中日军事会商以迄今日,关于该项协商以及日本进兵我土各事,日本使馆对于外交部并未有一件公文来往。

马代办云:余已知悉贵次长所指之点,惟贵国政府曾于七月二十七日致日使署公文一件。

次长云:余记得该件公文,七月间斋藤中将致本国陆军总长一函,内开中日军事协定所预防之事,发生时期必至,中国政府其将履行该协定否云云。陆军总长复谓,若所预防之事,发生时期果至,中国政府对于使前项军事协定发生效力一节,自愿发表同意。

马代办云:如贵次长不以所求为失当,请将贵部致顾使电文抄赐一份,因电内所载日期甚多,阅之不易记忆。

次长云:顷已将是电内容译述尊听,再将是电抄送一份,自无不可,惟乃须先向总理陈明,再为办理。

关于陆军共同防敌军事协定实施上必要之详细协定

1918 年 9 月 6 日

基于中日军事协定第九条,中日两国军事当局指定之各当事者,关于该协定第六条、第七条,现协定左列事项:

第一条　中日两国各派遣其军之一部对于后贝加尔州及黑龙州各取军事行动,其任务在救援捷克斯拉夫克军,并排除德奥两国及为之援助之势力。

期指挥之统一及协同圆满起见,行动于该方面之中国军队应入日本军司令官指挥之下。为与自满洲里方面行动于后贝加尔方面之军队互相策应起见,中国军队之一部应于库伦至贝加尔湖方面行动。如中国于该方面希望日本军派遣兵力之一部,日本亦可派往,令属中国军司令官指挥之下。

此外中部蒙古以西之边境应由中国自行巩固防备。

第二条　关于兵器及军需品之供给,虽紧急不得已之物品可由前方司令官互相协定,然其他之物品原料之供给则应由东京及北京最高补给机关互相交涉行之。

第三条　关于卫生业务,中国如有所希望,日本军应于力所能及之范围内,提供便利。将来情况进展,则关于病院及休养所之施设等,日本军亦须受中国之助力。

第四条　须由南满铁路输送之中国军队及其军需品应由中国自行运至大连、营口或奉天,自此以后,至长春之输送,由日本军担任之。

自库伦方面向贝加尔湖方面行动之中国军队,若希望日本军参加一部时,即该日本军队及其军需品至大沽、秦皇岛或奉天由日本军自行输送,自此以后之输送,由中国军担任之。关于中东铁路之输送,应以中东铁路之当局当实施之任,而为与该当局交涉并使中日及捷克斯拉夫克各军输送之调度有方起见,中日应设协同机关;但此项机关,将来联合国军队倘行动于此方面之时,该联军所要之人员亦可参加。

第五条　关于联络职员之派遣,除交涉已定或正在交涉之外,前方司令部或将来更有必须互遣职员情事,应由东京与北京最高补给机关办理;如或另有情事,应再随时协议。

　　第六条　兵器及其他军用材料并原料之供给及两国运输军队各应担任之输送等费用均须给价,应随时或军事终了后核算给之。

　　第七条　本协定以汉文及日本文各缮二份,彼此存照签名盖印,各保有一份为证据。

　　中华民国七年九月六日

　　日本大正七年九月六日

　　陆军中将徐树铮

　　陆军中将斋藤季治郎

《中外旧约章汇编》第 2 册,第 1403—1404 页

外交部致日本馆节略

1918 年 10 月 19 日

　　查中日陆军共同防敌〔军〕事协定第十一条,有作战行动,俟适当之时机,经两国最高统率部商定开始之等语。兹本国政府决定以督办参战事务处为最高统率机关。相应奉达贵代公使,即希查照为荷。

《外交文牍——中日军事协定案》,第 18 页

九、北京政府外交制度的变革

说明:民国外交体制形成于南京临时政府时期,以《中华民国临时约法》为法理基础,强调国会在外交政策上的决定权。北洋政府建立后,按照西方资产阶级的模式建构起中国的外交体制。首先,按照西方国家模式制定了外交部组织法;其次,改驻外使领馆为专业机构,并且派专职外交人员充任其职;其三,调整外交部与各驻外使领馆机构之间的关系;其四,规定地方涉外机构作为外交部的直属机构,与地方政府合作而不相统属,外交权力集于中央。同时,北洋政府颁布了许多涉外法规,积极加入各类国际条约组织。

本章主要资料来源:

中国第二历史档案馆编:《中华民国史档案资料汇编》第三辑《外交》,江苏古籍出版社,1991 年

中国第二历史档案馆编:《政府公报》(1912 年、1913 年、1914 年、1915 年、1919 年),上海书店,1988 年。

外交部沿革纪略乙编

民国开幕,建设外交部,粤自成立以来,力谋新造,斟酌时宜,甫定基础。唯滋不可忽者,外务部之名始于前清,外交部之名创于民国,之二者宗旨各殊,性质亦异,沿而不相沿也,袭而不相袭也,实专制制与共和制之代嬗也,实法定制与随意制之递变也,实责任制与无责任制之相为转移也,进而求成立之准。据民国元年二月,南北统一,改外务大臣为首领,去君臣之义,揭共和之实,斯为成立之始。其元年正月南京政府成立以后,设置南京外交部,虽亦民国新制,但其时南北尚未统一,而各国直接交涉之件仍在北方,则南部一切成绩载在典册,自应另行特辑

专书以志开国之盛。唯由今溯昔,新故代谢,几经迁变,始成今制。后此以往,或有损益,因时为制,臻于完善,则今日外交部云者,抑亦我中华民国开国祖制,艰难风雨中之椎轮大辂也耶。

外交部之编制,对于将来之计划虽不能预为测定,唯期年以来定法度、立程式、申训诫、明统系,内外大小官吏有责,更历多难,甫能粗举纲要。则此最初之编制所以昭示来兹者,或当居历史上重要之地位,抑亦未可必也。政体既变,共和万世。后之纪本部编制者,或一年一修辑,或十年一修辑,或百年一修辑,蝉联递引,长此一制。即容有变迁增损之处,而脉络统绪必与今日息息相应,无可疑者。然则今日裒集而叙述之,自应与甲编有别,兹故分别纲目,正书分注,标举其年月,以长编体例著之于篇。

民国元年二月,民国南北统一,改外务部大臣为外务部首领,外务部副大臣为外务部副首领。

二月二十五日,即阴历壬子年正月初八日,清帝特降逊位谕旨。其时所有官制一律仍旧,即以内阁名义照会英、法、美、德、俄、日本、瑞典、比、和、义、丹、巴西、奥、葡、日斯巴尼亚、古巴等十六国,改外务大臣为外务部首领,外务副大臣为外务部副首领,并声明暂留办事,一律遵守条约,继续办理。此为民国外交机关对于各国为正式具体的行动之第一步。

三月,改外务部为外交部。

三月十日,临时大总统就职北京,行国务院制,改外务部之名为外交部,而本部有定名矣。

置外交部总长、次长等官。

三月二十四日,临时大总统令,改首领为总长,改副首领为次长。并任命总长、次长等官,而本部有主任矣。

国务院组织完具,以外交部总长为国务员之一。

前虽行国务院制,仅有国务院之名,各国务员组织尚未就绪,故必俟第一次国务员组织完具,经临时大总统任命各部总长后,始可谓之实

行国务院制。该制既以外交总长为国务员之一,而本部官制之统系
明矣。

四月,废止丞、参、厅暨各司、各股、各差制度,改订官制。

本部前虽改名外交部,置总长、次长等官,但丞参以下各官及各司、
各股、各差使,均仍其旧。四月二十四日,本部部令第四号,本日国务院
片交大总统发下各部官制通则及本部官制,亟应遵照办理,兹将本部应
设各厅、司分别设立云云。而本部官制之内容定矣。

按本日国务院来文云,奉大总统发下参议院议决各部官制案,尚应
修正提交复议。兹将通则及外交部官制片交贵部查照,拟具修正案送
院汇核云云。可知此项官制案仍须修正。而本部部令第四号径称之为
官制者,因参议院是时尚未成立,新设各官急待任命,旧制既废,新制未
定,而本部又一日不可无官制,故遵照临时大总统交下之案,即以本部
部令暂定为改制之基础也。

各部官制通则案大要有八:一曰总长之责任及其权限;二曰次长之
职务及其权限;三曰参事之职务;四曰秘书长之职务;五曰秘书之职务;
六曰司长之职务;七曰科长之职务;八曰科员之职务。此外,尚有副官、
司务、编纂、主计、视察、审查等官,非本部所必要者,故从略。该案编制
之法,以承政厅为承接机关,以参事为审议机关,以各司为主管机关,皆
直接承于总长,唯参事并承于次长,科员承科长,科长承司长,此统系之
大较也。秘书长总理承政厅,秘书分掌承政厅,司长主管各司,科长分
掌各科,参事不隶于厅司而专掌审拟事务,此责任之大较也。次长简
任,参事、秘书长、秘书、司长、科长荐任,科员委任,此等级之大较也。
次长一人,自参事至于科员,各视其部务之繁简酌设定额,此人数之大
较也。至外交部官制案,定为参事四人,秘书长一人,秘书六人,司长四
人,分掌四司:一曰外政司,二曰通商司,三曰编译司,四曰庶务司。其
外交官、领事官亦受治于总长,两官制案之内容大致毕具于是,因与本
部成立时之编制最有关系,故不得不详述之。

临时大总统任命本部参事、秘书长、各司司长等官。

四月二十四日,临时大总统任命本部参事四人,秘书长一人,各司司长四人。本部部令第二号,派司长四人,分掌外政、通商、编译、庶务等司,并以部令第四号暂行派定隶司各员,而本部各部分事务至是有统属矣。

按临时大总统此次任命之官,与官制案有不相符者,参事、秘书长、司长等官在新官制案俱定为荐任。此则俱为简任异例一也。秘书长、秘书、司长等官,在新官制案均视同一律,此次但简任秘书长而未简任秘书,异例二也。盖本部在官制未经议决之前,所据以改定官制者,虽大致与官制案无甚出入,究与实行官制案不同,若实际求其异例,则因时制宜之处原不能免也。

五月,通告启用外交部印日期。

此虽为外交部形式成立之条件,但依我国旧时政治上之习惯,俱认此种形式为主要条件,故不得不存之,以志更始。且自事实上观之,启用部印日期,实不啻以外交部名义正式对外发生效力之第一日也。本部新印文曰:外交部印,以民国元年五月初三日为启用之始期。先时呈报临时大总统,并通告各部院、各旗都统、南京留守、各直省都督、民政长暨驻在各外国外交代表、领事等官,并驻京之各国使臣,以为信守公文之证,抑亦可见形式之不容不具矣。

六月,解散旧日本部办事人员,重行组织。

部制虽已改定,而部中办事人员布新除旧,宜有更张,故六月十七日本部令第九号,令本部重新组织,所有办事人员除经大总统任命及收文处、电报处两员外,一律解散,另候新令,再行到署。旋以部令第十号,选择六十五员入新署办事,其被解散者,凡有在本国高等学堂或留学他国毕业者,分别记名听候传补。旧制既废,新制更始,自此次解散后,新制旧制颟若两界,而外交部新编制之事于是乎成。

申诫本部兼差者,自决去留

前清官署人多兼差,而总理衙门为最,上自王大臣下迄章京,无人不有。原衙门为其根本隶属之地,积资应升转者,仍以原衙门考绩为衡名,为总署之实缺,实则仍为各衙门之兼差,亘四十余年,此制未常少变。适改设外务部时,差与缺划而为二,然部员得缺而不得差者,恒不足以自赡。一官之俸,以中数论之例如员外郎岁俸仅及百余金,等而上之,抑可知已,等而下之,愈可知已。为用人计,势不得不设兼差,以剂其平,故有主稿、掌印、帮主稿、帮掌印、主稿上行走、掌印上行走、帮主稿上行走、帮掌印上行走等名目,加以股长、股员及收掌、领事、电报处大小皆为乌布,分别支配于在事人员,于是一人而兼数差,甚或一人而跨数部,奔走道路,日不暇给。故本部令第十四号以兼差为不美之例,所有留部各员,如有兼差者,即于一星期内决定去留,至是本部人员兼差之习惯全行废止。

划一本部拟稿办法

在昔总署拟稿办法略分三种,在第一期分署制时,日行之公牍各从其司员本署之职掌而支配之(见《外交部沿革纪略甲编》)。至第二期分班制时,以公牍总括支配于值班之员,按班完结(见咸丰十一年重订之章程及堂谕)。至第三期分股制时,以各股员任各项拟稿之责,稿成或径自呈堂。其重要者,则先呈总办,后呈于堂而定之。自改设外务部后,其程序乃稍稍变更,拟稿之任有应属之丞参堂者,有应属之各司者,丞参堂所拟之稿不下于各司,唯由各司值日者呈管部核定。各司有主稿、帮主稿等,各项乌布皆有拟稿之责,其未得此项乌布者,得由司长授意拟稿,拟稿之员可径自呈堂,与今日拟稿之责任略有不同。且一稿之上各本司所有职员,均应署名画诺,若皆负有连带之责任然者。故本部令第十九号分别由厅司长自行拟办之稿,及由厅司长授意于各部员拟办之稿,使拟稿之程序与呈阅之程序,并担负责任之程序不相凌乱。

七月,大总统颁发信守条约令。

清帝逊位之初,民国改外务大臣为首领时,曾假用内阁名义正式通告英美等十六国驻京公使,声明暂留办事,一律遵守条约,继续办理。故七月十三日临时大总统令,方今万国并峙,所赖以保持和平者,唯在信守条约,勿相侵越。民国肇造以来,迭经宣布列国将从前条约继续遵守,幸赖各国坦怀相与,力赞共和,民国丕基于焉永奠,大信所在,岂容或渝。现在国内秩序虽有回复之象,而对于列邦仍须讲信修睦,乃可巩固邦基,安危存亡,胥视乎此。须知我国此次脱离专制,改建共和,实千载一时之会。当此破坏已终,建设伊始,前途辽远,险象方多。自今以往,正国家祸福之所分,亦吾人功罪之所判,凡我国人,各宜履薄临深,互相告诫,著各省都督、各地方长官督率所属文武军民,讲究约章,切实遵守,勿得稍有违犯,致失大信于天下,而陷国家于危险之途。特此通告,其各懔遵云云。此为饬励军民,讲究约章,遵守约章之始,他时引而伸之,触类而长之,万一真能养成国民的外交,以践共和之实,则前此深闭固拒,自是愚人之外交政策,当扫除尽矣。

暂定本部会计出纳简章并表格图式

旧日管理经费职任不分,无从专责,兹以财政部会计法规尚未议定,因暂定会计出纳简章十八条,仿用各国复式簿计,以立会计之基础。并采用金库制度,以期出纳之正确。凡部中收入之经费,由庶政司出纳科通知总务厅会计科查核。本部支出之经费,由总务厅庶务科通知会计科查核。核与预算相符,呈明长官核准,发交核准单于出纳科。该科如执行现金之收支,其扼要之处,不外司账者不司金,司金者不司账。此本部会计出纳简章之大略也。简章分六章,第一章总则,第二章预算决算,第三章收款,第四章支款,第五章账簿,第六章杂则。

实行各部官制通则

七月十八日,临时大总统令参议院议决修正各部官制通则,本大总统按照约法第三十条公布之。按前由大总统交下各部官制通则案凡二十六条,此次所布之各部官制通则凡二十条,两通则不同之处,即为本部编制前后不同之处,此亦官制更改之关键。盖本部于七月十八日以前暂行之官制,原以各部官制通则案为基础。本部七月十八日以后实行之官制,则一律遵照现行各部官制通则。新案、旧案之异点,即新制、旧制之沿革,故不得不详悉述之。兹将两通则著其同异比较列表于下,并标举其梗概焉。

各部官制通则沿革一览表(略)

定本部各员到署散署时间

自改称外交部后,曾于元年六月令本部办事各员按照通例逐日到署,并由各厅司设立考勤簿分别存记。其时各员虽逐日莅署办事,因未定到署、散署钟点,各员在署时间尚未划一,故七月十八日以本部令三十一号,暂定办事时间每日上午自十点钟起至十二点半钟止,下午自两点半钟起至五点钟止,作为在署办事时间,所有本部职员除电报处收掌处值日各员仍照向章外,余均遵照所定时间在署办事云。

改庶务司为庶政司

庶政司之名始见于元年八月部令第四十一号,盖是时本部官制尚未颁布,在外交部官制案仅有庶务司,无庶政司,而本部提出之修正案则已将庶务改为庶政,是庶务之名出于官制案,庶政之名亦出于官制案。值此法制未定之时,故本部不得不仍以官制案为准则,以制官制之宜。至庶务改为庶政之故,详见后列附考第六。

设会计、庶务、出纳三科,分隶于厅司

本部虽已分设四司,而各司是时尚未分科者,因外交部官制尚未经参议院议决,或虑尚有更正之处,故一切科目未能骤定也。唯本部一部分之财政亟须自为整理,所有本部会计、出纳简章已以本部令三十号规定之矣。故本部令四十一号先于总务厅内设会计科、庶务科,庶政司内设出纳科,派员分别任事,自八月一日起按照定章切实奉行。

八月,整理本部档案房。

总署旧有清档房设督修、纂修、校对等员董理其事,庚子之变颇多散佚。自改外交部后,虽有清档房之名,而人无专司,散漫错杂,不可究诘。本部成立以后设法清厘,先于旧同文馆之化学馆内葺屋八楹,添置木柜,凡档案之散在各司,弃置闲室者,扑尘垩而编集之,部居州次乃稍明晰。七月,庶政司提议改良档案编号办法。经本部各厅司会议,佥以从前档案既未悉数清理,而新行文书又复分集,非有划一整理之法不足以考成绩而清积牍。故本部令四十九号定暂时编档办法十三条,即令各厅司遵照办理。九月总务厅定钞档办法六条,至新官制颁布后,改名档案房,隶总务厅。

整理本部附属机关之俄文专修馆

俄文专修馆,原名东省铁路俄文学堂,光绪二十五年六月,督办大臣许景澄因奉、吉、黑等省俄人修筑铁路,贯彻腹地,随事动成交涉,故创置该堂,以造译才。堂中经费取给于华俄银行之息,岁计万金,许大臣亦岁捐五千金以补益之。庚子之变,生徒四散,次年粗赁绵蕞为讲习之所,生徒甫二十余名耳。二十八年筑校舍于城东,自是以后增学额定校制,逐渐扩充规模,稍弘远矣。至民国元年八月,由本部委任校长,整理一切,以第五十一号部令申告之。旋与教育部商定,以该堂作为高等专门学校,改名外交部俄文专修馆,遂成今制。

整理本部附属机关之清华学校

自美国拨还庚子赔款作为游学经费以后,其时议定自拨还赔款之年起,初四年每年派学生百名,自第五年起,于赔款期内每年至少亦续派学生五十名。遂于宣统元年八月,建置游美肄业馆,以为预备游学之地,奏请以清华园改为该馆基址。宣统二年推广学额五百名,改名清华学堂。民国元年八月,重加整顿,以部令申诫之,旋与教育部商定改名清华学校。

设置本部附属机(开)〔关〕之条约研究会

本会于八月二十日以部令设置作为本部附属机关专为研究条约之用,会中有会长会员等职,会长者主任组织及进行事宜,会员任研究及议决等事。会员之外置书记员、书记生,分任笔札缮写。十二月六日,改会长之名为主任。主任及会员均以本部部令派充,书记雇募。此其大较也。

十月,实行外交部官制。

十月初八日,临时大总统令参议院议决外交部官制,本大总统按照约法第三十条公布之。按前由大总统交下外交部官制案凡九条,此次所布外交部官制凡十条,新官制未颁布之前,本部大率以官制案为标准,间加变通,俾得适用。然则官制案之影响于本部编制者甚大,兹故援前此立表之例,更将此次新旧两官制列表比较于下,以识改进之一端。

外交部官制沿革一览表
不同之处以0为标识

十月八日以前之外交部官制案	现行外交部官制	修正之方式	附考
外交总长管理国际交涉及关于居留外人,并在外侨民事务,保护在外商业,监督外交官及领事官。(第一条)	外交总长管理国际交涉及关于居留外人,并在外侨民事务,保护在外商业,监督外交官及领事官。(第一条)	仍旧	0
外交部职员除各部官制通则所定外,其额数如左:(第二条之一)	0	删除	一
参事四人。(第二条之二)	0	删除	一
秘书长一人。(第二条之三)	0	删除	一
秘书六人。(第二条之四)	0	删除	一
司长四人。(第二条之五)	0	删除	一
科长。(第二条之六)	0	删除	一
科员。(第二条之七)	0	删除	一
录事。(第二条之八)	0	删除	一
外交部承政厅除各部官制通则所定外并掌保管条约及驻在本国之各国外交官、领事官、侨民叙勋事务。(第三条)	外交部总务厅除各部官制通则所定外,掌事务如左:(第二条之一)	增删	二三
	一、掌管机密电本。(第二条之二)	新增	二
	二、收藏条约及国际互换文件。(第二条之三)	析置	二
	三、调查编纂交涉专案。(第二条之四)	自编译司移此	二
	四、翻译文书、传达语言。(第二条之五)	自编译司移此	四
	五、公布文件。(第二条之六)	新增	二

十月八日以前之外交部官制案	现行外交部官制	修正之方式	附考
	六、管理本部部内官役工程,及一切杂务。(第二条之七)	新增	二
外交部置左列各司:(第四条之一)	外交部置左列各司:(第三条之一)	仍旧	0
外政司。(第四条之二)	外政司。(第三条之三)	移置	0
通商司。(第四条之三)	通商司。(第三条之四)	移置	0
编译司。(第四条之四)	0	删除	四
	交际司。(第三条之二)	新设	三
庶务司。(第四条之五)	庶司政。(第三条之五)	改正	六
外政司掌事务如左:(第五条之一)	外政司掌事务如左:(第五条之一)	仍旧	0
一、关于国际交涉事项。(第五条之二)	一、关于地土国界交涉事项。(第五条之二)	自通商司移此	七
	二、关于禁令裁判狱讼交犯事项。(第五条之三)	自通商司移此	七
	三、关于公约及保和会、红十字事项。(第五条之四)	析置	三
	四、关于外人保护及赏恤事项。(第五条之五)	析置	七
	五、关于本国人出籍、外人入籍事项。(第五条之六)	析置	七
二、国书及国际礼仪事项。(第五条之三)	0	移入交际司	三
通商司掌事务如左:(第六条之一)	通商司掌事务如左:(第六条之一)	仍旧	0
一、关于领事官事项。(第六条之二)	一、关于开埠设立领事、通商、行船事项。(第六条之二)	归并	八
二、关于保护在外侨民事项。(第六条之三)	二、关于保护在外侨民工商事项。(第六条之三)	修正	八
三、关于通商行船事项。(第六条之四)	0	归并	八

十月八日以前之外交部官制案	现行外交部官制	修正之方式	附考
四、关于税务、邮政、矿务、电线、铁路、界防、外债等交涉事项。（第六条之五）	三、关于路矿、邮电、交涉事项。（第六条之四）	析置	八
	四、关于关税、外债、交涉事项。（第六条之五）	析置	八
	五、关于延聘外人及其他商务交涉事项。（第六条之六）	增加	八
五、通商口岸会审事项。（第六条之六）	0	移入外政司	八
编译司掌事务如左:（第七条之一）	0	删除	四
一、编纂外交文件事项。（第七条之二）	0	移入总务厅	四
二、翻译各项文书事项。（第七条之三）	0	移入总务厅	四
三、接待外宾事项。（第七条之四）	0	移入交际司	三四
	交际司掌事务如左:（第四条之一）	新设	三
	一、关于国书及国际礼仪事项。（第四条之二）	自外政司移此	五
	二、关于接待外宾事项。（第四条之三）	自编译司移此	四
	三、关于核准本国官民收受勋章及驻在本国之各国外交官、领事官、侨民等叙勋事项。（第四条之四）	自总务厅移此	二五
庶务司掌事务如左:（第八条之一）	庶政司掌事务如左:（第七条之一）	修正	0
一、关于监理外人传教事项。（第八条之二）	一、关于外人传教交涉事项。（第七条之二）	修正	九
二、关于外人游历保护事项。（第八条之三）	二、关于游历游学事项。（第七条之三）	增修	九
三、关于本部及各使署经费事项。（第八条之四）	三、关于各使署、领署专使及各种公费、经费事项。（第七条之四）	增修	九

十月八日以前之外交部官制案	现行外交部官制	修正之方式	附考
四、其他不属他司事项。（第八条之五）	六、其余不属他司之交涉事项。（第七条之七）	修正	九
	四、关于在外之本国人关系民刑、法律事项。（第七条之五）	增加	九
	五、关于各国公会赛会事项。（第七条之六）	增加	九
	外交部主事员额至多不得逾八十人。（第八条）	增加	十
	外交部佥事、参事、主事员额，以部令定之。（第九条）	增加	十一
本制自公布日施行。（第九条）	本制自公布日施行。（第十条）	仍旧	0

附考第一

原案第二条所列职员名目及额数，系照原定各部通则案第九条编定，现行各部官制通则中已分别改定名目，并限定人数，故新官制毋庸列举。

附考第二

原案第三条承政厅所掌事务，除各部通则所定外，有掌管条约及叙勋两项。查条约之订立应视其性质分属各司，唯收藏条约及国际互换文件则宜属于总务厅。其原案编译司所管编纂、翻译事项之关于总务厅者，及部中一切庶务，均应划归总务厅管理。又，机密电本公布官件允宜补入，故新官制除通则所定外，列举六项。至叙勋一项，事关交际，既设有交际司，应划隶交际司管理。

附考第三

原案第四条以下规定四司名目及职掌，将仪制、叙勋、事务分属外政司、编译司及承政厅。查各国于交际、交涉两项分别甚清，且交际仪文节目最称繁细，应有专主之官，有平时之研究，方免临时之舛误。法国仪制设有专司，其长官由莫氏父子相继承充，得古时祝氏世官之意。中华现改民国，于国际通行礼俗必当推求详尽，逐件仿行，于交际上庶免落后。允宜仿法国制度，将礼仪等特设交际一司，俾有专掌，且将交际司列于各司之前，以昭郑重。故新官制第三条增交际司名目，并据前后各理由，编定交际职掌为第四条。

附考第四

原案第四条有编译一司，又有第七条列举编译司职掌。查编纂、翻译事项分属各司者，应归各司主办，不属各司者应归总务厅管理，断不能以编译名义成立一司。其接待外宾一项，则应归交际司管理，以符名实。所有编译一司，应行裁撤，故新官制无编译司之名。

附考第五

外交官优待事项，如免税放行等，俱在各国通行礼俗范围之内。又，本国官民收受外国勋章，须请核准方许佩带。此两项应归交际司主办，故新官制以之列入交际司之职掌。

附考第六

原案第四条有庶务一司，第八条规定其职掌。查庶务司本管交涉之庶务，与总务厅所管部中之庶务性质不同，故新官制改名庶政司，以免相混。

附考第七

原案第五条外政司职掌第一项国际交涉，语过赅括，与他司职掌相混，故新官制列举五项，以清界限。其国际礼仪一条，则划入交际司。

附考第八

原案第六条通商司，分职不甚明晰。又，第四项内之界防，第五项内之会审，俱属政务，应隶外政司。新官制分别划改，其职务分配亦另行订正。

附考第九

原案第八条庶务司职掌四项，新官制增列一项，所有在外官民之生死、婚嫁、嗣续、承袭、赋役、争讼及一切与民刑法律相属事项隶之。

附考第十

外交部次长、参事、司长、秘书、佥事员额，各部官制通则中已限定人数,故新官制增入第十条,限定主事员额。

附考第十一

各部官制通则,于佥事惟限以最多额,新官制于主事亦然,故增入第十条,依各部官制通例规定,其定额以部令定之。

撤编译司设交际司

按本部自各部官制通则及外交部官制公布实行以来,厅司之名更易者凡三,第一承政厅改总务厅,第二庶务司改庶政司,第三编译司改交际司,皆为本部厅司一年内编制之沿革。惟查部令之所发表者,惟第三设交际司时有第七十四号部令正式公布,其第一、第二两端,虽已更正,皆未曾以特令为之。盖第一、第二仅为名词上之改正,内容无所变更,故遵照法制改定已足。第三为废撤旧司,增设新司,既须归并更须组织,故必以部令诏示内部,方能从事改革也。

实行中央行政官官俸制

本部编制之初,在事各员应支薪俸,均按照外务部旧例分别支给。五月准国务院通知,凡服务月薪,除总长、次长暂不支薪外,其余一切员司,人给津贴六十元。续准来文,员司从前薪津每月不及六十元者,不在此例。至中央行政官官俸法公布以后,遂成今制。总计外交部在临时政府期间之内薪俸制度凡四变,第一次自二月二十五日起至四月三十日止,用外务部旧时办法。第二次自五月初一日起至七月三十一日止,用六十元津贴办法。第三次自八月初一日起至九月三十日止,以官俸法草案为根据,暂行五成官俸办法。第四次自十月初一日以来,则遵用中央行政官官俸制,俸制之外,原有津贴以供部员午食之用,至二年正月亦经陆续撤竣。

十一月,暂定使领各馆人员用装划一章程。

前外务部通行出使章程于川资一项,自参赞以下至书记官,分别准带眷仆人数均有规定,唯驻使眷仆则未限定人数,事后支报每多参差。故十一月一日本部令第八十八号,本部总理使务规划伊始,所有使领各馆治装路费等项章程,现正重新厘订,其尚未颁布以前,自应暂定通行办法。凡驻外各公使赴任或回国之时,实系随带眷仆者,眷属以三人为度,均给头等川资,仆役二人为度,均给三等川资,以示限制,而资遵守云。

整理本部收掌处、电报处

收掌处、电报处皆外务部旧制,本部成立之初,由承政厅每处各派四人循环值日,其兼印事务亦暂由收掌兼管。十一月以本部令第四号,定收发文件办理规则凡四条,第一定收文之程序,第二定发文之程序,第三定值日员有权严守秘密办法,第四定密件责任办法。二年四月,复将值日各员定为每三个月更换一次。

定本部分科职掌

本部前依各部官制通则虽分为四司,而在外交部官制未颁布之前,各司职掌及其权限未能大定,故尚未明示分科。其庶务、会计、出纳三科虽于七月设立,但其时因整理本部,一部分之财政有不得不设置之处,仍与正式分科不同。十一月以本部令第五号,定分科职掌之法,总务厅分五科,曰机要科,曰文书科,曰统计科,曰会计科,曰庶务科。交际司分四科,曰国书科,曰礼仪科,曰接待科,曰勋章科。外政司分四科,曰国界科,曰词讼科,曰条约科,曰禁令科。通商司分五科,曰商约科,曰保惠科,曰实业科,曰榷算科,曰商务科。庶政司分四科,曰教务科,曰护照科,曰出纳科,曰法律科。科各以其职掌名之,顾名而思义,科之职掌得矣。各科之下又有附属之处所,电报处附属于机要科,收掌处、图书库、印刷所、阅报室并附属于文书科,档案房附属于统计科,绘图处附属于国界科。各项处所亦各以其职掌名之,顾名而思义,处所之职掌亦得矣。此外尚有附属各科之职务而未经明白规定者,例如监印专官也,而惯例以收掌处值日之员兼任之,大总统礼仪官亦专官也,分科职掌虽未明白指定,将来或即以礼仪科人员兼充其职,盖从其职掌所规定者固如此也。

定驻外使领各馆暂行组织章程,及外交官、领事官之暂行任用章程组织之法,使馆略分四级四等,领馆分四级三等,各权其地之广狭,事之繁简,责任之轻重大小而支配之。使馆暂无大使,以公使为第二级,秘书官为第三级,随员为第四级。秘书之中又有等差。偕随员等共隶于公使。公使所在之地,因地而设等,员之多寡定矣。驻在英、法、德、俄、美、日本者为一等,次则驻奥、和、比者为一等,又次则驻义、日、墨、秘者为一等,又次则驻葡分馆亦为一等。凡四等领馆之官第一级为总领事,第二级领事,第三级副领事,第四级随习领事。支配之法,设总领事者凡十二处,新加坡、澳洲、坎拿大、海参崴、墨西哥、古巴、金山、小吕宋、巴拿马、横滨、朝鲜、爪哇等为第一等。设领事者十四处,槟榔屿、纽丝纶、仰光、温哥佛、纽约、檀香山、神户、长崎、仁川、釜山、新义州、萨摩岛、泗水、把东等为第二等。设副领事者二处,元山、甑南浦等为第三等。都计凡为公使者十有三人,一等秘书六人,二等秘书十四人,三等秘书九人,随员二十人,总领事十二人,领事十四人,副领事十四人,随习领事二十八人,此外尚有主事,主事为委任官,分隶于使馆、领馆,馆设一人。凡为使馆主事者,十有四人,为领馆主事者,二十有八人。此组织之大略也。任用之法有简任,有委任,而无荐任。何以无荐任,改组伊始,凡在事各员必须试可乃已,故一律暂用派署办法,必俟考绩有成,然后荐而任之也。公使皆为简任,使馆馆员、领馆馆员虽应荐任,然权宜派署仍皆为委任。委任之资格有四,见任用章程第六条。简任之资格亦有四,见第五条。委任、简任共同之资格有三,见第七条,不各具特定之资格者,格于简任亦格于委任,不备具共同之资格者,不可以简任亦不可以委任也。其原在馆有职人员,尚未经委任或简任者,则留其旧有职名,接续办事,以重职守。若非紧要之员缺,虽有缺额,亦可以暂不派署。盖本章程原为暂济一时之用,一俟正式法律颁布以后,即行停止,本无所谓法定之员额也。

二年一月实行外交官、领事官服制。

元年十二月曾以部令第八号定暂行外交官、领事官服制章程,二年一月十日由大总统制定公布之。其式视官等而区别者,为大使之服,为公使之服,为参事及总领事之服,为一二等秘书官之服,为三等秘书官之服,为使馆、领馆委任官之服,为名誉领事、代理领事之服,为代办外交事务官之服。其式视时与事而区别者,为大礼服,为小礼服,为夜装礼服,为夏季礼服,为凶服。其式视在身之上下而区别者,在首为冠,冠羽冠上檐有辨,冠章有辨。

在上服为衣领、为套袖、为胸前、为衣周、为腰章俱有辨,在剑剑缘有辨,在腰带采色有辨,余皆从同。此外,尚有从所驻国之习惯者,尚有受特别允许者,皆有一定之准则也。

定外交官、领事官、主事官俸暂行章程。

元年十一月间,改组使领各馆,实行之初,势难悉予更变,新制、旧制参错互出,所不免也。二年一月六日,本部规定暂行章程,欲使各馆员薪额之规定,合新旧两制归于一致,以谋变通之道。现既未设大使,故以公使比照旧时二等大使支俸,以一等秘书比照旧时头等参赞支俸,以二等秘书比照旧时二等参赞支俸,以三等秘书比照旧时三等参赞支俸,以随员比照旧时二等书记官支俸,此新制与旧制直接相比照者也。又有间接相比照者,总领事比一等秘书,领事比二等秘书,皆间接比于旧时之参赞,随习领事比随员则间接比于旧时之书记官。至于主事无可比照,仅查照旧时书记生薪额按月支给,如是则未改新制者可仍用旧制,已改旧制者则悉从新制,新旧统归一律,故出纳不至分歧,但此不过因时制宜之一法。至外交官领事官官俸法实行以后,此次所订暂行章程固当然废止也。

《中华民国史档案资料汇编》第三辑《外交》,第 1—20 页

外交部存《外交方针意见书》稿

1921 年

中国近十年来,内政更张,新旧过渡,百端困难。对于外国,既鲜威名,又无实力,削权受辱,莫今为甚。蒙藏藩篱,已不可保,舐糠及米,敌求无厌。俄日益亲,西北一带,窥伺愈急,藉端恫吓之案,年辄数见。办理外交者,赤手空拳,徒仗唇舌,莫为后盾,国民失望,责言交至,长此不

变,虽有仪、秦,亦将束手。前清因循误事,置外交于被动地位,际兹民国初立,自宜悉改前怨,勿蹈覆辙,似应速定外交政策,坚忍进行,不独国际往来可获利益,吾国庶政亦可乘此改良,不致为外力所牵制。其方略如何,谨陈管见,以备采择。

一、联盟

吾国闭关日久,民智未开,物质文明尚处幼稚。今日第一要义,宜使吾族从容休养,潜心艺术,毋事武装,以培国本,其至善之策,莫如将中国宣布永远中立。然此事实行极难,早已有鉴于海牙保和会两次会议之结果矣,不得已退而求其中策,则联盟是也。当兹竞争激烈时代,富强之国莫不互相联合以求自存,如法俄英日焉。我国应联何国,众议不一,曰日,曰英,曰美,曰德,曰法,皆有道者。鄙见日、英、德、法,皆有弱点,惟联美较为便利。盖日本虽属同文同种,而地瘠民浇,迫近吾国,易使生心。此地利上有不宜之处。英日近来感情虽然稍淡,然英人持重,不易变其方针,非我国内政毕修,元气全复,难与秦偶。联英之举,尚非其时。德国在欧为众深疾,位势颇孤,其在东方窥伺荷兰及葡萄牙属土,已非一日,未得之前,根据之地势力,不敢远涨我国,如有缓急,颇难望其援助。法国富于资本输入,最利中国。惟法既联俄,往往为其傀儡,外交尚难自由。唯有美国可引为盟,吾朝野之倡此说者已十稔矣。顾方针未定,不能实行。美系新民,本国土地尚有未辟,可无侵略之患,且退还赔款,首认民国,处处露其殷勤态度,与之磋商,易收成效,故言联美。

二、交换利益

考之欧史,联盟之国,大抵以势力相等者为条件,或有公仇,非此无以报复,或因均势,非此无以存立,近今尤盛。譬如普法战后,原系俄、奥、德三国联盟,嗣因柏林之约,俄失德助,怨德,而法乘之,俄法联盟以成。俄于东方势力渐涨,英人忧之,适日本为新起之国,可以假手,故有英日之盟。俄国军舰灰烬之后,德国海军日盛,法国于波罗的海失其犄角之势,乃求之英,而英法协约。大抵联盟皆在政治范围之内,互换者亦以政治之利益为范围。若我国承积弱积贫之余,两经革命,元气大伤,国家救死恤亡之不暇,乌能助人,以利益所幸者,联美之性质与寻常之联盟不同,乃纯净经济之联盟也。我国地产富足,民生繁庶,为一商战之大场,尽可酬美以经济之利益,两得其平,则联盟自固矣。酬美经济利益而又益于我者,莫如开内地通商为是。

三、开放内地通商

今者海陆交通利便,环球列国成一最大之社会,干戈冠盖,日相往来,我国开放始于一隅,继于五口,今则几遍全国。内地开放通商为大势所趋,亦他日必然之事,与其因外力迫胁而开放,无宁自行开放之为愈,且我国历史向无禁止外人通商之制,明季始有之,前清初叶更加厉焉。然从前文化强盛之时,通商固未尝断绝,葡萄、苜蓿得诸西域,磁漆、丝茶流于寰宇,特进化未竟,忽遇西来之文化强力,相形见绌,退缩自守,遂至闭关。今日潮流所趋,欲求永不开放,非特实力所不能及,亦人类之公理所不能容,则又何必不自行开放,以求种种之利益乎。试举其最著者三端如左:

四、开放之利益

甲,输入文化

国家之强弱系于兵力;民族之存亡系于文化。观世界大势所趋,数百年后必跻于大同之域,无国度之可言,所争者民族之存亡耳。波兰之亡,国土分割为三;其处于德之东境者,文化尚不及日耳曼民族,其苗裔悉化为纯粹德民,从未闻有反抗德政府之事;其处于俄之西境者,文化出于俄民之上,俄政府几无节制之方,致俄国政界、军界重要地位,不得不分余席,以让波兰之遗民。盖以甲族之民移而与乙族竞争,纯以文化为标准。满族入关,渐从汉化,亦一明征。他自欲保我民族,不得不求诸外来之文化,美国向持教育实业主义,开放之后,则民族对于此二者受赐必多,借彼光辉,开我黑暗,此为开放后第一之利益。

乙,输入资本

吾国经济之学未讲,不知资本为何物,金钱则停滞不流,产业则保护不力,不知资本者实乃已往之苦工凝结而成,今日之本即往日之工,今日之工即他日之本。第因国家不立保富之律,酿成社会挥霍之风,上下荡然,何以立国。为今救急之计,唯有急招外资流入内地,开放之后,美人利我工贱,必相率投资,工厂既多,民生亦易。我国民质最能耐苦,流于海外之华侨类多致富,固因受公允法律之保护,亦在于民质之可称,一经外资输入,则今日所养之工,亦即为他日之本矣。

丙,融化感情

民族与民族相处,非彼此心理相通,则易生误会,由误会而起交涉,而生杀伐,古今皆然。我国海禁既开之后,白种东来者不过二万余人,以我国版图较之,实属寥寥,复限以海口,□以租界,虽云通商,其实中外异常隔膜,而言语风俗又何从以潜通,所以仇外、仇教之心,数十年而莫能释。如内地开放之后,美人杂居,狂以为常,交际婚姻,日渐亲密,而华洋恶感自可默化于无形之中,伏根甚微,而成功极大。

五、开放之补救

国际通例,外人之居留国内者,其所享之权利不能较胜于本国之人,中国反是,若即此开放,则外人不受我法权统治,势将反客为主,其危险何可胜道。补救之道有三:曰收回裁判;曰改良税则;曰通融国籍。

甲,收回裁判

领事裁判权之施行,始于土耳其,因回教不屑治理,景教之徒特划归其领事自理后,西人利用此策,遂推及于我国。土耳其死刑之案不归领事裁判,其法权丧失之处较轻于我。日本收回法权,试办五年,欧美各国始行承认。我国联美协约,凡开放之内地,许其设领之权,但所设之领不得有裁判权。一面于各处审判厅加意整顿,务得其平,如数年之后,果有成效,再图推行于各租界,既以内地为模范,则他国亦较易就我范围。

乙,改良税则

税则主义,不外两种,一为自由,一为保护,各有利弊。诸家学说,争论纷纭,莫归一致。大抵工业发达之国利于自由主义,以其所有易其所无,使国民遍受其利。工业幼稚之国,全赖政府维持,常采保护主义,否则外货充斥,无力争竞,本国工商将无自立之地。工商为全国命脉,开放内地之大患,即在外货流通,抵制之法,须从税则着手,应于实行免厘加税外,另与各国商订税则专章,悬一极高极低之额,政府得视某货之盈虚而操纵其税额,要不出于专章所订定税额之外,则国货生产可受益于无穷矣。

丙,通融国籍

吸收外族为我国数千年历史之特色,民国国籍法,偏重血统主义,当时立法者之眼光注射于各国属地之华侨,用意不可谓不善。唯内地开放之后,外国之投资者,以地利财产关系,势必作久长之计。我国国籍法似应兼采生地主义,即以本人生产之地为籍,一传或再传之后,隶我编氓,则吸收外族之利益,非徒于历史上增光辉也。

参考:按法国国籍法第四条,凡生于法国境内,其父本外国人,但本人于成丁之年尚在法国居住者,除于成丁后一年内,遵照法国法律声明不入法籍,仍从其父籍贯外,应为法国人。

六、开放之秩序

吾族之开辟草□以缔造中国也,其开创之秩序从西北而趋于东南,随江河之流而下,始于黄河流域,次而至扬子江流域,再次而至珠江流域,散于海外南洋群岛。今之开放内地也转如回流返激,既先于沿海各岸,则继及者必江河流域,但今日亦不必尽拘于天然形势,凡铁路所通之地,悉可首先开放,俾客民与货物易于出入,嗣后则渐次而进。以十年休养之余,国力渐舒,国本渐固,然后再言联英,以图进取,我国前途庶有豸乎。

难者曰,联美之策诚善,使内地开放之顷,各国援利益均沾之约以为言,则美国亦何重此交换之经济利益,而我国之应付维难,后患何堪设想。曰:否,否。联盟协约,本在利益均沾范围之外,彼此交换利益尤非最惠国之可言,且美国退还赔款,首先承认其所施于我者,为他所未有,其所得之报酬,自应较异于他国。联美之举,果能实行于各国承认之前,靡特各国无从藉口,正足以促各国承认之进行也。

《中华民国史档案资料汇编》第三辑《外交》,第20—25页

国籍法

1912 年 11 月 18 日

第一章　固有国籍

第一条　左列各人属中华民国国籍:

一、生时父为中国人者;

二、生于父死后,其父死时为中国人者;

三、生于中国地,父无可考,或无国籍,其母为中国人者;

四、生于中国地,父母均无可考,或均无国籍者。

第二章　国籍之取得

第二条　外国人有左列各款情事之一者,取得中华民国国籍:

一、为中国人妻者。

二、父为中国人,经其父认知者。

三、父无可考,或未认知,母为中国人,经其母认知者。

四、归化者。

第三条　外国人因认知取得中华民国国籍者,须具备左列各款条件:

一、依其本国法尚未成年。

二、非外国人之妻。

第四条　外国人或无国籍人,经内务总长许可得归化。

内务总长非对于具备左列各款条件者,不得为前项之许可:

一、继续五年以上在中国有住所者。

二、依中国法及其本国法为有能力者。

三、品行端正者。

四、有相当之财产或艺能足以自立者。

五、本无国籍,或因取得中华民国国籍,即丧失其本国国籍者。

无国籍人归化时,前项第二款之条件,专依中国法定之。

第五条　妻非随同其夫不得归化。

第六条　左列各款外国人,现于中国有住所者,虽不具备第四条第二项第一款条件,亦得归化:

一、父或母曾为中国人者。

二、妻曾为中国人者。

二、生于中国地者。

四、继续十年以上在中国有居所者。

前项第一款至第三款之外国人非继续三年以上在中国有居所者,不得归化,但第三款之外国人,其父或母生于中国地者,不在此限。

第七条　外国人现于中国有住所,其父或母为中国人者,虽不具备第四条第二项第一款、第二款及第四款条件,亦得归化。

第八条　外国人有殊勋于中国者,虽不具备第四条第二项各款条件,亦得归化。

内务总长为前项归化之许可,须经国务会议。

第九条　归化须于公报公布之。

归化非公布后,不得对抗善意之第三人。

第十条　归化人之妻及其未成年之子,应随同取得中华民国国籍,但妻或未成年子之本国法有反对之规定者,不在此限。

前项但书规定不能随同取得中华民国国籍之归化人妻,虽不具备第四条第二项各款条件,亦得归化。

第十一条　归化人及随同取得中华民国国籍之子,不得为左列各款职员:

一、大总统、副总统。

二、国务员。

三、国会及省议会议员。

四、最高法院长。

五、平政院长。

六、审计院长。

七、全权大使、公使。

八、陆海军将官。

九、各省行政长官。

前项制限,除第一款外,依第八条规定归化者,自取得国籍日起,十年以后,其他自取得国籍日起,二十年以后,内务总长得经国务会议解除之。

第三章　国籍之丧失

第十二条　中国人有左列各款情事之一者,丧失中华民国国籍:

一、为外国人妻,取得其夫之国籍者。

二、父为外国人,经其父认知者。

三、父无可考,或未认知,母为外国人,经其母认知者。

四、依自愿归化外国,取得外国国籍者。

五、无中国政府许可,为外国官吏或军人,受中国政府辞职之命令仍不从者。

依前项第二款、第三款丧失国籍者,以依中国法未成年及非中国人之妻为限。

依第一项第四款丧失国籍者,以依中国法有能力并经内务总长许可者为限。

第十三条　依前条第一项第四款之规定,须经内务总长认为无左列各款情事者,始丧失国籍:

一、届服兵役年龄未免除服兵役义务尚未服兵役者。

二、现服兵役者。

三、现任中国文武官职或各议会议员者。

第十四条　中国人虽有第十二条第一项各款情形之一,并无前条各款情事,若有左列各款情事之一者,仍不丧失国籍:

一、为刑事嫌疑人或被告人。

二、受刑之宣告执行未终结者。

三、为民事被告人者。

四、受强制执行处分未终结者。

五、受破产之宣告未复权者。

六、有滞纳租税或受滞纳租税处分未终结者。

第十五条　丧失国籍人之妻及未成年子,若随同取得外国国籍时,丧失中华民国国籍。

第十六条　中国人丧失国籍者,丧失非中国人不能享有之权利。

丧失国籍人,在丧失国籍前,已享有前项权利者,若丧失国籍后三个月以内,不让与中国人时,归属于国库。

第四章　国籍之回复

第十七条　中国人因婚姻丧失国籍者,婚姻关系消灭后,经内务总长许可,得回复中华民国国籍。

前项规定,于依第十五条规定丧失国籍之妻准用之。

第十八条　依第十二条第一项第四款规定丧失国籍者,既于中国有住所,并具备第四条第二项第三款至第五款条件时,经内务总长许可,得回复中华民国国籍,但归化人及随同取得国籍之子,不在此限。

前项规定,于依第十五条规定丧失国籍之子,具备第四条第二项第二款者准用之。

第十九条　第十条规定,于第十七条、第十八条情形准用之。

第二十条　回复国籍人,自回复国籍日起五年以内,不得为第十一条第一项各款职员。

前项制限,内务总长得经国务会议解除之。

第五章　附　则

第二十一条　本法施行规则,以教令定之。

第二十二条　本法自公布日施行。

《政府公报》第 202 号,1912 年 11 月 19 日

北京政府司法部订立《华洋诉讼办法》

1913 年 3 月 8 日

一、地方官衙门审理华洋诉讼案件,如该承审官不系法律或法政专门毕业人员,应即函请同县或附近地方审判厅长,酌派法官;或函请该县审检厅,酌派帮审员,帮同该地方官承审。

二、地方官衙门审理华洋诉讼案件,如该当事人有不服上诉之时,应以该省通商交涉使衙门或该省外交部特派交涉员署为其上诉机关,收理上诉案件。

前项上诉案件承审官之资格,适用第一条之规定。

三、地方官及通商交涉使衙门或外交部特派交涉员署审理华洋诉讼案件,其诉讼程序除有与条约抵触及行政官厅不能适用之处外,一切皆依通常诉讼办法。在诉讼律未经颁布以前,准照审判厅试办章程办理,诉讼律颁布以后,准照诉讼律办理。

《政府公报》第 302 号,1913 年 3 月 10 日

国籍法实行规则

1913 年 11 月 3 日

第一条 国籍法施行前,依前国籍条例及其施行细则之规定,应具呈具结,而并未具呈具结,或虽具呈具结,而并未批准者,均照国籍法及本规则之规定办理。

第二条 国籍法施行前,依前国籍条例及其施行细则之规定,须于定限以内呈明,而逾限并未具呈者,自本规则施行之日起,以六个月为限,得补行呈报。

第三条 依前国籍条例及其施行细则之规定,业经呈请入籍、出籍、复籍,至国籍法施行之日,尚未批准者,内务总长得就原呈许可之,但认为有必要情形,应令其再行具呈者,不在此限。

第四条 依国籍法第二条第一款第二款第三款之规定,而取得中华民国国籍者,应由本人及其夫或父或母,具呈于住居地方之该管

长官。

第五条　依国籍法第二条第四款之规定,而取得中华民国国籍者,应由该本人出具左列书件,呈由寄居地方之该管长官,呈报于内务总长。

一、愿书。

二、保证书。

前项第二款书件,以有寄居地方公民二人以上之保证为限。

第六条　依国籍法第十七条、第十八条、第十九条之规定,而回复中华民国国籍者,于本规则第四条、第五条之规定准用之。

第七条　依国籍法之规定,须经内务总长许可者,由内务总长给予许可执照,自公报公布之日起始生效力。

第八条　凡取得中华民国国籍后,查与国籍法之规定不合者,应将已给予之许可执照撤销,并于公报公布之。

第九条　依国籍法之规定,而丧失中华民国国籍者,须呈由现住地方之该管长官,呈报内务总长,经其许可。

第十条　凡已经许可丧失中华民国国籍者,若查有国籍法第十四条所列各款情事之一,应撤销许可之原案。

第十一条　国籍法施行前,中国人已入外国国籍,并未依前国籍条例及其施行细则呈明者应遵照第九条规定呈报。

第十二条　国籍法施行前,中国人有已入外国国籍者,得随时依照国籍法及本规则之规定呈报回复国籍。

第十三条　国籍法施行前,中国人已入外国国籍,仍为中华民国职员者,丧失其职员之资格。

第十四条　本规则所列之呈,及愿书保证书,并执照,依另式之规定。

第十五条　本规则自公布日施行。

《政府公报》第540号,1913年11月14日

修正国籍法

1914 年 12 月 30 日

第二条　增加第四款如左:

四、为中国人之养子者。

第四款修正为第五款。

第三条　须具备左列各款条件九字修正为须备左列条件六字。

第四条　第一项内务总长四字修正为内务部三字,第二项内务总长四字修正为内务部三字。

第二款依中国法四字上,增加年满二十岁以上七字。

第五条　妻字上增加外国人之四字。

第八条　第二项修正如左:

内务部为前项归化之许可须经大总统核准。

第九条　第一项修正如左:

归化须于政府公报公布之。

第十条　第一项及其未成年之子七字修正为及依其本国法未成年之子十一字。

第十一条　第一项左列各款职员六字修正为左列各款公职六字。

第二款国务员三字修正为国务卿及各部总长八字。

第三款国会及省议会议员八字修正为立法院议员及地方自治职员十二字。

第九款各省行政长官六字修正为各省巡按使五字。

第二项修正如左:

前项限制除第一款外,依第八条规定归化者,自取得国籍日起五年以后,其他自取得国籍日起十年以后,内务部得呈请大总统核准解除之。

第十二条　第二项及字修正为或字。

第三项修正如左:

依第一项第四款丧失国籍者,以年满二十岁以上依中国法有能力并经内务部之许可者为限。

第十三条　内务总长四字修正为内务部三字。

第三款现任中国文武官职或各议会议员者十五字修正为现任中国文武官职立法院议员或地方自治职员者二十一字。

第十六条　第二项三个月三字修正为一年二字。

第十七条　第一项修正如左：

中国人因婚姻丧失国籍者，婚姻关系消灭后，如于中国有住所，具备第四条第二项第五款之条件时，经内务部之许可得回复中华民国国籍。

第十八条　内务总长四字修正为内务部三字，及随同取得国籍之子九字下增加丧失国籍者五字。

第二十条　第一项五年以内四字修正为三年以内四字，职员二字修正为公职二字。

第二项修正如左：

前项制限内务部得呈请大总统核准解除之。

《政府公报》第 955 号，1914 年 12 月 31 日

修正国籍法施行规则
1915 年 2 月 12 日

第一条　修正国籍法施行前，依前国籍法及其施行规则之规定，应具禀或愿书、保证书，而并未遵行或虽遵行而并未核准者，均照修正国籍法及本规则之规定办理。

第二条　依前国籍法及其施行规则之规定，业经禀请归化丧失国籍或回复国籍，至修正国籍法施行之日尚未核准者，内务部得就原禀许可之。

第三条　依修正国籍法第二条第一款至第四款之规定取得中华民国国籍者，应由本人或其夫或父或母具禀于住居地方之该管官署。

第四条　依修正国籍法第二条第五款之规定而取得中华民国国籍者，应由该本人出具左列书件，禀由寄居地地方官详经该管长官咨请内

务部核办。

一、愿书。

二、保证书。

前项第二款书件,以有寄居地方公民二人以上之保证为限。

第五条　依修正国籍法第十七条、第十八条、第十九条之规定而回复中华民国国籍者,准用本规则第三条、第四条之规定。

第六条　依修正国籍法之规定须经内务部许可者,由内务部给予许可执照,自公布政府公报之日起始生效力。

第七条　凡取得中华民国国籍后,查与修正国籍法之规定不合者,应将已给之许可执照撤销,并于政府公报公布之。

第八条　依修正国籍法之规定而丧失中华民国国籍者,须禀由现住地方之该管官署转报内务部,经其许可。

第九条　凡已经许可丧失中华民国国籍者,若查有修正国籍法第十四条所列各款情事之一时,应撤销其许可。

第十条　修正国籍法施行前,中国人已入外国国籍并未依前国籍法及其施行规则禀明者,限于修正国籍法施行之日起六个月内遵照第八条规定办理。

如于前项期限内仍未禀明者,由该管官署查明转请内务部宣告丧失中华民国国籍。

第十一条　修正国籍法施行前及施行后,中国人已入外国国籍仍为中华民国公职者,由所属机关查明撤销其公职。

第十二条　本规则所列之禀及愿书保证书并执照,须依另定程式。

第十三条　本规则自公布日施行。

《政府公报》第 994 号,1915 年 2 月 13 日

审理无约国人民民刑事诉讼章程
1919 年 5 月 23 日

第一条　关于无约国人民民刑诉讼,依本章程审理之。

第二条　第一条诉讼案件第一审,除刑事诉讼律草案第六条第三款、第四款所称各罪外,由地方审判厅或都统署审判处附设之地方庭管辖之,无地方厅庭各处,由该管地方官将案件移送于附近之地方厅庭审理。其边远地方不能移送者,由该管地方官随时呈报司法部核办。

第三条　第一条诉讼案件内应行管收及刑事执行监禁之无约国人民,均分别收入新监。其无新监各处,得以适宜之房屋代之。

第四条　关于审理程序,本章程无明文者,适用民刑事诉讼律呈准各节及其他法令之规定。

第五条　本章程如有应行修改之处,由司法总长呈请大总统以教令行之。

第六条　本章程自公布日施行。

《政府公报》第 1186 号,1919 年 5 月 24 日

管理无约国人民章程
1919 年 6 月 22 日

第一条　无约国人民侨居中国境内时,行政官署依本章程管理之。

第二条　无约国人民入境应验其护照,及以他法调查其身份职业。

第三条　无约国人民之浮浪者、赤贫者,或于内国之公安或卫生有生危险之虞者,得拒绝其入境。

第四条　无约国人民入境认为有携带违禁物品之嫌疑者,应施行检查。

前项检查如发现违禁物品应予扣留,其情节较重者并得拒绝入境。

第五条　无约国人民入境后如有不事正业或为不法行为,有妨害治安之虞者,除依法令办理外,得限令出境。其查有侦探间谍之嫌疑者亦同。

第六条　无约国人民得在商埠或其他向准外国人居住地方居住。

在前项地方如需租赁房屋,应遵守该地方租赁房屋章程。

第七条　无约国人民赴内地游历应请领护照,在游历地方不得有

所测勘。

第八条　无约国人民不得在内地租赁产业,但赴内地城镇地方传教,以教会名义租赁房屋,设立礼拜堂学校病院或慈善机关者不在此限。

依前项但书之规定租赁房屋者,须由两造呈验契约于该管官厅受其许可。

第九条　无约国人民不得充新闻纸或杂志之编辑人及发行人,并加入政治结社政谈集会。

第十条　关于无约国人民之管理,除本章程及其他法令有规定者外,均依照一般法令办理。

第十一条　本章程自公布日施行。

《政府公报》第 1215 号,1919 年 6 月 23 日